Jochen Thies

DIE MOLTKES

Von Königgrätz nach Kreisau
Eine deutsche Familiengeschichte

Mit 27 Abbildungen auf Tafeln

Piper München Zürich

Mehr über unsere Autoren und Bücher:
www.piper.de

MIX
Papier aus verantwor-
tungsvollen Quellen
FSC® C083411

Ungekürzte Taschenbuchausgabe
Oktober 2012
© 2010 Piper Verlag GmbH, München
Umschlaggestaltung: semper smile, München
Umschlagfoto bzw. Umschlagabbildung:
Sammlung Rauch/Interfoto (Foto oben);
Familienarchiv von Moltke und bpk (Foto unten)
Satz: Satz für Satz. Barbara Reischmann, Leutkirch
Gesetzt aus der Stempel Garamond
Papier: Munken Print von Arctic Paper Munkedals AB, Schweden
Druck und Bindung: CPI – Clausen & Bosse, Leck
Printed in Germany   ISBN 978-3-492-30011-7

Jochen Thies
Die Moltkes

PIPER

Zu diesem Buch

Eine Familiendynastie, deren Name die militärische Tradition Preußens ebenso verkörpert wie den Widerstand gegen Adolf Hitler: Zum ersten Mal erzählt Jochen Thies in einer fulminanten Biografie die Geschichte der Moltkes.

Über 200 Jahre lang waren sie auf das Engste mit der deutschen Geschichte verbunden: Die Moltkes stellten nicht nur in Deutschland, sondern auch in einer Reihe anderer europäischer Länder Politiker, Militärs, hohe Beamte, Künstler und Sportler. Der preußische Generalfeldmarschall, Helmuth von Moltke, gewann für seinen König die deutsche Kaiserkrone; Helmuth James von Moltke wurde von den Nazis gehängt, weil er der Kopf des Kreisauer Kreises war. Der Tod von Freya von Moltke, seiner Witwe, im Jahre 2010 markierte daher eine tiefe Zäsur, so dass diese erste Biografie über die außergewöhnliche Familie zum richtigen Zeitpunkt erscheint. Jochen Thies hatte uneingeschränkten Zugang zu bislang unveröffentlichten Dokumenten und erzählt in diesem fesselnden Familienepos die Geschichte der Moltkes von den Anfängen bis heute.

Jochen Thies, geboren 1944 in Rauschen in Ostpreußen, Dr. phil., studierte Romanistik, Geschichte und Politische Wissenschaft. Er war Redenschreiber von Bundeskanzler Helmut Schmidt, Ressortleiter Außenpolitik der Tageszeitung Die Welt, Chefredakteur der Zeitschrift Europa-Archiv/Internationale Politik und viele Jahre lang in leitenden Stellungen bei der ARD tätig. Er ist Autor zahlreicher Bücher; seine Themen sind Außenpolitik, Zeitgeschichte, Biografien. Zuletzt erschien von ihm »Die Dohnanyis«.

Meinen Schwiegereltern

Inhalt

Vorwort

Straßenlärm, Stille und Vergänglichkeit liegen am Großen Stern in Berlin dicht beieinander. Von dem riesigen Platz mit mehreren Fahrspuren, in dessen Mitte sich eine monumentale Siegessäule mit einer vergoldeten Göttin auf der Spitze erhebt, zweigt der Spreeweg ab. Er führt zum Schloss Bellevue, dem Sitz des Bundespräsidenten. Einige Meter von der Einbiegung entfernt steht zur linken Hand eine überlebensgroße Statue von Helmuth Carl Bernhard von Moltke. Er war der preußische Generalstabschef und geniale Schlachtenlenker in den Deutschen Einigungskriegen von 1864, 1866 und 1870/71. Die sechs goldenen Lettern, die seinen Namen darstellten, sind abgefallen, das Familienwappen mit den drei Birkhähnen ist verblichen, in seinen von der Witterung ausgewaschenen Konturen kaum noch zu erkennen. Das Denkmal ist ungepflegt. Der hochgewachsene Generalfeldmarschall blickt stehend, entspannt, leicht zurückgelehnt, mit verschränkten Armen in der Uniform eines preußischen Offiziers, auf die Siegessäule. Ein Touristenpärchen bleibt für einen Augenblick stehen und geht dann weiter. Nur wenige Fußgänger verirren sich anscheinend auf diese Seite des Platzes, während die gegenüberliegende im Sommer mit dem dahinter befindlichen großen Biergarten die Massen anzieht. Einige Hundert Meter südlich, auf der Höhe des Bundeskanzleramtes, führt die Moltkebrücke über die Spree. Wenn man mit dem Schiff in Richtung Regierungsviertel fährt, kann man vom Deck für einen Augenblick das Konterfei des Generalfeldmarschalls studieren.

Nicht nur sie, auch zahlreiche andere Brücken, Denkmäler, Straßen und Schulen trugen und tragen noch den Namen Moltke. Fast aber hat es den Anschein, als ob die Schlussphase des Dritten Reichs, der Endkampf um die Berliner Reichskanzlei rund um die Moltkebrücke, die zerstört und später in unmittelbarer Nähe der Mauer wieder aufgebaut wurde, die Erinnerung an Helmuth von Moltke unter sich begraben hätte. Die heute zum neuen Bundeskanzleramt führende ehemalige Moltkestraße wurde 1998 in Willy-Brandt-Straße umbenannt. Eine öffentliche Diskussion gab es nicht. Helmuth Caspar von Moltke, der Sohn von Helmuth James von Moltke, fand die neue Namensgebung angemessen, hielt aber auch für wichtig, dass die Brücke weiterhin den Namen seines großen Ahnherrn trägt.

Wenige Wochen vor der Umrundung des Großen Sterns war ich mit meiner Frau nach Rostock gefahren. Auf der Autobahn ging es entlang der Stadtsilhouette in Richtung Warnowtunnel. Unser Reiseziel, der Toitenwinkel, lag nahe der letzten Ausfahrt vor dem Tunnel. Nach Westen ist er umfasst vom Fluss, dominiert von einer Plattenbausiedlung aus DDR-Zeiten, nach Osten begrenzt von einem Deich, vor dem die Eisenbahnlinie und die Autobahn entlangführen. Kein Mensch war auf den Straßen, als wir uns unserem Ziel näherten. Am nördlichen Rand des Stadtteils zeichnete sich ein kleines Wäldchen ab. Aus den Baumwipfeln lugte ein Kirchturm hervor. Wir bogen in eine verkehrsberuhigte Spielstraße ein. Wenige Augenblicke später standen wir vor der Kirche St. Katharina und St. Laurentius, an die sich auf der rechten Seite ein Kirchhof anschloss.

Es ist die Patronatskirche der Moltkes, die auf einem Fundament von Granitfeldsteinen errichtet wurde. Sie stammt vom Beginn des 14. Jahrhunderts, also aus der Zeit, als der dänische König Erich die Familie mit Privilegien für einige umliegende Dörfer ausstattete. Ein kaum für möglich gehaltener idyllischer Ort inmitten einer tischplattenartigen Landschaft, die die nahe Ostsee schon erahnen lässt. Aber sie weist nur noch wenige Spuren des Geschlechts auf, das Mitte des 13. Jahrhunderts erstmals im Licht der Geschichte auftaucht. Wir gingen in die Kirche hinein, in der an diesem Sonntagmorgen eine Handvoll Menschen der Predigt einer Pfarrerin lauschten. Wenige Minuten später war der Gottesdienst beendet. Damit bot sich die Möglichkeit zu einem Rundgang und zu einer näheren Inaugenscheinnahme der Kirche, in der sich mehrere Grabsteine der Familie befinden. Im Chor über dem Altar entdeckte ich die drei Birkhähne, die das Familienwappen der Moltkes zieren. In einer Ecke war auf einer Tafel sogar der Stammbaum der Familie verzeichnet, die zu den bedeutendsten Adelshäusern Deutschlands zählt. In der nördlichen Seitenkapelle betrachteten wir ein großes Ölgemälde, das Joachim Friedrich zeigt, einen der letzten großen Moltkes auf Toitenwinkel, bevor der Besitz im letzten Drittel des 17. Jahrhunderts in andere Hände überging.

Meine zweite historische Reise zu den Moltkes führte mich an einem schönen Maitag 150 Kilometer von Berlin nach Parchim, den Geburtsort von Helmuth Carl Bernhard von Moltke. An der Ausfahrt Parchim verließ ich die Autobahn und durchquerte die Ruhner Berge, ein hügeliges Gelände mit Wiesen, Wäldern und von Butterblumen übersäten Feldern. Die herbe Landschaft von Mecklenburg-Vorpommern hatte über Nacht ihre ganze Pracht entfaltet. Von Kastanienbäumen gesäumte Alleen standen in voller Blüte. Eine Art Heidelandschaft, stellenweise mit Sümpfen durchsetzt, breitete sich vor meinen Augen aus. Dann tauchten Rapsfelder auf. Ich fuhr an kleinen Dörfern und verfallenen Relikten der DDR-Zeit vorbei. Auf einer Chaussee, deren geflicktes Pflaster ihre alte Straßenbreite verriet, näherte ich mich allmählich meinem Ziel.

Golo Mann beschreibt in seiner Wallenstein-Biografie diese Landschaft zu Beginn des Dreißigjährigen Krieges. Mit 300000 Einwohnern war Mecklenburg damals ein bevölkerungsreiches, stark agrarisch geprägtes Land. Der Landesherr hatte es verpasst, Industrie und Handel zu fördern: »Das Gebiet, trotz der vielbuchtigen Küste im Norden, hatte etwas Binnenländisches, Abgelegenes, ohne rechte Verbindung mit den schiffbaren Strömen in West und Ost. Fruchtbares Ackerland, Weiden mit schwarz-weiß geflecktem Vieh begannen gleich hinter den Dünen und Fischerdörfern, Wälder zogen sich hin, beschatteten die sich ineinanderschlingenden Seen. Da hauste der Adel auf seinen bescheidenen Schlössern, die Bassewitz, Moltke, Bülow, von der Lühe, Plessen, Maltzan.«[1]

Kurz vor Parchim ging es durch ein großes Mischwaldgebiet. Danach führte die abschüssige Chaussee an den Ortsrand des 20 000 Einwohner zählenden Städtchens, das von einem Gürtel von Datschen umringt war. In der Nähe des Stadtkerns passierte ich ein Schulzentrum und überquerte ein Flüsschen. An einer Vorkriegssiedlung mit kleineren Doppelhausvillen ging es in einem großen Linksbogen ins Herz der Stadt, aus dem bereits ein großer Kirchturm in Backsteinbauweise grüßte. Durch die Buchholzallee, einen repräsentativen Straßenzug mit Villen aus der Zeit um 1900, fuhr ich zum Marktplatz und stieg aus. In einem alten, urwüchsigen Stadtkrug verzehrte ich ein deftiges Mittagessen und ließ Parchim auf mich wirken.

Bis dahin hatte ich von Parchim nur aus der Presse gehört. Der Flughafen, auf dem bis 1994 die gewaltigen Antonow-Maschinen der sowjetischen Streitkräfte landeten und schwere Kampfhubschrauber die Bewohner aus dem Schlaf rissen, hatte im Jahre 2008 das Interesse der Chinesen gefunden. Sie hatten damit begonnen, mehrmals in der Woche Flugzeuge, beladen mit Spielzeugartikeln, nach Parchim zu entsenden. Sie beabsichtigten, den Flughafen zu kaufen.

Nun begab ich mich auf die Suche nach dem Geburtshaus des Generalfeldmarschalls, dem eigentlichen Anlass dieser Tagesreise. Ich fand es in der Langen Straße, schräg gegenüber der evangelischen St.-Marien-Kirche. Die Tür zum Moltke-

Museum, das sich in einem Fachwerkhaus mit Entree befand, war verschlossen. Nachbarn empfahlen mir, beim Stadtmuseum vorbeizuschauen und nach dem Schlüssel zu fragen. Ich fand es nach einigen Minuten. Ein freundlicher Herr, offenbar ein städtischer Angestellter, öffnete nach wenigen Augenblicken. Nachdem ich mein Anliegen vorgetragen hatte, bot er an, das Stadtmuseum vorübergehend zu schließen und mit dem Fahrrad am Moltke-Museum vorbeizukommen, um es mir zu öffnen.

Das Museum stellte sich als etwa 50 Quadratmeter großer Raum heraus. Ein geschichtsbewusster General der Bundeswehr hatte ihn kurz nach der Wiedervereinigung herrichten lassen. Das Inventar war rasch zu überblicken: ein alter Schreibsekretär, eine Uniformpuppe, deren Kleidung bei entsprechenden Anlässen auch von einem Parchimer Stadtführer getragen wird, wie ich erfuhr, dazu Gedenktafeln, Bücher und einige Gemälde. Außerdem gab es ein rundes Dutzend Büsten sowie Faksimiles von Zeitungsausschnitten.

Bereits vor dem Besuch des Museums war ich auf das Moltke-Denkmal am Marktplatz hingewiesen worden, das eine aufregende Geschichte hinter sich hatte. Die überlebensgroße Bronzefigur hatte das Ende des Zweiten Weltkriegs nur durch einen Zufall überlebt. Der zuständige russische Kommandeur weigerte sich nach dem Einmarsch der Roten Armee in die kampflos übergebene Stadt im April 1945, die Statue zu zerstören. Eilfertige und willfährige ortsansässige deutsche Kommunisten hatten angeboten, das Denkmal von einem Bagger umreißen zu lassen. Die Begründung des Offiziers war kurz und bündig: Moltke sei für ihn Pflichtlektüre an der Militärakademie gewesen. Er verehre den Generalfeldmarschall. Die Statue bleibe stehen.

Nur eine Woche später flog ich in die Türkei, erneut auf den Spuren des Generalfeldmarschalls. Er verbrachte in Konstantinopel, dem heutigen Istanbul, prägende Jahre. Im Park der Sommerresidenz des deutschen Botschafters in Istanbul ist noch immer ein aus weißem Marmor gefertigter Obelisk zu sehen, der 1889 von der deutschen Kolonie zur Erinnerung an den Grafen errichtet wurde.

Ich erinnerte mich an ein Hauptseminar im Fach Geschichte an der Albert-Ludwigs-Universität in Freiburg. Dort hatte ich mich 1968 mit Bismarck und Moltke befasst und in einem Freiburger Antiquariat in der Grünwälderstraße eine sehr gut erhaltene Ausgabe der »Gesammelten Werke« von Moltke erworben. Das Interesse für den Generalfeldmarschall war geweckt. Die Aufgabe, die Jahrhundertfigur Moltke zu begreifen, ihn zu porträtieren – nicht nur als bedeutenden Feldherrn, sondern als universal Gebildeten –, war somit seit vielen Jahren umrissen. Während meines Berufslebens lernte ich dann zwei Moltkes näher kennen.

Den Schlusspunkt meiner Reisen zu den Moltkes bildete eine Fahrt nach Kreisau. Ich fuhr in ein Land, das sich in den letzten 20 Jahren stark verändert hatte, das ein sehr interessanter, aber noch unbekannter Nachbar des wiedervereinigten Deutschland ist. Von der boomenden, über 600 000 Einwohner zählenden Stadt Breslau, die sich auf ein sportliches Großereignis im Jahre 2012 vorbereitet, ging es in einer einstündigen Autofahrt in die Vorbergzone des Eulengebirges, in der Kreisau liegt. Die Landschaft ähnelte dem Rheintal, wenn man hinter dem Kaiserstuhl die deutsch-französische Grenze passiert hat und auf die Vogesen zufährt.

Unmittelbar nach der Einfahrt in das große Schlossareal vermittelte sich die heitere Atmosphäre eines Tagungsortes, der dem europäischen Gedanken gewidmet ist. Im Schloss war es noch ruhig. Beim Betreten des Gebäudes sah ich neben dem Moltke'schen Wappen mit den drei Birkhähnen zum ersten Mal auch jenes von Mary Burt, der Frau des Generalfeldmarschalls. Es zeigte drei Kreuze in einer Schleife und drei Signalhörner.

Nun zog es mich zu einem weiteren Ort. Einige Fußminuten vom Schloss entfernt, über eine Allee und eine Ansammlung von frei stehenden kleinen Bauernkaten erreichbar, kam ich zum sogenannten »Berghaus«. In ihm befinden sich die beiden Räume, in denen 1942 und 1943 der Kreisauer Kreis getagt hatte. Die heutige, clubartige Atmosphäre in den hellen Zimmern ließ nicht erahnen, worum es damals gegangen war. Im Nachbarraum erläuterte mir später ein Mitarbeiter der Stiftung die Funktion eines viergeteilten runden Tisches. Er wird bei Tagungen aus gruppendynamischen Gründen zusammengesetzt und symbolisiert sowohl den historischen Kreisauer Kreis als auch das neue Kreisau. Der Blick aus dem Fenster in die schlesische Landschaft war beeindruckend und auch ein wenig imperial, ein Feldherrenhügel.

Schon zu Beginn meiner Recherchen stellte ich fest, dass es erstaunlicherweise bis dahin keine Gesamtgeschichte der Familie gab. Wäre es nach Helmuth Carl Bernhard von Moltke gegangen, wäre sie bereits zu seinen Lebzeiten geschrieben worden. Kurz vor dem Deutsch-Französischen Krieg von 1870/71 hatte der General, der selbst ein passionierter Historiker war, zunächst Kontakt mit dem mecklenburgischen Altertumsforscher Friedrich Lisch wegen der frühen Besitzungen der Moltkes in Mecklenburg-Vorpommern aufgenommen. In einer Korrespondenz mit dem mecklenburgischen Gymnasialdirektor und Historiker Friedrich Wigger regte Moltke 1878 an, eine Geschichte seiner Familie zu schreiben. Die Idee wurde dann jedoch als finanziell und inhaltlich zu aufwendig verworfen. In der Tat sind die Moltkes ein kaum zu überblickender familiärer Großverband, der die Genealogen vor große Schwierigkeiten stellt. Etwa 250 Moltkes, die historisch feststellbar sind, konnten bislang den Familienstämmen nicht zugeordnet werden.

Die Geschichte der Moltkes hat aber nicht nur eine mecklenburgische, nicht nur eine deutsche, sondern auch eine europäische Dimension. Mit der Person Helmuth Carl Bernhard von Moltkes sind wichtige Etappen der deutsch-türkischen Beziehungen im 19. Jahrhundert verbunden. Auch die Verbin-

dungen zu anderen großen Staaten wie Russland, Großbritannien, Frankreich, Österreich-Ungarn oder Dänemark sind
bedeutend. Doch am Ende ist die Geschichte der Moltkes,
und dies mag überraschen, in vielerlei Hinsicht vor allem eine
deutsch-englische »Beziehung«.

In gewisser Weise sind die Moltkes – eine Familie mit Politikern, Soldaten, hohen Beamten, Landwirten, Künstlern und
einem veritablen deutschen Meister im Zehnkampf in ihren
Reihen – Opfer der Brüche und Zäsuren der deutschen Geschichte während der letzten 100 Jahre. Nahezu die gesamte
Familiengeschichte zwischen 1800 und 1933 ist ausgeblendet
oder vergessen. Der Erste Weltkrieg, bei dessen Ausbruch
Helmuth Johannes Ludwig von Moltke, ein Neffe des Generalfeldmarschalls, als Generalstabschef eine wichtige Rolle
spielte, ist historisiert. Anders als in Frankreich oder in
Großbritannien spielt »The Great War« im Bewusstsein der
deutschen Öffentlichkeit kaum eine Rolle.

Kreisau ist hingegen der immer wieder beschworene Eck-
punkt der Moltke'schen Familienhistorie. Das kleine Gut war
während dreier Moltke-Generationen der Sitz der Familie.
Bis 1945 war es ein Symbolort deutscher Patrioten. Sie wall-
fahrteten hierhin, um die Erinnerung an den Generalfeldmarschall Helmuth Carl Bernhard von Moltke zu pflegen. In
den Jahren des Hitler-Regimes war es aber auch der Ort, an
dem Helmuth James von Moltke, ein Urgroßneffe des Heer-
führers, im Kreis von Verschwörern über ein Deutschland
ohne Hitler nachdachte. Heute liegt Kreisau in Polen und ist
in ein deutsch-polnisches Begegnungszentrum umgewandelt
worden.

Helmuth Carl Bernhard, Helmuth Johannes Ludwig und Helmuth James von Moltke spielten in der deutschen Geschichte
des 19. und 20. Jahrhunderts wichtige Rollen. Der Generalfeldmarschall und sein Urgroßneffe fanden ihre Biografen,
der Generalstabschef interessanterweise bisher nicht. Wenn
man sie in Beziehung zueinander setzt, wenn man die Ge-

schichte der Familie über vier Generationen hinweg verfolgt, eröffnen sich neue Quellen und vermitteln sich neue Einsichten über den außergewöhnlichen Familien- und Traditionsverband der Moltkes.

Zu diesem gehören insbesondere auch zwei starke Frauen. Die bekanntere ist zweifellos Freya von Moltke. Die Ehefrau von Helmuth James von Moltke starb Anfang 2010 im Alter von 98 Jahren. Mit ihrem zupackenden Wesen hatte sie schon im Dritten Reich den Kreisauer Kreis bereichert und nach 1990 die Umwandlung des Gutes in Kreisau in eine deutsch-polnische Begegnungsstätte vorangetrieben. Sie repräsentierte den beeindruckenden, klugen Frauentypus in der Moltke-Familie. Auch Helmuth James' Mutter, Dorothy Rose Innes, entsprach diesem Bild. Sie stammte aus Südafrika und war die Tochter eines Obersten Richters der Südafrikanischen Union. Ihr Verdienst bestand darin, Internationalität und angelsächsischen Pragmatismus in die Familie Moltke hineingetragen zu haben.

Von ihr, ihrem Sohn, ihrer Schwiegertochter und von zwei Generälen – Helmuth Moltke dem Älteren und Helmuth Moltke dem Jüngeren – wird das Buch hauptsächlich handeln. Es wird die vielfältigen Gaben, Talente und Temperamente der Familie in Form einer Familienbiografie schildern und sie nicht nur als Ausdruck individueller Persönlichkeit, sondern vor dem Hintergrund von mehr als 200 Jahren deutscher und europäischer Geschichte beschreiben.

Die Moltkes wirken auch nach Jahrhunderten einer eindrucksvollen Erfolgsgeschichte kraftvoll und vital. Es sind keinerlei Ermüdungserscheinungen festzustellen, kein Abstieg wie bei anderen großen Familien. Sie stellen weiterhin hohe Beamte, Diplomaten, leitende Angestellte, Wissenschaftler und Künstler. Ein erheblicher Teil der Familie lebt infolge des Dritten Reiches in Nordamerika. Aber ihre jüngere Geschichte beginnt nicht mit dem Widerstand gegen Hitler, sondern fast 150 Jahre früher.[2]

Im Ausland ist die Erinnerung an diese eineinhalb Jahrhunderte und damit an die militärischen Verdienste der Familie ungebrochen und stark. Gebhardt von Moltke beispielsweise wurde in seiner Dienstzeit bei der NATO und bei Auslandsreisen oft auf seine bedeutenden Vorfahren angesprochen.

Ein Wechsel der Perspektive, eine Besinnung auf frühere Zeiten, lässt sich nicht erzwingen. Aber Deutschland erfährt zurzeit eine Veränderung seiner nationalen Identität und Mentalität. Schon einmal, im Lebensgefühl und in der Erinnerung unserer Groß- und Urgroßeltern, war es so. Die Jahre zwischen 1871 und 1914 waren eine glückliche Zeit, wenn man ihren Berichten vertraut. Es kann sein, dass wir heute in einem tatsächlich harmonischen Abschnitt der deutschen Geschichte mit einem ähnlichen Gefühl der Zufriedenheit leben – ohne jede Kriegsgefahr am Horizont, umgeben von Freunden und im Vergleich zum Kaiserreich im Wohlstand. Bei sportlichen Erfolgen flattern seit einigen Jahren wieder deutsche Fahnen. Das wird nicht übermäßig problematisiert. Straßenfeste, Stadtjubiläen, Kirchentage und vor allem die Fußballweltmeisterschaft im Jahr 2006 zeigen, dass die Deutschen dazu bereit sind, neben der Erinnerung an die dunklen Seiten der deutschen Geschichte emotional wieder Anschluss an glückliche Momente im Leben der Nation zu finden. Jedes Land braucht Feste und Rituale. Alles dies findet sich auch bei den Moltkes, die prägend für Deutschland waren und sind.

Helmuth Carl Bernhard Graf von Moltke

Anfänge der Familie auf Toitenwinkel

Die strategische Befähigung, der Blick für das Wesentliche, war von dem Moment an erkennbar, in dem die Moltkes in das Licht der Geschichte traten. 400 Jahre lang verstanden sie sich in einem Gebiet im Norden von Mecklenburg zu halten, das gegenüber von Rostock, der bedeutenden Hansestadt, an der Warnow lag.[3] Von dort war es nur ein Steinwurf bis zur Ostsee und nicht weit weg von den skandinavischen Staaten wie Dänemark und Schweden, die beim Aufstieg des Geschlechts eine bedeutende Rolle spielten.

Helmuth Carl Bernhard von Moltke war die Geschichte seines Geschlechts stets präsent. Sie diente ihm zur Identitätsbildung, sie bot ihm Orientierung und Hoffnung, eines Tages wieder den angestammten Platz in der Gesellschaft einzunehmen, den die Moltkes jahrhundertelang beansprucht hatten. Im Arbeitszimmer in Kreisau hing ein Stammbaum der Familie an der Wand. Daher muss man, wenn man mit Moltke beginnt, zu den Anfängen seines Geschlechts zurückkehren.

Wie bis ins 20. Jahrhundert üblich, führten die Moltkes lange Zeit ihre genealogischen Anfänge auf die Zeit von Karl dem Großen zurück, auf seine gewaltsame Christianisierung des deutschen Nordens im 9. Jahrhundert, teilweise auch auf den Kampf gegen die Slawen zur Zeit Heinrichs I. im 10. Jahrhundert. Die von Helmuth Carl Bernhard von Moltke selbst verfasste Familiengeschichte setzte beim Kampf von Heinrich dem Löwen gegen die Obotriten Mitte des 12. Jahrhunderts ein.[4] Aber nach den strengen Maßstäben der Wissenschaft sind die Moltkes erst von der Mitte des 13. Jahrhunderts an im norddeutschen Raum feststellbar, im sogenannten Toitenwinkel oder Moltkewinkel östlich der Warnow.

Vor allem die Bürger von Rostock benutzten den Namen Moltkewinkel. Damit verbanden sich Respekt, Anerkennung, aber auch Distanz und Ablehnung. Die Herkunft und Bedeutung des Wortes »Toitenwinkel« ist hingegen nicht ganz klar. Es kann ein Teutonenwinkel, ein Winkel der Deutschen in der Zeit der Ostkolonisation, damit gemeint sein. Es kann sich aber auch um die Mischform eines slawisch-deutschen Wortes handeln und den Ort eines Gestüts bezeichnen. Die Variante »Tottenwinkel« schließlich könnte auf den Namen eines vorübergehenden Besitzers hindeuten, von dem noch die Rede sein wird.

Die Entstehung des Geschlechts geht also bis zum Ende des Stauferreichs zurück, nach dessen Untergang die Epoche der Gebietsherrschaften begann. Jahrhundertelang fehlte Deutschland eine starke Zentralmacht.

Das Geschlecht der Moltkes tauchte erstmalig in Urkunden um 1250 auf, in denen von den Rittern Friedrich und Johann die Rede ist.[5] Ob es Brüder waren, ist nicht zu ermitteln. Friedrich trat am 19. September 1254 als Zeuge in einem Verfahren auf, bei dem es um die Rückzahlung von 200 Mark durch Fürst Jaromar von Rügen an die Stadt Lübeck ging. Johann hinterließ Spuren in einem Dokument, das zur Rechtssicherung diente. Am 5. März 1255 trat er als Zeuge für die Bestätigung der Rechte des Klosters Doberan durch Bischof Rudolf von Schwerin auf. Mit diesen Erwähnungen gehören die Moltkes zu den ältesten mecklenburgischen Adelsfamilien. Sie waren Ritter und Ratsherren bei den Fürsten von Mecklenburg, Rostock und Pommern.

Die frühen Moltkes, im Moment des ersten Erscheinens in der Geschichte bereits zum Hochadel gehörend, verfügten in Nordostmecklenburg zwischen Warnow und Rostocker Heide über mehrere Liegenschaften, darüber hinaus besaßen sie Ländereien in der Mitte Mecklenburgs sowie im westlichen Vorpommern. Den Toitenwinkel kauften sie Heinrich Borwin III., dem Herrn des Fürstentums Rostock, für 10000 Mark weißer Rostocker Pfennige ab. Unter seiner Herrschaft hatte die sächsische Einwanderung begonnen, die schon bald zu einer Vermischung des slawischen und sächsischen Adels führte. Somit lässt sich auch nicht klären, ob der Name Moltke slawischen oder sächsischen Ursprungs ist.

Die in Strietfeld bei Rostock gelegene Burg wurde der zweite Hauptsitz der Familie. Auf einer solchen zu residieren, zu einem »schlossgesessenen« Geschlecht zu gehören, bedeutete Status und Prestige. Hier lebten die Moltkes mehr als 500 Jahre lang und wurden dabei zahlreicher und bedeutender. Die von Helmuth Carl Bernhard von Moltke in seinen Erinnerungen aufgeführten vier Familienlinien besiedelten den norddeutschen Raum und Skandinavien und lebten sogar in Österreich. Ein Erinnerungsbuch, das anlässlich des 90. Geburtstags des Generalfeldmarschalls herausgegeben wurde, enthielt in der Anlage eine Ahnentafel in Form eines gewaltigen Baums mit zahllosen Verästelungen.

Ein großer, ertragreicher Besitz mit Feld-, Wald- und Viehwirtschaft; Seen; die bevorzugte geografische Lage in der Nähe von Fluss und Meer; Abgaben in Form von Geld und Naturalien – all das musste über kurz oder lang zu Konflikten mit Konkurrenten führen. Die wichtigsten unter ihnen waren die Fürsten und späteren Herzöge von Mecklenburg sowie die auf der anderen Flussseite gelegene Hansestadt Rostock. Eine Ansicht der Stadt – wenn auch erst aus dem Jahre 1597 – zeigt die eindrucksvolle Silhouette mit vier mächtigen Kirchen. Dieses gewaltige Panorama, diese Demonstration von bedrohlicher Macht, hatten die Moltkes täglich vor Augen. Streitpunkte mit den Konkurrenten waren meist die Schifffahrts-, Fischerei- und Fährrechte oder der Anspruch auf die Ladung von Koggen, wenn diese im Sturm verloren gingen. Jahrhundertelang stritt Rostock mit den Moltkes aber auch um den direkten Zugang zu Gebieten, die in den Besitz der Stadt gelangt waren, jedoch östlich und nördlich vom Toitenwinkel lagen.

Im Hintergrund lauerte schließlich der große Konflikt mit den skandinavischen Anrainern im Ostseeraum, die ab 1180 für mehrere Jahrhunderte tief in die deutsche Geschichte eingriffen und die Region als eine Art von Brückenkopf für ihre Feldzüge ansahen. Immer wieder drohten die Moltkes in diesen Auseinandersetzungen die Kontrolle über ihren Besitz zu verlieren. Aber sie profitierten letztlich von den dynastischen Problemen der mecklenburgischen Landesherrschaft und der Schwäche Rostocks, das Anfang des 14. Jahrhunderts vorübergehend dänisch wurde. Sie nutzten die machtpolitische Konstellation und bauten ihre Position am Toitenwinkel aus. Dabei kamen ihnen ihre mittlerweile gefestigte Stellung bei den mecklenburgischen Herzögen, aber auch ihre Verbindungen nach Dänemark und Schweden zugute. Diese gestatteten es ihnen, je nach politischer Lage, auf die eine oder andere Karte zu setzen. Meist aber waren sie treue Vasallen der mecklenburgischen Landesherren und zogen mit ihnen in die Konflikte, in die ihre Lehnsherren verwickelt waren. Als beispielsweise Herzog Albrecht III. 1389 bei einer Schlacht in der Nähe von Falköping in Südschweden zusammen mit seinem Sohn in Gefangenschaft geriet, sollen zwölf Moltkes für ihren Herrn das Leben gelassen haben. Weitere Moltke-Familienmitglieder starben bei Auseinandersetzungen mit den Livländern, den Pommern und den Prussen.

Die Zeiten waren und blieben unruhig. Mitunter waren die Herrschaftsverhältnisse völlig verworren, etwa in der Zeit, als die Hanse im 14. Jahrhundert zweimal gegen Dänemark Krieg führte. In dieser Situation zögerten die Moltkes nicht, auf eigene Faust zu operieren und sich als Seeräuber zu betätigen. Ungewöhnliche Zeiten erforderten ungewöhnliche Maßnahmen.

Bedeutende Moltkes dieser Zeit waren der Ritter, Ratsherr und Vogt Vicke Moltke sowie Ritter Johann auf Strietfeld, der im ersten Drittel des 14. Jahrhunderts zu den bedeutendsten mecklenburgischen Adligen gehörte. Auf Toitenwinkel folgte Johann Heinrich, der vorübergehend auf den Spuren Störtebekers gewandelt war. Heinrich fand im Jahre 1415 seine letzte Ruhe an der Seite seines Lehnsherrn Albrecht III. in der Klosterkirche der Zisterzienser in Doberan. Da er keine männlichen Nachkommen hatte, ging der Besitz auf andere Linien der Moltkes über.

Wie hatte man sich den Toitenwinkel nun als Besitz vorzustellen? Aus welchen Bestandteilen setzte sich das Gut der Moltkes zusammen? Der Ort selbst war ein befestigter Gutskomplex mit einem Wassergraben und einem Torhaus. Im Laufe der Jahrhunderte wurde dieses Objekt erweitert und ausgebaut, sodass neben dem eigentlichen Wohnhaus auch ein Frauenhaus entstand. Die Besitzer verfügten in den Gebäuden über mehr als 30 Räume, ein zweifellos herrschaftliches Anwesen. Rund um die Hauptgebäude gruppierten sich Schuppen, Stallungen und Gebäude aller Art wie die Wagenschauer, Pforthaus, Tor und Achtertor. Außerdem gab es einen großen Viehstall, ein altes Brauhaus, ein Hühnerhaus, ein Käsehäuschen mit darunter liegendem Gefängnis, ein Backhaus, einen Heustall, kleine Schweineställe, diverse Gärten, eine Fallbrücke und eine zweite Brücke – eine nahezu autarke Welt. Pferde, Ochsen, Schafe, Milchkühe, Schweine und Bienenstöcke bevölkerten das Anwesen. Mit der Einführung der Dreifelderwirtschaft hatte sich die ökonomische Basis des Gutes stark verbessert. Auch die agrartechnische Innovation der eisernen Pflugschar, gezogen von einem Pferd, führte zu deutlich verbesserten Erträgen, in letzter Konsequenz zu mehr Untertanen und höheren Einkünften für die Familie.

Neben den zwei Zentren der Familien mit burgartigem Charakter – Strietfeld und Toitenwinkel – handelte es sich bei den Ländereien um Streubesitz, etwa um die wichtige Fährverbindung in Gehlsdorf an der Warnow und um kleinere Einheiten mit absteigender Bedeutung, wie die Begriffe Hufe, Krug, Mühle, Schmiede und Kate anzeigen. Im 13. und 14. Jahrhundert nannten die Moltkes in einem Radius von 30 bis

40 Kilometern um Rostock einen Besitz mit rund 100 Höfen und Dörfern ihr Eigen, aus dem sie Einkünfte und Rechte erzielten. Im 15. und 16. Jahrhundert konnten sie dieses kleine Imperium durch zahlreiche mecklenburgische Pfandbesitze stark erweitern. Zum Besitz kamen andere Rechte hinzu, die Gerichtsbarkeit, das Jagd- und das Patronatsrecht, das den Bau von Kirchen beinhaltete.

Im Spätmittelalter begann jedoch die Bedeutung jener Geschlechter zu sinken, die ausschließlich von den Einnahmen aus der Landwirtschaft lebten. Die Städte erstarkten. Handel und Verwaltung fanden in ihren Mauern statt. Ein hoher Geburtenüberschuss führte zu einer allmählichen Aufsplitterung des Besitzes und schwächte manches Adelsgeschlecht. Aber noch befanden sich die Moltkes in einer aufsteigenden Entwicklung.

Vom 15. Jahrhundert an traten, nach einer Phase der erfolgreichen Behauptung unter schwierigen Umständen, neue, bemerkenswerte Merkmale dieser Familie zum Vorschein: eine geschickte Heiratspolitik, diplomatische Fähigkeiten und eine juristische Ausbildung der Moltke-Männer. Im 16. Jahrhundert studierten nachweislich vier Moltkes an der juristischen Fakultät der Universität Rostock. Im Zentrum der Stadt, am Alten Markt, besaß die Familie, gewissermaßen als Vor- und Horchposten, einen Hauskomplex.

Als die Konsolidierung des Besitzes geglückt zu sein schien, traf die Familie ein unerwarteter Schicksalsschlag. Carin Moltke, Herr auf Toitenwinkel, wurde am 17. Mai 1564 von einem Müller mit einer Axt niedergeschlagen und starb acht Tage später an den Folgen seiner Verletzungen. Die Zukunft der Dynastie war infrage gestellt. Wieder einmal musste der Besitz an Rostock verpfändet werden. Und die Probleme hielten an. Die Witwe von Carin, Elisabeth Halberstadt, beging, unterstützt durch ihren Notar Wilhelm Ulenoge, Urkundenfälschungen im großen Stil. Die Manipulationen wurden entdeckt, die beiden vor Gericht gestellt. Ulenoge wurde hingerichtet, gerädert, die Witwe musste den Toitenwinkel verlassen.

Eines ihrer Kinder, Jürgen Moltke, übernahm schließlich den Besitz. Eine um 1600 ausbrechende finanzielle Krise zwang die Moltkes ein weiteres Mal zur Verpfändung ihres Besitzes an die Stadt Rostock.

Erst Gebhard Moltke schaffte den Befreiungsschlag. Er heiratete eine vermögende Frau, löste Toitenwinkel durch Erwerb im Jahre 1610 mithilfe der Landesherrschaft und Ritterschaft bei Rostock aus und beendete damit die anhaltende Schuldenkrise der Familie.

Der Eintritt der Moltkes in die »große« Geschichte begann im Dreißigjährigen Krieg. Zwei Angehörige der deutschen Linie machten sich dabei einen Namen: der bereits erwähnte Gebhard Moltke und sein Sohn Joachim Friedrich.[6] Gebhard war der erste Moltke, dessen Leben zumindest in Umrissen nachzuvollziehen ist. Er wurde 1567 geboren und studierte Prozessrecht am kaiserlichen Kammergericht in Speyer. 1608 wurde er mecklenburgischer Landrat und war für das Verwaltungs- und Justizwesen verantwortlich. Joachim Friedrich kämpfte als Offizier für Schweden erfolgreich gegen Wallensteins Feldherrn Tilly in der Schlacht von Lutter am Barenberge im Jahre 1626. Gebhard wechselte angesichts der neuen Machtverhältnisse in Mecklenburg – Wallenstein war 1628 Herzog des Landes geworden – in das Wallenstein'sche Lager. Diese Rochade brachte ihn in existenzielle Gefahr, denn Wallenstein wurde schon 1631 vertrieben. Nun drohte Gebhard die Rache der mecklenburgischen Herzöge. Er musste nach Rostock flüchten, das aber von den Schweden eingeschlossen wurde. So verharrte Gebhard am Ende zwölf Jahre im Exil in Lübeck. Als gebrochener Mann kehrte er zurück und starb im November 1644 in Rostock. Das Gut Toitenwinkel war mittlerweile eingezogen worden. Neuer Besitzer war seit November 1631 der schwedische General Tott, mit dem die mögliche Bezeichnungsherkunft Tottenwinkel in Verbindung gebracht wird. Auf ihn folgte schon bald darauf der in schwedischen Diensten stehende schottische General Ramsey. Da beide Gutsbesitzer rasch nacheinander starben, hatten die Moltkes am Ende Glück. Die Besitzansprüche der drei Söhne von Gebhard Moltke, von denen am Ende nur Joachim Friedrich überlebte, wurden anerkannt.

Er war es dann auch, der die Weichen für die Rückkehr der Moltkes nach Toitenwinkel stellte. Joachim Friedrich sorgte mit diplomatischem Geschick für die Regelung des uralten Konflikts der Familie mit Rostock und mit den Landesherren. Rostock stellte sich zunächst quer und machte erhebliche finanzielle Nachforderungen wegen angeblich über lange Zeiträume hinweg ausgebliebener Pachtzahlungen geltend. Doch der mittlerweile zum Oberst beförderte Joachim Friedrich verbrachte beinahe das gesamte Jahr 1649 in Stockholm und versicherte sich der Unterstützung des Kanzlers Oxenstierna. Mehrfach intervenierte die schwedische Krone daher zugunsten der Moltkes.

Nach Joachim Friedrichs Tod heiratete die Witwe Dorothea Meding einen Gebhard Julius Mandelsloh. Ihre Rechte gingen infolge einer Testamentsbestimmung auf ihren zweiten Mann über. Aber nun flackerten die Konflikte mit Rostock, das im Todesjahr von Joachim Friedrich einem Großbrand zum Opfer gefallen war, und der Landesherrschaft wieder auf. Als sie bedrohlich wurden, rettete der Tod des schwedischen Königs Gustav Adolf vorübergehend die Herren auf Toitenwinkel. Aber die Machtverhältnisse rund um Toitenwinkel hatten sich grundlegend geändert, und die Familie Mandelsloh musste das Gut vorübergehend aufgeben. Infolge der dritten, sogenannten mecklenburgischen Hauptlandesteilung – neben den Zentren in Güstrow und Wismar entstand nun auch noch der Hof in Schwerin – gehörte der Toitenwinkel jetzt zum Hause Mecklenburg-Schwerin. Der Herzog wurde faktisch der Herr über den Besitz. Zwar kehrten die Mandelslohs nach fast 30-jähriger Abwesenheit 1735 zum Toitenwinkel zurück, der Antrag, mit dem Toitenwinkel belehnt zu werden, wurde 1749 jedoch abgewiesen. 1780 verkauften sie daher ihren Besitz endgültig an den Herzog. Toitenwinkel wurde Bestandteil des herzoglichen Domaniums. Mit dem Vollzug des Geschäfts ein Jahr später war die Geschichte des Moltke'schen Gutes auch offiziell zu Ende.

Toitenwinkel als architektonische Einheit überlebte noch die nächsten knapp 200 Jahre. Im Laufe der Zeit hatte sich Rostock der Gegend bemächtigt, denn im Zuge von Industrialisierung und Bevölkerungszuwachs hatte die Stadt im 19. Jahrhundert die Warnow übersprungen. Neue Viertel entstanden auf der Toitenwinkeler Seite des Flusses. Weitere Siedlungen kamen während des Dritten Reiches hinzu. Als die DDR zu Beginn der Fünfzigerjahre damit begann, Rostock zum Konkurrenzhafen Hamburgs auszubauen, wurde der Toitenwinkel förmlich umgepflügt. Vororte in Plattenbauweise entstanden. Der Tiefwasserhafen in Petersdorf wurde von 1957 bis 1960 auf Toitenwinkeler Gebiet gebaut. In unmittelbarer Nähe entstand einer der größten Güterbahnhöfe der DDR. Die zum Hafen führenden Gleise und die Autobahn zerschnitten das Moltke'sche Stammland in zwei Teile. Später kamen zwei Neubaugebiete hinzu. 1973 wurden die Gutsgebäude auf Anordnung der SED gesprengt. Ein großes Kohlekraftwerk und der seit 2003 existierende Warnowtunnel prägen heute eine Landschaft, in der die Spurensuche nach dem ursprünglichen Toitenwinkel mühsam geworden ist. Nur die kleine Kirche am Rande der Industrie- und Wohngebiete steht noch. Und mit etwas Phantasie eröffnet sich am östlichen Warnowufer bei Dierkow wie in alter Zeit das Panorama von Rostock. Von der Stadtseite her ist der Blick zum Toitenwinkel dagegen ziemlich trostlos. Man sieht versteppte Grasflächen und struppige Baumgruppen, dahinter Fassaden von Plattenbauten. Nur die Fähre am Rostocker Stadthafen nach Gehlsdorf erinnert an das einstige Juwel aus dem Toitenwinkeler Besitz der Moltkes.

In Strietfeld und an anderen Orten des Moltke'schen Besitzes nahmen die Dinge einen ähnlichen Verlauf. Ein weiterer Geb-

hard starb hier im Jahre 1563. Sein ältester Sohn Otto, der in
Samow ein Gut besaß, lebte bis 1609, sein Bruder Klaus auf
Strietfeld ein Jahr länger. Danach teilten sich die Moltkes in
zwei Linien. Joachim Friedrich, von dem in Verbindung mit
Toitenwinkel die Rede war, war ein Enkel des Strietfelder
Gebhard und Herr auf Samow. Er gilt als der Stammvater der
deutschen Moltkes. Zu seinen Nachfahren gehörte der spätere
Generalfeldmarschall. Nach seinem Abschied vom Militär
kaufte Joachim Friedrich vom Eutiner Bischof den Besitz
Schorssow in Mecklenburg hinzu. Die deutschen Moltkes
teilten sich also nach 1665 in die Linien Samow und Schorssow. Beide Häuser führten das Wappen mit den drei schwarzen Birkhähnen im silbernen Feld und als Helmzier sieben
Pfauenfedern. Der Wahlspruch hieß: »Candide et caute« –
»Aufrichtig und vorsichtig«. Dem Haus Samow war nicht der
wirtschaftliche Erfolg von Schorssow beschieden. Es musste
daher 1785 verkauft werden. Der Ertrag diente der Versorgung
der zahlreichen männlichen Moltke-Erben. Das 1658 errich-
tete, später umgebaute Herrenhaus in der Nähe von Rostock
steht noch heute. Im wenige Kilometer entfernten Weiler
Strietfeld kann man anhand des Geländeprofils und von
Baumgruppen erahnen, wo einmal die Burg stand.

Während der Kriege um Schlesien ging aus dieser Gruppe
ein österreichischer Generalfeldmarschall hervor, Ludwig Philipp von Moltke. Er half einem Vetter, der wegen einer Schlä-
gerei den württembergischen Pagendienst quittiert hatte und
zu ihm geflüchtet war. Dieser junge Mann hieß Friedrich
Casimir von Moltke. Als er in Wien genötigt wurde, seinen
Glauben zu wechseln und Katholik zu werden, zog er sich auf
sein mecklenburgisches Gut zurück und heiratete 1750 in
Rostock den Abkömmling einer Hugenottenfamilie, Sophie
Charlotte d'Olivet. Beide waren Großeltern von Helmuth
von Moltke. Casimirs und Charlottes prächtiger Grabstein ist
noch heute in der Klosterkirche von Ribnitz zu sehen.

Unruhige Kindheit

Helmuth von Moltkes Generation hatte Zeit. Er selbst war einer der letzten Generalisten und in seiner Berufsgruppe ein Außenseiter zugleich. Dennoch machte er die bedeutendste militärische Karriere, die es je in Deutschland gegeben hat. Er beobachtete drei Revolutionen, machte vier Kriege mit und diente fünf Herrschern. Im Gegensatz zu Friedrich II. und Napoleon I., die trotz ihrer Niederlagen zeitlebens von ihren Untertanen kultartig verehrt wurden, verlor er keine einzige Schlacht.

Helmuth von Moltke kam am 26. Oktober 1800 in Parchim auf die Welt, wenige Monate nach der Schlacht von Marengo. Dort hatte Napoleon die Österreicher geschlagen. Der Geburtsort war zufällig. Seine Eltern, Friedrich Philipp Victor von Moltke und Sophie Henriette Paschen, nach dem Urteil früherer Biografen ein schönes Paar, waren zu dieser Zeit ohne eigene Bleibe. Sie hielten sich im Hause seines Bruders auf, des damaligen Hauptmanns Helmuth von Moltke. Dieser starb als Major im Dezember 1812 in Gumbinnen an Erschöpfung und an den Erfrierungen, die er beim Rückzug mit dem Napoleonischen Heer und den Resten des Mecklenburg-Schweriner Kontingents aus Russland erlitten hatte. Nach ihm erhielt der Neffe auch seinen Vornamen. Helmuth war das dritte von insgesamt acht Kindern, sechs Jungen und zwei Mädchen.

Vater Friedrich Philipp Victor war 1768 auf dem Moltkeschen Familiengut Samow in Mecklenburg geboren worden. Samow hatte bei diesem Moltke'schen Familienzweig bereits eine Rolle gespielt, als Toitenwinkel Ende des 17. Jahrhunderts für die Moltkes verloren gegangen war. In Samow war Wolfgang Casper, der Urgroßvater von Friedrich Philipp Victor, 1637 auf die Welt gekommen. In diese Tradition der Großgrundbesitzer wollte der Nachfahre wieder zurückkehren. Kurz vor der Geburt von Helmuth hatte er auf Betreiben seines Schwiegervaters den preußischen Militärdienst verlassen. Er wollte fortan auf dem Lande leben und damit den Respekt seines Schwiegervaters erwerben, der ihn zunächst als seinen Schwiegersohn abgelehnt hatte. Einige Jahre später korrigierte Friedrich Philipp Victor diese Entscheidung und trat wegen anhaltender finanzieller Probleme im Range eines Majors in die Dienste Dänemarks ein. Das war damals nicht unüblich, denn noch hatte der Nationalstaat weiche Konturen, waren die Schlagbäume nicht heruntergegangen. Das Leben von Helmuth von Moltke sollte dieser zwar nicht in der Kindheit, später jedoch entscheidend prägen.

Friedrich Philipp Victor hatte kurz vor dem Aufenthalt der Familie in Parchim das Erbzinsgut Liebenthal in der nahe gelegenen Priegnitz in der Nähe von Wittstock verkauft und mit seiner Familie Unterschlupf beim Bruder gefunden. Die unsteten Zeiten für die Moltkes setzten sich fort, als Friedrich Philipp Victor ein Jahr später das Gut Knewitz in Mecklenburg-Schwerin erwarb und schon zwei Jahre später erneut veräußerte. Danach zog die Familie nach Lübeck, in den Heimatort seiner begüterten Frau. Von hier aus kaufte Friedrich Philipp Victor noch im selben Jahr das Gut Augustenhof. Es lag im Herzogtum Holstein und damit auf dänischem Gebiet. Der unbeständige Lebenswandel der Moltkes hatte aber nicht nur private Gründe, er vollzog sich vor dem Hintergrund des Verlustes des Adelsmonopols auf privaten Großgrundbesitz. Mit den Stein-Hardenberg'schen Reformen und der Revolutionierung der ländlichen Rechtsverhältnisse um 1806 war für die Adligen eine bürgerliche Konkurrenz entstanden, die zu vielen Besitzwechseln auf dem Lande führte.

Eine ältere dänische Linie der Moltkes war in männlicher Linie ausgestorben. Aber in Dänemark hatte sich ein neuer Zweig herausgebildet, der es bereits im 17. Jahrhundert zu Ansehen und Besitz gebracht hatte, sowohl in der Hauptstadt als auch in den Elbherzogtümern. Eine Reihe von Linien wurden in den Reichsgrafenstand bzw. Lehngrafenstand erhoben.[7]

Viele Moltkes bekleideten hohe Positionen in Dänemark. Unter ihnen befand sich ein Oberhofmarschall namens Adam Gottlob Lehngraf Moltke-Bregentved. Er galt als Favorit des Königs Frederik V. und regierte faktisch das Land. Als Präsident der Dänischen Asiatischen Kompanie förderte er eine Kolonie der Herrnhuter Brüdergemeine auf den Nikobaren, er war Präsident des Hofgerichts und Leiter mehrerer bedeutender Kulturinstitutionen, wie der Mal- und Zeichenakademie und der Akademie der Maler, Bildhauer und Architekten. Die Moltkes stellten in Dänemark ferner mehrere Minister, mehrmals den Außenminister, sie waren Diplomaten, Generäle und Admirale und Oberpräsidenten. Die juristisch gebildeten Moltkes wirkten an Verfassungen mit. In ihren Reihen befand sich mit Graf Adam Gottlob Ditlev auch ein Schriftsteller. Ein Graf Adam Gottlob spielte zu der Zeit, als Helmuth von Moltke der Ältere als Kadett nach Dänemark kam, eine bedeutende Rolle im politischen und kulturellen Leben des Landes.[8] Als er 1852 seine Tätigkeit beendete, sagte er dem dänischen König: »Wenn Sie keine Verwendung mehr für mich haben sollten, dann bin ich eben ein Moltke.« Zu dieser Zeit entstand in Kopenhagen das Schloss Amalienborg mit dem Moltke-Palais, einem prunkvollen Bau im Rokokostil, in den die Königsfamilie einzog.

Andere Zweige der Familie Moltke hatte es während des Mittelalters in Norwegen und in Schweden gegeben. Daher kann man die Moltkes als eine im wahrsten Sinne des Wortes europäische Familie bezeichnen. Eine Reihe von ihnen diente in der Funktion von Offizieren und Beamten in Mecklenburg, Preußen, Württemberg, Österreich und Russland. Aus einer außerehelichen Verbindung eines Leutnants von Moltke, der es später in den Diensten von Mecklenburg-Strelitz zum Kammerherrn und Oberjägermeister brachte, stammte schließlich Maximilian Leopold Moltke. Er lebte als Buchhändler von 1841 bis 1849 in Siebenbürgen. Dort dichtete er die »Nationalhymne« der Siebenbürger Sachsen »Sie-

benbürgen, Land des Segens, Land der Fülle und der Kraft«.
1848/49 beteiligte er sich an den revolutionären Bewegungen,
die Europa erschütterten, und war später Bibliothekar in Leipzig. Er übersetzte die Werke von Shakespeare und gab die
Zeitschrift »Deutscher Sprachwart« heraus.

Die Familie von Moltke, 1805 durch die Geburt eines weiteren Sohnes auf fünf Kinder angewachsen, wohnte seit 1804 in
Lübeck, während der Vater an einem Wohnhaus im Augustenhof baute. Er sah Frau und Kinder nur selten. Mehrere einschneidende Veränderungen im Leben der Familie und damit
auch für Helmuth traten durch politische Entwicklungen ein.
Prägend für den Sechsjährigen wurde 1806 die Eroberung von
Lübeck durch die Franzosen. 60000 Soldaten durchstreiften
die Stadt nach Beute und plünderten auch die Habe der Moltkes. In seinem Roman »Buddenbrooks« lässt Thomas Mann
eine Szene in einer kalten Novembernacht auferstehen, in
der der vor seiner Ladentür stehende Schlachtermeister Prahl
einen Hieb auf den Kopf erhält und Madame Buddenbrook
angesichts der Plünderungen der Franzosen in ihrem Hause
und der drohenden Einquartierung zu Pastor Wunderlich
sagt: »Sie sind über dem Silberzeug, Wunderlich! Das ist passiert! Und Jean liegt mit der Kopfrose und kann mir nicht helfen! Und er könnte auch nicht helfen, wäre er auf den Beinen!
Sie stehlen meine Löffel, meine silbernen Löffel, das ist passiert, Wunderlich, und ich gehe in die Trave!«[9]
In Lübeck zierte lange Zeit eine Gedenktafel die Fassade
eines großen Kaufhauses, das an der Breiten Straße ungefähr
dort stand, wo der Generalfeldmarschall in seiner Kindheit
von 1804 bis 1806 gelebt hatte. Nach dem Abriss des Hauses
wurde das Medaillon in Bronzeguss nicht in dem Neubau integriert und lehnt heute etwas verloren an der Hauswand des
Gebäudes auf dem »Schrangen«, der großen Einkaufstraße in
der Lübecker Fußgängerzone.
Frankreich blieb ein wichtiges Thema und Motiv im Leben
von Moltke. Im Treppenhaus des Schlosses, das er in der zwei-

ten Lebenshälfte erwarb, stellte ein großes Wandgemälde auf der einen Seite den Einzug der Franzosen in Lübeck dar. Am rechten Bildrand war, verzweifelt-ungläubig schauend, auch der sechsjährige kleine Helmuth zu sehen. Gegenüber auf dem zweiten Wandgemälde ritt er an der Spitze seiner siegreichen Armee 1871 in Paris ein. Der Arc de Triomphe erschien auf diesem Bild wie der Heilige Gral. In Wirklichkeit hatte Moltke, ebenso wie Bismarck, an der Truppenparade am 1. März 1871 gar nicht teilgenommen. Auf beiden Seiten des Haupteingangs zum Schloss wurde das Thema komplettiert, denn dort standen bis zum Ende des Ersten Weltkriegs zwei erbeutete französische Kanonen. Noch bei einem seiner letzten Auftritte im Reichstag erinnerte sich Moltke als alter Mann an das Verhalten der Franzosen bei ihrem Abzug aus Norddeutschland. Bei den Plünderungen verloren die Moltkes aber nicht nur ihre Lübecker Habe, sondern wenige Wochen später stand auch der Augustenhof in Flammen. Da er nicht versichert war, ging der Besitz einschließlich großer Teile des Vermögens der Mutter praktisch verloren. Frau von Moltke versuchte noch ein paar Jahre lang vergeblich, sich zusammen mit den Kindern auf dem Gutsgelände zu halten.

Kurz zuvor war in dieser Gegend die Leibeigenschaft abgeschafft worden. Moltke konnte die selbstbewussten Arbeiter und Tagelöhner nicht länger bezahlen, die nun am Ortsrand herumlungerten. Bei einem Spaziergang mit einem seiner Söhne trat ihm der Anführer der Orientierungslosen, in der neuen Gesellschaft Platz Suchenden, den Hut auf dem Kopf behaltend, entgegen und sagte: »Na, Herr, wi wart dat nu mi uns?« Moltke verpasste ihm eine Ohrfeige und entgegnete: »Schlingel, nimm deinen Hut ab, wenn du mit deinem Herrn sprichst.« Überraschenderweise erzielte Moltke nach dieser Zurechtweisung rasch eine Einigung mit den Dorfbewohnern. Am Nachmittag wurde auf den Feldern wieder gearbeitet.

Das inkonstante Leben der Familie mit zahlreichen Versetzungen des Vaters hielt an. Auch die Ehe der Eltern war alles andere als glücklich – die Mutter war um den Zusammenhalt der Familie besorgt, der Vater sprunghaft, unstet, zeigte sich unfähig, mit Geld umzugehen. Schon im Alter von neun Jahren wurde Helmuth zusammen mit seinen beiden älteren Brüdern zu einem Pastor Knickebein in einem kleinen holsteinischen Flecken in Pension gegeben. Dort wurde anscheinend nicht allzu viel gelernt, und es ging im Hause des Theologen offensichtlich sehr fröhlich zu. Helmuth vermisste dennoch seine Mutter, eine kluge, mehrsprachige, auch eigenwillige Frau, der er sehr ähnelte. Er muss, wie seine Geschwister, außerordentlich an ihr gehangen haben. Helmuths Mutter ging nach der Trennung von ihrem Mann im Jahre 1814 in ein Damenstift. Sie starb 1837.

Helmuth kam im Hause des Pastors erstmals spielerisch mit dem militärischen Handwerk in Berührung. Er baute kleine Festungen und stattete sie mit zwei Kanonen aus, die er vom Vater geschenkt bekommen hatte.

1811 war es mit dieser Idylle vorbei. Zusammen mit einem seiner Brüder wurde Helmuth in eine Kadettenanstalt nach Kopenhagen geschickt.

In dänischen Diensten hatte es der Vater von Helmuth bis zum Generalleutnant und zum Ortskommandanten von Kiel gebracht und war daher dem Land verbunden. Neun Brüder waren nach dem Verlust von Samow ebenfalls Offiziere geworden. Neben Friedrich Philipp Victor gelang es noch einem Weiteren von ihnen, General zu werden. Vorübergehend nahm Helmuths Vater Abschied von der dänischen Armee, kehrte aber wieder in den Dienst zurück. Er war ein guter Soldat und behielt in Entscheidungssituationen den Überblick, zum Beispiel als er 1809 bei Stralsund das Schill'sche Korps bekämpfte. Im französisch-dänischen Armeekorps wurde er gegen die Russen eingesetzt und wehrte im Juli 1813 einen Kosaken-Angriff in Mecklenburg ab. Als sein Sohn sich in den Anfängen einer großen militärischen Karriere befand, verfolgte sie Friedrich Philipp Victor von Wandsbek bei Hamburg aus, wo er seit 1839 im Ruhestand lebte. Er starb 1845. Kurz vor seinem Tod sah er seinen Sohn Helmuth noch einmal in Berlin.

Helmuths ältester Bruder Wilhelm wurde dänischer Offizier. Er diente in Norwegen und in Dänemark und starb schon 1834. Mit Friedrich Joachim, Fritz genannt, absolvierte Helmuth die Kadettenschule. Obwohl sich Fritz später als Soldat und danach als Postmeister in Flensburg in dänischen Diensten befand, blieb der Kontakt zwischen den beiden eng. Sie hatten zwar erhebliche politische Meinungsverschiedenheiten, hielten aber auch zusammen, als es zum Krieg zwischen Preußen und Dänemark kam. Fritz lebte von 1868 an bei seinem Bruder und starb 1874. Wirkliche Zuneigung verband Helmuth mit seinem jüngeren Bruder Adolph, der ihm intellektuell und emotional wohl sehr nahestand. Adolph trat zunächst in die dänische Verwaltung ein und wurde dann Landrat in Preußen. Er lebte bis 1871. Nächster in der Kette der Geschwister war Ludwig, der ebenfalls in der preußischen Verwaltung tätig wurde, sich aufgrund seiner musischen Neigungen jedoch früh pensionieren ließ und 1889 starb. Er hinterließ zahlreiche Kompositionen. Es gab zudem noch zwei Schwestern, Magdalene, Stifterin eines Krankenhauses in Uetersen, die Helmuth als einziges seiner Geschwister überlebte, und Auguste. Diese heiratete einen englischen Plantagenbesitzer mit Gütern in der Karibik, lebte mit ihm jedoch in Holstein. Als Witwe zog sie zu ihrem Bruder nach Kreisau und verstarb 1883. Jüngstes Geschwister war der 1812 geborene Victor. Helmuth riet ihm, Soldat zu werden und später in den Telegrafendienst zu gehen. Aber Victor gab beides auf, ein wenig abgesichert durch das Paschen'sche Erbe. Er arbeitete als Landwirt und wurde nur 41 Jahre alt.

Helmuth ging in Kopenhagen durch bittere Zeiten. Er war als Inhaber einer Freistelle zunächst nicht in der Kadettenanstalt untergebracht, sondern lebte mit seinem Bruder im Hause eines alten Generals. Der Mann kümmerte sich nicht um die

Jungen. Eine alte, zänkische Haushälterin ließ die beiden hungern und frieren. Sie waren häufig krank. Kaum besser erging es ihnen in der Kadettenanstalt, wo sie zunächst auch noch die dänische Sprache erlernen mussten. Die Behandlung war dort hart und lieblos. Der kleinste Fehler führte zu strengen Reaktionen. Schnell setzte es Prügel und Schläge, und so verwundert es nicht, dass Helmuth, als er einmal an Typhus erkrankte und in ein Lazarett eingewiesen wurde, die dortigen Zustände als paradiesisch empfand. Die Kameradschaft unter den Kadetten war jedoch anscheinend gut und hielt für den Rest des Lebens.

Einmal, so erinnerte sich Moltke später, kam der Vater nach Kopenhagen, um die Jungen nach Hause abzuholen. Nur mit Glück gelang dies, denn Dänemark befand sich im Krieg mit England. Englische Kriegsschiffe kontrollierten alle Schiffsbewegungen zwischen den dänischen Inseln und dem Festland, natürlich auch Schiffe, die nach Norddeutschland unterwegs waren. Die drei kamen durch, und glücklich konnte die Mutter im Augustenhof ihre beiden Kinder in die Arme schließen. In einem Brief an seine Mutter schrieb Helmuth viele Jahre später voller Melancholie: »Du weißt es, wie ich, früh schon aus dem elterlichen Hause entfernt und Deiner Sorgfalt entrissen, mich bald gewöhnen musste, überall ein Fremder zu sein.«

Die brutale Härte, der Helmuth im täglichen Drill ausgesetzt war, blieb nicht ohne Folgen. Die entscheidenden Dinge im Leben machte er später allein mit sich aus. Er wurde in Kopenhagen zu einem sehr verschlossenen Menschen. Über diese Zeit hat er einmal später gesagt: »Es war eine wahrhaft spartanische Erziehung, die den Kadetten durch strenge, ja ich glaube, viel zu strenge Behandlung zuteil wurde. Der Ton war sehr hart, von Liebe und Teilnahme merkte man keine Spur, eine sorgsame Erziehung in moralischer Richtung gewährte diese Institution nicht.« Aus heutiger Sicht eine mehrjährige Kindesmisshandlung mit traumatischen Folgen.

Glückliche Stunden gab es für ihn nur, wenn er an Wochen-
enden auf einen in der Nähe von Kopenhagen gelegenen
Landsitz eingeladen wurde, der dem General Hegermann-
Lindencrone gehörte. Hier fühlte sich Helmuth standesge-
mäß aufgenommen. Hier gab es die Gespräche und Veranstaltungen, die er im übrigen Leben vermisste. Hier traf er auf
bedeutende Persönlichkeiten seiner Zeit, auf Kirchenführer,
Philosophen und Politiker. Zu ihnen zählten der Schriftsteller Adam Gottlob Oehlenschläger und der Theologe Jacob
Peter Mynster, der Glauben und Wissen, christliche Offenbarung und klassischen Humanismus zu verbinden versuchte.
Durch ihre Gesellschaft lernte Helmuth viel mehr als beim
täglichen Drill, hier entwickelte er eine Empfänglichkeit für
Literatur, Dichtung und – durch Mynster – eine tiefe Religio-
sität. Er hörte bei den Gesprächen meistens schweigend zu,
aber wenn er sich zu Wort meldete, lauschten ihm die anderen
mit großem Interesse. Schon als Kadett deutete sich somit an,
was später zu einem festen Bestandteil seiner Persönlichkeit
wurde: Er war jederzeit bereit, Neues zu lernen, und vor allem, es zu zeichnen. Schon als Junge verstand er es, das, was
ihn ansprach, meisterhaft zu skizzieren und sich so im wört-
lichen Sinne ein Bild von der Welt zu machen.

1819 wurde Helmuth von Moltke königlich dänischer Page
und bestand das Examen in der sogenannten Pagenklasse als
Jahrgangsbester. Sehr gut fiel auch das folgende Examen aus.
Nach sieben Jahren und elf Monaten als Kadett und Page bei
der Zweiten Kompanie erhielt er mit dem viertbesten Ergebnis das Offizierspatent. Erneut wurde ihm ein »bester« Charakter bescheinigt, wie sein Zeugnis ausweist. Moltke wurde
mit einem Jahr Vordatierung, was für Bezahlung und spätere
Pension wichtig war, dem Oldenburgischen Infanterieregiment im zu Dänemark gehörenden Rendsburg zugeteilt. 1820
wurde er dort zur Jägerkompanie versetzt, was einer aber-
maligen Auszeichnung gleichkam.

Die Verhältnisse beim dänischen Militär waren nicht nur

zu dieser Zeit eng und überschaubar. Hinzu kam die schwierige internationale Lage des Landes. Dänemark hatte in der Zeit der Napoleonischen Kriege aufseiten Frankreichs gestanden und im Frieden von Kiel 1814 Norwegen an Schweden abtreten müssen. Große Teile seines Staatsgebiets gingen verloren. Damit hatten sich auch die Karrierechancen beim Militär deutlich verringert. Viele Garnisonen und damit Beförderungsmöglichkeiten existierten nicht mehr.

Freunde des jungen Offiziers rieten ihm daher, über einen Wechsel nach Preußen nachzudenken. Als Helmuth ein Jahr später mit seinem Vater nach Berlin reiste und dort das preußische Militär erstmals erlebte, fiel rasch der Entschluss, Rendsburg zu verlassen. Helmuth sah seine Zukunft beim preußischen Militär. Nun wollte er umgehend die blaue Uniform anziehen. Das gelang ihm mithilfe der großzügigen Dänen, des bereits erwähnten Generals Hegermann-Lindencrone, des Regimentskommandeurs in Rendsburg und eines Verwandten in Preußen. Helmuth, der baumlange, blauäugige, elegant wirkende junge Offizier, verließ Anfang 1822 den dänischen Militärdienst. Zehn Jahre später wäre dies aufgrund des in Europa erwachenden Nationalismus nicht mehr möglich gewesen. Eine große Zukunft lag in Berlin vor ihm. Trotzdem vergaß er seine dänischen Anfänge und seine Kopenhagener Gesprächspartner zeitlebens nicht. Die beiden Herzogtümer blieben seine emotionale Heimat.

Erste Jahre in Preußen

Die Reformzeit in der preußischen Armee war vorbei, als Helmuth von Moltke 1822 die Uniform wechselte. Die Umstellung von der langweiligen Residenz- und Garnisonsstadt Rendsburg auf die preußische Hauptstadt Berlin mit ihren damals etwas mehr als 200 000 Einwohnern gelang ihm sehr rasch. In seinem langen Leben konnte Moltke ihre rasante

Entwicklung bis zu einer Millionenstadt verfolgen. Nach nur zweiwöchiger Vorbereitungszeit bestand er das preußische Offiziersexamen und trat in die Dienste von König Friedrich Wilhelm III. ein. Als Sekondeleutnant wurde er zum Leib-Grenadierregiment 8 nach Frankfurt an der Oder abkommandiert.

Das Leben der Militärs, ihr Alltag, war zu dieser Zeit noch gemächlich. Man musste selbst initiativ werden, wollte man dem langweiligen Einerlei des Tages entkommen, bei dem das Exerzieren im Mittelpunkt stand. Es gab selten Abwechslung. Schießübungen, Märsche oder Manöver wurden nur zu bestimmten Zeiten im Jahr abgehalten.

Moltke nutzte die freie Zeit, um sich von den Strapazen der Kopenhagener Jahre zu erholen. In der landschaftlich schönen Umgebung der Garnisonsstadt unternahm er weite Spaziergänge und Ausflüge oder trimmte seinen Körper mit Schwimmen im Fluss. Danach verzehrte man genüsslich Kirschen mit saurer Milch, wie er seiner Mutter berichtete. In diesem Brief vom 5. Juni 1823 bat er sie auch darum, ihm Löckchen der beiden Schwestern, von zwei Brüdern und von ihr selbst zuzuschicken. Er wolle sie in einer Kapsel bei sich tragen.

Wie in Dänemark hatte er das Glück, in einem großen Hause verkehren zu dürfen. Es gehörte dem General Friedrich August Ludwig von der Marwitz. Dieser war Kommandeur einer Kavalleriebrigade und nach dem Tod der ersten Frau in zweiter Ehe mit Charlotte, einer geborenen Gräfin von Moltke, verheiratet, einer entfernten Verwandten des jungen Offiziers. Die Gräfin war Hofdame bei Königin Luise gewesen. Moltke führte im Haus sehr anregende Gespräche und bereitete sich gleichzeitig auf das Examen an der allgemeinen Kriegsschule vor. Bereits 1823 erhielt er vorzeitig die königliche Genehmigung, die Institution in Berlin besuchen zu dürfen.

Er bestand die Zulassungsprüfung, bei der es darum ging, unter den besten 50 Bewerbern zu sein, und kam im Herbst

1823 in Berlin an. Direktor der Kriegsschule war Carl von Clausewitz. Der zu den Reformern zählende General hatte aber nur Verwaltungsaufgaben, er gehörte zu den Kaltgestellten im Hause und durfte nicht selbst lehren. Moltke lernte daher die Bedeutung von Clausewitz erst kennen, als er viele Jahre später seine theoretische Schrift »Vom Kriege« studierte. Diese hatte Clausewitz nach seinem frühen Tod – er starb 1831 an Cholera – weltberühmt gemacht. Besonders beeindruckte sie Moltke aber nicht.

Moltkes wirtschaftliche Verhältnisse waren sehr bescheiden. Seine Eltern konnten zum kargen Offiziersgehalt wenig beisteuern. Auch das Leben im vormärzlichen Berlin, einer überschaubaren, aber erwachenden Stadt, fiel ihm nicht leicht. Moltke sehnte sich nach den gemütlicheren Verhältnissen in Frankfurt zurück. Sein ruheloser Geist führte dazu, dass er sich bei seinen Studien an der Kriegsschule gesundheitlich übernahm. Im Sommer 1825 musste er sich für einen Kuraufenthalt im Riesengebirge beurlauben lassen. Dort begegnete er einem Mädchen, in das er sich spontan verliebte. In einem Brief an seine Mutter vom 25. August 1825 stellte er jedoch mit Bedauern fest, dass es nicht vermögend sei. Weiter heißt es in diesem Schreiben: »Und so will ich mich denn mit neuem Mut auf die dornige Rennbahn wagen, auf der ich entfernt von Euch allen und einsam das Glück zu erjagen strebe. Möchte ich es für Euch alle gewinnen.«

Ein Lehrgangskamerad, der später ebenfalls General wurde, charakterisierte ihn zu dieser Zeit folgendermaßen: »Er sah damals ganz so aus wie später und war auch ungefähr derselbe. Nie habe ich einen Mann wieder getroffen, der zeitlebens sich so wenig verändert hat.« Interessant war auch die anschließende Feststellung des Offizierskameraden, Moltke sei damals leistungsmäßig nicht besser als seine Kameraden gewesen. Der Unterschied habe darin bestanden, dass Moltke später unentwegt weiter an sich gearbeitet habe. Bald darauf schloss Moltke seine Studien in Berlin ab und kehrte als 26-Jähriger im Range eines Leutnants nach Frankfurt an der

Oder zurück. Er wurde nun Lehrer an der Divisionsschule und Vorgesetzter von mehr als zwei Dutzend Fähnrichen. Das Deputat war übersichtlich. Neben acht Inspektionsstunden hatte er pro Woche 14 Stunden zu unterrichten, darunter auch das Fach Französisch. Von Anfang an gehörte es anscheinend zu seinen Stärken, im chaotischen Tagesbetrieb der Schule ordnende Strukturen zu schaffen.

Moltkes Gesundheitszustand blieb jedoch labil. Er litt an Herzflimmern und musste im Sommer 1827 erneut einen mehrmonatigen Kuraufenthalt antreten, dieses Mal auf der Nordseeinsel Föhr. Auf dieser Reise besuchte er auch seine Eltern. Aber selbst während solcher Zwangspausen blieb er tätig. Er versuchte sich literarisch im Stile seiner Zeit und schrieb beispielsweise die Erzählung »Die beiden Freunde«. Die Geschichte spielt im Siebenjährigen Krieg und offenbart stilistisch und inhaltlich eine Menge über den Verfasser, auch bereits von seiner kommenden Entwicklung. Das erhoffte Honorar für die Geschichte aber blieb aus. Der Verleger zahlte nicht. Liest man die Texte Moltkes heute, etwa die Berichte von Wanderungen im Riesengebirge, hat man unwillkürlich die Werke von Caspar David Friedrich vor Augen.

Moltkes guter Ruf als Lehrer an der Frankfurter Divisionsschule sprach sich rasch herum. Schon im Frühjahr 1828 erhielt er den Stellungsbefehl zum Topografischen Bureau des Großen Generalstabs in Berlin. Es war das Jahr, in dem Schinkel das Alte Museum auf der Museumsinsel fertigstellte. Die Abkommandierung in die preußische Hauptstadt erfolgte sieben Jahre früher als üblich, wie Moltke selbst seine Situation einschätzte. Dadurch konnte er den Verlust an Dienstzeit mehr als kompensieren, den er durch den Wechsel vom dänischen Heer ins preußische erlitten hatte. Offenkundig hatten seine Vorgesetzten zwei seiner vielen Begabungen bereits erkannt: das zeichnerische Talent, das schon an der Kopenhagener Kadettenschule zum Vorschein gekommen war, wie auch seine Fähigkeit, die Charakteristika des Geländes rasch zu erfassen.

Das Topografische Bureau, das später vom Generalstab abgetrennt wurde, bildete für Moltke die Einlasspforte zur Generalstabsoffizierskarriere. Um 1830 wurden hier die Gehilfen der höheren Truppenführer ausgebildet.

Es begann nun eine ungewöhnliche militärische Karriere, denn Moltke verbrachte lediglich als Leutnant eine kurze Zeit im Truppendienst. Fast während seiner gesamten Dienstzeit war er in Stabsstellungen tätig. Das war eigentlich nicht gerade eine gute Voraussetzung für eine überdurchschnittliche Laufbahn in der preußischen Armee.

Zu dieser Zeit befand sich die von der Armee vorgenommene Kartografierung Preußens im Maßstab 1:25 000 in ihrer Schlussphase. Es fehlten nur noch die östlichen Randgebiete des Staates. Moltke wurde daher zu Aufträgen nach Oberschlesien geschickt. Er war in seinem Element. In ungebleichten Hosen, grauem Staubmantel und weißer Mütze, ausgestattet mit einem Etui und einem Fernrohr aus englischer Fabrikation, zog er einem Alexander von Humboldt gleich durch die Landschaft. Ihm folgte ein Diener mit einem Messtisch. Als es während der fünfmonatigen Abkommandierung allmählich herbstlich wurde, benutzte Moltke bei der Arbeit in freier Natur fingerfreie Handschuhe, die er von zwei adligen Fräulein geschenkt bekommen hatte. Die schlesischen Gutsbesitzer bewirteten ihn und seine Kameraden gut und reichlich. Ausgestattet mit einer offenen königlichen Ordre, hatte ihm jeder Dorfschulze auf Anweisung Pferde, Quartier und zwei Helfer zu stellen. Zudem wurden seine Einkünfte um monatlich 20 Taler aufgestockt. Fünf davon legte er im Monat zurück und schickte sie seiner Mutter, denn er hatte nicht viele Ausgaben. Dennoch klangen in Moltkes Briefen in dieser Zeit immer wieder finanzielle Sorgen an.

Im Winter kehrten die Militärtopografen nach Berlin zurück, um ihre Aufträge fertigzustellen und zusätzliche Aufgaben im Generalstab zu übernehmen. Daneben blieb genügend Zeit für das gesellschaftliche und kulturelle Leben in der Hauptstadt. Selbst für die jungen Offiziere begann der Dienst nicht vor zehn Uhr und endete bereits gegen zwei Uhr am Nachmittag. Moltke nutzte die gesamte Palette der Möglichkeiten. Er lernte Russisch, hörte an der Universität Vorlesungen in Geschichte, deutscher und französischer Literatur, nahm Tanz- und Reitunterricht. Daneben blieb auch noch Zeit für Theaterbesuche und zur Lektüre der »Reisebilder« von Heinrich Heine. Den Autor mochte Moltke nicht – er kritisierte seinen Atheismus, seine Eitelkeit und Unzufriedenheit –, später im Leben orientierte er sich dennoch an ihm. Unzufrieden war Moltke aber auch mit sich selbst. Seine Karriere komme nicht voran, weil er charakterliche Schwächen habe, befand er.

Im Sommer 1829 war Moltke in der Provinz Posen unterwegs. Die Provinz gehörte damals erst seit wenigen Jahren zu Preußen. Moltke entging die ablehnende Haltung der polnischstämmigen Bevölkerung gegenüber der neuen Herrschaft nicht. Fast zeichnete seine Briefe zu dieser Zeit ein gewisses Verständnis für die antipreußische Einstellung der Bevölkerung aus, die ihn persönlich freundlich aufnahm. Nach dieser Abordnung unternahm er einen großen Ritt zu Pferde, der ihn durch Sachsen und das Erzgebirge führte. Kurz vor der anschließenden Übungsreise des Großen Generalstabs besuchte er das Schlachtfeld bei Kulm und referierte seinem Vorgesetzten den komplizierten Ablauf der Ereignisse der 1813 in den Napoleonischen Kriegen geschlagenen Schlacht.

Moltkes gewaltiges Arbeitspensum hatte zur Folge, dass er bei seinen Kameraden als Einzelgänger galt. Zwar nahm er an den täglichen Schachpartien teil, die er auch meistens gewann, aber gern zog er sich dann auch wieder zurück. Ein Kamerad berichtete, dass er Moltke nachmittags beim Betreten seines Zimmers regelmäßig stehend am Arbeitspult angetroffen habe. Moltke unterzog sich zu dieser Zeit einer Herkulesaufgabe. Er übersetzte die römische Geschichte von Edward Gibbon »The History of the Decline and Fall of the Roman

Empire« ins Deutsche. Er wollte aus ihr lernen, vor allem aber zusätzliches Geld verdienen. Moltke sparte damals für ein Pferd. Wenig Honorar erhielt er für ein Traktat, das er in dieser Zeit verfasste: eine Geschichte der holländisch-belgischen Beziehungen von Philipp II. bis Wilhelm I.

Wohl in Verbindung mit diesen Studien und der umfassenden Lektüre von Sekundärliteratur erkannte Moltke schon damals die einschneidende Veränderung, die im Verhältnis der europäischen Staaten zueinander eingetreten war und sich noch verschärfen würde. Er stellte fest, »dass es heutzutage nicht allein die Kabinette sind, welche über Krieg und Frieden entscheiden und die Angelegenheiten der Völker leiten, sondern es an vielen Orten die Völker sind, welche die Kabinette leiten, und so ein Element in die Politik hineingebracht ist, welches freilich außerhalb aller Berechnung liegt« – eine Aussage mit ungeheurer Brisanz und Reichweite, die seine späteren Konflikte mit der Politik erahnen lässt.

Moltke konnte sich jetzt berechtigte Hoffnungen auf die breiten roten Streifen an seiner Hose machen, den mehr oder weniger diskreten Verweis auf die ständige Zugehörigkeit zum Generalstab. Er wurde nicht wie die anderen jungen Offiziere im Frühjahr 1830 zum Regiment zurückbeordert, sondern verblieb beim Topografischen Bureau in Berlin.

Moltke sparte jetzt verschärft, um sich endlich ein eigenes Pferd zulegen zu können. Er tat außerdem eine Menge für seine Gesundheit. Ein Arzt riet zu einer weiteren Kur »zum Zwecke der Stärkung der Unterleibsnerven«, wie die Diagnose lautete. Tatsächlich war Moltke wohl ein Hypochonder. Erneut fuhr er an die See, erleichtert darüber, dass seine gesundheitlichen Probleme keinen Eingang in die Personalpapiere gefunden hatten und damit kein Karrierehemmnis darstellen würden.

Wenige Wochen später geisterten Gerüchte von einem bevorstehenden Krieg durch die Korridore des Generalstabs. Moltke rechnete sich bei einem Waffengang gegen Frankreich

wie viele seiner Kameraden vorzeitige Karrierechancen aus,
denn bei Konflikten waren die Ausfälle und Verluste auch
bei den Offizieren hoch, sowohl durch Kampfhandlungen als
auch durch Erkrankungen und Epidemien. Aber die Julikrise
1830 in Paris ging vorbei, und die Lage beruhigte sich nach der
Ablösung von Karl X. durch den Bürgerkönig Louis-Philippe
wieder. Die revolutionären Vorgänge, die sich in Paris abgespielt hatten, strahlten jedoch auf das übrige Europa aus. Die
mit dem Wiener Kongress 1815 begonnene Einhegung Frankreichs gelang nicht mehr vollständig. Die Phase der Restauration ging zu Ende.

Als 1830 in der Folge der Pariser Ereignisse ein Aufstand
in Polen ausbrach, mit dem die freiheitsliebenden Polen die
russische Herrschaft abschütteln wollten, konnte Moltke bei
der Abfassung einer weiteren Broschüre auf die Erfahrungen
bei seinen topografischen Studien zurückgreifen. Ihr Titel
lautete »Darstellung der inneren Verhältnisse und des gesellschaftlichen Zustands in Posen«.

Erschrecken muss bei der Lektüre aus heutiger Sicht das Bild,
das Moltke von den Juden hatte. Es handelte sich dabei wohl
um den christlich geprägten Judenhass, wie er zu dieser Zeit
im gebildeten Bürgertum verbreitet war, nicht um einen auf
Vernichtung ausgerichteten Antisemitismus. Zwar erkannte
Moltke auf der einen Seite die Leiden und die Verfolgung der
Juden an, benutzte auf der anderen Seite jedoch nicht akzep-
table Vergleiche, wenn er von einem Volk sprach, das »den
Erdball umklammerte, wie die Ranken des Efeu den Stamm,
an dem und durch den sie fortleben, selbst wenn die Wurzel
dem Erdboden entrissen war, der sie entstehen ließ«. An anderer Stelle hieß es: »Mit Feuer und Schwert verfolgt und
vertilgt, sehen wir sie aufs Neue zurückkehrend oder ersetzt.
Unzählige Male beraubt und geplündert, ist sie [die jüdische
Nation, J. T.] stets im Besitz alles Reichthums.« Schließlich
lautete eine dritte Passage in diesem Moltke'schen Traktat:
»Bei einer wunderbaren Mischung von äußerer Schwäche

und verborgener Kraft, demütig und geschmeidig gegen
Mächtigere, herrisch und grausam gegen Abhängige, übt dieses Volk, welches in seiner Gesamtheit unterdrückt und miß-
handelt ist, in seinen einzelnen Gliedern eine individuelle
Tyrannei über seine Unterdrücker aus.«[10] In der Provinz Posen, die erst seit kurzer Zeit zu Preußen gehörte, besaßen die
Juden damals nicht die bürgerlichen Grundrechte wie im
preußischen Kernland. Die Broschüre erschien 1832 im Buch-
handel und hatte eine beträchtliche Resonanz. Viele Jahre
später gefiel sie Moltke nicht mehr – nicht wegen der Passagen
über die Rolle der Juden, sondern ganz allgemein. Es gebe
bessere Studien zur polnischen Frage, von denen er bei der
Niederschrift profitiert habe, meinte er.

Einige Jahre später, bei seinem Aufenthalt in der Türkei,
fiel Moltke die schwierige Lage der Juden im Osmanischen
Reich ins Auge. Er bezeichnete sie als arm, verhöhnt und
misshandelt. Bei einem Fest, das ein türkischer Pascha gab
und zu dem Moltke eingeladen war, spielte ein bezahlter
Spaßmacher die Rolle eines Juden. Dieser trat als Sänger auf.
Nach und nach wurde ihm von seinen Peinigern der Mund
mit Seife ausgewaschen, das Gesicht mit Asche eingefärbt, ein
Kübel Wasser über ihm ausgeschüttet, und schließlich wur-
den seine Barthaare verbrannt. Seine Exzellenz lachte aufs
Herzlichste, heißt es mit deutlicher Distanzierung in einem
Brief von Moltke nach Hause.

Wenig Vergnügen hatte er auch mit der Übersetzung von Gibbon. Zwar erschien das Honorar von 500 Talern und einer
Prämie von weiteren 250 Talern, wenn 500 Exemplare des
Buches verkauft wären, verlockend, aber es waren knapp
6000 Druckseiten, wenn auch in Großbuchstaben, zu über-
setzen. Dafür hatte sich der im Generalstab nicht an Unterbe-
schäftigung leidende Moltke einen Arbeitsplan ausgedacht.
Er wollte alle vier Wochen einen der zwölf Bände übersetzt
haben. Als die Zeit knapp wurde, half ihm sein Bruder Ludwig, der 40 Taler für jeden übersetzten Band erhielt. Obwohl

der Kraftakt am Ende gelang, ging nur der erste Band in Druck. Es kam zu einem Prozess mit dem Verleger, der mit einem müden Vergleich für Moltke endete. Er erhielt nur einen Bruchteil des zugesagten Honorars. Immerhin reichte diese Summe dazu, den bereits gekauften Schimmel zur Hälfte zu bezahlen. Aber Moltke verzeichnete einen großen immateriellen Gewinn. Die Übersetzung vertiefte seine historischen Kenntnisse, sein Interesse an der Antike und seine Neugierde für die große, weite Welt.

Im März 1832 rückte die ständige Zugehörigkeit zum Großen Generalstab noch näher. Moltke wurde für ein weiteres Jahr dorthin abkommandiert. Nun hatte er wieder Zeit für gesellschaftliche Ereignisse. Er nahm an elf Hoffesten teil, wie er seiner Mutter stolz berichtete.[11] Ein »déjeuner dansant« beim König dauerte einmal von elf Uhr vormittags bis acht Uhr abends.

Moltke engagierte einen Diener und legte sich ein weiteres Pferd zu, um bei Manöverreisen besser bestehen zu können. Kurz nachdem die zweimonatige Generalstabsreise zu Ende gegangen war, zog er sich während einer Übung beim Sturz des Pferdes schwere Quetschungen zu, erholte sich aber schnell.

Dann kam die ersehnte Nachricht. Moltke wurde am 30. März 1833 als Premierleutnant dauerhaft in den Großen Generalstab versetzt. Damit durfte er eine neue Uniform mit karmesinroten Beinstreifen und silbernen Epauletten sein Eigen nennen, die sich von der des normalen Truppenoffiziers deutlich abhob. In dieser Zeit klärte sich bei den Behörden auch die Frage, wie sein Adelstitel zu bewerten sei. Moltke durfte sich endgültig Freiherr nennen.

Auf Goethes Spuren, über den er in Berlin eine Vorlesung gehört hatte, fuhr Moltke zu einem kurzen Aufenthalt nach Genua. Einen längeren Urlaub hatten ihm seine Vorgesetzten nicht bewilligt.

In der Türkei

Nun begann ein angenehmeres Leben für Moltke. Er bekam ein deutlich höheres Gehalt, Spesen in Form von Tischgeldern und drei ordentliche Essensrationen pro Tag. Kreative Pausen waren nicht länger möglich. Dafür erreichte ihn im Frühjahr 1835 die Beförderung zum Kapitän bzw. Hauptmann. Es war das Jahr, in dem Wilhelm von Humboldt starb und in Preußen eine Diskussion über die Lebensverhältnisse in Arbeiterwohnungen angestoßen wurde.

Auf der Generalstabsreise kam Moltke in diesem Sommer nach Böhmen und besuchte das Wallenstein-Schloss in Friedland. Dort mögen seine Gedanken zum Dreißigjährigen Krieg zurückgekehrt sein, in dem seine Vorfahren an entscheidenden Schlachten beteiligt gewesen waren.

Große Manöver schlossen sich im Herbst desselben Jahres an. Im heute polnischen Kalisch nahm Moltke an einer großen Truppenparade teil, bei der preußische und russische Truppen gemeinsam marschierten. Die in St. Petersburg und Berlin beabsichtigte Signalwirkung wurde von den anderen europäischen Mächten sicherlich verstanden.

Bei langen Ritten durch die Landschaften Zentraleuropas hatte der frischgebackene Hauptmann in seinen Satteltaschen immer eine Lektüre dabei. Sein Wissensdurst war ungebrochen. Aber es begeisterten ihn auch die Ebenen, Berge, Täler, Schlösser und Städte, auf die er in stundenlanger langsamer Annäherung zuritt.

Der Russisch-Türkische Krieg von 1828/29 hatte in ihm ein Interesse für das Osmanische Reich geweckt. Er trat nun an seine Vorgesetzten mit der Bitte heran, ihn dieses ferne Land bereisen zu lassen, und wurde für ein halbes Jahr mit halben Bezügen beurlaubt. Interessant war an diesem Gesuch vor allem der Zeitpunkt. Moltke begab sich in dem Augenblick freiwillig aus dem Machtzentrum heraus, als ihm gerade ein entscheidender Karriereschritt gelungen war. Erfahrung, Lernen, der Besuch eines fernen Landes waren ihm offenbar wichtiger, als in Berlin ständig präsent zu sein. An die ganz große Karriere dachte er wohl noch nicht. Neben Wien und Konstantinopel wollte er während der sechs Monate auch noch Athen und Neapel besuchen.

Zusammen mit einem jüngeren Leutnant begab sich Moltke am 1. Oktober 1835 auf eine abenteuerliche Reise. Über Wien ging es zunächst per Schiff in Richtung Schwarzes Meer. Moltke führte über alles genauestens Buch. Allein für die Landetappe von Orşova nach Bukarest registrierte er einen Aufwand von 144 Pferden, vier Ochsen, 36 Postillionen sowie jeweils 18 Stallknechten und Posthaltern. Dank dieser Unterstützung und einer gelungenen Regie schafften die beiden Offiziere die Strecke in 56 Stunden. Danach ging es zu Pferde und mit Schlitten weiter.

Nach zehn weiteren Tagen erblickte Moltke Gebirgszüge, die bereits zu Asien gehörten. Schon bald darauf ritt er in Konstantinopel ein.[12]

Das Osmanische Reich befand sich zu dieser Zeit im Niedergang, es kämpfte nach seiner schweren Niederlage gegen Russland und den erbitterten Auseinandersetzungen im Innern um seinen Platz im internationalen System. Zwei wichtige bisherige Stützen der Herrscher waren in den zurückliegenden Jahren ausgefallen. Napoleon I. hatte auf seinem Feldzug nach Ägypten die osmanische Mamelucken-Reiterei vernichtend geschlagen, und kurz vor der Ankunft von Moltke waren in einem beispiellosen Blutbad die Janitscharen, die vormalige Elitetruppe der türkischen Armee, auf Anweisung von Sultan Mahmud II. ausgelöscht worden.

Die malerische Lage Konstantinopels, seine Baudenkmäler und die Ufer des Bosporus begeisterten Moltke. Er fand Aufnahme im Haus des preußischen Gesandten. Schon bald darauf lernte er den türkischen General Mehmet Chosref Pascha

kennen, der einen Ruf als Heeresreformer hatte. Die beiden
kamen sich in Gesprächen und beim Spiel rasch näher. Moltke
weihte den Partner in die Geheimnisse eines Kriegsspiels ein,
das der Türke vom preußischen König geschenkt bekommen
hatte. Er hatte mit dem komplizierten Spiel bisher nichts
anfangen können. Das im 19. Jahrhundert international po-
puläre Spiel, in Preußen entwickelt, wurde auf drei Schach-
brettern oder auf Landkarten als militärisches Planspiel ausgetragen.

Bei Zusammentreffen während des Fastenmonats Ramadan
fanden die Begegnungen nachts statt. An der Galatabrücke
wartete ein mit zehn Ruderern besetztes Boot, ein sogenanntes Kaik, auf Moltke. Auf der gegenüberliegenden Seite ging
es zu Pferde weiter. An der Spitze des Zuges schlug ein Poli-
zist mit einem langen Stock auf alles ein, was nicht freiwillig
aus dem Weg ging. Dann kamen ein Stallmeister und zwei Fa-
ckelträger, gefolgt von Moltke auf einem schönen türkischen
Hengst mit Tigerdecken und goldenen Zügeln. Ein Dolmetscher begleitete die Gruppe. In gleicher Weise ging es Stunden
später zur Gesandtschaft zurück.

Kurz vor der geplanten Weiterreise nach Athen wurde der
Gesandtschaft signalisiert, dass es die türkische Seite begrü-
ßen würde, wenn der junge Offizier länger in der Stadt bliebe.
Der preußische König genehmigte daraufhin zunächst drei
Monate. Moltke nahm das Angebot an. Sein Kamerad kehrte
allein nach Berlin zurück. Moltke siedelte in das Haus eines
türkischen Dolmetschers, eines Armeniers, um. Dieser über-
trug die auf Französisch abgefassten Texte Moltkes ins Türkische.

Obwohl es an konkreten Arbeitsaufträgen mangelte, blieb
Konstantinopel für den 35-Jährigen, den die Türken »Baron
Bey« nannten, spannend. Moltkes Lieblingsweg führte zu
einem alten Schloss, das noch vor der Eroberung der Stadt
1453 von den Türken erbaut worden war. Auf dem Weg sah er
dem Spiel der Delphine im Bosporus zu und badete oft im
Meer. Der Winter war ungewöhnlich mild. Aber es gab wenig

zu tun: »Die Geschäfte gehen hier langsam, zum Glück wird in der Türkei weniger geschrieben als bei uns«, berichtete er nach Hause.

Im April 1836, also nur wenige Monate später, kam vom türkischen Generalstab die Anfrage, ob Moltke sich einen mehrjährigen Aufenthalt in der Türkei vorstellen könne. Mithilfe einer Gruppe von preußischen Militärberatern habe man vor, das türkische Heer zu modernisieren. Moltke zeigte sich nicht uninteressiert, sicherlich auch aus finanziellen Erwägungen. Er überließ die Entscheidung aber seinen Vorgesetzten. Im Juni 1836 wurde per Kabinettsordre die Abkommandierung beschlossen. Aber erst ein Jahr später trafen die anderen preußischen Militärberater in Konstantinopel ein.

Die nächsten Monate des Jahres 1836 brachte Moltke mit seiner Lieblingsbeschäftigung zu. Er entwickelte eine topografische Karte der Hänge an beiden Bosporusufern. Das Werk umfasste die Meerenge vom Schwarzen Meer bis hinunter zum Marmarameer und reichte eine bis eineinhalb Meilen landeinwärts. Die Arbeit war zugleich auch ein Durchgang durch die jahrtausendealte Geschichte der Stadt. Neun bis zehn Stunden war Moltke täglich unterwegs, im Segelboot, im Kaik oder zu Pferde. Er zeichnete auch die Dardanellen genannte Meerenge zwischen Europa und Asien. Wie seinerzeit in Schlesien besaß er eine offene Ordre, die es ihm gestattete, alle Festungen und Batteriestellungen zu betreten. Aus den Briefen dieser Zeit in die Heimat sprechen Glück und Zufriedenheit. Für seine Mutter sammelte Moltke Kerne und Samen der Landschaft, Datteln aus Smyrna, Rosen vom Olymp und Tamarinden vom Bosporus.

Glück hatte er auch, als zwar sein Förderer Chosref Pascha im Dezember 1836 seinen Posten verlor, sich aber an Moltkes Auftrag nichts änderte. Ende August 1837 traf dann endlich die dreiköpfige Militärmission aus Berlin ein, die nun auch Moltke ergänzen sollte. Im gleichen Jahr starb seine Mutter. Schon im Januar 1838 erhielt er eine Audienz bei Sultan Mahmud II., der sich sehr anerkennend über die preußische Armee und Moltkes Leistungen äußerte. Er ließ ihm einen hohen Orden überreichen. Es war bereits die zweite bedeutende Auszeichnung für Moltke, der noch in der Heimat mit dem Johanniterorden dekoriert worden war.

Moltke kartografierte nun den Großraum von Konstantinopel und begleitete den Sultan im Frühjahr 1838 auf einer Inspektionsreise durch Bulgarien und Rumelien, den auf dem Balkan gelegenen Teil des Osmanischen Reiches. Die Karte von Konstantinopel im Maßstab von 1:25 000 wurde knapp zwei Jahrzehnte später bei Schropp in Berlin gedruckt und begeisterte die Spezialisten.

Auf der Besichtigungsreise erntete Moltke die Anerkennung der Türken, weil er sich im Gelände rascher und besser orientieren konnte als seine Gastgeber. Auch dem Sultan war das zeichnerische Talent Moltkes nicht entgangen. Er bat ihn um Skizzen vom triumphalen Einzug in Städte seines Reiches, beispielsweise von Varna. Hier, am Schwarzen Meer, lagen auch die Stätten für die anderen Auftragsarbeiten, die Moltke für die Türken abzuliefern hatte.

Originalaufnahmen, Zeichnungen und Berichte Moltkes gingen aber ebenso nach Berlin und wurden von seinem Vorgesetzten, dem General Johann Wilhelm von Krauseneck, auch dem König vorgelegt. Friedrich Wilhelm III. war von den Aktivitäten seines Offiziers angetan und ließ ihm über den General ein Lob ausrichten.

Moltke fand neben seinen Tätigkeiten aber auch Zeit, die antiken Stätten von Troja zu besichtigen. Er zeichnete unentwegt, denn selbst Kleinasien war damals für die Europäer weitgehend eine »terra incognita«. Das Landesinnere existierte auf Karten praktisch nicht.

Ab 1838 erhielt Moltkes Auftrag eine entscheidende Wendung. Als Militärberater wurde er nun in die militärischen Auseinandersetzungen seines Gastlandes hineingezogen. Mehrfach hatte er dabei außerordentliches Glück, geriet er doch in große Gefahr.

Im Februar 1838 erhielt er den Befehl, sich der türkischen Taurusarmee unter dem Befehl von Hafiz Pascha anzuschließen. Sie marschierte auf die syrische Grenze zu, um ein in Ägypten stehendes Heer unter dem Befehl von Mehmet Ali in Schach zu halten. Dieser aus Albanien stammende ehemalige Soldat hatte sich zum Machthaber in der abgefallenen Provinz des Osmanischen Reiches aufgeschwungen. Moltke erkundete die Grenze und begleitete seinen Oberkommandierenden wenige Wochen später zu einem von aufrührerischen Kurden besetzten Felsenkastell. Da der Einsatz von Artillerie äußerst schwierig war, wurde Moltke ausgesandt, um geeignete Stellungen zu erkunden. Begleitet von ortskundigen Kurden unternahm er stundenlange Kletterpartien und fand schließlich eine geeignete Schussposition. Die türkischen Geschütze wurden heraufgeschafft und eröffneten das Feuer auf die Befestigungen. Moltke gab Tipps und Anweisungen an die Mineure, die Sprengladungen an den Mauern anbrachten und die Verteidiger des Kastells am Ende zur Aufgabe bewogen. Als sich die Lage beruhigte, nutzte Moltke die Zeit des beschaulichen Lagerlebens zur Anfertigung einer Karte von Kleinasien.

Moltke befuhr den Tigris und wurde zur Erkundung der beiden Arme des Euphrat losgeschickt. Man muss sich vor Augen führen, dass nur wenige Europäer vor Moltke in diesen Gegenden der Welt gewesen waren: Alexander der Große mit seinen Soldaten, die Kreuzfahrer, vielleicht auch noch Marco Polo. Moltke war daher ein Forschungsreisender und Entdecker zu einer Zeit, als der große Sturm der Europäer auf Kolonien gerade einsetzte. Ihm selbst war dies völlig bewusst. In einem seiner Briefe heißt es: »Die besonderen Verhältnisse, unter denen ich reise, schließen mir Gegenden auf, die zu durchstreifen jedem Europäer bisher unmöglich war; Gegenden, die man noch heute zum Teil nicht ohne militärische Eskorte durchziehen, oder, wie den Karsann-Dagh, nur im Gefolge eines Heeres betreten kann. So günstige Umstände vereinigen sich selten, und ich benutze sie gewissenhaft. Ich habe jetzt auf mehr als 700 geografischen Meilen dies Land durchkreuzt und von sämtlichen die Itineraires gezeichnet.«[13]

Östlichster Punkt dieser abenteuerlichen Reisen wurde das heute im Irak gelegene Mossul, zur Zeit von Moltke eine Oase mitten in der Wüste, eine Zwischenstation der Karawanen auf dem Weg von Bagdad nach Aleppo.

Moltkes detaillierte Reiseberichte wurden daheim von der Wissenschaft genauestens gelesen und erschienen später auch in Zeitungen und in Büchern. Es waren keine wissenschaftlichen Abhandlungen, sondern glänzende Beschreibungen von Land und Leuten, ergänzt durch fabelhafte Skizzen und Zeichnungen. Moltke selbst studierte mit großem Vergnügen die »Augsburger Allgemeine Zeitung«, in der er später eigene Beiträge veröffentlichte.[14] Sie traf mit drei- bis vierwöchiger Verspätung aus Konstantinopel bei ihm ein und wurde von Tartaren, die zwischen dem Balkan und dieser Gegend ständige Begleiter und Weggefährten von Moltke waren, befördert.

Nach einem mehrtägigen, gefahrvollen Ritt kehrte Moltke zum Pascha zurück und wurde befragt, ob der Euphrat schiffbar sei. Moltke erklärte sich zu einem Testversuch bereit. Man baute ihm ein auf Hammelhäuten ruhendes Floß. Aber es fand sich außer ihm niemand, der mit diesem Gefährt den viel Wasser führenden Euphrat befahren wollte. Schließlich ordnete Moltke die Begleitung an und fuhr mit einigen Soldaten den Fluss hinunter. In den Stromschnellen und beim Passieren von Wasserfällen wurde das Floß so stark beschädigt, dass die Insassen nur mit Mühe das rettende Ufer ansteuern konnten. Moltke kam daher zu dem Schluss, dass die Beförderung von Nachschub auf dem Fluss nicht möglich sei. Er meldete dies dem Pascha.

Nun blieb nur die Alternative, den Vormarsch durch die schneebedeckten Berge des Taurus zu machen. Der Verlust der Truppe beim Gewaltmarsch durchs Gebirge war hoch. 50 Prozent der Soldaten wurden krank oder desertierten. So kam es zu einer Krise im Verhältnis von Moltke zu Hafiz, weil die türkische Führung seine Vorschläge entweder zu spät oder überhaupt nicht beachtete. Trotz Moltkes Drängen, eine bestimmte Stellung bei der nahenden Auseinandersetzung mit dem ägyptischen Heer nicht zu beziehen, hörte Hafiz Pascha lieber auf den Rat der Geistlichen. Am Ende ging er mit Moltke in die selbst gewählte Falle. Aber zunächst gab es noch einen begrenzten militärischen Erfolg für Moltke. In einer nächtlichen Operation konnte eine Infanteriebrigade unter seiner Führung dem Gegner Verluste zufügen. Die Schlacht bei Nisib am folgenden Tag, dem 24. Juni 1839, ging jedoch verloren. Aus dem Rückzug des Heeres, das Moltke begleitet hatte, wurde eine chaotische Flucht. Auf ihr büßte Moltke einen großen Teil seines Gepäcks ein, darunter auch die von ihm selbst angefertigten, kostbaren Karten.

Moltke kehrte nach Konstantinopel zurück und berichtete seinen türkischen Vorgesetzten über die Kampagne. Die militärische Schlappe führte er unter anderem auf die unzuverlässigen Kurden zurück. Das Osmanische Reich hatte sich erst wenige Jahre zuvor das Kurdengebiet einverleibt. Die Kurden hatten zwei Drittel der Taurusarmee ausgemacht. Da sie offenkundig zwangsrekrutiert worden waren, hatten sie die erste Gelegenheit zur Flucht genutzt. Moltkes Bericht bewahrte am Ende den geschlagenen Armeeführer vor dem Kriegsgericht. Einer von Moltkes Kameraden, der mit ihm und den anderen Militärberatern den Rückzug geschafft hatte, schrieb nach Hause: »Moltke hat sich in allen Verhältnissen wie ein ›chevalier sans peur et sans reproche‹ und wie ein umsichtiger, tätiger und besonnener Generalstabsoffizier benommen.«

Moltke selbst beschrieb die Türkei als eine »Nation in Pantoffeln«. Der Orient sei ein Land, wo »eine Wasserpfeife, ein schattiger Baum, eine plätschernde Quelle und eine Tasse Mokka genügen, um sich zehn bis zwölf Stunden des Tages köstlich zu unterhalten«.[15]

Kurz vor der Abreise aus Konstantinopel lernte Moltke auch noch Fürst Hermann von Pückler kennen, den Abenteurer, Reiseschriftsteller und großen Gartengestalter.

Im September 1839 trat Moltke die Heimreise nach Preußen an. Er erkrankte unterwegs und traf daher erst am 27. Dezember in schlechter gesundheitlicher Verfassung in Berlin ein. Wenige Monate zuvor war die erste Fernverbindung im deutschen Eisenbahnverkehr zwischen Dresden und Leipzig eröffnet worden. Damit begann das Eisenbahnzeitalter, das Reisen im Stile derer von Moltke in den Orient bald der Vergangenheit angehören ließen.

Nach dem Bericht eines Familienmitglieds kam Moltke wie der Weihnachtsmann in der preußischen Hauptstadt an, mit den Schätzen des Orients beladen. Er erschien in Zivilkleidung und mit einem Fez auf dem Kopf. Sogar ein kleines arabisches Pferd, das er bei der verloren gegangenen Schlacht geritten hatte, schaffte den Weg ins kalte Berlin. Die Verwandtschaft war begeistert und hielt die Mitbringsel in Ehren. Sie wurden im einen oder anderen Fall über Generationen hinweg vererbt.

Moltke war nun ein gemachter Mann. Das Türkei-Abenteuer hatte ihn um 10000 Taler reicher gemacht, die er in Eisenbahnaktien anlegte. Mit 39 Jahren war Moltke indes noch immer ein Junggeselle. Aber die Jahre im Osmanischen Reich hatten ihn reifen lassen, hatten einige der Defizite aus seiner Jugend ausgeglichen. Jahre zuvor hatte er noch in einem Brief geseufzt: »Hätte ich doch eine Scholle Land und wäre mein eigener Herr.«

Für seine hervorragenden Leistungen und die bewiesene Tapferkeit verlieh König Friedrich Wilhelm III. Moltke zu seiner großen Überraschung den Orden »Pour le Mérite«. Er war nun einer der wenigen preußischen Offiziere mit Kriegserfahrung.

Moltkes vierjähriger Aufenthalt in der Türkei leitete in gewisser Weise das Zeitalter der militärischen Zusammenarbeit zwischen der Türkei und Deutschland ein. Sie fand ihren Höhepunkt in der Waffenbrüderschaft im Ersten Weltkrieg.

Karriereschub

Nach seiner Rückkehr aus der Türkei nahm Moltke seine gewohnte Tätigkeit im Generalstab wieder auf. In Berlin besaß er nun eine gewisse Prominenz und wurde durch die Salons gereicht.

Aber er fand auch die Zeit zu zahlreichen Veröffentlichungen. Er schrieb über die allgemeine politische Lage, vor allem über die Beziehungen von Preußen zu Frankreich und über seine Erfahrungen im Osmanischen Reich. Zu den Beiträgen, die er verfasste, gehörte auch eine Studie über »Die westliche Grenzfrage«. Moltke kam zu dem Schluss, dass Elsass-Lothringen annektiert werden müsse.

1840, im Todesjahr von Friedrich Wilhelm III., wurde Moltke in den Generalstab des IV. Armeekorps versetzt. Auch er hatte seinen Sitz in Berlin. Ungeachtet der immer instabileren außenpolitischen Lage standen Moltke nun gut zwei Jahrzehnte als Soldat bevor, während derer Preußen im Gegensatz zu den anderen europäischen Mächten keinen großen Krieg führte.

1840 war auch das Jahr, in dem Königin Victoria von Großbritannien Prinz Albert von Sachsen-Coburg-Gotha heiratete und das Britische Empire Hongkong eroberte. Später beteiligte es sich zusammen mit Frankreich am Krimkrieg gegen Russland. Zudem sorgte das verstärkte koloniale Engagement der beiden Mächte immer wieder für Konflikte.

Preußen beobachtete dies und hielt sich zurück. Wann immer Berlin bei den sich häufenden internationalen Krisen Mobilmachungen anordnete, wurden die bescheidenen Ergebnisse beim Aufwuchs der Truppen im Ausland mit Erstaunen registriert.

Moltkes gesundheitlicher Zustand war noch immer nicht gut. Er litt wie in der Türkei an Fieberanfällen, die er mit einer Badekur im thüringischen Ilmenau zu überwinden versuchte. Daran schloss sich eine Reise nach Neapel und Pompeji an. Moltke hatte sie wegen seines Engagements als Militärberater in der Türkei seinerzeit ausfallen lassen müssen.

Noch immer deutete wenig auf eine außergewöhnliche militärische Karriere hin, auch wenn Moltkes Vorgesetzte und König Friedrich Wilhelm IV., der seinem Vater auf den Thron nachfolgte, die analytischen und strategischen Fähigkeiten des Offiziers schätzten. Friedrich Wilhelm IV. behauptete später, Moltke quasi »erfunden«, als einer der Ersten auf die Fähigkeiten des baumlangen Soldaten, »der so dünn ist wie ein Bleistift«, hingewiesen zu haben.

1841 sollte dann zu einem Schlüsseljahr im Leben des mittlerweile 40-Jährigen werden. Der vermeintlich ewige Junggeselle löste zunächst die langjährige Verlobung mit Maria von Stemann, der Tochter eines Kopenhagener Kammerherrn. Moltke hatte sie schon während seiner Kadettenzeit in Kopenhagen als 16-Jährige kennengelernt. Trotz tiefer gegenseitiger Zuneigung fanden die beiden, die sich immer wieder sahen, am Ende nicht zueinander.[16]

Aber Moltke begegnete kurz darauf einer ebenfalls knapp 16-jährigen deutsch-englischen Stiefnichte, verliebte sich in sie und machte ihr einen Heiratsantrag. Er hatte dabei ganz pragmatische Erwägungen im Auge, wie eine Bemerkung gegenüber seiner Schwester Auguste verrät, die er – wie andere Familienmitglieder – bei seinem Entschluss zurate zog: »Die Ehe ist eine Lotterie. Keiner weiß, welches Los er zieht. Soll ich einmal heiraten, so möchte ich ein Mädchen wählen, das Du erzogen hast.« Mit anderen Worten, Moltke traf seine Wahl in einem ihm bekannten Umfeld. Mit 40 Jahren, »im Sommer des Lebens«, wie es in der zeitgenössischen Korrespondenz heißt, hatte er weder Zeit noch Gelegenheit, sich auf eine echte Partnersuche zu begeben.

Nach schwieriger Jugend hatte sein Eigenbrötlertum während der Jahre in der Türkei vermutlich eher zugenommen. Moltke suchte eine für ihn »pflegeleichte« Lösung. Er entschied sich daher für eine sehr junge Frau, die sich ihm anpassen sollte. Nach kurzer Bedenkzeit, vermutlich wegen des extremen Altersunterschieds, willigte die Erwählte ein, die im Alter von fünf Jahren ihre leibliche Mutter verloren hatte. Die blutjunge Verlobte bekannte: »Ich habe Sorge, ob ich Dir als Frau auch Alles sein kann, weil ich noch so jung und unerfahren bin. Darum will ich mich nun bestreben, nicht widerspenstig oder ›strong headed‹ zu sein, damit ich Dir immer nachgebe, wenn ich Unrecht habe.« Die Ehe sollte kinderlos bleiben.

Marie oder Mary war eine Stieftochter von Moltkes jüngerer Schwester Auguste. Diese war in zweiter Ehe mit dem englischen Plantagenbesitzer John Heyliger Burt verheiratet. Seiner Familie gehörten unter anderem »Colton House« in der Grafschaft Staffordshire und große Besitzungen in der Karibik wie die Plantage St. Johns auf der Karibikinsel Ste. Croix in Dänisch-Westindien. Trotzdem lebte die Familie in Holstein.

Mary war eine anmutige Erscheinung, dunkelblond, mit lebhaften braunen Augen. Sie scheint unkonventionell und in großer Freiheit aufgewachsen zu sein, wie es für den englischen Landadel üblich war. Als Kind verließ sie einmal heimlich ihr Elternhaus, um auf ihrem Esel zur Großmutter nach Kiel zu reiten. Wenn ein Brief ihres Onkels aus dem Orient bei ihrer Mutter eintraf, der Hauptadressatin der Post Moltkes, hörte sie gebannt beim Vorlesen des Schreibens zu.

Moltke musste unmittelbar nach seinem Heiratsantrag erneut eine Kur antreten. Danach verbrachte er mit seiner Verlobten und ihrer Familie einige Wochen auf Helgoland. Marys Bruder John Burt, der zunächst Schwierigkeiten hatte, Kontakt zu dem schweigsamen preußischen Offizier zu finden, berichtete in einem Brief im März 1841 an Helmuths Bruder

Adolph: »Er ist ein ganz anderer Mensch geworden: Heiter und zugänglich.«

Die Hochzeit fand am 20. April 1842 in der St.-Laurentius-Kirche in Itzehoe statt. Bei der Trauung war auch Pastor Knickebein anwesend, bei dem sich Moltke seinerzeit als Kind in Pension befunden hatte. Am Hochzeitstag wurde Moltke zum Major befördert.

Das Paar reiste im eigenen Wagen nach Berlin zurück und bezog am Potsdamer Platz Nr. 1 eine Wohnung. Auf Wunsch von Moltke wurde die neue Berliner Bleibe bescheiden eingerichtet. Es sei jedoch möglich, sich auszudehnen und die eigenen vier Wände Zug um Zug zu verschönern, wenn die finanziellen Verhältnisse es erlauben würden, formulierte er.

Seine ehemalige Verlobte, Maria von Stemann, ging im selben Jahr in ein Adligenkloster im dänischen Roskilde. Moltke hat diese Beziehung immer verschwiegen und auch in seinen Memoiren nicht erwähnt. Er sagte, zuletzt werde »man so vernünftig, daß man alle Begeisterung als eitel Mondschein über Bord wirft«.

Es folgten nun drei relativ geruhsame Jahre, in denen das Paar in Berlin gesellschaftlich aktiv war, aber auch viel reiste – 1841 hatte Karl Baedeker erstmals das »Handbuch für Reisende in Deutschland und dem österreichischen Kaiserstaate« herausgegeben.

Moltke konnte dabei das eine oder andere Manuskript abschließen, unter anderem seine Geschichte des Russisch-Türkischen Krieges von 1828. Seinem Bruder Ludwig schrieb er dazu: »Das Manuskript liegt der Zensur vor. Aber für militärische Werke ist es schwer, Verleger zu finden. Sie haben ein kleines Lesepublikum und werden durch den notwendigen Kartenapparat so verteuert, daß nur ein schwaches Honorar gezahlt werden kann.«

Die insgesamt 26 Jahre dauernde Ehe von Mary und Helmuth scheint glücklich verlaufen zu sein, auch wenn Mary das klassische Schicksal einer Soldatenfrau zu erleiden hatte. Sie erlebte viele Versetzungen, daher zahlreiche Umzüge, musste

ständig Wohnungen neu einrichten und war viel allein. Ein
verliebter Moltke schrieb ihr in diesen Jahren von einer Dienstreise:»Mein kleines Weibchen! Es ist mir schrecklich leer hier,
da Du nicht da bist. Gottlob, daß ich keine drei Wochen noch
hier auszuhalten habe. Prinzeß hat Dich kurz vor Deiner Abreise fahren sehen und behauptet, Du habest deliciös ausge-
sehen.« Und einige Zeit später:»Du liebe, gute, freundliche,
kleine Frau. Heute, als ich im kühlen Halbdunkel der Zimmer
auf und ab ging, war mir's immer, als müßtest Du aus einer
der Türen hervortreten oder wärest hinter den Vorhängen
versteckt. Mach, daß die sechs Wochen alle werden. Ich habe
große Sehnsucht nach Dir.« In Berlin fiel die Deutsch-Britin
als markante Persönlichkeit und kühne Reiterin auf. Gesellschaftliche Verpflichtungen nahm sie hin, aber anscheinend
waren sie ihr ein Gräuel.»Helmuth war mit mir zufrieden«,
pflegte sie lakonisch nach einem festlichen Abend zu sagen.
Auch Moltke war kein großer Partygänger. Und er trug sich
in diesen Jahren immer wieder mit dem Gedanken, seinen
Abschied vom Militär zu nehmen.

Ein besonderes Ereignis fiel in die ersten Ehejahre: Moltke
wurde Aufsichtsratsmitglied der Hamburger Eisenbahnge-
sellschaft, die eine Strecke nach Berlin plante. Diese Eisenbahnlinie, mit dem Hamburger Bahnhof als Endpunkt, wurde
tatsächlich 1846 fertiggestellt.[17] Die erste Fahrt dauerte neun
Stunden und 15 Minuten. Hier gewann Moltke die techni-
schen und verkehrspolitischen Einsichten, die er später als
erster Militär in Europa für seine Aufmarschpläne nutzte. Von
daher trug er später den Spitznamen »general on wheels«,
»General auf Rädern«, vollkommen zu Recht.
1845 eröffnete sich für Moltke überraschend die Möglichkeit zu einem erneuten längeren Auslandsaufenthalt. Prinz
Karl Heinrich von Preußen, ein Bruder von Friedrich Wilhelm III., seit Jahrzehnten in Rom lebend, verlor seinen Adjutanten bei einem tödlichen Unfall. Auf der Suche nach einem
geeigneten Nachfolger stieß man rasch auf Moltke, der nach

monatelangem Hin und Her schließlich Mitte Oktober 1845 den Zuschlag erhielt. In diesem Jahr veröffentlichte Friedrich Engels sein Buch über »Die Lage der arbeitenden Klasse in England«, mit dem er Karl Marx stark beeinflusste.

Wenige Wochen später trat Moltke mit seiner Frau und seinem Bruder Ludwig die mehrwöchige Fahrt nach Italien an. Sie führte in Form einer Bildungsreise über Leipzig, Nürnberg, Augsburg, München, Innsbruck, den Brenner nach Trient und von da über Foligno und Terni nach Rom. Kurz vor Weihnachten traf das Trio in der Ewigen Stadt ein. Wie seinerzeit in Konstantinopel konnte Moltke auch in Rom seinen Hobbys nachgehen. Der Prinz, ein Kunstliebhaber, hervorragend vernetzt in der Stadt, war schwer krank, schon seit Jahren bettlägerig und nur stundenweise zu Dienstgesprächen fähig. Daher hatte Moltke Zeit genug für eine seiner Lieblingsbeschäftigungen, das Zeichnen von Karten. Umgehend wurde der Messtisch aus Berlin angefordert und eine Karte der römischen Campagna erstellt. Sie sollte ein Klassiker werden. Moltke sandte sie natürlich auch seinem obersten Dienstherrn Friedrich Wilhelm IV. zu, in dessen Auftrag Alexander von Humboldt daraufhin ein Dankschreiben verfasste. Darin lobte der Monarch, wie sein Bruder ein Italienliebhaber, die Arbeit seines Offiziers in höchsten Tönen. In Italien scheint Moltke auch endgültig ein Mensch des Südens geworden zu sein. Obwohl er Soldat war, war er äußerst kälteempfindlich. Deutschland, so sagte er einmal, sei nur südlich von Heidelberg bewohnbar.[18]

Aus dem erhofften mehrjährigen Aufenthalt in Rom, bei dem Moltke auch eine Karte des Vatikans erstellen wollte, wurde am Ende nichts. Am 12. Juli 1846 erlag Prinz Karl Heinrich seinem Leiden. Moltke musste den Tod seines Vorgesetzten dem König persönlich melden. Nach einwöchiger anstrengender Reise traf er auf dem Pfingstberg in Potsdam ein. Dort hatte sich die königliche Familie am 19. Juli, dem 36. Todestag von Königin Luise, versammelt. Moltke erstattete umgehend Bericht und erhielt den Befehl, die Leiche des Prinzen in die preußische Hauptstadt zu geleiten. Seine junge Frau musste er in der Eile in Italien zurücklassen, immerhin in Begleitung einer Cousine. Zum ersten Mal war das junge Paar für längere Zeit getrennt.

An Bord der Korvette »Amazone« begann die letzte große Reise des Toten. Moltke beaufsichtigte sie bei stellenweise rauer See bis Gibraltar. Dort verließ er, schwer seekrank geworden, das Schiff, um die Gelegenheit zu einer Blitzreise durch Spanien zu nutzen. In einem Brief teilte er mit, dass er sich entschlossen habe, »den Rest der Reise nach Cuxhaven zu Lande zu machen, und benutze wie ein dem Gefängnis Entsprungener meine neue Freiheit«.

Moltke bestieg nach kurzer Besichtigung der Befestigungswerke von Gibraltar den englischen Dampfer »The Queen«, der ihn nach Cádiz beförderte. Von dort ging es per Schiff den Guadalquivir nach Sevilla hinauf. Hier stieg Moltke in eine Kutsche um und reiste über Córdoba nach Madrid weiter.

Beim zufälligen Besuch einer Kolonie von Schwaben in Andalusien, die der spanische König Carlos III. 1767 ins Land geholt hatte, merkte er angesichts deutscher Blondschöpfe an: »Aber kein einziger verstand ein Wort Deutsch mehr. Denn unsere Landsleute sind überall, wo sie hinkommen, die besten Ansiedler, die ruhigsten Untertanen, die fleißigsten Arbeiter. Aber sie hören auf, Deutsche zu sein. Sie sind Franzosen im Elsaß, Russen in Kurland, Amerikaner am Mississippi und Spanier in der Sierra Morena. Ja, sie schämen sich ihres zerrissenen ohnmächtigen Vaterlandes.«

Wie immer studierte Moltke Land und Leute genau, verfolgte Stierkämpfe und fand die Spanier sympathischer als die Italiener.

Die Fahrt per Kutsche führte ihn nun weiter über das Baskenland, Bordeaux und Poitiers nach Tours. Von dort ging es, zumeist während der Nacht, per Eisenbahn nach Paris und weiter nach Köln. Er fuhr von dort aus nach Hamburg und weiter nach Cuxhaven. Moltkes Sorge, dass das schnell segelnde Schiff aus Italien vor ihm in der Elbmündung ankommen könnte, erwies sich als unbegründet. Am Ende musste er zehn Tage lang auf das Eintreffen der »Amazone« warten. Der Leichnam des Prinzen wurde nun auf den Dampfer »Prinz Karl« umgeladen und über Elbe und Havel nach Potsdam gebracht. Moltke begleitete den Trauerzug während der Nacht auf der Straße weiter bis nach Berlin, wo im Dom die feierliche Beisetzung stattfand.

Danach reiste Moltke nach Italien zurück, um seine Frau nach Hause zu holen. In Berlin hatte in diesem Jahr der erste Pferdeomnibus seinen Betrieb aufgenommen.

Mit Kabinettsordre vom 24. Dezember 1846 erhielt Moltke eine neue Verwendung. Er wurde zum Generalstab des VIII. Armeekorps in Koblenz versetzt. Kommandeur des Korps war ein Bruder des Königs. Die Zeit am Rhein wurde ein glücklicher Abschnitt in seinem Leben, vor allem für seine Frau. Sie sagte später einmal, dass sie sich als letzten Dienstposten für ihren Mann die Leitung des VIII. Armeekorps in Koblenz wünsche.

Auch diese Zeit nutzte Moltke zur Beschäftigung mit seinen Hobbys. Aus Rom kommend, gefiel ihm das Rheinland mit seinen zahlreichen Überresten aus römischer Zeit.

1848, im europäischen Revolutionsjahr, spitzten sich die Verhältnisse in Berlin und an vielen anderen Orten rasch zu. Moltke war, Kind seiner Zeit, ein Anhänger von »law and order« und befürwortete die Niederwerfung der demokratischen Aufstandsbewegungen, die sich in vielen Gegenden Deutschlands entwickelten. Für die politischen Ziele der Sozialdemokratie, die sich zwei Jahrzehnte später zu formieren begann, brachte er keinerlei Verständnis auf. Moltke war Anhänger des patriarchalischen Staates.

In dieser Zeit erwog er aufgrund der revolutionären Wirren in Berlin, als Farmer nach Australien zu gehen. Er war verbittert über das schwache Erscheinungsbild der Monarchie und über die Zustände im Lande, die seiner Ansicht nach von Anfang an mit dem entschlossenen Einsatz von Militär hätten bekämpft werden müssen. Als die größte Gefahr aus seiner Sicht vorbei war, schrieb Moltke seinem Bruder Adolph, es habe sich ein Vorhang auf Preußens gefährlichsten Feind gesenkt, die Demokratie.

Gebannt verfolgte Moltke mit seinen Geschwistern den Schleswig-Holsteinischen Krieg, der wegen der Elbherzogtümer Schleswig und Holstein 1848 ausbrach und sich mit Unterbrechungen bis 1851 hinzog.

Im Mai 1848 wurde Moltke als Abteilungsleiter in den Großen Generalstab nach Berlin zurückgeholt und schon wenige Monate später zum Chef des Generalstabs des IV. Armeekorps in Magdeburg ernannt. Auf diesem Posten blieb er für einige Jahre – bis 1855 –, ehe sich eine Konstellation ergab, die ihn an die Nahtstelle von Militär und Politik zurückführte. In die Magdeburger Periode fielen seine Beförderungen zum Oberstleutnant im Jahre 1850 sowie zum Oberst bereits ein Jahr später. Moltkes Schwiegervater starb in dieser Zeit bei der Rückkehr von einer Reise in die Karibik. Sie war notwendig geworden, weil sich Dänemark als erste europäische Kolonialmacht zur Sklavenbefreiung entschlossen hatte. Moltkes Frau Mary hatte die Thematik mit ihrem Vater wiederholt erörtert, tief beeindruckt durch die Lektüre des Romans von Harriet Beecher-Stowe »Uncle Tom's Cabin«, »Onkel Toms Hütte«.

1854 leitete Moltke eine Übungsreise des Großen Generalstabs, an der auch die beiden preußischen Prinzen Friedrich Wilhelm und Friedrich Carl teilnahmen. Das sollte sich auszahlen, denn Friedrich Carl war ein Sohn von König Friedrich Wilhelm III. und ein Bruder des Nachfolgers, Friedrich Wilhelm IV., sowie auch ein Bruder von Wilhelm, dem kommenden Kaiser. Ein Jahr später, im Juni 1855, empfing König Friedrich Wilhelm IV. Moltke zu einer längeren Audienz in Schloss Sanssouci in Potsdam. Dabei bot er ihm die erste Adjutantenstelle bei Prinz Friedrich Wilhelm an, einem Sohn Wilhelms I., des Thronfolgers. Dieser, Neffe des derzeitigen

Königs, war damals 23 Jahre alt und damit wesentlich jünger
als Prinz Karl Heinrich in Rom, der knapp 20 Jahre älter als
Moltke gewesen war. Der neue »Arbeitgeber« und Moltkes
Ehefrau waren in etwa gleich alt. Die neue Stelle sollte Anlass
für die dritte große Reise im Leben Moltkes werden.[19]

Viel Zeit für Berlin blieb jetzt nicht mehr, obwohl Moltke gerade ein neues Domizil mit seiner Frau in der Schöneberger
Straße 9/10 bezogen hatte. War er einmal zu Hause, traf ihn
seine Frau oft tief in Gedanken versunken an, den Blick in
weite Ferne gerückt, den Körper leicht vornübergebeugt.
Dann pflegte sie ihm auf die Schulter zu klopfen und ihm
zuzuflüstern: »Gerade halten, Männchen!«
    Moltke begleitete den Prinzen, der gerade zum Oberst
befördert worden war und später zum 99-Tage-Kaiser werden
sollte, noch vor dem offiziellen Beginn seiner Anstellung auf
einer Reise nach Ostpreußen. Danach leitete er die Generalstabsreise des IV. Armeekorps. Am 1. September 1855 wurde
er zum Adjutanten des Prinzen ernannt. Im Krimkrieg, der
sich zu dieser Zeit abspielte, eroberten die Briten und Franzosen, unterstützt von italienischen Verbänden, das russische
Sewastopol. Die Russen kompensierten die Niederlage mit
militärischen Erfolgen gegen die Türkei. Der Ausgang des
Konflikts hatte enorme Auswirkungen auf die Machtverhältnisse in Europa und wurde in Berlin genauestens verfolgt.
    Nach kurzem Aufenthalt im Gefolge des Königs bei einem
Manöver und bei einem Aufenthalt in Mainz begab sich Moltke
auf eine symbolträchtige Reise. Sie führte ihn auf das Sommerschloss der britischen Königin Victoria nach Balmoral in
Schottland. Moltke traf dort am 30. September 1855 erstmals
mit Friedrich Wilhelm IV. zusammen und verbrachte einen an-
regenden Tag unter »prächtigen Menschen«[20]. Einen Tag später wurde er der Königin vorgestellt. Man unterhielt sich auf
Deutsch. Alle Anwesenden beherrschten es, auch Victoria, die
die Sprache zwar nicht von ihrer deutschen Mutter, wohl aber
im Rahmen der standesgemäßen Ausbildung erlernt hatte.

Es folgten einige Tage auf Königsschlössern und in der britischen Hauptstadt. Auf der Rückreise im Gefolge des Prinzen lernte Moltke in Brüssel den belgischen König Leopold II. kennen.

Im folgenden Jahr kehrte er mit Prinz Friedrich Wilhelm, der sich anschickte, eine Tochter von Queen Victoria zu heiraten, erneut nach Großbritannien zurück. In Begleitung des Prinzen absolvierte er zwei weitere Großbritannienbesuche, den letzten anlässlich der Beisetzung von Prinz Albert. Der aus Deutschland stammende Gemahl von Queen Victoria ging als großer Förderer der Wissenschaft in die Geschichte ein. Er hatte die erste Weltausstellung im Crystal Palace in London konzipiert.

Moltke nahm auch an zahlreichen Manövern und Flottenbesuchen teil. Ironisch stellte er fest, dass sie ihm mehr wie ein Feuerwerk denn als militärische Übungen vorgekommen seien.

Die Nähe zum preußischen Königshaus, die nicht nur militärisch, sondern vor allem politisch bedeutsamen Posten, die Moltke in Konstantinopel, in Rom und nun in Berlin bekleidete, sollten sich nun noch mehr rentieren. Noch in Koblenz hatte Moltke davon ausgehen müssen, mit dem Dienstgrad eines Obersts aus der preußischen Armee auszuscheiden. Entsprechend hatten die Beurteilungen der Vorgesetzten geklungen, vor allem die des Generalstabschefs. Dann war die Wende gekommen: Der Generalstabschef hatte kurz vor seinem plötzlichen Tod seine Meinung geändert. Nach eher durchschnittlichem Karriereverlauf mit den üblichen langen Wartezeiten auf die nächste Beförderung wurde Moltke schon am 9. August 1856 zum Generalmajor befördert.

Eine ungewöhnliche Karriere mit ihrer Mischung aus Spezialistentum, Nähe zu politischen Entscheidungszentren und Bildungsreisen nahm ihren weiteren Verlauf. Vermehrt kamen nun auch noch Begegnungen mit internationalen Entscheidungsträgern hinzu, die Moltkes Gesichtsfeld erweiterten. Besonders beeindruckten ihn die Briten mit ihrem Empire –

die führende Weltmacht des 19. Jahrhunderts. 1856 berichtete
Moltke von einem Aufenthalt in London: »Als die Norman-
nen England eroberten, fanden sie etwa eine Million Einwohner. Jetzt enthält London 2 200 000 Menschen, weit mehr als
die Königreiche Sachsen, Hannover oder Dänemark. Alle
Woche sterben hier mehr als 1000 Menschen. In der großen
Feuersbrunst 1666 (Karl II.) brannten 13 000 Lehmhäuser ab.
Man baute dann erst aus Ziegel. Die letzte Pest, ein Jahr früher, 1665, hatte 68 000 Menschen weggerafft. – Oxford-Street
ist über eine halbe Meile lang. – Zur Zeit Jacobs I hatte London 150000 Einwohner, jetzt stehen ungefähr so viel Menschen unter polizeilicher Aufsicht.«

Bei einem weiteren Englandaufenthalt ein Jahr später brach
Moltke mit einer Grundregel, die seine hervorragenden Rei-
seberichte sonst auszeichnete, nämlich staunend und vorur-
teilsfrei über das zu schreiben, was er gesehen hatte. In einem
Bericht über die Londoner Arbeiterviertel hieß es: »Da stehen
Hunderte von Häusern in Reihen, als ob sie aus der Schachtel
einer Nürnberger Spielstadt genommen wären. Da hat jedes
Haus genau gleich viele Scheiben und Schornsteine, jedes sein
Gärtchen, so groß wie eine halbe Stube und doch mit einer
Mauer umgeben. Denn isoliert will man sein. Setzt man sich
doch in die Taverne in Bretterverschläge, wie die Kastenstände
unserer Pferde, um die Nachbarn nicht zu sehen. Man könnte
ja von ihnen angeredet werden, und trinkt daher seinen ›pot
of ale‹ lieber mit dem Brett vor dem Kopf.«

In den folgenden 30 Jahren besuchte Moltke fast alle europäischen Residenzen. Mit Sorge hielt er einmal fest: »Wir reisen mit allem erdenklichen Komfort und Luxus, aber auf die
Dauer hält meine Konstitution das beständige Essen und
Trinken nicht aus.« Im Gefolge des Prinzen sah Moltke am
Jahresende 1856 Kaiser Napoleon III. in Paris. In gewisser
Weise schaute er damit seinem späteren Gegenspieler erstmals
ins Auge. Er beobachtete ihn genau, wie seine Aufzeichnungen beweisen: Die Hälfte der Kriegskunst sei Menschen-

kenntnis, hat er in diesen Jahren einmal gesagt. Die Frau von Napoleon III., Kaiserin Eugénie, berichtete einer Freundin anschließend über das Treffen: »Der Prinz ist ein großer schöner Mann [...] Sein Begleiter, ein General Moltke (oder so ähnlich) ist ein wortkarger Herr, aber nichts weniger als ein Träumer; immer gespannt und spannend, überrascht er durch die treffendsten Bemerkungen [...] Es ist eine imponierende Rasse, die Deutschen. Louis sagt, die Rasse der Zukunft! Pah! So weit sind wir denn doch noch nicht!«[21] Anscheinend blieb Moltke bei seinem kritischen Frankreichbild, auch wenn er in diesen Jahren mit seiner Frau einen Badeaufenthalt in Trouville-sur-Mer am Ärmelkanal verbrachte.

Einige Wochen später begleitete er den Prinzen zur Krönung von Zar Alexander II. nach St. Petersburg. Beim Kartenspielen mit dem russischen Monarchen verlor er einen so hohen Betrag, dass er sich für die Rückkehr nach Berlin Geld leihen musste.

1857 übernahm der Prinz das Kommando des 11. Infanterieregiments in Breslau. Bald darauf begannen sich die Ereignisse für ihn und seinen Adjutanten zu überschlagen. König Friedrich Wilhelm IV. erkrankte schwer, sodass sein Bruder als Prinzregent mit der Übernahme der Tagesgeschäfte beauftragt wurde. Eine weitere Folge davon war, dass Moltke kurz nach seiner Beförderung zum Generalmajor am 29. Oktober 1857 Chef des Generalstabs der preußischen Armee wurde.

Dieser Tag wurde somit das entscheidende Datum in einer außergewöhnlichen Karriere. Damit stand nämlich fest, dass Moltke noch für längere Zeit die Uniform tragen würde. Viele seiner Jahrgangskameraden hingegen hatten in seinem Alter schon ihren Abschied genommen.

Bis zum Zeitpunkt der Übernahme der Leitung des Generalstabs durch Moltke hatte man in der Institution lediglich die Generalstabsoffiziere ausgebildet. Sie war eine Abteilung des Kriegsministeriums gewesen, das heißt, von dort waren die Vorgaben gekommen, die sie umzusetzen hatte. Das änderte sich nun. Moltke baute den Generalstab binnen weniger Jahre zielstrebig zum zentralen Planungsorgan des Heeres aus. Dabei hatte er eine weitere Institution im Auge zu behalten: das Militärkabinett, Organ der Kommandogewalt der Könige und späteren Kaiser. 1859 erhielt Moltke, Ausdruck der veränderten Verhältnisse, die Beförderung zum Generalleutnant. Der Generalstab blieb jedoch auch unter Moltke eine personell überschaubare Institution. Noch viele Jahre später umfasste er nur rund 100 Offiziere. Knapp 50 verrichteten ihren Dienst in einem prachtvollen Palais in der Behrenstraße 66 in Berlin. Man traf dort aber auch viele Offiziere aus anderen Staaten an, denn die preußische Generalstabsoffiziersausbildung galt als vorbildlich. Hier lernte man die Moltke'sche Operationsführung kennen, eine grundlegend neue Führungsebene zwischen Taktik und Strategie. Im Gegensatz zur Planung, die er zunächst an sich gezogen hatte, um seine Ideen durchzusetzen, verfolgte Moltke langfristig den Gedanken eines dezentralen Kommando- und Kontrollsystems. »Unsicherheit im Befehlen erzeugt Unsicherheit im Gehorchen«, lautete einer seiner Kernsätze.

Die Konfliktlagen im Umfeld Preußens nahmen zu. Sie führten zu einem ersten Schlagabtausch zwischen Bismarck und dem in politischen Kreisen noch kaum bekannten Moltke. Freunde wurden die beiden nie. Ihr Verhältnis zueinander war korrekt, aber kühl. Beide entwickelten zu dieser Zeit ihre außenpolitischen Vorstellungen.

Bismarck war seit 1859 preußischer Gesandter in Petersburg. Außenpolitisch alles andere als ein Dogmatiker, war er ein Gegner des Präventivkriegs. Das Fernduell mit Moltke konnte beginnen. Moltke forderte vom preußischen Prinzregenten die Beteiligung an einem Krieg gegen Frankreich, »nicht zur Abwehr einer unmittelbar zwingenden Bedrohung, sondern zur Vorbeugung künftiger Gefahren im Interesse Deutschlands, nicht für, aber mit Österreich«.[22] Die Idee des Präventivkriegs neuer Form war geboren. Aber der preußische Prinzregent zögerte die Entscheidung hinaus. Erst der Krieg zwischen Österreich und Frankreich im Jahre 1859, bei dem es um Piemont ging, führte zur preußischen Mobilmachung. Die Schlacht bei Solferino mit Tausenden von Toten und Verwundeten brachte jedoch eine rasche Entscheidung zugunsten Frankreichs. Italien erreichte dadurch seine staatliche Einheit. Die drohende militärische Auseinandersetzung mit Frankreich und damit eine frühe Bewährungsprobe für Moltke unterblieben nur, weil sich die Kontrahenten in Villafranca rasch auf einen Frieden einigten.

Von 1860 an befasste sich Moltke mit Fragen des Küstenschutzes, ein Thema, das dem gebürtigen Norddeutschen mit seinen Jugenderfahrungen in Dänemark geläufig war. Er übernahm den Vorsitz in der neu geschaffenen Küstenbefestigungskommission. Aber die nichtpreußischen Küstenanrainer waren nicht bereit, den Vorschlägen aus Berlin zu folgen. Sie lehnten vor allem die Idee einer Bundesflotte unter preußischer Führung ab.

1861 übernahm der Prinzregent die förmliche Regentschaft von Friedrich Wilhelm IV., der am 2. Januar 1861 starb. Moltke befand sich nun im Zentrum der Macht. Ein Jahr später wurde Bismarck preußischer Ministerpräsident. Beide sahen zu, als Russland mit preußischer Billigung 1863 einen polnischen Aufstand brutal unterdrückte und die Alvensleben'sche Konvention das große, einsame Sterben der polnischen Freiheitsbewegung in Warschau auch noch abschirmen half.

Die Deutschen Einigungskriege

Der erste der drei Deutschen Einigungskriege, die Moltke zum Nationalhelden machten, richtete sich gegen sein erstes Heimatland Dänemark. Er war zugleich der Testfall für die Theorien, die Moltke zur modernen Kriegsführung in den zurückliegenden Jahren entwickelt hatte.

Das dänische Inselreich bestand damals aus drei Hauptteilen – dem Königreich mit den Ostseeinseln sowie den Elbherzogtümern Schleswig und Holstein. Aufgrund einer komplizierten Verfassungslage, die aus seiner Sicht den Bestand der Monarchie gefährdete, unternahm König Christian IX. 1863 den Versuch, Schleswig durch eine Änderung der Konstitution stärker in den Kernstaat einzubeziehen. Das verstieß jedoch gegen den innenpolitischen Grundsatz, die beiden Herzogtümer als selbstständige Einheiten im Königreich zu behandeln, sowie gegen das international beschlossene Londoner Protokoll von 1852. Mit ihm war der vorangegangene Schleswig-Holsteinische Krieg von 1848 bis 1851 beigelegt worden.

Bismarck erkannte zu einem sehr frühen Zeitpunkt während der erneut ausgebrochenen Krise um Dänemark die Chance, seine Langzeitstrategie umzusetzen und nicht nur Holstein der Bundesexekution zu unterziehen, sondern auch Österreich, welches damit im Sinne der »kleindeutschen Lösung« aus dem Deutschen Bund herausgedrängt werden sollte. Bismarck nahm das »Angebot« an und gestaltete die Krise nach seinen Vorstellungen um. Unter dem Vorsitz von Österreich reagierte der Deutsche Bund, in dem der dänische König als Herrscher über Schleswig und Lauenburg Mitglied war, auf die dänische Krise mit einem Ultimatum. Kopenhagen ignorierte es. Daraufhin wurde die Bundesexekution beschlossen.

Die internationale Konstellation war günstig: Die beiden großen Flügelmächte Russland und England verhielten sich neutral, Frankreich waren somit die Hände gebunden.

Bundestruppen rückten in den Weihnachtstagen 1863 in den Süden des Königreichs Dänemark ein. Mitte Januar 1864 forderten Österreich und Preußen den dänischen König ultimativ dazu auf, die neue Verfassung zurückzuziehen. Als dies unterblieb, marschierten die Österreicher und Preußen in Schleswig ein. Dies war durch den Bundesexekutionsbeschluss, der sich nur auf Holstein bezog, eigentlich nicht abgedeckt und kam einem Krieg gleich, der offiziell nicht erklärt worden war.

Die erste große Verteidigungslinie, das jahrhundertealte »Danewerk«, konnten die dänischen Verteidiger zum Entsetzen ihres Landes nicht halten.

Zum Brennpunkt der Auseinandersetzungen wurden somit die Düppeler Schanzen nordöstlich von Flensburg. Sie bildeten den letzten Zipfel des Herzogtums Schleswig, den Dänemark noch besetzt hielt, ein Faustpfand für Friedensverhandlungen. Düppel wurde zudem zum Ziel, weil die dänische Flotte noch intakt war. Solange sie nicht ausgeschaltet war, drohte den preußisch-österreichischen Verbänden Gefahr, wenn sie in die Mitte und den Norden Jütlands vorstoßen sollten. Berichten von Kriegsteilnehmern zufolge waren die Kämpfe bei winterlichen Temperaturen erbittert und hart. Die Verwundeten und Sterbenden warteten stundenlang auf Versorgung. Tausende von Soldaten fielen auf beiden Seiten. Zehntausende wurden verwundet.

Die preußischen Truppen wurden von dem 80-jährigen Generalfeldmarschall von Wrangel kommandiert, der auch in dem vorangegangenen Konflikt die Armee geführt hatte. Moltke hatte keinerlei Einfluss auf die Operationen. Untätig musste er von Berlin aus mit ansehen, wie sich die Probleme im Norden häuften.

Dann aber geschah endlich etwas: Um sich einen genauen Überblick über die Lage zu verschaffen, entsandte der König Moltke am 11. Februar 1864 ins Hauptquartier nach Flensburg. Binnen weniger Tage bereiste dieser die Front und kehrte zur Berichterstattung nach Berlin zurück. Erneut wurde er aber an den entscheidenden Beratungen nicht beteiligt. Doch seine vor Ort gewonnenen Erkenntnisse und die von ihm unterbreiteten Vorschläge hatten Wirkung. Mithilfe schwerer Artillerie, die kurz nach dem Blitzbesuch Moltkes per Bahn aus Berlin herangeführt worden war, begann im März 1864 der Beschuss der Festigungswerke. Sie fielen nach blutigen Kämpfen.

Der Legende nach soll der Soldat Klinke mit einer Sprengladung für die entscheidende Bresche gesorgt haben. Theodor Fontane, zu dieser Zeit im Kriegsgebiet unterwegs, pries ihn in einem Gedicht. Auf der anderen Seite sorgte sich der Dichter Hans Christian Andersen, Dänemark könne nun vollständig in deutsche Hände fallen.

Wenige Wochen später setzte der preußische König Moltke als Stabschef für das Oberkommando der Bundesstreitkräfte in Marsch. Anfang Mai traf Moltke in Vejle in Südschleswig ein. Endlich kam dadurch Zug in die militärischen Operationen, die auf internationalen Druck hin jedoch schon bald gebremst werden mussten. Auf Initiative Großbritanniens kam es im Mai 1864 zu einem Waffenstillstand, der jedoch nicht lange hielt. Die dänische Regierung wies alle Vermittlungsvorschläge zurück. Ende Juni 1864 lief die Waffenruhe aus. Preußische Truppen setzten nun auf die Insel Alsen über und befolgten damit die Strategie, die Moltke schon in Berlin verfochten hatte. Er hatte auch gefordert, Jütland vollständig zu besetzen. Das geschah ebenfalls. Dänemark kapitulierte. Das kleine Königreich musste einen Diktatfrieden akzeptieren, der zu einem 20-prozentigen Verlust des Staatsgebiets führte. Schleswig und Holstein wurden an Österreich und Preußen abgetreten. Mit der Konvention von Bad Gastein schufen die Sieger im August 1865 zwei Verwaltungszonen. Österreich hatte in Holstein das Sagen, Preußen in Schleswig. Beide Herzogtümer sollten unter der gemeinsamen Oberhoheit von Preußen und Österreich-Ungarn stehen. Dieser Kompromiss barg den nächsten Konflikt jedoch schon in sich, die direkte militärische Konfrontation der beiden großen Mächte.

Moltke blieb nach dem in Wien abgeschlossenen Friedensvertrag in der Region. Er überwachte den Rückmarsch der Truppen und die Besatzungssituation. Erst im Dezember 1864 traf er sich mit seiner Frau in Hamburg und kehrte zusammen mit ihr nach Berlin zurück.

Moltke hatte sich im Deutsch-Dänischen Krieg einen Ruf als fähiger Stratege erworben. Man begann von ihm zu sprechen.

Der Preußisch-Österreichische Krieg sollte schon drei Jahre später kommen. Bismarcks Glück war, dass er sehr kurz war, denn der Stratege Moltke plante bei aller Sympathie für die Österreicher einen unbegrenzten, einen »absoluten« Krieg. Aber dazu kam es aus zeitlichen Gründen nicht.

Anfang Juni 1866 beauftragte König Wilhelm I. Moltke mit der alleinigen Führung der Operationen und beförderte ihn zum General der Infanterie. Das führte zu leichten Verwirrungen. Ein Divisionskommandeur meldete sich mit dem Hinweis, dass die übermittelten Befehle in Ordnung seien, aber wer sei General von Moltke?

Die Österreicher und ihre Verbündeten, beispielsweise die Armeen von Hannover und Kurhessen, wurden nach anfänglichen Problemen vom preußischen Aufgebot geschlagen. Kurz darauf, am 3. Juli 1866, kam es zur Schlacht von Königgrätz.

Moltke hatte sich zuvor mit seinen Plänen intern durchgesetzt, drei Armeen getrennt nach Böhmen marschieren zu lassen und sie nur auf dem Schlachtfeld zu vereinen. Erst unmittelbar vor der Schlacht tauchte er selbst am Schauplatz der Ereignisse auf. Die Österreicher konnten den Vorteil der inneren Linie – ein Begriff aus der militärischen Operationsführung, der das Agieren einer Armee aus dem Mittelpunkt eines Schlachtfelds heraus umschreibt – nicht ausnutzen. Sie waren von der Schnelligkeit und Präzision des gegnerischen Aufmarsches überrascht worden.

Als der Kampf hin und her wogte, wurde König Wilhelm I. nervös. Er verfolgte zusammen mit Bismarck und Moltke die Schlacht von einer Anhöhe aus. Moltke war sich seiner Sache jedoch sicher, auch wenn die Armee des Kronprinzen Friedrich Wilhelm, die die Entscheidung herbeiführen sollte, noch nicht in Sichtweite war. Er sagte: »Eure Majestät gewinnen heute nicht nur die Schlacht, sondern auch den Feldzug.«[23]

Die Dimensionen der Schlacht von Königgrätz waren außerordentlich groß. Eine knappe halbe Million Soldaten beteiligte sich auf beiden Seiten an den Kämpfen. Die Verluste waren hoch. Die Preußen hatten 9000 Tote zu verzeichnen, die Österreicher 25 000. Immerhin konnte sich die Masse des österreichischen Heeres aufgrund von Führungsproblemen bei den Preußen nach der Schlacht absetzen.

Nach Königgrätz fragte niemand mehr, wer Moltke sei. Sein Ruf als strategisches Genie, nicht als militärischer Führer, stand endgültig fest. Am Tag nach der größten Schlacht dieses Jahrhunderts ritt Moltke über das von Toten übersäte Schlachtfeld. Niemand konnte den schwer Verwundeten helfen. Ein Offizier flehte Moltke und seine Begleitung an, ihn zu erschießen.

Es war der Sieg einer modernen Armee und eines modernen Staatswesens über eine altmodische Armee und einen altmodischen Staat.[24]

Erstmals war die Handschrift Moltkes auf einem Feldzug vom ersten Moment an erkennbar: Es galt, beweglich und mit verteilten Rollen zu operieren und keine Massen von Soldaten auf engem Raum zu konzentrieren. Die Nachteile dieses früheren Vorgehens lagen für Moltke auf der Hand: eine geringe Marschgeschwindigkeit, große Versorgungsprobleme und ein verspätetes Auftauchen beim Gefecht. Moltkes strategische Vorstellungen waren in militärischen Kreisen nicht unumstritten gewesen, denn bisher hatte die Lehrmeinung gegolten, mit allen verfügbaren militärischen Kräften in die Schlacht zu ziehen. Königgrätz stand für die Trendwende von versammelten Heeren zu getrennten Heeren. In den zurückliegenden Jahren hatte Preußen Schritt für Schritt eine gut ausgebildete Armee aufgebaut, mit umsichtigen Unterführern und klugen Generalstabsoffizieren. Das sollte zusammen mit gewissen waffentechnischen Vorteilen – beispielsweise des im Vergleich schnell feuernden Zündnadelgewehrs – den Ausschlag für den Sieg gegen Österreich geben. Im Liegen erlaubte das Gewehr eine Schussfolge von sieben Schuss pro Minute, während die Österreicher nur zwei Schuss pro Minute abfeuern konnten, ähnlich wie die anderen Armeen. In die Geschichte ging Moltke aber vor allem durch den Ausbau und die effiziente Nutzung des Eisenbahnnetzes ein. Seit den 1840er-Jahren hatte er auf dieses neue Transportmittel gesetzt und in gleicher Weise auf die Telegrafie. Sie erlaubte ihm das Führen von großen militärischen Verbänden über erhebliche Distanzen hinweg.

Königgrätz, wo heute ein Lehr- und Wanderpfad mit zahlreichen Schautafeln über die Schlacht informiert, beeindruckte die damalige Welt. Seit den Tagen von Napoleon I. hatte es unter militärischen Gesichtspunkten kein Kräftemessen mit einer derartigen Präzision und Durchschlagskraft mehr gegeben. Mit einer einzigen Schlacht war der Konflikt beendet worden.

Zum Dank für seine militärischen Leistungen erhielt Moltke im Jahr 1866 eine königliche Dotation in Höhe von 200000 Talern. Im September des Jahres wurde er zum Chef des Colbergschen Grenadierregiments (früher 2. Pommersches Infanterieregiment Nr. 9) ernannt. Sein Vorgänger war kein Geringerer als August Neidhardt von Gneisenau gewesen, eine außergewöhnliche Ehrung für Moltke.

Ende September 1866 begab sich Moltke auf einen sechswöchigen Erholungsurlaub in die Schweiz. Die finanzielle Zuwendung versetzte ihn in den Stand, endlich Grundbesitz erwerben zu können und seine Familie wieder sesshaft zu machen. Moltke dachte an Mecklenburg oder Holstein. Aber dort fand sich kein geeignetes Objekt, oder es war zu teuer. Auf einer Übungsreise des Großen Generalstabs nach Schlesien, wo die Bevölkerung Moltke begeistert begrüßte, fiel die Entscheidung für Kreisau. Dort erwarb Moltke im August 1867 drei Rittergüter am Rande des Eulengebirges. Zusammengefasst war das ein Besitz von 400 Hektar mit einem Schloss und einem Wirtschaftshof, ein für damalige Verhältnisse kleines Gut. Die großen Besitzungen im Osten fingen bei der zehn- bis zwölffachen Größe von Kreisau an. Der Zustand der Gebäude war nicht gut, dafür aber die Qualität der Böden. In dieser Landschaft hatte Moltke Jahrzehnte zuvor kartografische Studien betrieben. Die mehrheitlich von Katholiken bewohnte Gegend war dem norddeutschen Protestanten bei seinen Arbeitsaufenthalten in den 1830er-Jahren vermutlich ans Herz gewachsen. Die kirchliche Spaltung Deutschlands hat Moltke übrigens zeitlebens bedauert. Luther habe das Kind mit dem Bade ausgeschüttet, sagte er einmal dem Diplomaten und Historiker Theodor von Bernhardi.

Soziologisch gesehen war Moltke damit in Preußen ein Sonderfall, denn beim Besitz und Erwerb von großen Gütern hatte Mitte des 19. Jahrhunderts der Vormarsch der Bürgerlichen eingesetzt. Von den etwa 12 000 Ritter- und kreistagsfähigen Gütern gehörten bereits im Jahre 1856 nur noch gut 7000 adligen Familien einschließlich jener, die unlängst nobilitiert worden waren. Nur auf den großen Latifundienbesitzen waren die Adligen noch klar in der Mehrheit. Geburts-, Rang-, Geld- und Geistesaristokratie bildeten nun gemeinsam die Elite der Nation.[25]

Kreisau, allgemein bekannt geworden erst durch den Moltke-Nachfahren und Hitler-Gegner Helmuth James von Moltke, ist heute eine deutsch-polnische Begegnungsstätte. Sie liegt etwa 50 Kilometer südwestlich von Wrocław und einige Kilometer südöstlich der Kreisstadt Świdnica. Die drei Güter Creisau, Nieder-Gräditz und Wierischau wurden 1868 in einem sogenannten Familienfideikommiss Creisau zusammengefasst. Dabei handelte es sich um ein Sondervermögen, das ähnlich einer Erbhofbauernregelung in der Abfolge der Generationen genutzt werden konnte und weder geteilt, verkauft noch belastet werden durfte. Napoleon I. hatte diese Rechtsform in Deutschland abgeschafft, sie lebte jedoch während der Restauration wieder auf, gegen vielfachen Protest in der deutschen Öffentlichkeit, und wurde 1938 unter den Nationalsozialisten schließlich abgeschafft.

Im Juli 1867 begleitete Moltke den König zur Weltausstellung nach Paris. Während der mehrwöchigen Reise kam es auch zu einem erneuten Zusammentreffen mit Kaiser Napoleon III.

Ein Jahr später traf Moltke ein schwerer persönlicher Schicksalsschlag. Seine Frau Mary verstarb kurz nach der Silberhochzeit im Alter von nur 44 Jahren am Heiligabend 1868. Sie hatte sich auf einem Weihnachtsbasar schwer erkältet und einen Gelenkrheumatismus zugezogen, der dann zu einer Entzündung der Herzklappen führte. Im letzten Brief an seine Frau, der in seinen »Gesammelten Schriften« dokumentiert ist, hatte er ihr am 30. August 1868 geschrieben, dass sie ihre Abreise aus Kreisau nach Berlin nicht überstürzen solle. »Ich kann mir ein paar Tage in Berlin allein helfen und, wenn keine Köchin da ist, im Gasthof essen«, schrieb der 67-Jährige. Im Frühjahr 1869 ließ Moltke Mary in einem Mausoleum in Kreisau beisetzen, das nach seinen Plänen entstanden war. Wann immer er auf seine Güter kam, war das Mausoleum sein erstes Ziel. Moltkes Schwester Auguste und Bruder Fritz zogen nun zu dem Witwer nach Berlin und begleiteten ihn im Sommer nach Schlesien. Henry Burt, einen Bruder von Mary, machte der König zum persönlichen Adjutanten Moltkes.

Im Oktober 1870, während des Frankreichfeldzugs, wurde Moltke nach der Primogeniturregelung in den erblichen Grafenstand erhoben, ein Titel, der seine militärische Position zusätzlich erstrahlen ließ.

Auf Kreisau war Moltke ein fürsorglicher Besitzer. Er kümmerte sich im Detail um die Bewirtschaftung des Gutes, das bis zum Ende des Ersten Weltkriegs eine sehr gute finanzielle Ausstattung hatte. Rentabilitätsgesichtspunkte waren angesichts des hohen Stiftungskapitals nicht ausschlaggebend. Moltke ließ 10 000 Bäume pflanzen, die erst in 100 Jahren ihre ganze Wirkung erzielen würden. Er betrieb eine Forellen- und Schafzucht, ließ spezielle Pflanzen züchten und veranlasste die Einführung von Drillmaschinen und Lokomobilen, den Vorläufern der Traktoren. Auch die Kinder der Gegend lagen ihm am Herzen. Er ließ eine Schule bauen, um ihnen den bisherigen langen Schulweg zu ersparen, und stellte einen

Lehrer ein. Bereits bei der ersten Ernte auf Kreisau erhöhte Moltke die Fleischportionen für seine Landarbeiter.

In Potsdam wurde er der erste Präsident des Oberlinhauses, einer Einrichtung für Schwerbehinderte. Sie existiert noch heute.

Der seit Langem schwelende Konflikt mit Frankreich, sichtbar geworden in der Luxemburgkrise im Jahre 1867, entlud sich 1870 wegen eines vergleichsweise geringfügigen Anlasses, der spanischen Thronkandidatur, im Deutsch-Französischen Krieg. Es ging um einen deutschen Bewerber, der am Ende aufgab. Napoleon III. genügte der Rückzug von Prinz Leopold von Sigmaringen jedoch nicht. Er wollte, dass Wilhelm I. öffentlich klein beigab, und bekam stattdessen die Emser Depesche. Sie führte zum Kriegsausbruch. Da jedoch Frankreich der Aggressor war, hatte Preußen, Führungsmacht im Norddeutschen Bund, die süddeutschen Staaten auf seiner Seite. Mit knapp einer Million Soldaten zog Preußen mit seinen Verbündeten gegen die vermeintlich stärkste europäische Kontinentalmacht in den Krieg. Ein Berliner Straßenjunge rief dem General in den Tagen der Mobilmachung zu: »Nanu, Moltke, mach man wieder en juten Plan.« Die französische Presse hingegen beschrieb Moltke am Vorabend des Krieges als »klapprigen alten Mann«.

Moltke zog mit dem Großen Hauptquartier und drei mobilen Abteilungen des Generalstabs in den Krieg.[26] Es handelte sich um die Operationsabteilung, die Nachrichtenabteilung sowie eine für Eisenbahnen und Etappe zuständige Abteilung. Sie wurden von Offizieren mit dem Dienstgrad eines Oberstleutnants geführt. Stellvertreter Moltkes war der Generalquartiermeister. Drei Majore, sechs Hauptleute und zwei Adjutanten ergänzten die Führungsgruppe. Sie waren handverlesen und gingen für Moltke »durchs Feuer«. Man nannte sie später, nach dem Sieg, »die Halbgötter«.

Nach Erreichen eines Marschziels wurde das Büro des Generalstabs stets in einer Schule oder in einem anderen geeigneten Gebäude eingerichtet. Die Offiziere nächtigten in der Nähe. Eine Rund-um-die-Uhr-Besetzung sorgte für einen reibungslosen Fluss von Informationen. An jedem Morgen und bei Bedarf mehrmals am Tag gab es Lagevorträge, bei denen Moltke seine Absichten darlegte und diese anschließend dem König vortrug. Zur Befehlsübermittlung an die Armeekommandos wurde die Telegrafie benutzt, für kürzere Distanzen Feldjäger und Ordonnanzen zu Pferde. Während einer Schlacht hielt sich Moltke in der Nähe des Königs auf. Im Gegensatz zu ihm und anderen militärischen Befehlshabern trug er keinen Helm, sondern eine Mütze, sein Markenzeichen. Er führte minimalistisch. Die Kommandeure hatten Entscheidungsfreiheit und trugen Verantwortung.

Strategie war für Moltke ein System von Aushilfen, denn über die Eröffnung eines Krieges hinaus war für ihn alles offen, nicht vorhersehbar. »Es ist eine Täuschung, wenn man glaubt, einen Feldzugsplan auf weit hinaus feststellen und bis zum Ende durchführen zu können«, schrieb Moltke in seiner Geschichte des Deutsch-Französischen Krieges. Und: »Die geänderten Verhältnisse richtig auffassen, daraufhin für eine absehbare Frist das Zweckmäßige anordnen und entschlossen durchführen, ist alles, was die Heeresleitung zu tun vermag.«[27]

Wie schon beim Krieg gegen Österreich zahlte sich das hohe Tempo bei der Verlegung der Truppen nach Westen aus. Drei Armeen mit zusammen 384000 Mann marschierten in Rheinnähe auf. Jedem Divisionskommandeur stand ein Stabsoffizier zur Seite, der durch die Moltke'sche Schule gegangen war. Das machte die Abstimmung sehr viel leichter.

Die französische Mobilmachung lief hingegen nur schleppend an. Der erste größere militärische Schlagabtausch fand am 4. August 1870 bei Weißenburg im Elsass statt. Obwohl es um relativ wenig ging, fielen auf deutscher Seite 91 Offiziere und 1460 weitere Soldaten. Bereits zwei Tage später kam es zur Schlacht bei Wörth mit hohen Verlusten auf beiden Seiten. Die Franzosen räumten das Rheintal und zogen sich in ihr Kernland zurück. Sie wurden dort jedoch von den nachrückenden preußisch-deutschen Truppen in Lothringen gestellt und Mitte August in Mars-la-Tour und Gravelotte schwer geschlagen. Eine riesige Staubwolke hüllte 5000 Reiter ein, die sich eines der entscheidenden Gefechte lieferten. Zwei Wochen nach Eröffnung der Feindseligkeiten betrugen die deutschen Verluste 50000 Mann. Die französische Rheinarmee unter Marschall Bazaine wurde trotzdem in Metz eingeschlossen, die zum Entsatz herbeieilende Châlons-Armee von Marschall Mac-Mahon bei Sedan vernichtend geschlagen. Nachteile beim Infanteriegewehr – das neue französische Chassepotgewehr hatte die doppelte Reichweite – glich die deutsche Artillerie aus. Sie hatte die doppelte Reichweite der französischen Geschütze.

Kaiser Napoleon III. geriet in Sedan mit seinen Soldaten in Kriegsgefangenschaft. Als er im Zug nach Kassel saß, von wo aus er ins Londoner Exil fuhr, bemerkte Moltke beim Vorbeifahren des Zuges: »Voilà, une dynastie qui s'en va.«[28]

Frankreich kapitulierte am 2. September 1870. Aber der Krieg war noch nicht beendet. In Paris wurde die Dritte Republik ausgerufen, die den Kampf fortsetzte. Die Kriegsziele veränderten sich. Die Deutschen verlangten nun die Abtretung von Elsass-Lothringen, was Moltke befürwortete, Bismarck allerdings ablehnte. Vor allem die Militärs bestanden auf einer linksrheinischen Sicherheitszone. Bismarck musste nachgeben. Das Zeitalter der Kabinettskriege, die in ihrer Zielstellung begrenzt waren und die zivile Bevölkerung möglichst wenig berühren sollten, war vorbei. Nun begannen die industrialisierten Volkskriege, die besonders die Zivilbevölkerung ansprechen und für die militärischen Ziele mobilmachen sollten.[29] Nach Sedan radikalisierten sich in Frankreich und in Deutschland die jeweiligen Bilder vom anderen. Neben Operationen des Militärs setzte nun der Guerillakrieg mit der Sabotage an Straßen, Brücken und Gleisanlagen ein. Die Deutschen reagierten mit Geiselerschießungen und dem Anzünden von »verdächtigen« benachbarten Ortschaften. Bismarck glaubte vorübergehend, auf solche Weise die Franzosen in die Knie zwingen zu können. Etwa 1000 deutsche Soldaten kamen bei den Übergriffen der Francs-Tireurs ums Leben. Nicht weniger als 120000 deutsche Soldaten waren durch Sicherungsaufgaben hinter den Linien gebunden. So wurde die »Erbfeindschaft« entfacht, die nach diesem Krieg für zwei Generationen das Denken von Franzosen und Deutschen beherrschen sollte. Victor Hugo schrieb: »Nous avons cru arriver Arminius et nous ne voyons que Schinderhannes.« – »Wir haben geglaubt, Arminius käme, aber wir sehen nur Schinderhannes.«[30]

Paris, von deutschen Truppen eingeschlossen, ergab sich im Januar 1871. Im gleichen Monat ließ sich Wilhelm I. auf Betreiben von Bismarck im Spiegelsaal von Versailles zum deutschen Kaiser ausrufen. Der Aufstand der Pariser Kommune, bei dem während einer Woche bei Straßenkämpfen 25000 Menschen getötet wurden, verzögerte die Unterzeichnung des Friedensvertrags mit der Pariser Zentralregierung dann noch bis Ende Mai.

Die Eingeschlossenen hatten bis dahin ihre Nahrungsmittel aufgebraucht. Nun wurden die Tiere im Zoo getötet und Jagd auf die Ratten auf den Dachböden gemacht. Viele Bäume in den Parks der Stadt wurden zu Brennholz verarbeitet. Knapp 400000 französische Kriegsgefangene wurden während des Konflikts nach Deutschland gebracht und dort nach übereinstimmenden Berichten gut behandelt.

Beim Kampf um Paris war es auch zu einer erbitterten Auseinandersetzung zwischen Bismarck und Moltke gekommen.[31] Moltke hatte im Grunde genommen keine militärische Antwort auf die zweite Phase des Krieges mit der französischen »levée en masse«, der Massenaushebung, einem Vorspiel zum asymmetrischen Krieg der Gegenwart. Der Prinzipienstreit zwischen Kabinettskrieg und Nationalkrieg, wie ihn Rudolf Stadelmann genannt hat, wurde mit harten Bandagen geführt. Bismarck gab nicht nach und trat im Gegensatz zu Moltke für einen massiven Beschuss von Paris ein, um die französische Führung zu einer raschen Kapitulation zu bewegen. Bei der Auseinandersetzung ging es aber nicht um die laufenden militärischen Operationen, sondern um die geplanten, die kommenden. Moltke lehnte eine Vorabinformation des Politikers ab und berief sich auf die Rolle und Bedeutung als militärischer Geheimnisträger.

Die Verluste im Deutsch-Französischen Krieg deuteten bereits in Richtung kommender Weltkonflikte. Auf deutscher Seite fielen über 40 000 Soldaten, auf französischer knapp 140 000. Frankreich musste das Elsass und Lothringen an das Deutsche Kaiserreich abtreten und eine hohe Kriegsentschädigung zahlen. Sie führte in Deutschland zu einem gewaltigen Wirtschaftsboom. Bis zum Ersten Weltkrieg gelang es allerdings nicht, die eroberten Gebiete in das Reich zu integrieren. Sie blieben trotz aller Bemühungen »Kolonien«. Ihre Mittel- und Oberschicht orientierte sich nach Paris, nicht nach Berlin.

Am 16. Juni 1871, dem Tag des feierlichen Einzugs der siegreichen deutschen Truppen in Berlin unter Anführung des Kaisers, wurde Moltke zum Generalfeldmarschall ernannt. Im gleichen Jahr bezog der preußisch-deutsche Generalstab sein neues Dienstgebäude am Königsplatz. Hier empfing Moltke nicht nur militärische Gäste, sondern auch viele internationale Besucher, beispielsweise den Gesandten der Vereinigten Staaten. Die USA, nur wenige Jahre zuvor in einem mörderischen Bruderkrieg verstrickt, hatten den Deutsch-Französischen Krieg, der als Volkskrieg geendet hatte, genauestens beobachtet und analysiert.

Ein Jahr später erhielt Moltke eine weitere Dotation des Monarchen, eine »Nationalbelohnung«, in Höhe von 300 000 Talern. Er investierte sie in Kreisau. Auch nach allgemeinen Maßstäben war er nun ein sehr reicher Mann. 1873, am dritten Jahrestag der Schlacht von Sedan, wurde auf dem Königsplatz unweit des Brandenburger Tores eine Siegessäule enthüllt. Heute ist der Platz der Republik, wie er jetzt heißt, direkt vor dem Reichstag, von einer Rasenfläche bedeckt.

Moltke und Bismarck

Der Beginn des Siebenjährigen Krieges im Sommer 1756 ist als klassische Eröffnung des Präventivkriegs in die Geschichte eingegangen. Nach dem Motto »besser praevenire als praeveniri«[32] – besser zuvorkommen als sich zuvorkommen lassen – ließ Friedrich II. seine Regimenter in Kursachsen einmarschieren. Der preußische König glaubte nur durch rasches Handeln die gegnerische österreichisch-französische Koalition militärisch neutralisieren zu können, sie vielleicht noch vor ihrer endgültigen Erweiterung um andere europäische Mächte zu zerschlagen. Vielleicht hoffte Friedrich auch auf territorialen Gewinn. Entscheidend für den Entschluss zum Krieg war aber seine Absicht, einem ihm zugedachten Schlag zuvorzukommen, denn sonst hätte er Schlesien und seine in vorangegangenen offensiven Militäraktionen gewonnene Machtstellung wieder verloren.

Festzuhalten bleibt, dass für den Präventivkrieg kein fest umrissener Tatbestand existiert. Grundmotiv ist die Abwehr einer Bedrohung. Aber nicht nur die Abwehr, sondern auch der Angriff umfassen das Präventive. Der Historiker Karl-Ernst Jeismann sagt: »Und so macht gerade das Zusammengehen von Verteidigungsabsicht und Angriffswillen den Bereich des Präventiven aus [...] Wenn auch im einzelnen Fall die einzelne Komponente überwiegt, beide müssen vorhanden sein, um zu Recht vom Präventivkrieg zu reden. Das Mischungsverhältnis beider könnte als Unterscheidungsmerkmal zwischen verschiedenen Formen des Präventivkriegs dienen, stets aber erstreckt sich der Gesamtbereich von der engsten Notwehrprävention bis zur weit vorausgreifenden Vorbeugung. Er liegt zwischen den Polen des reinen Angriffskrieges und des klaren Verteidigungskrieges, anders ausgedrückt, er stellt das Überschneidungsgebiet von Angriff und Abwehr dar. Das Miteinander beider ist aber Folge und Form der Wechselwirkung zwischen Zukunftsbefürchtung und Gegenwartsmaßnahme.«[33] Der Präventivkrieg hat also eine Doppelnatur.

Das für das 18. Jahrhundert typische militärische Denken entwickelte sich im 19. Jahrhundert weiter bis zum Ausbruch des Ersten Weltkriegs 1914. 1813 führte man in Preußen die allgemeine Wehrpflicht ein, im Deutschen Kaiserreich wurde dieses System übernommen. Schrittweise wurde gegen Ende des Jahrhunderts auch eine Rüstungsindustrie aufgebaut. Moltkes Vater hatte noch bei der Landwehr gekämpft, die ihm einmal die Gefolgschaft zu verweigern drohte, weil die Grenze eines Duodezfürstentums überschritten werden sollte. Die Beschleunigung der modernen militärischen Entwicklungen setzte erst im letzten Lebensdrittel von Helmuth von Moltke ein.

Oft war bei Kriegen im 18. und frühen 19. Jahrhundert die erste Schlacht für den Ausgang der Kampagne vorentscheidend, weil beim Verlierer die kurzfristig nicht ersetzbare Söldner- oder Koalitionstruppe in Gefangenschaft geriet oder einfach desertierte. Mit Beginn der Industrialisierung, mit der Entstehung von wirtschaftlichen und militärischen Potenzialen, erfuhr auch der Präventivkriegsgedanke eine tief greifende Wandlung. Die Entscheidung über den Ausgang eines Krieges verlagerte sich nun vom Beginn an das Ende. Nicht mehr der erste, sondern der letzte Schlag wurde entscheidend. Das technische, wirtschaftliche und militärische Potenzial und damit das Durchhaltevermögen eines Staates gaben den Ausschlag für Sieg oder Niederlage.

In gewisser Weise stand der Konflikt zwischen Bismarck und Moltke um den Primat der Politik oder der militärischen Strategie daher am Scheideweg von der alten agrarisch geprägten Gesellschaft zur modernen Industriegesellschaft. Beide waren Augenzeugen des Übergangs vom Kabinettskrieg zum totalen Krieg. Nicht Heere würden nun mit einem kurzen Schlagabtausch stellvertretend für Nationen den Ausgang von Kriegen entscheiden, sondern ganze Nationen würden in die

Waagschale geworfen werden. Moltke hatte diese Entwicklung seit Beginn der 1830er-Jahre kommen sehen. Schon wenige Jahrzehnte später, vermutlich beginnend im Amerikanischen Bürgerkrieg, bestätigte sich seine Auffassung. Nun setzten nämlich die Industrialisierung des Krieges und die mit ihr verbundene Militarisierung der Gesellschaften ein.

Zudem war die wachsende Bedeutung der Schlussphase eines Krieges im 19. Jahrhundert zu beobachten, am augenfälligsten im Deutsch-Französischen Krieg von 1870/71. Moltke, der keine militärische Antwort auf den Volkskrieg hatte, trat für den totalen Krieg ein. Nur mit großem Glück wurde 1871 eine Konstellation vermieden, die in einen so umfassenden Konflikt hätte hineinführen können, wie ihn die Welt 70 Jahre später sah.[34]

Vom Blitzkrieg träumten die Militärs im Zuge der modernen Hinwendung zum Präventivkrieg immer. Er lag der Kriegszielpolitik sowohl des Deutschen und des Japanischen Kaiserreichs als auch des Dritten Reiches zugrunde, wenn man sich beispielsweise die Präventivaktionen von Lüttich zu Beginn des Ersten Weltkriegs, das Unternehmen »Barbarossa«, also den Angriff auf die Sowjetunion 1941, oder den Überfall auf Pearl Harbor im gleichen Jahr vor Augen führt. Ludendorff, Hitler und die japanischen Militärs dachten zu kurz. Sie unterschätzten das Potenzial der Gegenseite, den raschen Aufbau bzw. die Fähigkeit zur Verlagerung von Rüstungsindustrien sowie die Tiefenrüstung – eine langfristige Ausrichtung der gesamten Wirtschaft auf die Belange der Rüstungsindustrie also. Andererseits, und wichtiger: Am Ende gab die Freiheitsliebe der Völker den Ausschlag. Es war eine instinktive Abwehrreaktion von großen Teilen der Welt, weil die Gefahr drohte, von einer Macht ohne attraktives Gesellschaftsmodell dominiert zu werden.

Bereits im 19. Jahrhundert änderte sich die Ansicht über den Präventivkrieg und seine Legitimation. Zur älteren Auffassung, wonach der Gegner einen Krieg vorbereite, dem man zuvorkommen müsse, gesellte sich ein neuer Gedanke. Er fand speziell im Deutschen Kaiserreich weite Verbreitung, und hier besonders im deutschen Generalstab und damit auch bei Moltke. Dem Weltbild der Militärs zufolge war Deutschland umzingelt, umgeben von »Feinden ringsum«. Das war umso erstaunlicher, als die Militärs vor 1871 viel gebildeter waren und sich internationaler orientierten als die Offiziere des Kaiserreichs – von der Provinzialität und geistigen Enge der Generäle in der Weimarer Republik und im Dritten Reich gar nicht zu reden. Aber anscheinend gingen ihre Eindrücke bei langen, klassischen Bildungsreisen und mehrmonatigen Inspektionsfahrten ihrer Führungsstäbe nicht in ihr Weltbild ein.

Moltke und seine Kameraden rechneten fest mit der Konstanz des Zweifrontenkrieges. Er schien unvermeidlich. Nur mit einem Präventivkrieg könne man diesem zuvorkommen. In einigen Jahren, so ihre Argumentation, sei er angesichts des Anwachsens des gegnerischen Potenzials nicht mehr mit Sicherheit zu gewinnen. Jetzt, so die Fortführung des Gedankens, habe man bei einem erheblich geringeren Aufwand an Mensch und Material noch eine Siegchance. Anders formuliert: Die Militärs argumentierten nicht mit einer gegenwärtigen, akuten Kriegsgefahr, sondern mit einer möglichen, zukünftigen. Das brachte eine permanente Unruhe in die deutsche Politik.

In der Zeit von Bismarck und Moltke brach der Konflikt noch nicht offen aus. Aber die Argumentationskette, die am Ende zum Fatalismus der Zivilisten in der Julikrise 1914 führte, wenn man an Reichskanzler Bethmann Hollweg denkt, diese Argumentationskette wurde bereits eine Generation zuvor angelegt.

Die Ironie der Geschichte wollte es, dass Helmuth von Moltke, der »Humanist der Spät-Goethezeit«, wie ihn der Freiburger Historiker Gerhard Ritter einmal bezeichnet hat, maßgeblich zu dieser Entwicklung beitrug.[35] Die universale Bildung des preußischen Generalstabschefs und Generalfeldmarschalls war frappierend: Aufklärungsgedanken, Fortschrittsglaube, Liebe zur Poesie, Staatssinn und Nationalgefühl paarten sich mit Aufgeschlossenheit für Naturwissenschaften, Wirtschaft und Technik. Hinzu kam eine profunde historische Bildung. Basierend auf diesem außerordentlich breiten Fundament in einer Zeit, als sich das Spezialistentum schon auf dem Vormarsch befand, vertraute Moltke fest auf die menschliche Fähigkeit, die Welt vernünftig zu gestalten. So glaubte er, dass sich die Kultur in einem allmählichen Prozess verfeinern und Kriege immer seltener werden würden.

Dennoch waren seine Anforderungen an die Politik im Kriegsfall radikal und kompromisslos. Er billigte ihr zwar zu, über den Beginn und das Ende eines Konflikts zu entscheiden, bestand aber im Übrigen auf der Eigengesetzlichkeit eines einmal ausgebrochenen Krieges. Moltke verlangte ein geregeltes Nacheinander von Politik und Kriegsführung und bestritt damit den Primat der Politik zu jedem Zeitpunkt eines Konflikts. Der Historiker Rudolf Stadelmann hat dazu lakonisch festgestellt: »Der Anspruch auf die unbedingte Autonomie der Kriegführung entsprang der Moltkeschen Objektivität.«[36] In seiner linear logischen Art glaubte Moltke das Problem in Form einer sauberen Arbeitsteilung gelöst zu haben. Er erwies sich als »Meister und Lenker einer unendlich kompliziert gewordenen Kriegsmaschinerie, die ihren Zwangsläufigkeiten folgt und gegen Störungen dieses Ablaufs durch sachfremde Erwägungen überaus empfindlich geworden ist«[37], so das Urteil von Gerhard Ritter. Im Grunde genommen hatte Moltke die Kriegsphilosophie von Clausewitz nur logisch weiterentwickelt. Aber das Umfeld hatte sich verändert.

Vielleicht aufgrund seiner Kindheits- und Jugenderlebnisse während der Napoleonischen Kriege, des vorübergehenden Auftauchens der Franzosen in Norddeutschland, sah Moltke die beiden großen europäischen Völker in einem natürlichen Gegensatz. Schon 1831, während der ersten Abkommandierung zum preußischen Generalstab, tauchte in einer seiner Denkschriften der Gedanke vom Präventivkrieg gegen Frankreich auf – 40 Jahre bevor es dazu kam. Und nie hörte Moltke auf, dem alten Cato gleich, auf die Notwendigkeit hinzuweisen, dass ein solcher Krieg bis zur »totalen Vernichtung« des Gegners geführt werden müsse. Aus heutiger Sicht war die Sprache dieser Zeit – freilich vor den Erfahrungen von zwei Weltkriegen – bemerkenswert martialisch. Durch darwinistisches Gedankengut erfuhr sie in der zweiten Hälfte des 19. Jahrhunderts eine weitere Zuspitzung. Der Krieg gegen Frankreich war für Moltke auch eine Auseinandersetzung um den Vorrang der Rassen. Moltke befürwortete, eine Art gottesgerichtlicher Grenze zwischen deutscher und französischer »Nationalkraft« zu ziehen.

Bei den Sicherheitsanforderungen der Militärs für den Friedensvertrag von 1871 war Moltkes Handschrift daher unverkennbar. Sie nahm danach noch an Gewicht zu, weil für ihn eine klare Entscheidung in diesem Krieg nicht gefallen war. Moltke wollte einen »Exterminationskrieg«[38] gegen Frankreich führen, um das Nachbarland für immer aus dem Kreis der europäischen Mächte zu verdrängen. Schon 1873 rechnete er mit einem weiteren Waffengang, der aus strategischen Gründen aus seiner Sicht bis 1877 vorgenommen werden sollte. In der Zwischenzeit, etwa seit 1875, schob sich jedoch der Gedanke des Zweifrontenkriegs gegen Frankreich und Russland immer mehr in den Vordergrund. Ein von Bismarck lancierter Zeitungsartikel trug am 9. April 1875 die in die Geschichte eingegangene Schlagzeile: »Ist Krieg in Sicht?«[39]

Moltkes Weltbild und sein beständiges Eintreten für den Präventivkrieg gegen Frankreich hatten zur Folge, dass er in schärfsten Gegensatz zum Denken und zur Vorgehensweise von Bismarck geriet. Vordergründig trugen die beiden ihren Konflikt bemerkenswert ruhig und sachlich aus. Aber in Wahrheit ging es letztlich nicht nur um das Spannungsverhältnis zwischen Militär und Politik, sondern um zwei völlig unterschiedliche Grundauffassungen der preußisch-deutschen Gesamtpolitik. Moltke wollte Frankreich durch eine totale Niederlage in den Status eines nicht mehr bündnisfähigen politischen Außenseiters zurückversetzen, ihm einen Karthago-Frieden diktieren. Bismarck hingegen suchte den Ausgleich. Wie Moltke wollte auch er die Existenz des jungen Deutschen Reiches im internationalen Mächtekonzert sichern, aber auf ganz andere Weise. Im Gegensatz zu dem Militär des Jahrgangs 1800 sah der 15 Jahre jüngere Bismarck Chancen für ein friedliches Nebeneinander der beiden Mächte, ja die zwingende Notwendigkeit, Deutschlands neu gewonnene Stellung in Europa politisch-diplomatisch abzusichern. Allerdings dachte auch er bis 1873/74 an die Möglichkeit eines weiteren Präventivkriegs gegen Frankreich. Aber er legte sich hierin nicht so fest, wie es Moltke tat.

Bismarcks Haltung zum Präventivkrieg entsprach somit in etwa dem Denken, mit dem er 1862 in Zeiten des preußischen Verfassungskonflikts in die politische Arena gestiegen war. Nur der Staatsräson verpflichtet, gab es für den ostelbischen Landjunker keine Notwendigkeit, sich irgendeiner Lehre, Theorie oder Weltanschauung anzuschließen, auch keine religiösen oder moralischen Gebote.[40] Wie Moltke registrierte auch Bismarck die gesellschaftlichen Veränderungen des beginnenden Industriezeitalters. Er kam jedoch zu ganz anderen Schlussfolgerungen.

Ein Krieg war für ihn nur noch zu verantworten, wenn er zur Verteidigung von Lebensinteressen unumgänglich wurde. Daher sträubte er sich auch, »dem berechnenden Element der Präventivkriegstheorie zu vertrauen und ihm den entscheidenden Einfluß auf den Entschluß zum Kriege einzuräumen«.[41] Bismarcks Haltung zum Präventivkrieg war also zweckgerichtet und zweckgebunden. Er war für ihn eine praktisch-politische Angelegenheit, die sich nie grundsätzlich stellte, sondern sich immer auf eine bestimmte politische Lage bezog und konkrete, einlösbare Ziele verfolgte.

Nach dem Ersten Weltkrieg, lange nach Bismarck und Moltke, als die Stimmung in Deutschland und Frankreich aufgeheizt war, haben selbst französische Historiker die mäßigende Rolle Bismarcks anerkannt. Sie erweiterten sie jedoch um einen kritischen Aspekt: die Risiken des politischen Bluffs, der eine Eigengesetzlichkeit gewinnen konnte. Émile Bourgeois und Georges Pages formulierten: »Bismarck drohte, um einzuschüchtern. Aber hieß das nicht in der Tat die Keime zum Kriege zu säen, wenn er in dieser Weise seine Drohungen übertrieb, ohne Rücksicht auf die öffentliche Meinung, deren leichte Erregbarkeit er kannte? Und kann man annehmen, daß er sich nicht hierüber vollkommen klar war?«[42]

Vermutlich hatten die beiden französischen Wissenschaftler recht. In den Tagen der Reichsgründung, inmitten der leidenschaftlichen Diskussionen um die Annexion von Elsass-Lothringen, muss Bismarck zu der Überzeugung gekommen sein, dass die alte europäische Pentarchie mit ihren Kongressen und dem System der Kompensationen nicht mehr funktionierte. Die Drohung mit dem Präventivkrieg war somit zu einem taktischen Rezept degeneriert. Spätestens in der Krieg-in-Sicht-Krise 1875 wurde dies deutlich. Bismarck ließ Moltke als Apologeten des Präventivkriegs auftreten. Er selbst hatte ihn zu keinem Zeitpunkt ernsthaft im Sinn.

Stattdessen zog er aus dem Ablauf der Krise eine bittere Schlussfolgerung für die deutsche Politik: Die vermeintlichen drei Optionen für die deutsche Außenpolitik seit 1871 waren auf eine einzige geschrumpft, denn bei jeglichen Veränderungen im Zentrum Europas, so hatte die Krise gezeigt, würden die europäischen Flügelmächte intervenieren. Möglichkeiten zur Kompensation oder zum Auslösen eines Präventivkriegs waren nicht mehr vorhanden. Übrig blieb nur die politisch-militärische Defensive.

Bismarcks Nachfolger beherzigten die Lehren aus der Krieg-in-Sicht-Krise des Jahres 1875 bekannterweise nicht. Mit einer aktionistischen, ruhelosen Politik, auf der Suche nach dem richtigen Platz in der wärmenden Sonne der Weltpolitik, möglichst auf gleicher Augenhöhe mit dem Britischen Empire, brachten sie das Reich binnen weniger Jahre in eine kritische Lage. Deutschland wurde international isoliert. Es hatte nur noch Österreich-Ungarn hinter sich, das in kritischer innerer Verfassung eine risikoreiche Politik betrieb.

Die Dinge nahmen in Deutschland ihren Lauf, weil die Konstitutionalisierung der Monarchie nicht vorangekommen war. Das friderizianische Vorbild des »roi-connétable« – des Königs, der gleichzeitig oberster Feldherr war – existierte nicht mehr. Es hatte lange Zeit die Funktionen des Politikers und Militärs vereinigt. In Preußen und später im von Preußen dominierten Kaiserreich waren die militärischen Führungsämter, also das Kriegsministerium, das kaiserliche Militärkabinett und der preußische Generalstab, keiner zivilen politischen Kontrolle unterworfen. Sie blieben originär preußische Ämter. Der Konflikt zwischen den formal gleichberechtigten Führungspersönlichkeiten Bismarck und Moltke gelangte nur deswegen nicht zum Ausbruch, weil sich Bismarck quasi mithilfe der Einigungskriege von 1864, 1866 und 1870/71 eine Verfassungswirklichkeit geschaffen hatte, die auf seine Person zugeschnitten war. Sie sicherte ihm in Entscheidungssituationen den Primat der Politik. Aber diese Verhältnisse waren nicht stabil. Der Ausfall einer Figur auf dem Schachbrett oder eine grundlegende Veränderung des Krieges konnten das gesamte informelle System ins Wanken bringen.

Die Auseinandersetzung zwischen Bismarck und Moltke hat in der Rückschau auch deswegen etwas sehr Beunruhigendes, weil sie bereits auf das Dritte Reich und auf Adolf Hitler verweist. Moltke, der preußische Spitzenmilitär, verkörperte eine Mischung von »Archaischem und Technischem«. Er stellte sich nicht die Frage nach dem Erlangen eines dauerhaften Friedens. Sein Frankreichbild war buchstäblich katastrophal, er sah im Nachbarland einen »Vulkan«. Offene geistige Horizonte in vielen Bereichen kollidierten bei Moltke mit einer

Dogmatik hinsichtlich der Einschätzung des westlichen Nachbarlands, eine offenkundige Folge der Werteverschiebung im politischen Denken.

Der moderne Nationalismus, beim Konflikt zwischen Moltke und Bismarck im Hintergrund bereits sichtbar, hatte den »sacro egoismo« der Zeit Machiavellis in Richtung grenzenlosem Egoismus des Nationalstaats bereits erweitert. Aufgrund der Verabsolutierung des eigenen Volkstums verbunden mit dem Anspruch auf ein vermeintlich höheres Recht hatte die Idee eine ungeheure Stoßkraft erhalten.

Moltkes Sprache und Terminologie verraten diese neue Auffassung, und die von ihm überlieferten Selbstzeugnisse bilden geradezu eine Fundgrube für derartige Annahmen. Er sprach vom Zweikampf beider Völker, von der Auseinandersetzung zwischen Germanen und Romanen. Sie müsse ohne Intervention anderer Völker ausgetragen werden, weil sie schicksalhaft sei. Österreich sah Moltke hingegen als einen natürlichen Bündnispartner, weil es im »Pangermanentum« mit Deutschland vereint sei.

Bezeichnenderweise war es im Deutschen Krieg von 1866 zu keiner Auseinandersetzung zwischen Bismarck und Moltke gekommen, weil Moltke nur ungern den Konflikt mit Österreich militärisch hatte austragen wollen. Der General hatte damals die erste Chance zur Beendigung des Feldzugs ergriffen.

Moltke wurde somit zum Wegbereiter des industrialisierten Volkskriegs. Bismarck hingegen versuchte, den gefährlichen Geist in der Flasche zu halten. Er hoffte weiter auf den kurzen Krieg, der in den Händen der Politik verbleiben würde. Bismarck und Moltke waren am Ende Gefangene einer neuen politisch-gesellschaftlichen Konstellation, aus der es kaum ein Entrinnen gab, jedenfalls nicht in der konstitutionellen Lage des Kaiserreichs.

Beide entstammten einem vordemokratischen Zeitalter. Der Soldat Moltke schaffte es nicht, ein realistisches Verhältnis zur komplizierter gewordenen Staatenwelt am Ende des 19. Jahrhunderts zu entwickeln. Der Politiker Bismarck aber konnte nicht darauf setzen, unter den neuartigen Bedingungen des Nationalstaats sein persönliches Gewicht auf Dauer in die Waagschale zu werfen. Es bedurfte institutioneller Absicherungen.

Derweil schufen Erfindungen, öffentliche Meinung, die Leidenschaften der Massen, die zunehmende Bedeutung der Sozialdemokratie, der Auf- und Abstieg von Eliten und andere innergesellschaftliche Verschiebungen neue Verhältnisse. Sie machten das Ringen um den Primat der Politik zwischen Militärs und Politikern zu einem schicksalhaften Thema für das Deutsche Reich bis zu seinem Untergang im Jahre 1945.

Die letzten Jahre

Ende der 1870er-Jahre wurde es allmählich einsam um Moltke. Die großen Auslandsreisen wurden seltener, die Auftritte im Parlament ebenso. Moltke hatte als Abgeordneter zunächst im Parlament des Norddeutschen Bundes, später im Deutschen Reichstag seit 1867 den Wahlkreis Memel-Heydekrug in der nördlichsten Ecke von Ostpreußen vertreten. Ein bedeutender Redner wurde er allerdings nie. Zwar nahm er weiterhin an großen Manövern teil, die gelegentlich unter widrigen Witterungsbedingungen stattfanden und die er aufgrund seines fortgeschrittenen Alters mitunter abbrechen musste. Aber er dachte zunehmend an seinen Abschied.

Das Land hielt ihn jedoch in der Pflicht. 1874 erhielt Moltke die Friedensklasse des Ordens »Pour le Mérite«. Damit würdigte Kaiser Wilhelm I. die wissenschaftlichen Leistungen seines obersten Soldaten. In jungen Jahren hatte er nach der ersten Begegnung mit Moltke gesagt, der Däne sei »keine gute Akquisition«. Schon bald darauf änderte er seine Auffassung. Es war Moltke gewesen, der ihm die Kaiserkrone verschafft hatte.

Besondere Ehrungen ließ ihm Russland zuteilwerden. 1875 wurde Moltke Ehrenmitglied der russischen Generalstabsakademie und der Akademie der Wissenschaften in St. Petersburg.

Als im Herbst 1876 in Parchim sein Denkmal enthüllt wurde, ließ sich Moltke durch seinen Bruder Ludwig vertreten. Derartige Huldigungen waren ihm zuwider. Aber ganz entkommen konnte er ihnen nicht. Wenn er im Gefolge des Kaisers durch Deutschland reiste, konnte es passieren, dass ihm eine Stadt spontan Ovationen bereitete und ihn zu einem nicht eingeplanten Aufenthalt über Nacht zwang. Auf dem Bahnhof wurde Moltke nicht nur einmal vom jeweiligen Stadtoberhaupt im Frack und Zylinder, weißer Halsbinde und weißen Handschuhen begrüßt. Entlang der Straßen, die die Delegation nun passierte, flatterten Fahnen. Die Kinder hatten schulfrei, die Bürger standen auf den Straßen. Chöre sangen, und die örtliche Feuerwehr organisierte einen Fackelzug. Mit einem Ständchen am Morgen ging es dann weiter, ehe ein leicht grummelnder Moltke die Fahrt im Zug fortsetzen konnte.[43]

Moltkes Konterfei hing in vielen deutschen Wohnzimmern neben Bismarck und Wilhelm I. Ein nationalliberaler Reichstagsabgeordneter berichtete von einer Wanderung, die er mit seinem ältesten Sohn durch den Schwarzwald gemacht habe. In allen Schankstuben habe man die Porträts sehen können. Auch im deutschen Süden war Moltke also angekommen.

Anfang März 1879 beging Moltke, der »Held der Nation«, sein 60-jähriges Dienstjubiläum und wurde mit einer hohen Stufe des Ordens »Pour le Mérite« geehrt. Eine Flut von Auszeichnungen war seit 1870/71 auf ihn niedergegangen und hielt weiter an. Sie kam aus allen Mitgliedsstaaten des Deutschen Kaiserreichs, aus dem benachbarten Ausland und von weiter her. Moltke erhielt – wie erwähnt – viele russische Orden, natürlich auch Medaillen aus der Türkei und sogar den »Höchst erhabenen Orden des Weißen Elefanten« aus dem fernen asiatischen Königreich Siam, dem heutigen Thailand. Nicht unter den Verleihern waren die Briten, aber erstaunlicherweise gewährte ihm Frankreich das Großkreuz der Ehrenlegion.

Wenn Moltke privat von Berlin nach Kreisau reiste, fuhr er in einem Abteil zweiter Klasse und ohne Handgepäck. Die Distanz betrug 330 Kilometer. Man war etwa sechs Stunden unterwegs. Einer innerfamiliären Erzählung zufolge begleitete ihn auf einer dieser Reisen sein Bruder Fritz. Die beiden saßen stundenlang, ohne ein Wort zu wechseln, im Abteil zusammen, bis Fritz das Schweigen brach, aus dem Fenster zeigte und »Hase« sagte. »Schwätzer«, entgegnete Moltke.

Er besaß nie mehr als zwei Zivilanzüge und trug diese bis zum völligen Verschleiß. In Zivil pflegte er auch von Berlin nach Kreisau zu reisen und zog dort seine Uniform nie an. Bei Wind und Wetter verbrachte der Frühaufsteher viele Stunden des Tages im Freien, während derer er die Zeit und die Mahlzeiten vergessen konnte. »Ich habe in meiner Jugend mich so an den Hunger gewöhnt, daß ich ihn jetzt nicht bemerke«, pflegte er zu sagen. Als kleinen Luxus im Leben leistete er sich gerne ein Glas Rheinwein, eine gute Zigarre und spielte Whist – ein Kartenspiel – mit bescheidenem Einsatz. Sein Lieblingsplatz in Kreisau war eine Holzbank unter einer großen Eiche, von der er auf das Eulengebirge schauen konnte. Die Entfernung zum Schlachtfeld von Königgrätz – dem entscheidenden Ort seiner Karriere, der hinter der Bergkette liegt – beträgt weniger als 100 Kilometer.

Eine besondere Freude für den mit zunehmender Schwerhörigkeit kämpfenden Witwer waren die Begegnung und das Zusammensein mit seiner Familie. Moltke diente nicht nur Monarchen, sondern dachte selbst in dynastischen Kategorien. Neffen und Nichten, Großneffen und Großnichten kamen gern zu ihm nach Kreisau und verbrachten viele Stunden mit ihm. Festtagsstimmung herrschte, wenn der Alte aus Berlin »Kaiserbonbons« mitbrachte, große in Silberpapier eingewickelte und mit dem Konterfei der Kaiserfamilie versehene Kandiszuckerstangen. Moltke schaute mit den Kindern Bil-

derbücher an und machte noch als 90-Jähriger Fangspiele mit
ihnen. Er blieb bis zu seinem Ende trotz seiner Größe geschmeidig in seinen Bewegungen. Verlieren beim Kartenspielen und anderen Spielen aller Art konnte er aber bis zum Schluss
nicht, wie Hans-Adolf von Moltke seinen Söhnen später erzählte. Als ihn ein Enkel bei einem Kriegsspiel zu schlagen
drohte, kippte er es einfach um.

Eine große Kinderschar holte den alten, großen Mann zum
Essen ab, wenn er im Hause war. Dann erschien er, halb ge-
zogen, halb geschoben, mit einer Fliegenklappe in der Hand.
Die Tischgesellschaft schreckte Minuten später auf, wenn die
Klatsche in einem Augenblick der Stille auf den Tisch her-
niederfuhr. Dabei gingen mitunter auch Gläser und Teller zu
Bruch. Was die Verfolgung und Vernichtung der Fliegen in
Kreisau anging, ließ der Alte nie locker. Es war eine Manie.
Nach dem Essen gab es immer eine Kutschfahrt im offenen
Wagen. Der Generalfeldmarschall saß ungern gegen die Fahrt-
richtung. Wenn prominenter Besuch in Kreisau eintraf, zeigte
er ihm gern den Besitz und wechselte dann neben den Kut-
scher auf den Kutschbock.

War das Wetter zu schlecht, zog sich der Alte in sein Arbeitszimmer zurück und las historische oder philosophische
Werke. Zweifellos wäre er in einem anderen Leben ein Historiker geworden. Beim Lesen nahm er ein Augenglas zur Hilfe,
das er später als Lesezeichen zwischen den Seiten einklemmte.
Gegen Ende seines Lebens kehrte er zu einer der Lieblingsbeschäftigungen in seiner Jugend zurück, der Poesie und dem
Dichten. Er übersetzte Gedichte von Thomas Moore ins
Deutsche. Die Auswahl, die er traf, war für seine Gedanken
und Gefühle zu dieser Zeit kennzeichnend:

>>Denk ich der Freunde froher Scharen,
die sich geliebt in Einigkeit
und von dem Geschick nach wenig Jahren
wie dürres Laub im Sturm zerstreut [...]
Verstummt sind die Reigen,

ringsumher Schweigen,
entflohen die Gäste, und ich – allein!«

Großneffen und Großnichten erhielten per Post Ratschläge
und Ermahnungen, gelegentlich auch eine kleine finanzielle
Zuwendung. Ein Großneffe, dem er 20 Mark hatte zukommen lassen, fragte bei ihm an, was er mit dem Geld am besten
machen solle. Daraufhin antwortete ihm Moltke, dass er ihm
den Betrag geschickt habe, damit er beizeiten den Umgang
mit Geld erlerne. »Wenn Du den ganzen Betrag in Deinem
Sparkassenbuch anlegtest, so wärest Du ein Geizhals. Wenn
Du ihn in kurzer Zeit verläppertest, so wärest Du ein Ver-
schwender. Das Richtige liegt in der Mitte«, schrieb Moltke.

Aus den 10000 Talern, mit denen Moltke aus der Türkei
heimgekehrt war, hatte der Generalfeldmarschall längst ein
Vermögen gemacht, das gegen Ende seines Lebens mehrere
Millionen Reichsmark in Goldmark ausmachte. Von diesem
Vermögen profitierte später nicht nur die engere Familie, sondern auch bedürftige Familienmitglieder, vor allem unver-
heiratete Frauen im Alter.

Als ihm eine in Brüssel tagende Expertenkommission eine
umfangreiche Resolution über Regeln für den militärischen
Konfliktfall vorlegte, die im Grunde genommen auf ein Mani-
fest für den »Ewigen Frieden« hinausliefen, erwiderte er: »Der
ewige Friede ist ein Traum und nicht einmal ein schöner, und
der Krieg ein Glied in Gottes Weltordnung. In ihm entfalten
sich die edelsten Tugenden des Menschen, Mut und Entsa-
gung, Pflichttreue und Opferwilligkeit mit Einsetzung des Lebens. Ohne den Krieg würde die Welt im Materialismus ver-
sumpfen.« In dieser Aussage kam eine grundsätzliche Skepsis
zum Vorschein, keine Kriegslüsternheit des alten Mannes.

Moltke trat nun mit der Bitte an den Monarchen heran, ihm
einen Generalquartiermeister zur Seite zu stellen, ihn am
liebsten jedoch zu entlassen. Wilhelm I. erfüllte nur die erste
Bitte und ernannte den Grafen Waldersee zum Gehilfen Molt-

kes. Er war von einem ganz anderen Typus als Moltke, aber dieser sah ihn als Ergänzung zu sich selbst. 1882 verließ Moltke sein langjähriger Adjutant, der bald darauf ganz seinen Abschied vom Militär nahm. Er wurde durch einen Neffen Moltkes, einen Sohn seines Bruders Adolph, ersetzt.

In der Korrespondenz des Generalfeldmarschalls nahmen religiöse Aspekte im Alter deutlich zu. Er glaubte an seinen persönlichen Gott. Auch sein sonstiges Weltbild veränderte sich. Er näherte sich den Positionen von Bismarck an und befürchtete, dass aus einer militärischen Auseinandersetzung leicht »ein dreißigjähriger Krieg werden« könne, denn die Zeit der Kabinettskriege, so seine hellsichtige Diagnose, »liegt hinter uns, – und wir haben jetzt nur noch den Volkskrieg, und einen solchen mit allen seinen unabsehbaren Folgen heraufzubeschwören, dazu wird eine irgend besonnene Regierung sich sehr schwer entschließen«.[44]

Als Kaiser Wilhelm I., sein jahrzehntelanger Wegbegleiter und oberster Kriegsherr, im Jahre 1888 kurz vor seinem 91. Geburtstag starb, war für den nur wenig jüngeren Moltke der Moment gekommen, sich endgültig nach Kreisau zurückzuziehen. Er könne kaum noch ein Pferd besteigen, war die für ihn typische Art der Begründung. Wenige Wochen nach seiner Inthronisierung willigte Wilhelm II. am 10. August 1888 in die Bitte ein. Moltke wurde jedoch gleichzeitig mit sofortiger Wirkung zum Präsidenten der Landesverteidigungskommission berufen und behielt seine Dienstwohnung im Gebäude des Generalstabs. Am 8. März 1889 beging er sein 70-jähriges Dienstjubiläum. Waldersee, der nun Chef des Generalstabs war und im Ausland als der kommende Reichskanzler angesehen wurde, hielt nach seiner Ernennung in seinem Tagebuch fest: »Ich bin mir wohl bewußt, daß der Kaiser ein großes Vertrauen in mich gesetzt hat und daß eine ungeheure Verantwortlichkeit an mich herantreten kann. Bricht ein Krieg aus, so stehe ich in der wichtigsten Stellung nicht allein in unserer Armee, sondern im Lande, sogar in der ganzen Welt.«

Bei einem seiner letzten Auftritte im Reichstag konzedierte Moltke, dass die Massen in Europa in ihrer Mehrheit friedensbereit seien. Der große Unsicherheitsfaktor seien jedoch die politischen Führungen. Nur ein hochgerüstetes Deutschland hätte in den zurückliegenden 20 Jahren für Sicherheit gesorgt. Daher lautete Moltkes Resümee: »Aber Sicherheit finden wir nur bei uns selbst.« In einer Korrespondenz mit dem englischen Verfasser eines Deutschlandbuchs schrieb Moltke am 21. Januar 1889 klarsichtig: »Zum Reich erst eben geeinigt, ist Deutschland ein Emporkömmling, ein Eindringling in die europäische Staatenfamilie.« Bismarck hätte dieser Formulierung vermutlich zugestimmt. Er musste wenige Monate später, im März 1890, seinen Abschied nehmen. Den Titel eines Herzogs von Lauenburg, den der Kaiser ihm verliehen hatte, weigerte er sich zu führen.

Als Moltke am 26. Oktober 1890 90 Jahre alt wurde, nahmen die Huldigungen der Berliner und der aus dem ganzen Reich angereisten monarchischen Prominenz im Generalstabsgebäude kein Ende. Moltke erhielt Hunderte von Briefen und 3000 Telegramme, wie er einem Neffen berichtete. In der Metropolitan Opera, dem damals größten Versammlungsort von New York, fand eine Gedenkveranstaltung mit 4000 Gästen statt. Das Haus war bis auf den letzten Platz gefüllt. Die wichtigsten Etappen in Moltkes Leben wurden auf Transparenzbildern mit musikalischer Untermalung gezeigt. Ein aus Berlin angereister General schloss seine Rede mit den Worten: »Wir Waffenbrüder von diesseits und jenseits des Ozeans [...]« Der damalige Oberkommandierende der britischen Streitkräfte, Prinz Georg von Großbritannien, schrieb in seinem Glückwunschtelegramm: »Accept on the part of myself and the British Army our warmest felicitations on this your 90th birthday as token of our admiration and respect for your glorious qualities as a soldier and strategist.« Rund um den Globus gab es auch in den deutschen Kolonien zahlreiche Veranstaltungen, bei denen auf Moltke angestoßen wurde.

Viele deutsche Städte wetteiferten miteinander, Moltkes Geburtstag so festlich wie möglich zu gestalten. Im Lübecker Hafen waren die Schiffe über die Toppen geflaggt. Moltkes Geburtsstadt Parchim hatte sich ein besonderes Geschenk ausgedacht und sein Geburtshaus angekauft, um dort eine Stiftung einzurichten. »Hält der alte Kasten noch?«, fragte der Geehrte ironisch. In der Zeitschrift »Die Gartenlaube« dichtete Rudolf von Gottschall:

> »So leb' im Lorbeerkranze vielbewundert,
> sanft von des Friedens Genien umschwebt,
> stolz ist auf Dich das scheidende Jahrhundert,
> das weit hinaus Dein Name überlebt!
> Du führtest glorreich unser Volk in Waffen,
> und dieses Volk hat neu das Reich geschaffen.«

Am Abend des Geburtstags fuhr Moltke nach einer mehrstündigen Ruhepause vom Generalstabsgebäude im Stadtzentrum Berlins ins Neue Palais nach Potsdam, wo für ihn im Muschelsaal ein festliches Diner veranstaltet wurde.

Aufschlussreich war auch das Echo in der deutschen und internationalen Presse. Die »Kölnische Zeitung« brachte eine der ausführlichsten Würdigungen und ließ in einem Gastbeitrag den Militärhistoriker Max Jähns zu Wort kommen. In der in Berlin erscheinenden »Vossischen Zeitung« hieß es: »In Moltke vereinigen sich zwei Eigenschaften, die sonst selten in derselben Person zusammentreffen. Er besitzt gleichzeitig die Besonnenheit des Denkers und den Wagemut des Helden.« Das »Berliner Tageblatt« schrieb: »Moltke erscheint uns wie ein methodisches Genie, zu dem das ganze deutsche Volk, ja die gesamte gebildete Welt in neidloser Bewunderung aufblickt.« Die Londoner »Times« meinte: »Kein Feldherr, selbst Wellington nicht ausgenommen, scheint weniger Fehler begangen zu haben. Und solange es Kriegskunst gibt, werden seine Feldzüge ebenso wie die Napoleons einen Hauptgegenstand des Studiums bilden.« Und das französische »Journal des Débats« meinte: »Es hieße uns herabsetzen, wenn wir Moltke herabsetzen wollten. Er war zum Mindesten ein Organisator des Krieges und hat die Kunst, diesen vorzubereiten, zu vor ihm unbekannten Erfolgen geführt.«

Der Tod ereilte den alten Soldaten inmitten zahlreicher Aktivitäten, denen er sich auch im Alter noch widmete.

Zwei Tage vor seinem Ableben hatte er seinen letzten Auftritt im Reichstag, wo er eine Einheitszeit für das Deutsche Reich forderte, denn es existierten damals in verschiedenen Staaten des Deutschen Reiches unterschiedliche Zeiten, die sich an Ortszeiten wichtiger Städte orientierten. Eines Tages, so Moltke sehr weitsichtig, könne es eine mitteleuropäische Einheitszeit geben.[45] Noch an seinem Todestag ging er ins Herrenhaus – in der Verfassung des Reiches so etwas wie die erste Kammer des Parlaments –, dessen Mitglied Moltke seit 1872 war.

Der Zeitschrift »Revue des Revues« hatte er kurz zuvor Auskunft über seine Lieblingslektüre gegeben, an erster Stelle die Bibel. Nach dem Tod seiner Frau las er häufig in einer Ausgabe, die auf seinem Nachttisch lag. Neben einem Foto seiner Frau befand sich auf den ersten Seiten des Neuen Testaments eine Sammlung von Bibelversen, die er notiert hatte, an erster Stelle ein Zitat von Paulus an die Korinther II, Kapitel 12, Vers 9: »Meine Kraft ist in den Schwachen mächtig.« In der Liste der Lieblingslektüren folgte danach Homers »Ilias«, dann zwei heute vergessene Autoren über Astrologie und Naturwissenschaften, Clausewitz' »Vom Kriege«, Schiller, Goethe und Shakespeare sowie Walter Scott. Schließlich Ranke und Treitschke sowie Carlyle.

In Moltkes Todesjahr endeten in den USA die Indianerkriege und verabschiedete die SPD auf dem Höhepunkt ihrer marxistischen Orientierung das »Erfurter Programm«.

Bis zu seinem Tod zeichnete Moltke zudem nicht nur Landschaften und für das militärische Auge Interessantes, sondern hielt auch Szenen fest und porträtierte Menschen.

Die Zeichnungen verraten einen meisterhaften Strich. Moltke konnte aber auch malen, wie seine Aquarellskizzen aus dem Orient und die Ölbilder aus Italien zeigen. Schließlich hatte er bei seinen Auslandsaufenthalten auch eine beträchtliche sprachliche Kompetenz erworben. In Berlin pflegte man zu sagen, dass Moltke »in sieben Sprachen schweigen« konnte.

In seinem Arbeitszimmer in Kreisau hing ein Stammbaum der Familie, den er selbst entwickelt hatte.

In den Abendstunden des 24. April 1891 erlitt Moltke beim Kartenspielen einen Asthmaanfall, der seine Umgebung jedoch nicht sonderlich beunruhigte, denn der bartlose Greis mit dem Cäsarenkopf und den nahezu alterslosen Gesichtszügen litt seit vielen Jahren unter diesen Beschwerden. Als es dunkel wurde, schlief er gegen viertel zehn friedlich ein. Eine Wache am Brandenburger Tor und mehrere junge Offiziere an anderem Ort beschworen, ihn zum Todeszeitpunkt auf dem Boulevard »Unter den Linden« auf dem Weg zum Schloss gesehen zu haben. Schon zu Lebzeiten war Moltke offensichtlich zu einer Legende geworden.

Wilhelm II., in Thüringen auf der Jagd, telegrafierte: »Bin wie betäubt! Eile sofort zurück, habe eine Armee verloren und kann es nicht fassen.«[46]

Im Beisein von Wilhelm II. wurde Moltke einige Tage später im Mausoleum auf dem Kapellenberg von Kreisau an der Seite seiner Frau beerdigt. Zur offiziellen Trauerfeier in Berlin kamen die wichtigsten Politiker des Deutschen Reiches zusammen, Bismarck jedoch nicht.

Anfang 1892 schenkte der junge Kaiser dem Generalstab ein Gemälde seines ehemaligen Chefs, »dessen Erinnerung niemals schwinden wird, solange es einen preußischen Soldaten, ein preußisch schlagendes Herz und Soldatenempfindung in der Welt gibt«.

Auf das Moltke-Denkmal in Parchim, das erste seiner Art, folgte noch vor dem Ersten Weltkrieg eine Welle von Denkmalerrichtungen. Eine umfassende hagiografische Literatur entstand über den Kriegshelden. Unzählige Plätze, Brücken und Straßen in Deutschland wurden nach ihm benannt. Parchim, Kolberg, Stargard, Berlin, Magdeburg, Dresden, Leipzig, Chemnitz, Hamburg, Bremen, Lübeck, Köln, Aachen, Königsberg, Memel, Breslau, Görlitz, Schweidnitz, Worms, bemerkenswerterweise München – trotz seiner Distanz zu Preußen – und andere deutsche Städte, insgesamt knapp zwei Dutzend, ernannten ihn posthum zum Ehrenbürger.

Neben zahlreichen Ehrungen in Berlin, wo sein Denkmal kurz vor Ausbruch des Zweiten Weltkriegs vom Königsplatz zum Großen Stern versetzt wurde, gab und gibt es Denkmäler und Büsten an zahlreichen Orten innerhalb und außerhalb Deutschlands.

Die Denkmäler, die schlesischen Güter und weitere Orte, an denen Moltke während seines langen Lebens gewirkt hatte, wurden zu nationalen Wallfahrtsorten. Der Strom zu ihnen riss bis zum Untergang des Deutschen Reiches in der Katastrophe von 1945 nicht ab. Die in Kreisau bestatteten Gebeine Moltkes gingen beim Einmarsch der Roten Armee 1945 verloren.

Moltkes Vorstellungen von der Ausbildung von Generalstabsoffizieren fanden in vielen Ländern Nachahmung, vor allem in den USA. Noch heute werden an US-Militärakademien Arbeiten geschrieben, die sich mit seinem Werk befassen. Auch die Wirtschaft Nordamerikas entwickelte Arbeitsmethoden und Organisationsmodelle für Unternehmen und Topmanager, die sich am preußischen Generalstabssystem orientieren. In Europa wurden diese wiederum übernommen. Selbst in den deutschen Sprachgebrauch fand Moltkes Arbeit Eingang: Wenn etwas gut durchdacht ist und erfolgreich abläuft, ist es »generalstabsmäßig« geplant.

Es versteht sich von selbst, dass Moltke für die Nationalsozialisten eine interessante Figur war, die im Sinne des Führer-

kultes und der anlaufenden Vorbereitungen für Kriege um-
gedeutet werden konnte. Eckart von Naso, der unter Gustaf
Gründgens als Dramaturg gearbeitet hatte, schrieb 1937 einen
historischen Roman über Moltke.[47] Anlässlich des 50. Todestags von Moltke unternahm die NS-Propaganda den Versuch,
den Namen in ihrem Sinne zu instrumentalisieren. Der Familie wurde vorgeschlagen, das Mausoleum in Kreisau durch
einen Monumentalbau zu ersetzen. Im Namen der Familie
lehnte Helmuth James von Moltke dieses Ansinnen ab. Am
Todestag waren in Kreisau kein Parteimitglied und kein Ha-
kenkreuzemblem zu sehen.[48]

Schamlos missbraucht wurde der Name Moltke in diesen
Aprilwochen 1941 durch einen ranghohen Soldaten. Wolfgang Förster, der Präsident der Kriegsgeschichtlichen For-
schungsanstalt des Heeres, hielt ausgerechnet in Wien einen
Festvortrag im Auditorium maximum der dortigen Universität. Er sagte dort unter anderem: »In dem Titanen [sic!] Adolf
Hitler ist das Staatsoberhaupt mit dem Staatsmann und Feldherrn in einer Person vereinigt.« Und weiter hieß es: »Wir
Deutsche dürfen uns glücklich preisen, heute an der Spitze
von Staat und Wehrmacht einen Mann als Kriegsherrn zu wissen, dem nach Moltkeschen Vorbild in Treue zu dienen [...]
nicht nur heilige Verpflichtung, sondern tief empfundene
Glaubens-, Herzens- und Überzeugungssache ist.«[49] Einige
Monate nach dieser Rede, die einen Tiefstand an Moral,
Wissenschaftlichkeit und ungeheuerlicher Verschleuderung
eines großen Erbes dokumentierte, begann der Russlandfeldzug. Mit dem Kriegsende 1945 ging auch die Erinnerungskul-
tur um Moltke zu Bruch.

Daran konnten auch die Biografien und Detailstudien
nichts ändern, die in Deutschland bis in die Achtzigerjahre
über Moltke erschienen, auch nicht der Film »Die Gans von
Sedan« unter der Regie von Helmut Käutner, in dem Hardy
Krüger 1959 eine der Hauptrollen spielte. Spätestens als die
Kriegsgeneration der Bundesrepublik allmählich aus dem
Berufsleben ausschied, ging die bisherige Assoziation zum

Namen »Moltke« von Helmuth dem Älteren endgültig auf
den Urgroßneffen und Hitler-Gegner Helmuth James über.
Die Bundesrepublik schlich sich aus der militärischen Konnotation des Namens heraus.

Eine deutliche Mehrheit von wissenschaftlichen Arbeiten
über Helmuth von Moltke den Älteren – und auch Helmuth
von Moltke den Jüngeren – erscheint seitdem in der angelsächsischen Welt. In den Jahren 1991 und 2000, als sich Moltkes Todestag zum 100. Mal jährte bzw. sein Geburtstag zum
200. Mal zu begehen war, wurde von diesen Daten in Deutschland kaum noch Notiz genommen. Es war dem israelischen
Militärhistoriker Martin van Creveld vorbehalten, in der
»Berliner Zeitung« einen Essay zu schreiben, der den Titel
»Der vergessene Sieger« trug.[50]

Auch wenn er nur noch den Militärhistorikern[51] und den Strategielehrern an Armee-Colleges auf der ganzen Welt ein Begriff ist: Helmuth von Moltke bleibt einer der großen Deutschen. Er darf als Inkarnation des an sittliche Maßstäbe
gebundenen genialen Feldherrn und vielseitig begabten Soldaten angesehen werden. Obwohl er kein geschlossenes Werk
hinterließ, kein theoretisches Gedankengebäude wie Carl von
Clausewitz, gehören Moltkes operative Prinzipien und Führungsgrundsätze zu den besten Traditionen, die das deutsche
Militär in den letzten 200 Jahren aufzuweisen hat. Von seiner
Idee von militärischer Führung führt eine direkte Verbindungslinie zur Bundeswehr mit ihrer »Inneren Führung« und
dem Soldaten mit Verantwortung und eigener Initiative. Einer
Diktatur hätte Moltke nie gedient.

Man spürte bei ihm zeitlebens die gedankliche und emotionale Verbindung zu Dänemark und damit zu den Werten
des Westens. Politisch lebte er dies nicht aus und ähnelte hier
mehr einem römischen Feldherrn als einem Menschen der
Neuzeit. Moltkes »Mehr sein als scheinen«[52] fußte auf einem
Wahlspruch von Cato dem Älteren: »Esse plus quam videri!«
Einen wirklichen Nachfolger hat Moltke nicht gehabt.

Im Bundesverteidigungsministerium auf der Bonner Hardthöhe gibt es einen Moltke-Saal mit einem Porträt des Geehrten von Lenbach. In Dabel bei Schwerin unterhielt die Bundeswehr eine 1994 eröffnete Moltke-Kaserne, die mittlerweile geschlossen wurde. Rostock, wo für die Moltkes alles begann, liegt nur 75 Kilometer entfernt.

Helmuth Johannes Ludwig von Moltke

Prägende Jahre

Helmuth Johannes Ludwig von Moltke ist als ein Gescheiterter in die deutsche Geschichte eingegangen. Über sein Leben ist wenig bekannt.[53]

Das mag zum einen damit zusammenhängen, dass er in den Zwanzigerjahren vom konservativen Lager nicht unterstützt wurde, als es um die Frage der Kriegsschuld und Verantwortung für die deutsche Niederlage im Ersten Weltkrieg ging. Seine Frau und seine Kinder, die seine Ehre zu retten versuchten, gerieten selbst in die Schusslinie. Bis in ihre späten Jahre hinein verteidigten sie den Vater. Zum anderen gingen die persönlichen Papiere einschließlich seiner Tagebücher 1945 verloren. Größere Studien über Moltke, etwa in Form einer Dissertation, gibt es nicht.

Helmuth Johannes Ludwig von Moltke, genannt Moltke der Jüngere, kam am 25. Mai 1848 auf dem Gut Gersdorf, in der Nähe von Bad Doberan in Mecklenburg, auf die Welt. Es war das Jahr der revolutionären Zustände in Europa. Helmuth war das zweite von neun Kindern von Bernhard Adolph Erdmann von Moltke und seiner Frau Augusta, einer geborenen von Krohn. Die Eltern hatten 1837 geheiratet. Drei Geschwister von Helmuth, allesamt Mädchen, starben bereits in der Kindheit. Friedrich Ludwig Elisa, ein jüngerer Bruder Helmuths, wurde später preußischer Innenminister. Der nach ihm geborene Ludwig Karl John wurde Pächter des zur Moltke-Stiftung gehörenden Ritterguts Wernersdorf. Anna Maria Petra und Luise waren die beiden jüngsten Kinder. Anna heiratete später, Luise ging ins Kloster.

Mit seinem berühmten Vorfahren, dem Generalfeldmarschall, teilte Helmuth von Moltke die Erfahrung von zwei ersten Lebensjahrzehnten unter der dänischen Krone.

Helmuth wurde vor allem deshalb eine bedeutende Figur der Geschichte, weil er ein Neffe von Helmuth von Moltke dem Älteren war. Dieser war auch sein Patenonkel. Hätte er einen anderen Namen getragen, wäre er vielleicht nur als Oberst in den Ruhestand verabschiedet worden, ein Schicksal, das auch seinem berühmten Onkel vorübergehend gedroht hatte. Die Strahlkraft eines großen Namens hob ihn stattdessen in schwindlige Höhen. Helmuths beruflicher Lebensweg war auch eine Geschichte von Protektion und Ämterpatronage, denn im 19. Jahrhundert konnte die Mehrheit der Menschen trotz Talent und Begabung an den gesellschaftlichen Errungenschaften und am Wohlstand nicht teilhaben.

Dabei steht außer Frage, dass die deutschen Moltkes in der Regel Karrieren aus eigenem Recht machten, dass sie aus gutem Grund zur Elite gehörten. So stellten sie, ähnlich wie ihr dänischer Zweig, mehrere bedeutende Militärs. Kuno von Moltke (1847–1923) war Generalleutnant und Generaladjutant von Wilhelm II. gewesen, Conrad von Moltke (1861–1937) Generalmajor und Heinrich von Moltke (1854–1922) Vizeadmiral. Helmuth der Ältere bestimmte später übrigens Wilhelm, den ältesten Sohn seines Bruders Adolph, zum Majoratsherrn – seinem Gutserben also – von Kreisau.

Der Vater von Wilhelm und dessen jüngerem Bruder Helmuth, Bernhard Adolph Erdmann Georg von Moltke, kam 1804 in Lübeck auf die Welt. Weil sein Bruder, der Generalfeldmarschall, kinderlos blieb, ist er der Stammvater der heutigen Moltkes. Er lebte von 1814 bis 1821 nach der Trennung seiner Eltern beim Vater in Schleswig.[54]

Schon als Kind hatte Adolph schwere gesundheitliche Probleme. Möglicherweise hingen sie mit der schwierigen Lage der Familie und dem eigenen Schicksal zusammen, denn der Junge war mutterlos, der Vater frustrierter Soldat in der Etappe. Mit seinem Bruder Helmuth verband Adolph eine sehr enge, lebenslange Freundschaft. Adolph studierte nach dem Abitur Jura in Berlin, Heidelberg und Kiel. Danach bekleidete er wichtige Positionen in der Verwaltung und Justiz von Schleswig, musste sich dann jedoch wegen einer schweren Erkrankung mit Anfang 30 beurlauben lassen.

Die Geburt seines Sohnes Helmuth Johannes Ludwig auf dem Gut Gersdorf, das Verwandten seiner Frau gehörte, fiel in eine dramatische Phase seines Lebens, denn Adolph hatte gerade seine Position als dänischer Kammerherr aufgegeben. Als Mitglied der Ständeversammlung hatte er mit anderen Deputierten den dänischen König vergeblich dazu aufgefordert, eine freie Verfassung zuzulassen. Nun zog er die Konsequenzen und erwog, ähnlich wie sein Vater, als Landwirt tätig zu werden. Daher reiste er im Frühjahr 1848 nach Koblenz, um sich mit seinem Bruder Helmuth zu beraten.

Wenige Wochen später änderte er seine Pläne erneut und ging vorübergehend in die Politik. Nach einem Zwischenspiel als Parlamentarier und Diplomat im Norden und in Berlin während der Revolutionsjahre 1848/49 kehrte er in den Staatsdienst seines Landes zurück, kämpfte jedoch fortan zunehmend mit anhaltenden gesundheitlichen Problemen. 1862 finanzierte ihm sein Bruder Helmuth einen Kuraufenthalt auf Madeira. Weitere Kuraufenthalte schlossen sich in den folgenden Jahren an, während er der Verwalter der Grafschaft Rantzau war.

Der Vorstoß des neuen dänischen Königs Christian IX. mit dem Ziel, die Verfassung zu ändern, führte dann endgültig zum Bruch mit dem Heimatland. Adolph ließ sich Ende 1864 vom Monarchen von seinem Treueid entbinden. Er reiste bald darauf nach Italien und Algier, um sich gesundheitlich zu stabilisieren. Lange Zeit hoffte er darauf, zusammen mit seinem Bruder einen kleinen Grundbesitz zu erwerben, um für die Moltke-Familie einen Mittelpunkt zu haben. 1868 wurde Adolph preußischer Landrat in Pinneberg, konnte diese Funktion aus gesundheitlichen Gründen aber nur bis 1870 ausüben. Pläne, nach Kreisau zum Bruder zu ziehen, zerschlugen sich wegen des labilen gesundheitlichen Zustands. Adolph starb im April 1871 bei einem Kuraufenthalt im »Hôtel du Parc« in Lugano. Bei der Trauerfeier war der Generalfeldmarschall zugegen und rief tief erschüttert seinem Bruder nach: »Er konnte ruhig sterben, denn er wußte, daß für euch, seine Kinder, gesorgt ist.«[55] Moltke hielt Wort und unterstützte die Familie, wo er konnte.

Helmuth, der zweite Sohn Adolphs und Neffe Moltkes des Älteren, wuchs in den für ihn prägenden Jahren mit seinen Geschwistern auf Schloss Rantzau nördlich von Hamburg auf. Dort war sein Vater zu dieser Zeit Verwalter der gleichnamigen dänischen Grafschaft. Helmuth wurde von einem Hauslehrer unterrichtet, dem späteren Hofprediger Karl Schaubach.

Als Erwachsener erinnerte er sich noch eindrücklich an das auf einer Insel gelegene alte Wohnhaus, den Garten, in dem er im Winter nachts auf Hasenjagd gegangen, an die Buchenwälder, durch die er in seiner Kindheit gestreift war. Er liebte es, Tiere zu beobachten und dem Gesang der Vögel zu lauschen. Kurz vor Ausbruch des Ersten Weltkriegs überflog Moltke mit einem Luftschiff das Reich seiner Kindheit. »Jeden Fleck kann ich erkennen«, schrieb er seiner Frau, »jeden Fleck, auf dem wir gespielt, die Bäume, in die ich meinen Namen geschnitten. Die Fenster, hinter denen ich gewohnt habe […] Wie unverändert ist alles, und wie tief in die Erinnerung eingegraben.« Später besuchte er das Gymnasium in Altona, das Mitte des 19. Jahrhunderts zu Dänemark gehörte.

Der briefliche Kontakt zwischen seinem Vater und dem Generalfeldmarschall war phasenweise sehr eng, der familiäre Zusammenhalt der Moltkes groß. Als Adolphs ältester Sohn Wilhelm 1863 umgeschult werden musste, sprang der Onkel ein. Er verließ eine internationale Konferenz, die in Frankfurt am Main tagte, und meldete seinen Neffen an einem Gymnasium in Wiesbaden an. Ende 1864 besuchte Wilhelm den

Onkel in Berlin. Er konnte zu diesem Zeitpunkt nicht wissen, dass er gut 25 Jahre später ein großes Erbe antreten und Majoratsherr von Kreisau werden würde. Helmuth der Ältere schrieb seinem Bruder Adolph: »Sehr erfreut hat mich Wilhelms äußere Erscheinung, sie gibt mir viel Hoffnung. Ich werde wohl morgen von Marie das Resultat der Besichtigung bei Franke erfahren [...] Bald Näheres.«

Wilhelm, 1845 in Kopenhagen auf die Welt gekommen, brach 1866 sein Studium ab, um am Krieg gegen Österreich teilnehmen zu können. Er machte dann eine militärische Karriere. Als er 1891 Herr auf Kreisau wurde, diente er als Major im Generalstab des VI. Armeekorps. Er wurde Flügeladjutant des Kaisers und 1902 im Range eines Generalleutnants Kommandeur der 20. Division. Wilhelm starb 1905, vermutlich an den Folgen eines Unfalls.

Dem Vorbild des berühmten Onkels folgend, wurde auch Helmuth Soldat. Drei Jahre jünger als sein Bruder Wilhelm, hatte der hochgewachsene junge Mann zunächst beabsichtigt, zur See zu fahren oder Kaufmann zu werden. Auch er wollte, noch als Schüler, 1866 in den Krieg mit den Österreichern ziehen. Aber der Konflikt war für seine Pläne zu rasch beendet.

Vergeblich versuchte der Vater, den Sekundaner auf einer Forstakademie unterzubringen. Also ging Helmuth weiter aufs Gymnasium. Das Thema seines Abituraufsatzes lautete: »Warum ist es gut, daß der Mensch sein Schicksal nicht voraus weiß?«[56]

Helmuth blieb zunächst in der engeren Heimat und trat 1869 nach bestandener Aufnahmeprüfung als Fahnenjunker in das Füsilierregiment Nr. 86 ein. Es war in Flensburg-Sonderburg beheimatet, somit eine schleswig-holsteinische Einheit, die den Beinamen »Königin« trug. 1870 wurde Helmuth zum Grenadierregiment Nr. 7 »König Wilhelm I.« ins schlesische Liegnitz versetzt. Die Einheit lag in der Nähe von Kreisau. Bei ihr hatte auch ein enger Freund seines Onkels in Jugendzeiten, Graf Gustav Alexander von Wartensleben, seinen Dienst versehen.

Am Deutsch-Französischen Krieg nahm Helmuth zunächst als Offiziersanwärter teil. In Weißenburg und in Wörth im Elsass hatte er Anfang August 1870 seine ersten Gefechtserfahrungen. Wenige Wochen vor Ausbruch des Ersten Weltkriegs wurde Moltke bei einem Besuch in Baden-Baden im Sommer 1914 der Gefechtsbericht überreicht, den er damals geschrieben hatte. Er hatte ihn am Abend der Schlacht von Weißenburg im Biwak verfassen müssen, da alle Offiziere seiner Kompanie gefallen waren. Von Beginn des Feldzugs an hatte Helmuth als Neffe des Generalfeldmarschalls eine Sonderstellung. Am 30. August 1870 sprach sich bei der Truppe wie ein Lauffeuer herum, dass ein Adjutant Moltkes Einheit für Einheit abreite auf der Suche nach einem jungen Offiziersanwärter des Liegnitzer Grenadierregiments Nr. 7. Am Ende fand Henry Burt Moltkes Neffen und ließ ihm Grüße vom Onkel ausrichten. Der Alte erwarte binnen zwei Tagen die Entscheidungsschlacht! Als der Adjutant in einer Staubwolke davongaloppiert war, strömten die Offiziere des Regiments zusammen, um von einem Fähnrich Neues über den Kriegsverlauf zu hören.[57] Am 1. September 1870 kämpfte der junge Moltke mit seiner Einheit auf den Höhen rund um Sedan. Helmuth wurde mit dem Eisernen Kreuz Zweiter Klasse ausgezeichnet. Später kam er mit seiner Einheit in den Großraum Paris und war in Garches im Westen der Stadt einquartiert.

Zur großen Überraschung seines Onkels erschien er zu dessen Geburtstag am 26. Oktober. König Wilhelm I. hatte dem jungen Leutnant einen Tag Urlaub genehmigt. Immer wieder durfte Helmuth der Jüngere seinen Onkel besuchen. Im November 1870 verbrachte er mit ihm zwölf Tage in Versailles. Wann immer der Generalfeldmarschall Zeit hatte, machte er mit seinem Neffen Ausflüge und Ausritte.

Nach dem Friedensschluss mit Frankreich wurde Moltkes Regiment nach Burgund verlegt. Am 2. Juni 1871 traf es wieder in Liegnitz ein. Der einzige Offizier des Regiments, der während des gesamten Feldzugs dabei gewesen war, hieß Moltke.

Bei der Siegesparade in Berlin ließ es sich der Generalfeldmarschall nicht nehmen, nach seinem Neffen zu suchen. Der junge Offizier durfte nach der großen Truppenparade zum Empfang in den Generalstab.

Beraten vom Onkel, trat Helmuth der Jüngere 1872 als Sekondeleutnant in das Potsdamer 1. Garderegiment zu Fuß ein.

In diesem Jahr überrundete das Kaiserreich Frankreich als Industriemacht. Ein schwerer Novembersturm, der nach Ansicht von Fachleuten der schwerste seit dem 13. Jahrhundert war, forderte in Deutschland über 1000 Menschenleben.

Drei Jahre später wurde Moltke an die Kriegsakademie nach Berlin abkommandiert. In diesem Jahr schrieb er an seine Braut Eliza: »Es freut mich, dass Dir der ›Faust‹ gefallen hat. Mich zieht es stets mit unwiderstehlicher Gewalt zu diesem Buch zurück, das ich doch schon so unzählige Male gelesen habe, dass ich es fast ganz auswendig weiß. Es ist ein Werk, das alle Töne der Poesie in sich vereinigt, von den Lobgesängen des Erzengel an bis zum Hohngelächter der Hölle – von den Kraftgedanken eines titanisch ringenden Mannesgeistes bis zum naiven Geplauder eines unschuldigen Mädchenherzens. Das Größte, was unsere deutsche Literatur je geschaffen hat.« Wie in einem Brennglas werden hier bereits der Unterschied im Denken und Fühlen der beiden Helmuths sichtbar. Das kommende schwülstige Wilhelminische Zeitalter stand im Begriff, das nüchterne preußische – »Mehr sein als scheinen!« – zu ersetzen. Die Korrespondenz der Verlobten plätscherte in den kommenden Wochen auf eine bemerkenswert weltferne, esoterische, spirituellen Fragen des Lebens zugewandte Weise dahin.

1877 wurde Helmuth Premierleutnant. In einem Brief, den er ausdrücklich einen politischen nannte, schrieb er im Februar 1878 vor dem Hintergrund der kommenden Bismarck'schen Sozialistengesetze seiner künftigen Frau: »Mein armes Vaterland, du schönes, stolzes Reich, dessen mächtiger Adler seine Schwingen breitet über alle Meere, was werden sie aus dir machen! Solange die Armee nur aushält, ist alles gut, da steckt ein guter und gesunder Stamm darin, und die militärische Ehre ist stark in ihr, aber die Armee formiert sich aus dem Volk, und wenn die Balken morsch werden, stürzt das Haus ein.«

Wenige Monate vor der Eröffnung des Berliner Kongresses zeigte die Korrespondenz Helmuths des Jüngeren mit seiner Frau auch andere Voreingenommenheiten und Stereotypen, die der Onkel nie geteilt hätte: »Was mag sich da noch ausbauen, wenn erst der große Topf der Konferenz kocht, vorausgesetzt, daß er überhaupt soweit kommt und nicht vorher noch die Engländer unter der unglaublichen Leitung ihres israelitischen Premier [Benjamin Disraeli, J. T.] sich eine Lektion für die allzu humanen Finger holen. Ich gönne es ihnen von Herzen, diesem Volk mit der hochmütigen Anmaßung gegen außen, den abgeleierten Phrasen der Humanität auf der Zunge, und im Herzen nichts als Gewinnsucht, Baumwolle und Handelspolitik.« England wurde der Gewinner beim Tauziehen der großen Mächte in Berlin, Russland war der große Verlierer. Helmuth konnte also in den nächsten Jahren mit eigenen Augen beobachten, wie sich die weltpolitische Konstellation weiterentwickelte. Als indirekte Folge des Berliner Kongresses kam es im Laufe des Jahres 1878 zum Ausbruch eines Krieges in Afghanistan. Russen und Engländer versuchten dort, sich einen Einflussbereich zu sichern.

In weiteren Briefen aus dem Frühjahr 1878 zeigte sich Helmuth bestürzt über die zwei gescheiterten Attentate auf den Kaiser und schrieb: »Wäre ich ein freier Mann, ich schnürte mein Bündel und wendete dem ganzen Schelmenpack den Rücken, ginge nach Amerika oder nach Afrika zu den Hottentotten.«

1878 heiratete Helmuth schließlich Eliza Gräfin von Moltke-Hvitfeld, die zum schwedischen Zweig der Moltke-Familie gehörte. Sie war im Mai 1859 in einem Weiler 60 Kilometer nordöstlich von Malmö auf die Welt gekommen.[58] Kindheit und Jugend verliefen in größter Einsamkeit, zugleich jedoch in engster Verbindung zur Natur, etwas, das sie mit ihrem späteren Mann teilte. Ihrem Vater, dessen Mutter Russin war, stand sie näher als der kühlen Mutter. Zwei ihrer drei Geschwister starben in jungen Jahren bei einer Scharlachepidemie. Nur ihre elf Jahre jüngere Schwester überlebte. Sie selbst überwand die tückische Infektion nur knapp, trug jedoch einen Gehörschaden davon.

Prägend für ihr Leben wurden die Besuche bei den Großeltern väterlicherseits in Paris. Ihr Großvater war dort der schwedische Gesandte. Sie erlebte ein großes Haus mit prominenten Gästen und behielt zeitlebens eine Passion für französische Inneneinrichtungen und Antiquitäten. Die französische Sprache erlernte sie nahezu perfekt.

Ein Jahr vor der Eheschließung lernte sie Helmuth von Moltke im Seebad Marienlyst auf der dänischen Insel Seeland kennen. Aus der Verbindung gingen vier Kinder hervor, zwei Jungen und zwei Mädchen. Sie hießen Wilhelm, Astrid, Else und Adam. Wilhelm, Jahrgang 1881, wurde Berufsoffizier und lebte bis 1949, seine Schwester Astrid, ein Jahr jünger, mit einem Offizier verheiratet, bis 1961. Schwester Else, 1885 geboren, heiratete in zweiter Ehe einen Generalleutnant und starb 1964. Adam, Jahrgang 1887, stark geprägt durch das anthroposophisch-christliche Elternhaus, wurde nach dem Abitur Page bei Kaiser Wilhelm II. und diente bei Kriegsende 1918 als Hauptmann im Großen Generalstab. Wie sein Bruder Wilhelm wurde er Mitglied der NSDAP und 1945/46 von den Briten in Neuengamme inhaftiert. Er starb 1963 in einem anthroposophischen Altersheim.

Die spiritistischen Neigungen seiner Frau nahm Helmuth der Jüngere zunächst nicht allzu ernst. Aber da er sich selbst mit Daseinsfragen intensiv beschäftigte, eröffnete sich hier über die Jahre ein Feld für Gespräche. Nicht nur Moltkes, sondern auch andere prominente Familien in der Umgebung des Kaisers neigten zum Okkultismus. Eine Tochter von Helmuth von Moltke bekam ein Kind von einem spiritistisch veranlagten Hauslehrer, der sich ihretwegen scheiden ließ, um sie zu heiraten. Der Vater nahm die Nachricht mit Betroffenheit zur Kenntnis.[59] In gewisser Weise lässt sich diese Neigung zum Spirituellen in der Moltke-Familie bis zu Helmuth James Graf von Moltke verfolgen.

Eliza entwickelte später einen engen Kontakt zum Generalfeldmarschall, der mit der Familie des Neffen zusammenlebte. Bis zu seinem Tod pflegte sie ihn aufopferungsvoll. Helmuth der Ältere behandelte die Kinder von Helmuth und Eliza wie seine eigenen Enkel.

Sie selbst liebte die Feste am Hofe, engagierte sich in der Chormusik und spielte mit großer Begeisterung Theater. In einer weitgehend angepassten Umgebung bewahrte sie sich ein eigenes Urteil und ließ es ihr Umfeld wissen. Mit eigenen Publikationen und Veröffentlichungen über ihren Mann zog sie nach dem Ersten Weltkrieg viel Kritik und den Hass der politischen Rechten auf sich. Eliza von Moltke starb 1932 am Starnberger See.

Im Sommer 1879 kehrte Helmuth zu seiner Einheit nach Potsdam zurück. Wie sein Onkel war er in den folgenden Jahren mit topografischen Aufgaben befasst, besonders seit der Abkommandierung zum Großen Generalstab im Jahr 1880. Die nächste Beförderung erfolgte 1881. Helmuth erhielt den Dienstgrad eines Hauptmanns. In Berlin fuhr die erste elektrische Straßenbahn.

Im Juli 1881 fragte der Generalfeldmarschall bei seinem Neffen an, ob dieser Lust habe, ihn auf einer Urlaubsreise in die Hohe Tatra zu begleiten. Obwohl die Personalsituation beim Regiment sehr angespannt war, weil sich alle anderen Offiziere im Urlaub aufhielten, bekam Helmuth die Genehmigung. Auf der Reise übernachteten die beiden im selben

Zimmer. Auf Anordnung des Onkels waren sie inkognito unterwegs. Die Unterkünfte waren miserabel, das Essen schlecht. Da lüftete der Neffe ohne Wissen des Onkels das Geheimnis. Wie durch Zauberhand waren plötzlich die schönsten Gastzimmer für die beiden frei, das Essen und der Service exzellent. In den Briefen, die der Jüngere nach Hause schickte, versuchte er erkennbar, das Niveau der Reiseberichte seines Onkels von vor 50 Jahren zu erreichen. Das gelang ihm nur stellenweise, denn ihm fehlten zumindest vorläufig der kühle, beobachtende Blick, die Präzision und die Variantenbreite der Sprache des Vorbilds. Schließlich war er ein hochemotionaler Mensch.

Einige Monate später begleitete er seinen Onkel erneut auf einer Reise an die oberitalienischen Seen.

Des Onkels Adjutant

1882 wurde Helmuth zweiter Adjutant des Chefs des Generalstabs der Armee. Er war also nun der persönliche Adjutant seines Onkels und löste in dieser Position seinen Vetter Henry Burt ab. In diesem Jahr überholten die USA Großbritannien als Industriemacht Nummer eins. Helmuth war jetzt 34 Jahre alt. Seine militärische Karriere war bislang ähnlich schleppend wie die des Onkels 50 Jahre zuvor verlaufen. Die Verbindung zum Onkel wurde nun denkbar eng. Man wohnte im Generalstabsgebäude in Berlin zusammen und verbrachte die Sommer in Kreisau. Der Jüngere begleitete den Älteren auf Reisen, bei Manövern und zu vielen öffentlichen Anlässen in Berlin und im Reich. Bis in seine letzten Lebensjahre hinein absolvierte der Alte seine Programme in hohem Tempo, marschierte stundenlang im Hochgebirge herum und scheute sich auch nicht vor langen Ritten. Die Briefe des Jüngeren vermitteln dennoch den Eindruck von einem abschnittsweise inhaltsleeren Leben fern der Truppe. Es war geprägt durch das

Warten auf den Onkel, Termine beim Kaiser und endlose pro-
tokollarische Zusammenkünfte mit Monarchen, Militärs und
Honoratioren. Immerhin lernte er zu dieser Zeit den späteren
Kaiser Wilhelm II. kennen, der im 1. Garderegiment zu Fuß
in Potsdam diente.

Helmuth versuchte, seinem Onkel in jeder Hinsicht nach-
zueifern. Das galt, von den Reiseberichten und Briefen an seine
Frau einmal abgesehen, vor allem für militärische Fragen, für
allgemeine Betrachtungen wie für künstlerische Aspekte. Wie
der Alte hatte auch der Jüngere viele Begabungen. Helmuth
spielte Cello, er zeichnete, malte auf Porzellan und dichtete.
Für die Kinder übersetzte er Theaterstücke aus dem Französischen und war im Vergleich zu seinem Onkel ein formvoll-
endeter Tischredner. Helmuth hatte auch ein erstaunliches
Talent als Karikaturist. Im Alter von 40 Jahren schrieb er seiner Frau: »Ich habe mir eine Art Maleratelier aufgeschlagen
und angefangen, eins von den Landschaftsstücken zu kopie-
ren. Mein Cello kultiviere ich auch dabei, lebe also ganz den
Künsten.«

Im Dreikaiserjahr 1888 begannen nach dem Tod von Wilhelm I. und Friedrich III. im Hofstaat sofort die Macht-
kämpfe. Moltke der Ältere war zutiefst gekränkt, als er
entdeckte, dass er weder bei den Trauerfeierlichkeiten für
Friedrich III. noch bei der feierlichen Eröffnung des Reichstags im Programm ausreichend berücksichtigt worden war.
Spontan sagte er seinem Neffen, er wolle sofort aus Berlin
abreisen und seinen Abschied nehmen, er sei »in den Skat
gelegt« worden.

Einen Tag später, bei der Versammlung des Reichstags im
Berliner Schloss, die viele Beobachter an die Kaiserprokla-
mation in Versailles erinnerte, notierte Helmuth der Jüngere:
»Bismarck, der die Mitglieder des Bundesrats wie eine Herde
von Lämmern hereinführte, sah in seiner Kürassieruniform
vortrefflich aus, das ganze Arrangement machte einen großartigen Eindruck.« Der Festakt enthielt eine weitere Stei-
gerung, als eine Kompanie der Schlossgarde im Gleichschritt

mit geschultertem Gewehr im Saal aufmarschierte und die Offiziere mit gezogenem Degen präsentierten. Die längst im Gang befindliche Militarisierung der deutschen Gesellschaft, der Triumph des Soldaten über den Zivilisten, entging dem Neffen. Genauso unerwähnt ließ er in seinen Notizen, dass sich von den fast 400 Reichstagsabgeordneten die elf Sozialdemokraten geweigert hatten, dem Kaiser zu huldigen.[60]

Beim Auseinandergehen nach dem Festakt saßen Bismarck und Moltke der Ältere in der fast leeren Bildergalerie eine knappe halbe Stunde zusammen, scheu gemieden von den Vorbeigehenden. »Was sie verhandelt haben, weiß ich nicht«, schrieb Helmuth der Jüngere. »Onkel Helmuth ist stumm wie das Grab. Ich glaube aber, daß Bismarck ihm auseinandergesetzt hat, daß er unmöglich seinen Abschied nehmen dürfe, und Onkel Helmuth wird das wohl eingesehen haben. Er ist heute still und feierlich.« Der Protestbrief Moltkes wegen seiner protokollarischen Zurücksetzung hatte Erfolg. Das Hofmarschallamt platzierte ihn bei der Vereidigung des Kaisers unmittelbar vor dem Monarchen hinter dem Thron.

Helmuth war mittlerweile zum Ersten Adjutanten des Generalfeldmarschalls aufgerückt und wurde im Oktober 1888 zum Major befördert. Bei einer Audienz für seinen Onkel im Marmorpalais von Potsdam gratulierte ihm der Kaiser zum neuen Dienstgrad. Die Konversation war zwanglos. Wilhelm II. redete Helmuth den Jüngeren mit »Julius« an. Am Ende des Essens ging die Gesellschaft auf die Terrasse mit Blick über den Heiligen See hinaus. Hier hatte der Monarch die spontane Idee, seine vier kleinen Söhne dem berühmten Soldaten vorzustellen. »Sagen Sie mal, Julius«, wandte er sich dem Adjutanten zu, »der Feldmarschall hat doch eine Mütze mit?« »Jawohl«, antworte Helmuth. Sie wurde dem Alten nun gebracht. Die drei ältesten Kinder des Kaisers trugen Samtanzüge und kleine Helme mit Haarbüschen und gruppierten sich sofort um den greisen Feldherrn. Dann wurde auch noch das vierte Kind, ein Baby, zur Gruppe gebracht. Einige Minuten später bestürmten die Kinder den Kaiser: »Papa, dürfen wir unsere Gewehre holen?« Sie kamen mit Spielzeugwaffen zurück, und Helmuth der Ältere ließ die drei antreten und Wendungen machen. Unter dem Kommando des Kavalleristen Moritz von Bissing marschierten sie dann hierhin und dorthin und spielten weitere Szenen aus dem Soldatenleben wie »Gefangennahme« oder »Behandlung eines Verletzten« nach. Die Kaiserin war entzückt und lächelte. Dann gestikulierten die Lakaien, die Zeit drängte. Der alte Moltke ließ sich davon nicht beeindrucken, und die geplante Abfahrt verzögerte sich immer weiter. Am Ende kam die kleine Delegation am Bahnhof im Potsdamer Lustgarten erst unmittelbar vor der Abfahrt des Zuges an. Da die Abteile voll besetzt waren, wurde noch ein Wagen angehängt. Moltke meinte zu seinem Neffen: »Das haben wir gerade richtig abgepaßt!«

Im August 1888, 22 Jahre nach der Schlacht von Königgrätz, ernannte der österreichische Kaiser bei einem Besuch in Berlin Moltke, den ehemaligen Kriegsgegner, zum Kommandeur des 71. Regiments, einer ungarischen Einheit. Österreich hatte längst seinen Frieden mit dem Generalfeldmarschall gemacht, wie später auch die Reaktionen auf seinen Tod zeigten. Da der Alte mittlerweile sehr schlecht hörte, verstand er bei dem Treffen mit dem Monarchen die noble Offerte zunächst nicht. Helmuth der Jüngere griff helfend ein.

Einer der letzten Termine, die der Neffe mit seinem Onkel absolvierte, führte im April 1891 in die Landschaften, in denen der Generalfeldmarschall seine Kindheit verbracht hatte. Es ging nach Schleswig-Holstein. Die Delegation besichtigte den im Bau befindlichen Nord-Ostsee-Kanal und besuchte ein Seebataillon in Kiel, dessen Ehrenkommandeur Moltke kurz zuvor geworden war. Am 7. April 1891 ging Moltke mit seinem Neffen an Bord eines Kriegsschiffs, das drei Tage später in See stechen sollte. Es war die »Moltke«, ein weiß gestrichenes Schiff mit zwei Schrauben, drei Masten, zwölf schweren Geschützen und 430 Mann Besatzung ausgestattet, wie der Adjutant notierte. »Unter dem Bugspriet ist Onkel Helmuths Kopf in riesiger Größe angebracht, und die Mannschaft trägt den Namen ›Moltke‹ auf der Mütze.«

Flügeladjutant am Hofe

Nach dem Tod seines Onkels blieb Helmuth von Moltke in der Nähe des Kaisers. Er wurde noch im selben Jahr zum diensthabenden Flügeladjutanten berufen. Von nun an sah er den Monarchen beinahe täglich. Zwei Jahre später, im Januar 1893, erfolgte die Beförderung zum Oberstleutnant. Wenige Wochen später ernannte ihn der Kaiser auch zum Kommandeur der Schlossgardekompanie. Wie sein Onkel früher begleitete nun der Neffe den Kaiser bei Manöverreisen durch das Reich. Bei einem Aufenthalt in Lothringen beobachtete Moltke in Metz die schwache Resonanz der Bevölkerung auf die Visite des Monarchen. Lebhafter waren die Reaktionen bei der Landbevölkerung, die zur Verwunderung des den Kaiser begleitenden Offiziers »Vive l'Empereur« riefen.

Wilhelm II. begann damit, Helmuth von Moltke mit Sonderaufträgen auf Reisen zu schicken. So hielt sich der Offizier anlässlich der Beisetzung von Zar Alexander III. im November 1894 für mehrere Tage in St. Petersburg auf. Im August 1895 wurde Moltke zum Oberst befördert. Das Leben im Hofstaat des Kaisers, eines unsicheren, labilen Mannes, hatte seinen Preis. Bei einem Aufenthalt im Stettiner Schloss notierte Moltke, hin- und hergerissen von dem, was er täglich erlebte: »Wir sind eben aus dem Schloß gekommen, wo wir Manöverbesprechungen gehabt haben. – Dies Leben, so ermüdend es ist, bekommt mir außerordentlich gut. Es ist mir immer, als ob meine Kräfte sich erst entwickelten, wenn größere Anforderungen an sie gestellt werden. Und das tröstet mich wieder im Hinblick auf die Zukunft. Ich hoffe doch noch meinen Mann stehen zu können, wenn es einmal gilt.«

Vom Jagdhaus des Kaisers in Rominten, Ostpreußen, wurde Moltke im September 1895, mit einem Handschreiben des Monarchen an den neuen russischen Zaren versehen, erneut nach St. Petersburg geschickt. Wilhelm II. sandte seinen Mitarbeiter offensichtlich aufgrund aktueller Entwicklungen in Frankreich spontan aus, denn Uniform und Pass mussten für Moltke telegrafisch aus Berlin angefordert werden und wurden ihm erst bei der Abreise auf dem Bahnhof von Trakehnen ausgehändigt. Am russischen Grenzbahnhof wurde Moltke kurz darauf ein Schlafcoupé zugewiesen, aus dem der Chef des Zollamts den ursprünglichen Insassen kurzerhand herauskomplimentiert hatte.

Innerhalb von gut 24 Stunden traf der Offizier von Ostpreußen her kommend in St. Petersburg ein und wurde auf dem Bahnhof vom deutschen Botschafter Fürst Radolin und dem Militärattaché in Empfang genommen. Die Fahrt ging weiter nach Zarskoje Selo, wo der Zar residierte. Der Hofmarschall empfing den Besucher aus Berlin und geleitete ihn durch eine Abfolge von Zimmern, Sälen und Gängen bis zum Vorzimmer des russischen Monarchen. Zwei Schwarze in orientalischen Uniformen, die bis an die Zähne bewaffnet waren, bewachten es. Hier kam es zu einer protokollarischen Panne. Moltke war zu früh in den persönlichen Bereich des Zaren geleitet worden. Dieser war noch nicht fertig und wollte gerade in seinem weißen Pikeejäckchen die gegenüberliegende Tür öffnen. Beim Anblick des Besuchers zog er die Tür rasch zu, und Moltke musste sich noch einige Minuten gedulden. Zusammen mit einem kleinen dicken Herrn mit einer großen Rolle von Zeichnungen unter dem Arm, der sich als der russische Marineminister herausstellte, wartete er auf das Zusammentreffen mit dem Zaren.

Nikolaus II. begrüßte ihn freundlich und erinnerte sich offensichtlich an vorangegangene Begegnungen. Moltke, in Paradeuniform, also mit Helm und Säbel in einer Hand, überreichte ihm mit der anderen mit ein wenig Mühe den Brief des Kaisers und eine Bildrolle. Das Papier, das der Monarch auf einem Tisch sogleich ausrollte, zeigte eine Gruppe von Walküren, die, auf einem Felsvorsprung stehend, über eine Ebene hinwegschauten. In der Landschaft befanden sich Städte, Flüsse und bestellte Felder. Das in Steindruck verfertigte Bild sollte die europäischen Staaten darstellen. Das war die eine Botschaft des Geschenks, die andere und viel wichtigere eine in Flammen stehende Stadt hinter den blühenden Landschaften. Ihre Rauchschwaden ballten sich zur Form eines Drachen zusammen, und aus dem Qualm stieg ein Bild Buddhas hervor, der mit kaltem Blick auf die Zerstörungen schaute. Moltke erläuterte dem Zaren den Zusammenhang. Das Bild, so sagte er, verkörpere den Existenzkampf der weißen und gelben Rasse. Wilhelm II. hatte an den unteren Rand des Abdrucks eine Dedikation geschrieben: »Völker Europas, wahrt Eure heiligsten Güter!«[61] Der russische Monarch zeigte ein lebhaftes Interesse an dem Geschenk aus Berlin und ließ sich viele Details genauestens erläutern.

Moltke wurde ein Antwortschreiben an den Kaiser in Aussicht gestellt. Nach der Unterredung mit dem Zaren sah er auch noch die Zarin Alexandra, die sich nach der Familie von Wilhelm II. erkundigte. Zudem traf er mit dem Großfürsten Wladimir, einem Onkel des Zaren, zusammen. Mit ihm unterhielt er sich über gemeinsame Jagderlebnisse in der Rominter Heide und in der Schorfheide nördlich von Berlin. Nach dem Aufenthalt bei Zar Nikolaus II. begab sich Moltke in die Botschaft nach St. Petersburg und schrieb ein langes Telegramm an Wilhelm II. Für die Übermittlung benötigte die Chiffrierabteilung zwei Stunden.

Am nächsten Morgen fuhr Moltke erneut nach Zarskoje Selo, eine Distanz, die der zwischen Berlin und Potsdam entsprach. Er frühstückte mit dem Grafen Fersen. Es folgte eine Kutschfahrt durch die gewaltige Schlossanlage. Moltke fuhr an zahlreichen Schlössern vorbei, an chinesischen Gebäudekomplexen mit Feuer speienden Drachen auf den Dächern und an den Kasernen der Garde-Kavallerieregimenter. Er sah pensionierte Generäle in Häuschen sitzen, die dort, wie er notierte, »das Gnadenbrot des Zaren essen«.

Zwei Tage nach dem ersten Zusammentreffen wurde Moltke erneut nach Zarskoje Selo gebeten und zum zweiten Mal vom Zaren empfangen. Man unterhielt sich abwechselnd auf Deutsch und auf Französisch. Beim Wechsel in die französische Sprache forderte der Monarch den Offizier auf, neben ihm auf einem Stuhl Platz zu nehmen.

Nun begann ein Gespräch vertraulichen Inhalts. Es ging um die Reise eines russischen Ministers nach Frankreich, die in Berlin Stirnrunzeln verursacht hatte. Offenkundig war sie auch Gegenstand des Schreibens des Kaisers gewesen. Nikolaus II. versicherte Moltke, dass er seinen Minister angewiesen habe, sich jeder Äußerung zu enthalten, die die Franzosen zu einem chauvinistischen Verhalten ermuntern könnte. Ferner habe der Zar seinem Minister befohlen, bei der Rückfahrt von Frankreich in Berlin einen Stopp einzulegen und dem deutschen Kaiser Bericht zu erstatten.

Das Gespräch wechselte sodann zur Berichterstattung der internationalen Presse über diese Vorgänge. Vermutlich hatte sich Wilhelm II. bei seinem Jagdaufenthalt in Rominten über Artikel geärgert, die seiner Ansicht nach tendenziös waren. Nach Moltkes Aufzeichnungen sagte der Zar an dieser Stelle weiter: »Ich lege aber nicht zu viel Wert auf die Zeitungen, denn ich weiß, wie sie gemacht werden. Da sitzt irgendein Jude, der sein Geschäft dabei macht, wenn er die Leidenschaften der Völker gegeneinander aufhetzt, und das Volk, meist ohne eigenes politisches Urteil, hält sich an die Phrase. Deswegen werde ich auch die russische Presse nie freigeben, solange ich lebe. Die russische Presse soll nur schreiben, was ich will, und im ganzen Lande darf nur mein Wille herrschen.« Zur Bekräftigung dieser Ausführungen stieß der Zar mehrfach mit dem Zeigefinger auf den Tisch. Der Monarch wies im Anschluss darauf hin, dass es zwischen Deutschland und Russland in den zurückliegenden 150 Jahren keinen Krieg gegeben habe. »Deutschland hat sich mit ungefähr allen seinen Nachbarn geschlagen, nur mit uns nicht«, sagte er weiter. Aus den deutsch-russischen Grenzdistrikten höre er, dass das Verhältnis der beiderseits der Grenze stehenden Truppen zueinander ausgezeichnet sei. Zwischen den Offizieren herrsche gute Kameradschaft, man lade sich gegenseitig ein.

Moltke ergriff nun seinerseits die Initiative in dem Gespräch und bekräftigte nochmals den Standpunkt seines Monarchen, dass das leicht erregbare französische Temperament durch die Anwesenheit russischer Politiker und Generäle »noch mehr erhitzt« werde. Der Zar entgegnete, Wilhelm II. möge unbesorgt sein. Im Übrigen hätten die Franzosen gerade mit der Eroberung und Durchdringung von Madagaskar genügend zu tun. Das werde sie noch mindestens ein Jahr lang beschäftigen. Zum Abschluss des Gesprächs versicherte der Zar, dass er keinen Krieg mit Deutschland wolle und diesen immer verhindern werde. Er habe diese Argumentation in seinem Schreiben an Wilhelm II. dargelegt, habe sie aber Moltke gegenüber mündlich wiederholen wollen.

Die Audienz zwischen dem russischen Monarchen und einem Oberst der preußischen Armee, der daheim nominell eine Kompanie der Schlossgarde befehligte, dauerte etwas mehr als eine halbe Stunde.

Moltke wurde ein Jahr später, mit einer gewissen Logik, möchte man hinzufügen, Kommandeur des Kaiser-Alexander-Gardegrenadierregiments Nr. 1 in Berlin. Er bewegte sich nun immer deutlicher auf den Spuren seines Onkels. Im Gegensatz zu diesem war er aber kein militärischer Fachmann, sondern lediglich ein politischer Offizier.

Was er mit dem Zaren besprochen hatte, war weit über das hinausgegangen, was sein Onkel seinerzeit in Konstantinopel mit dem türkischen Kriegsminister zu bereden hatte. Unvermittelt war Moltke der Jüngere in gewisser Weise als Akteur am hochbrisanten operativen politischen Geschäft des Kaiserreichs beteiligt. Jedes Detail war hier wichtig, denn in dieser Zeit formierte sich eine russisch-französische Allianz. 1892 war für die Dauer des Dreibundes eine russisch-französische Militärkonvention abgeschlossen worden. In Paris wurde vom

Jahre 1897 an die Brücke Alexandre III als Symbol der französisch-russischen Eintracht gebaut.

Im Dezember 1895 reiste Moltke im Gefolge des Kaisers nach Friedrichsruh zu einer Begegnung mit Bismarck. Es war nicht das erste Zusammentreffen der beiden, an dem der Offizier teilnahm. Bismarck sprach bei dem Treffen den etwas angegriffenen Zustand des Monarchen an und meinte ironisch: »Seine Majestät wird sich wohl über seine Minister geärgert haben. Ein König könnte ja sehr viel ruhiger leben, wenn er keine Minister hätte. Aber bisweilen ist es doch ganz gut, wenn die Flut kommt und wenn dann so ein Deich da ist.«

Der Kaiser forderte Moltke einige Minuten später dazu auf, in diesem Kreis illustrer Gäste über seinen letzten Besuch beim Zaren zu berichten. Moltke sagte zunächst, dass sich der Zar seiner Auffassung nach »sehr zu seinem Vorteil entwickelt hätte«. Bismarck unterbrach den Oberst bald mit der Frage: »Was ist denn der Zar für ein Mann?« Werde er in der Lage sein, sein Land kraftvoll zu regieren? Moltke entgegnete, dass er Nikolaus II. für einen »Gemütsmenschen« halte. Moltke kam nun auf die Passage in dem Gespräch mit dem Zaren zu sprechen, bei der es um die Rolle der internationalen Presse und die Absicht des Zaren gegangen war, an der Zensur in Russland festzuhalten. Daraufhin sagte Bismarck: »Das gefällt mir, und er tut sehr wohl daran. Denn wenn er erst die öffentliche Diskussion gestattet, dann wird er bald einem uferlosen Meer gegenüberstehen.«

Danach entwickelte sich die Konversation in Richtung des politischen Dauerthemas in den Berliner Salons, dem deutsch-französischen Gegensatz. Bismarck berichtete von Begegnungen mit Napoleon III. in seiner Zeit als preußischer Gesandter in Paris. Der Monarch habe ihn damals gefragt, ob er absolut oder konstitutionell regieren solle. Er habe ihm entgegnet, solange er die Garde von 50000 Mann habe, könne er sich den Luxus dieses Experiments erlauben. Wenn die Flut komme, sei es wichtig, einen Damm zu haben, der zwischen Kaiser und Volk bestehe. Bismarck kam weiterhin auch auf die französische Kaiserin Eugénie zu sprechen, die schönste Frau, die er je gesehen habe. Und er fuhr fort: »Wenn er [Napoleon III., J. T.] unverheiratet gewesen wäre, würde er nie den Krieg gegen uns angefangen haben.«

Als der Kaiser am Abend aus Friedrichsruh abreiste, stand der Fürst, wie Moltke die Szene festhielt, hoch aufgerichtet da, die Hand zum militärischen Gruß an den Helm gelegt. Es war eine der letzten Begegnungen der beiden.

Im Mai 1896 reiste Moltke erneut in wichtiger Mission in Begleitung von Prinz Heinrich nach Russland. Dieses Mal ging es zu den Krönungsfeierlichkeiten des Zarenpaars nach Moskau. Mittlerweile hatten die Reiseberichte von Helmuth dem Jüngeren an sprachlicher Kraft, Bilderreichtum, historischen Reflexionen und Genauigkeit deutlich gewonnen. Das Jugendbewegte und ein gewisser Hang zum Spintisieren waren verflogen.

Wenige Monate nach der Rückkehr nach Berlin verstärkten sich die Hinweise, dass Moltke aufgrund seiner besonderen Beziehungen zum Zarenhof als Kandidat für die Führung des Kaiser-Alexander-Gardegrenadierregiments Nr. 1 gehandelt wurde. Nach 20-jähriger Pause sei es nötig, »einmal wieder in die Front« zu kommen, schrieb er seiner Frau. Er wolle schließlich nicht »nur noch aus Gnade so weiter mitgeschleppt [...] werden wie ein ausgedienter Gaul, dem man widerwillig ein Gnadenbrot gibt«. Dann würde er es vorziehen, »lieber vorher von selber [zu] gehen«. Moltke hoffte zu diesem Zeitpunkt, die Prüfung zum Regimentskommandeur ordentlich zu bestehen, um seine militärische Karriere aus eigenem Recht fortsetzen zu können. In Berlin wurde mit dem Bau der ersten Hoch- und U-Bahn begonnen.

Bevor Moltkes Ernennung zum Kommandeur des Alexander-Regiments tatsächlich erfolgte, besuchte das Zarenehepaar Anfang September 1896 Breslau. Moltke war bei den wichtigsten Terminen zugegen und stellte fest, dass die russische Presse die Äußerungen des Monarchen bei einem Diner abgeschwächt wiedergegeben habe. Der Zar hatte gesagt: »Je partage sincèrement les relations traditionnelles, qui unissent nos deux pays.« – »Ich teile aufrichtig die traditionellen Beziehungen, die unsere beiden Staaten verbinden.« In den Zeitungen stand jedoch: »Je partage les sentiments traditionnelles, qui existent entre nous.« – »Ich teile die traditionellen Gefühle, die zwischen unseren beiden Staaten bestehen.« Die Abänderung, so vermutete Moltke, »ist sicher eine Konzession an Paris.« Wenige Tage später wurde er als Kommandeur vereidigt. 45 Offiziere und 2000 Mann hörten auf sein Kommando. Wilhelm II. gratulierte Moltke und sagte: »Nun, ich denke, der Zar wird mit dem neuen Kommandeur zufrieden sein.«

Trotz des neuen Postens, der eine erhebliche Präsenz erforderte, behielt Moltke seine Funktion als Emissär des Kaisers nach Russland bei. Er wusste also schon zu einem sehr frühen Zeitpunkt, dass das Gastspiel bei dem Regiment ein kurzes sein würde. Im März 1897 reiste er erneut nach St. Petersburg.

Auf einer Fahrt mit dem Kaiser nach Nordnorwegen im Sommer 1898, die bis hinauf zu den Lofoten führte, kam die Nachricht vom Tod Bismarcks. Wilhelm II. erhielt in Bergen eine Depesche und ordnete die sofortige Rückkehr nach Deutschland an. Wenige Tage später reiste Moltke im Auftrag des Kaisers erneut nach Russland, um bei der Enthüllung des Nationaldenkmals für Zar Alexander III. in Moskau zugegen zu sein. In der Hauptstadt gründete Leopold Ullstein die »Berliner Morgenpost«.

Blitzkarriere

Immer deutlicher wurde in diesen Jahren, dass Moltke der Jüngere sich hinsichtlich seiner Karriere längst in der Nachfolge seines Onkels befand. Wesentlich früher als Moltke der Ältere wurde er zum General befördert. Wilhelm II. ernannte ihn am 23. März 1899 zum Kommandeur der 1. Garde-Infanterie-Brigade. Gleichzeitig wurde Moltke damit auch Stadtkommandant von Potsdam, der wichtigsten preußischen Garnisonsstadt.

Potsdam hatte zu dieser Zeit etwa 60000 Einwohner. Das Militär übte seit den Tagen des Alten Fritz auf dem Bornstedter Feld. Als Moltke das Kommando übernahm, waren gerade große Kasernenanlagen an der Jägerallee, entlang des Voltairewegs und der Nedlitzer Straße entstanden. Es bildete sich eine Militärstadt heraus, die sich von der Bürgerstadt wegentwickelte. An Soldaten beherbergte Potsdam damals das 1. Garderegiment zu Fuß, das Garde-Jäger-Bataillon, das Lehr-Infanterie-Bataillon, das Regiment Garde du Corps, das Leibgarde-Husarenregiment, die Garde-Ulanenregimenter 1 und 3, die Garde-Feldartillerieregimenter 2 und 4, eine Garde-Maschinengewehrabteilung und die Leibgendarmerie.

Moltke begann seine neue Aufgabe mit großen Manövern und Truppenbesichtigungen auf dem in der Nähe gelegenen Übungsplatz in Döberitz. Bereits im Juli 1899, nach gut 100 Tagen in der neuen Verwendung, schrieb Moltke: »Die einsame Höhe des Kommandanten und Brigadekommandeurs ist recht langweilig.« Da er nun nicht mehr zum engsten Gefolge des Kaisers gehörte, konnte er seinen Arbeitstag selbst gestalten und nahm auch Termine – nicht nur militärischer Natur – in Berlin wahr. Nach dem zweistündigen Besuch einer Kunstausstellung schrieb er: »Mit der Kunst scheint es mir rapide zurückzugehen.«

Moltke las in diesen Tagen ein Buch, das ihm seine Gattin

überlassen hatte, eine Schrift von August Bebel zur Gleich-
berechtigung der Frau in Politik und Gesellschaft, »Die Frau
und der Sozialismus«.[62] Es handelte sich um Bebels wichtigs-
tes Werk, das zu seinen Lebzeiten über 50 Auflagen erzielte
und bis heute verlegt wird. Moltke kam nach der Lektüre zu
folgender Einschätzung: »Gott behüte uns und unsere Kinder davor, daß wir diesen Staat erleben, in dem das Leben in
trostloser Monotonie verlaufen wird und die ganze Erde in
einen großen Fabriksaal umgewandelt wird, in dem alle
gleichmäßig unglücklich sein sollen, bloß damit nicht einige
glücklich sind.« In den Niederlanden befasste sich zu dieser
Zeit die Haager Friedenskonferenz mit der friedlichen Beile-
gung internationaler Konflikte und einer Landkriegsordnung.

Aus den Aufzeichnungen Moltkes geht hervor, dass der Kaiser von jetzt an auch Themen der Innenpolitik mit ihm beriet,
zum Beispiel die Kanalvorlage, bei der es unter anderem um
den Bau des Mittellandkanals ging, der politisch äußerst umstritten war. Als wenig später die kaiserliche Interventions-
truppe zur Niederschlagung des Boxeraufstands nach China
ausrückte, spürte Moltke den Wunsch, an der Strafaktion
teilzunehmen. Politisch hielt er das Unternehmen, das zunächst nach Peking führen sollte, für äußerst risikobehaftet.
Er sah auch die vernichtende Kritik der Presse voraus, weil
sich das Reich ohne Not in ein Abenteuer gestürzt habe »im
fernen Osten, wo wir eigentlich nichts zu suchen haben«.
Moltke beruhigte sich erst, als die Expedition nach Kiautschou
umgeleitet wurde, in den seit 1898 existierenden deutschen
sogenannten Schutzbereich. Aber die Zweifel blieben. Graf
Waldersee, der Helmuths Onkel als Generalstabschef nachge-
folgt war, notierte am 15. Juli 1900 in seinem Tagebuch: »Wir
sollen Weltpolitik treiben. Wenn ich nur wüßte, was das sein
soll; zunächst doch nur ein Schlagwort.«[63]
   Bei der Entscheidung von Wilhelm II., das deutsche Engagement in China zu reduzieren, spielte Moltke als Ratgeber
anscheinend eine wichtige Rolle. Seine Bitte, ihn unter den

neuen Umständen mit der Leitung der Chinaexpedition zu betrauen, lehnte der Kaiser jedoch ab. Er sei daheim unentbehrlich. Moltke war enttäuscht. Er hatte sich schon einen Plan für den Feldzug ausgedacht. »Der alte Soldatengeist mit seinem Drang nach Gefahr und Tätigkeit war wieder ganz in mir erwacht«, schrieb er seiner Frau. Ich »werde fortfahren, meinen Beruf zu pflegen und mir im übrigen recht überflüssig vorkommen«. Die Nichtberücksichtigung nagte an Moltke. »Es ist sehr komisch, so ganz unentbehrlich zu sein und sich dabei so ganz überflüssig vorzukommen«, schrieb er im Juli 1900 aus Norwegen.

Weil er sich eine Erklärung und Begründung für den Verbleib in der Heimat zurechtlegen musste, räumte Moltke großzügig ein, dass am Ende die Geldgier die Europäer bewogen habe, nach Ostasien zu gehen und »den großen chinesischen Kuchen anzuschneiden. Wir wollten Geld verdienen, Eisenbahnen bauen, Bergwerke in Betrieb setzen, europäische Kultur bringen, das heißt in einem Wort ausgedrückt, Geld verdienen. Darin sind wir keinen Deut besser als die Engländer in Transvaal!«

Die Manöver, die derweil in Deutschland unter der Leitung Moltkes abliefen, fielen zur größten Zufriedenheit des Kaisers und der militärischen Vorgesetzten aus. Bereits Anfang 1902 wurde Moltke zum Generalleutnant befördert, zum Generaladjutanten des Kaisers bestellt sowie zum Kommandeur der 1. Garde-Infanterie-Division mit Sitz in Berlin ernannt.

Wie sein Onkel sah er nun vermehrt die Schlösser und Residenzen der europäischen Monarchen. Im Mai 1902 reiste Moltke mit Prinz Albrecht zur Vereidigung des neuen spanischen Königs per Bahn über Paris nach Madrid. Von der Grenze in Irún an hatte der Zug eine illustre Belegung, denn in den Abteilen saßen nun viele Prinzen aus den verschiedenen europäischen Königshäusern. Die deutsche Delegation zog sich am Ende der Reise noch im Zug um, weil es vom Bahnhof in Madrid in Paradeuniform sogleich zum königlichen

Palast ging. Dort empfing die Königin die Abordnung aus Berlin. Moltke hielt fest: »Wir schlagen alle anderen durch Kopfzahl und Körperlänge.« Bei Spazierfahrten durch die Hauptstadt sah er glutäugige Spanierinnen »mit semitischen Nasen«. Beim Besuch einer Corrida – eines Stierkampfes –, berichtete Moltke lapidar in einem weiteren Brief, seien neun Stiere, zehn bis zwölf Pferde und zwei Menschen »umgebracht worden«.

Nach Hause zurückgekehrt, erwartete den General ein strapaziöses Wochenprogramm. Er besichtigte eine Brigade in Döberitz, nahm tags darauf an einem Prüfungsschießen teil, wohnte einer Übung der Kaiserbrigade bei und empfing nacheinander den Kronprinzen von Siam und den Schah von Persien am Potsdamer Bahnhof. Die Woche wurde mit einer Parade in Berlin und einer weiteren in Potsdam beschlossen. Ein wenig wehmütig beklagte er im Mai 1902 sein Leben: »So geht ein Sommer nach dem andern wie im Fluge dahin, und aus dem Sommer unseres Lebens wird auch bald der Herbst.«

Einem kundigen Beobachter fiel zu dieser Zeit auf, dass es im Straßenbild von London im Vergleich zu Berlin kaum Uniformen zu sehen gab. Britische Offiziere bevorzugten nach der Arbeit Zivil. Sie wollten sich nicht dem Spott der selbstbewussten Arbeiter aussetzen, die höhere militärische Chargen gern auf offener Straße anpöbelten und verspotteten.

Bei einer Reise nach Norwegen einige Wochen später wurde die Beziehung zum Kaiser offenbar noch enger. Moltke sprach übrigens wie sein Onkel mehrere Sprachen, darunter auch Dänisch und Schwedisch. Moltke berichtete seiner Frau, Wilhelm II. sei noch nie so freundlich zu ihm gewesen und habe ihm einen besonderen Vertrauensbeweis zukommen lassen. Er habe ihn neulich in sein Arbeitszimmer geholt und ihm einen Brief an den Kronprinzen vorgelesen. Anschließend habe er ihn um seine Meinung gefragt. »Er bespricht jetzt oft militärische Fragen mit mir und will oft meine Ansicht hören.« Moltke fuhr fort: »In solchen Augenblicken kann man ihm alles sagen [...] wovon ich auch weitgehend Gebrauch gemacht habe.«

Anfang 1903 reiste Moltke in Begleitung des Kronprinzen erneut nach St. Petersburg. Wenige Monate zuvor hatte Lenin die revolutionäre Schrift »Was tun?« veröffentlicht. Der Kaiser verabschiedete die siebenköpfige Delegation auf dem Bahnhof Friedrichstraße in Berlin. Mehrere Regimentskommandeure, deren Chef der Zar war, gehörten zu der Reisegruppe. Moltke war auch protokollarisch aufgestiegen. Er verfügte nun über zwei Abteile im Schlafwagen. Am Zielort angekommen, traf er das Zarenehepaar im Winterpalais. Man kannte sich mittlerweile sehr gut. Moltke lieferte bald darauf eine köstliche, sehr ausführliche Beschreibung der Reise an eine seiner beiden Töchter ab. Sie endete allerdings mit der Darstellung einer äußerst brutalen Treibjagd auf Bären, bei der Moltke ein Tier auf eine Distanz von 40 Schritten mit vier Schüssen erlegt hatte.

Wie in den Jahren zuvor begleitete er den Kaiser im Sommer 1903 auf einer Seereise nach Norwegen. Von dort schrieb er seiner Frau: »Wir leben so ruhig weiter, als ob es keinen Tod gäbe und wissen nicht, wie nahe uns der unsrige ist.« Beim Betrachten der Gebirgslandschaft an den Fjorden kamen ihm immer wieder Gedanken zur Vergänglichkeit des Menschen und zur Zeit, »wenn man sie mißt an der Ewigkeit!« Moltke beschloss den Brief mit den Sätzen: »Das ist so ein Leben, wie ich es mir wünschen möchte, den Tag, der seine Last gehabt hat, abschließen mit einem Vortrag tiefen Gehalts, und dann vielleicht eine Diskussion zur Klärung der Meinungen, in der jeder einmal hinabsteigt in seine eigene Gedankenwelt und forscht nach der Perle der Wahrheit.«

Generalstabschef

Helmuth Johannes Ludwig von Moltke wurde am 16. Februar 1904 zum Generalquartiermeister ernannt und zum Chef des Generalstabs der Armee abkommandiert. Der Pazifist Ludwig Quidde schrieb zu dieser Zeit sein Buch: »Internationale Verständigung über Beschränkung der Rüstungen«. In Deutsch-Südwestafrika wurde wenige Monate später ein Aufstand brutal niedergeschlagen. Zehntausende von Herero-Rebellen verdursteten in der Omaheke-Sandwüste.

Hierarchisch näherte sich Moltke nun den höchsten Positionen, die auch sein Onkel bekleidet hatte. Aber hatte er die nötige Erfahrung für diese Aufgaben? Seit dem Tod seines Onkels im Frühjahr 1891 hatte er mehr als elf Jahre in der unmittelbaren Umgebung von Wilhelm II. verbracht. Moltke mangelte es somit an truppendienstlicher Praxis wie auch an Erfahrung in der Arbeit des Großen Generalstabs. Moltke blieb ungeachtet seiner hohen Intelligenz und großen Bildung, seines verbindlichen Wesens, seiner Bescheidenheit und seines hochanständigen Charakters ein Protegé des Kaisers. Im Gegensatz zu seinen Offizierskameraden las er und tauschte sich über die Lektüre von wichtigen Büchern mit seiner Frau aus. Er galt in der Generalität und bei denen, die ihn beobachten konnten, als weich, leicht zu erschüttern, lethargisch, zum Pessimismus neigend, auch als detailversessen und nicht gerade als ein harter Arbeiter. Wilhelm II., so wurde gemutmaßt, würde ihn wegen seines Namens und seiner verbindlichen Art schätzen. Er wisse genau, dass Moltke bei Meinungsverschiedenheiten konziliant bleibe und dem Monarchen nicht widerspreche.

Es gab somit zu diesem Zeitpunkt, wenige Jahre nach Beginn des neuen Jahrhunderts, keinerlei Hinweise darauf, dass Moltke ein charismatischer militärischer Führer war oder es noch werden würde. Genauso zweifelhaft war, ob er ein Administrator von Rang sein könnte. In den zurückliegenden 20 Jahren war der Generalstab eine komplexe bürokratische Maschinerie geworden, die es zu überblicken und zu steuern galt.

Der Staatssekretär im Auswärtigen Amt, Gottlieb von Jagow, hielt später, wenige Wochen vor Ausbruch des Ersten Weltkriegs, nach einer Unterredung mit Moltke fest, dass es diesem nie nach Kriegslorbeeren gelüstet habe. Seine Haltung sei 1914 jedoch eine andere als ein Jahr zuvor gewesen. »Moltke war ein Mann, der es mit seiner Verantwortung sehr ernst nahm, der aber wohl etwas unter dem Gefühl litt, seiner Stellung nicht ganz gewachsen zu sein – es fehlte ihm an strategischer Genialität.«[64]

Andere Ursachen kamen hinzu. Mit dem Abgang von Bismarck und von Moltke dem Älteren verschwanden allmählich die markanten Charaktere, die originellen Persönlichkeiten und die geistigen Eliteelemente aus dem konservativen und liberalen preußischen Landadel. An ihre Stelle traten »Typenmenschen«, die in Schablonen dachten, in Standeskonventionen erstarrten, ihren romantischen Materialismus idealistisch und »national« drapierten und stur auf ihre bevorzugte Stellung pochten: »eine anmaßliche Überhebung und eine innere Hohlheit bei geschliffenen Formen, das schlechte Junkertum statt der echten Ritterlichkeit«[65], so das Urteil des Sozialhistorikers Hans Rosenberg.

Moltke wurde somit in den Jahren nach der Jahrhundertwende endgültig zum Gefangenen eines Systems, in dem er sich seit vielen Jahren bewegte. Alfred Kerr, der geistreiche Kritiker und Essayist, hielt in dieser Zeit fest: »Der Kaiser Wilhelm der Zweite hat einen Grafen Caprivi gemacht, einen Fürsten Lauenburg [Bismarck, J. T.] gemacht, hat einen Grafen Bülow gemacht, hat einen Herrn von Miquel gemacht und hat einen Fürsten Derenfels gemacht. Der Lohn der Tugend braucht in unseren Zeitläuften nicht so lange abgewartet zu werden wie ehemals. Die Oberlehrer werden Professoren, die Gymnasiallehrer werden Oberlehrer, die Premierleutnants werden immerhin Oberleutnants, die Briefträger tragen eine Litewka, die Geschichte wird rückwärts gelernt [...] Die

Künste blühen, die Wissenschaften gedeihen, unser Zeitalter steht im Zeichen des Verkehrs. O Jahrhundert, es ist eine Lust, in Dir zu leben.«[66]

Im Dezember 1904 ritt Moltke eines Morgens mit Reichskanzler von Bülow durch den Berliner Tiergarten. Beim Abschied fragte ihn der Politiker, ob er nicht eines Tages Generalstabschef von Schlieffen ersetzen werde, »mit dem er anscheinend nicht übereinstimmte«. Moltkes Antwort war, er hoffe, »daß dieser Kelch an mir vorübergehen werde«. Diese Äußerung wurde Wilhelm II. hinterbracht. Wenige Tage später kam es zu einer Aussprache. Dabei konfrontierte der Kaiser Moltke mit der Aussage, dass Schlieffen ihn für den geeigneten Nachfolger halte. Andere Kandidaten wolle er nicht oder kenne sie nicht hinreichend. Danach zitierte der Monarch Helmuth Carl Bernhard von Moltke, dem zufolge ein Generalstabschef kein genialer Feldherr sein müsse, sondern wichtig sei, dass man sich »unter allen Umständen auf ihn verlassen könne. Der Charakter sei die Hauptsache. Dieser ist es, der im Krieg auf die Probe gestellt wird.«

Es folgte nun eine längere Aussprache, bei der Moltke den Monarchen auf die großen Veränderungen bei der Kriegsführung vom Kabinettskrieg hin zum Volkskrieg verwies. Die einheitliche Leitung großer Heere werde dadurch erschwert, lautete Moltkes Analyse. Die großen Manöver würden die Veränderungen nicht hinreichend abbilden. Seinen eigenen Angaben zufolge kritisierte Moltke die Verhältnisse im Generalstab scharf, stieß bei diesem Gespräch jedoch auf einen geschmeidigen Wilhelm II., der sich anscheinend nicht von der Vorstellung abbringen ließ, dass Moltke der geeignete Kandidat für die wichtige Position sei. Am Ende der Unterredung lud der Kaiser Moltke dazu ein, die Ausgangslage für das nächste große Manöver zu entwerfen. Das führte prompt zu Reibereien mit Schlieffen.

Während der Sommerreise auf der kaiserlichen Jacht »Hohenzollern« zeichnete sich dann im Juli 1905 die bevorstehende Entscheidung immer deutlicher ab. Moltke war nun anscheinend bereit, trotz anhaltender Bedenken den Posten zu übernehmen. Wenige Monate zuvor hatte Wilhelm II. mit seinem Besuch in Tanger für neue Aufwallungen im ohnehin gespannten deutsch-französischen Verhältnis gesorgt.

Gegen Ende der Reise wurde Moltke Augenzeuge des in der Weltpresse Schlagzeilen verursachenden, überraschenden Treffens des Kaisers mit dem russischen Zaren in Björkö, dem heutigen Primorsk am Finnischen Meerbusen. Die Zusammenkunft war unter strengster Geheimhaltung angebahnt worden. Moltke wusste, wie alle anderen Reiseteilnehmer, nichts von dem Termin. Das Kaiserreich hatte im Russisch-Japanischen Krieg eine mehr als wohlwollende Neutralität zugunsten der Russen an den Tag gelegt und die baltische Flotte auf ihrem Weg nach Ostasien mit Kohlelieferungen unterstützt, die deutsche Unternehmen besorgten. Entsprechend gut war die Stimmung bei den Gesprächen zwischen dem Zaren und dem Kaiser. Moltke hielt den Augenblick des Abschieds fest: »Die Schiffe dampfen langsam an, fahren eine zeitlang nebeneinander her, die Kaiser stehen auf Deck, winken und grüßen, die Klänge der russischen Nationalhymne und das ›Heil Dir im Siegerkranz‹ mischen sich, die Matrosen rufen ihre Hurras hinüber und herüber […]« Das anlässlich des Treffens abgeschlossene Verteidigungsbündnis stellte den letzten Versuch einer Verständigung zwischen dem Kaiserreich und Russland dar. Zwei Jahre später kündigten die Russen den Vertrag auf.

Anfang August 1905 erlitt Schlieffen in Berlin einen schweren Reitunfall, der ihn für Monate außer Gefecht setzte. Moltke sprang in die Bresche und führte die großen Manöver nach seinen eigenen Vorstellungen durch. Vom Kaiser erhielt er den Roten Adlerorden Erster Klasse, ein weiteres Signal außerordentlicher Wertschätzung.

Im gleichen Jahr gab es eine große Veränderung auf Kreisau. Helmuths älterer Bruder Wilhelm starb im Alter von 59 Jahren. Nachfolger und neuer Majoratsherr wurde sein Sohn Helmuth, der Vater von Helmuth James.

Am 1. Januar 1906 wurde Moltke zum Chef des Generalstabs ernannt. Brauchte Wilhelm II. einen Talisman, hoffte er, das Schlachtenglück, das der ältere Moltke seinem Großvater hatte zuteilwerden lassen, auf sich übertragen zu können? Moltke der Jüngere soll Wilhelm II. einmal gefragt haben, »ob er glaube, zweimal in derselben Lotterie gewinnen zu können«.[67]

Moltkes Beförderung zum General der Infanterie erfolgte ein Dreivierteljahr später. Die Entscheidung des Kaisers, Moltke zum Generalstabschef zu machen, war in der Generalität und im Gefolge des Monarchen sehr umstritten. Waldersee äußerte starke Bedenken. Colmar von der Goltz, als geeigneter Kandidat und Konkurrent gehandelt, befürwortete sie jedoch. Am schärfsten fiel die Kritik des Chefs des Militärkabinetts Dietrich von Hülsen-Haeseler aus. Moltke sei ein religiöser Phantast, er glaube an Engel, Heilung durch Handauflegen und allerlei anderen Nonsens.[68]

Moltke war angesichts derartiger Intrigen und Einflüstereien vermutlich ein sehr einsamer Mann. Sein Aufstieg in der militärischen Hierarchie und alle Ehrungen, die ihm zuteilwurden, beeindruckten ihn selbst nicht. Die entscheidenden Dinge im Leben konnte er lediglich mit seiner Frau behandeln. Im öffentlichen Raum blieb nur das Vertrauensverhältnis zu Wilhelm II. ungebrochen. Nach der Sommerreise 1907 im Gefolge des Kaisers berichtete Moltke seiner Frau, dass er am 1. August in Swinemünde von Bord gehen und abends zurück in Berlin sein werde. »Ich sehne diesen Tag herbei. Unter diesen klimatischen Verhältnissen ist die Reise einfach eine Pönitenz [Strafe, J.T.] Auch gewöhne ich mich nicht mehr in den auf den Kalauer gestimmten Grundton unseres Kreises und vermisse meine ernste Arbeit. So friere ich innerlich und äußerlich.«

Für Schlagzeilen in Berlin sorgte in diesem Jahr Graf Cuno von Moltke, der von einem anderen Zweig der großen Familie stammte. Er war Flügeladjutant des Kaisers und seit 1905

Stadtkommandant von Berlin. Er beriet Wilhelm II. auch in künstlerischen Fragen und hatte eigenhändig unter anderem »Des Großen Kurfürsten Reitermarsch« komponiert. In Verbindung mit der Eulenburg-Affäre bezichtigte der Publizist Maximilian Harden neben anderen Personen aus dem Umkreis des Kaisers Cuno von Moltke homosexueller Neigungen. Der General wurde des Amts enthoben, setzte sich am Ende mehrjähriger juristischer Auseinandersetzungen gegen Harden jedoch durch. Moltke wurde vollständig rehabilitiert.

Die interessanteste Persönlichkeit in der zweiten Moltke-Generation neben Wilhelm und Helmuth dem Jüngeren war ihr Bruder Friedrich Ludwig von Moltke. Er war vier Jahre jünger als Helmuth, diente in Straßburg als Einjährig-Freiwilliger und nahm in der bedeutendsten Stadt des Elsass anschließend ein Jurastudium auf. Als Regierungsassessor kam er nach Schlesien und war dank einer vermögenden Frau in der Lage, 1883 das Gut Klein-Bresa zu erwerben. Er wurde Landrat des Kreises Tost-Gleiwitz und später Regierungspräsident in Oppeln und Potsdam. 1903 erhielt er die Berufung als Oberpräsident von Ostpreußen. Vier Jahre später wurde er preußischer Innenminister. Er machte sich einen Namen als Verwaltungsfachmann, verließ aber die Regierung, als Bethmann Hollweg mit der Reform des Dreiklassenwahlrechts in Preußen 1910 scheiterte. Er wurde Mitglied des Preußischen Herrenhauses und kehrte im Ersten Weltkrieg als Oberpräsident von Schleswig-Holstein auf den Spuren seines Vaters in die politische Arena zurück. Der Rechtsritter des Johanniterordens starb 1927 auf Klein-Bresa.

Anfang 1909 kam es dann doch zu einem Konflikt zwischen dem Monarchen und dem Generalstabschef. Moltke hatte sich dagegen verwahrt, dass Wilhelm II. aus Gründen der Geheimhaltung die Aufgabenstellung einer Schlussprüfung für Generalstabsoffiziere untersagt hatte. Dabei sollte die Problematik des Zweifrontenkriegs behandelt werden. Wilhelm hatte gefunden, dass dieser Stoff nur für Armeeführer und

Generalstabschefs geeignet sei. Moltke sah seine Auffassung als eine Prinzipienfrage und bat Wilhelm II. am 25. Februar 1909 darum, ihn seines Postens zu entheben. Die Aussprache mit dem Kaiser verlief ganz ähnlich wie die, in die Moltke seinerzeit mit dem festen Vorsatz gegangen war, die Nachfolge Schlieffens als Generalstabschef auszuschlagen. Bei der Begegnung im Neuen Palais in Potsdam dementierte Wilhelm alle Äußerungen, die Moltke im Zusammenhang mit seiner Aufgabenstellung für die Schlussprüfung der Generalstabsoffiziere zu Ohren gekommen waren. Das Ergebnis des Vieraugengesprächs war, dass Moltke auf seinem Posten verblieb.

In einem Briefwechsel mit dem österreichischen Generalstabschef Conrad von Hötzendorf verständigte sich Moltke in diesen Wochen darauf, dass der Bündnispartner bei Verwicklungen in Südosteuropa auf deutsche militärische Unterstützung zählen dürfe.

Jetzt und in den Jahren zuvor hatte der Kaiser den zaudernden Moltke mit hohen Orden überschüttet. Als Moltke im September 1909 die höchste Stufe des Schwarzen Adlerordens erhielt, schrieb er seiner Frau: »Ich habe mich förmlich geschämt. Onkel Helmuth gebrauchte einen siegreichen Feldzug dazu, um diese höchste preußische Auszeichnung zu erringen. Wir Epigonen machen das mit drei Manövertagen ab!!!« Als in der Walhalla bei Regensburg am 10. Mai 1910 eine Moltke-Büste enthüllt wurde, hielt der Neffe die Rede. In der deutschen Presse wurde er seit dieser Zeit vermehrt als »Trottel« bezeichnet, eine Etikettierung, die wahrscheinlich von seinen Gegnern im kaiserlichen Hofstaat und in der Armeeführung in Umlauf gebracht worden war.

Die Probleme, mit denen sich Moltke seit Jahren herumschlug, die Zweifel, die er in sich hineinfraß, führten 1911 zum Ausbruch einer Krankheit. Moltke versuchte sie mit einer vierwöchigen Kur in Karlsbad in den Griff zu bekommen. Ein behandelnder Arzt meinte später, dass eine Infektion Herz und Nieren angegriffen habe. Moltke genas nicht mehr, er

blieb herzkrank. Die Marokkokrise, den »Panthersprung nach
Agadir« im Juli 1911, kommentierte er mit den Worten: »Wenn
wir aus dieser Affäre wieder mit eingezogenem Schwanz he-
rausschleichen, wenn wir uns nicht zu einer energischen For-
derung aufraffen können, die wir bereit sind mit dem Schwert
zu erzwingen, dann verzweifle ich an der Zukunft des Deutschen Reiches. Dann gehe ich.«

Moltke unterließ es über Jahre, für Truppenverstärkungen
zu sorgen, die für die vollständige Umsetzung des Schlieffen-
Plans eine Voraussetzung gewesen wären. Stattdessen spielte
er zunehmend mit dem Gedanken des Präventivkriegs. Das
änderte sich erst 1912, als Ludendorff in den militärischen
Führungskreis aufrückte und Moltke mit Argumenten zugunsten einer Aufstockung der Angriffsverbände unter Druck
setzte. Über Nacht änderte Moltke nun seine Position.[69] Er
selbst reagierte im April 1912 auf einen Auftritt des Reichskanzlers Theobald von Bethmann Hollweg, der eine Wehr-
vorlage im Reichstag eingebracht hatte, mit den Worten:
»Dieser Mann wird sich nie zu einem klaren und energischen
Wort aufraffen.« Bei den Wahlen zum Reichstag am 12. Januar
waren die Sozialdemokraten mit 110 Sitzen stärkste Partei geworden. Es waren die letzten Wahlen vor dem Ersten Weltkrieg gewesen und – was niemand wusste – die letzten Wahlen
im Kaiserreich.

In einer Denkschrift im Dezember 1912 wies Moltke die
Reichsleitung warnend darauf hin, dass »in unserer Zeit, die
keine Kabinettskriege mehr will«, die »Opferwilligkeit« des
Volkes ein entscheidender Kriegsfaktor geworden sei und
Deutschland nur, »wenn es gelingt, den Casus belli so zu formulieren, daß die Nation einmütig und begeistert zu den Waf-
fen greift, unter den augenblicklichen Verhältnissen auch den
schwersten Aufgaben noch mit Zuversicht entgegen sehen«[70]
könne. Es war ein rares Eingeständnis, dass die eigenen Vorstellungen vom Krieg als legitimem Mittel der Politik nicht
mehr mit den Überzeugungen großer Teile des Volkes über-
einstimmten. Vor allem die sozialdemokratische Arbeiter-

schaft war für einen vom Zaun gebrochenen Krieg nicht zu gewinnen. Die kriegerischen Entwicklungen auf dem Balkan im Sommer 1913 kommentierte Moltke mit den Worten: »Man täte am besten, den ganzen Balkan mit einem Gitter zu umgeben, und es nicht eher wieder aufzumachen, bis alles dort sich totgeschlagen hat. – Solange Österreich und Rußland sich nicht in die Wirren einmischen, sehe ich keine Gefahr eines europäischen Konflikts.«

Beim letzten Geburtstag des Kaisers in Friedenszeiten, am 27. Januar 1914, wurde Moltke zum Generaloberst befördert. Er hielt eine Rede auf den Monarchen.

Moltke kämpfte weiterhin mit gesundheitlichen Problemen. Er wollte im Frühjahr 1914 erneut zur Kur nach Karlsbad und ließ sich vom Kaiser von der üblichen Nordlandreise befreien. Seine Frau hielt sich zu dieser Zeit in Bayreuth auf, wo sie mit Rudolf Steiner zusammentraf, dem Verfasser theosophischer Schriften. Moltke beabsichtigte, Steiner im August 1914 in Berlin zu treffen.

»Die Lage ist dauernd recht unklar«, schrieb Moltke am 27. Juli 1914 an seine Frau. Fünf Tage später begann der Erste Weltkrieg.

Moltke und der Schlieffen-Plan

Am Anfang des Unglücks für Moltke, für sein Land und die anderen am Weltkrieg beteiligten Staaten stand der Schlieffen-Plan. Gerhard Ritter, ein Historiker und Experte für das Deutsche Kaiserreich, hat über ihn so geurteilt: »Er war ein kühnes, ja überkühnes Wagnis, dessen Gelingen von vielen Glückszufällen abhing.«[71] Dieser militärische Operationsplan für den Fall eines Krieges mit den großen europäischen Nachbarn war bereits Anfang der 1890er-Jahre konzipiert und zahlreiche Male verändert worden. Sein Schöpfer, General Alfred von Schlieffen, wollte mit ihm das wiederholen, was Hannibal in der Schlacht von Cannae gelungen war. Allein dieser historische Vergleich zeigt, wie archaisch, mit wie vielen Variablen und Unbekannten der Spitzenmilitär arbeitete. Der entscheidende Unterschied zu Moltke dem Älteren bestand darin, dass an die Stelle der Eröffnung des großen Krieges nach Osten der Angriff im Westen trat, und das zu Zeiten, als sich die politische Führung des Reiches eigentlich gerade um eine Verständigung mit Großbritannien bemühte.[72]

Moltke stellte diesen Plan, als er die Aufgabe des Generalstabschefs übernahm, nicht grundsätzlich infrage. Er reduzierte aber das Stärkeverhältnis des rechten Flügels zugunsten des linken Flügels von 7:1 auf 3:1. Gleichzeitig verfügte er eine leichte militärische Sicherung der deutschen Ostgrenze.

Der Schlieffen-Plan sah die Einnahme von Lüttich und den Durchmarsch durch das neutrale Belgien vor. Der Vorstoß der deutschen Truppen sollte dann weiter nach Norden in Richtung Ärmelkanal gehen, wo man den französischen Verbänden den entscheidenden Flankenstoß versetzen und auf Paris marschieren wollte. Die Militärs mit ihrem rein militärtechnischen Denkansatz hatten im Kaiserreich endgültig über die Politiker triumphiert. Obwohl sie nicht mehr die Breite des Wissens und die Erfahrung eines Helmuth von Moltke dem Älteren hatten, wiesen sie die Politiker an, die vorgegebenen Zahlenverhältnisse einfach zu akzeptieren. 110 Millionen Deutsche und Österreicher stünden 240 Millionen des Lagers der Entente gegenüber. Die Mobilmachungsstärke der Mittelmächte betrage 3,8 Millionen Soldaten, die der Entente 5,8 Millionen. Moltke schlussfolgerte daraus, dass Deutschland ab 1917 militärisch hoffnungslos unterlegen sei und dann einen Angriff von Russland und Frankreich zu befürchten habe.

Die Idee des Präventivkriegs, in den 1870er-Jahren das große Thema zwischen Bismarck und Moltke dem Älteren, hatte sich verselbstständigt. Eine Verletzung der Neutralität des kleinen Nachbarlands Belgien – Moltke hatte den ebenfalls geplanten Angriff über holländisches Gebiet gestrichen – bedeutete einen Automatismus der Kriegserklärungen anderer Länder. Vor allem Großbritannien würde in einem solchen Fall zu einem sehr frühen Zeitpunkt in einen großen Kontinentalkrieg eingreifen. Das Instrument der Diplomatie, der Verhandlungslösung in letzter Minute, war den Politikern durch den Plan der Militärs genommen.

Eine aus heutiger Sicht geradezu katastrophale weitere Annahme kam hinzu. Der Schlieffen-Plan ging nicht von einem Konflikt mit einer einzigen europäischen Macht aus, sondern kalkulierte den Zweifrontenkrieg mit Russland und Frankreich ein. Kam es zur Auseinandersetzung mit Russland, müsse Frankreich mit einem Blitzkrieg überrollt werden. Die dort frei gewordenen Truppen würden dann dank einer bis zur Perfektion vorangetriebenen Logistik mit Eisenbahnen nach Osten geworfen und in einer zweiten riesigen Operation die Russen besiegen, denn deren Mobilisierung würde sehr langsam anlaufen. Moltke ging im Mai 1914 davon aus, Frankreich binnen sechs Wochen schlagen zu können.[73]

Alles hing somit von wenigen Tagen, Stunden, ja von einer einzigen Eisenbahnüberführung ab. Überhaupt nicht bedacht war der Fall, dass sich der Blitzkrieg in Frankreich zu einem Guerillakrieg wie 1871 entwickeln könnte.

Während der Jahre 1912 bis 1914 gehörte Moltke in Berlin zu denen, die sagten, man müsse den Krieg riskieren. Er überschritt dabei seine Kompetenzen, ohne dass dies entscheidende Folgen für den Ausbruch des Ersten Weltkriegs gehabt hätte. Wie der Kaiser, wie führende deutsche Politiker sah er den »Krieg der Rassen« kommen – nicht der Germanen gegen die Romanen, wie sein Onkel, sondern den der Germanen gegen die Slawen. Moltke befürwortete nicht nur den Präventivkrieg. Er war theoretisch auch zur großen Auseinandersetzung mit dem Britischen Empire bereit. Er betrachtete bereits die Landkarten des Mittleren Ostens und regte an, die Kolonialvölker zum Aufstand gegen ihre Herren zu ermuntern. Aber das sagte er, wie der Kaiser und die anderen, nur an manchem Tag. An anderen verhielt er sich, wie sein Umfeld auch, weitaus friedlicher. Es muss eine Zeit einer gewissen Hysterie und fortwährenden Erregung gewesen sein, mit langen Phasen der Überspanntheit und einem beständigen Auf und Ab der Gefühlszustände. Auch der permanente Aufenthalt in der Gruppe und die Unzahl der offiziellen und halboffiziellen Termine mögen zu der Autofixierung beigetragen haben.

Eine andere interessante Feststellung hatte der Kritiker Alfred Kerr um die Jahrhundertwende gemacht, als er auf den Straßen von Berlin vorbeiziehende Freiwillige für den Einsatz beim Boxeraufstand in China beobachtete. »In Trott und Marsch und Trab geht der Zug weiter, rechts und links von Bürgern und Bürgerinnen begleitet. Trott, trott. Großes fortreißendes Gedränge. In solchen Momenten patriotischer Aufwallung muß man in Berlin sein Portemonnaie festhalten; es ist schon manchmal gestohlen worden. Trott, trott, trott! Seltsam! Diese ganze Bevölkerung, die hier mitläuft, sie pfeift auf den Krieg in China; macht längst schon Witze über den kühnen Waldersee und kommt doch in eine frohe, getragene Stimmung, wenn die Eisenbahner vorüberziehen. Halli, halloh. Trott, trott, trott. Schaulust, Radaulust; Freude an einem (nach ihrer Meinung) höheren Ulk mit lebensgefährlichem Hintergrund; Freude an bewegten Vorgängen, ohne Kopfzerbrechen über den Kausalzusammenhang, noch weniger über den ethischen Zusammenhang; Jugendmut und Knabendrang eines wenig verbrauchten Volkes [...]«[74]

Als sich die Politiker am 1. August 1914 aus der Verantwortung zurückzogen, hatten Moltke und die Generäle freie Hand.[75] Aber die Dinge entwickelten sich anders als gedacht. Zwar fiel die Festung Lüttich beinahe planmäßig, aber der französische Widerstand und der der belgischen Armee und Zivilbevölkerung blieben zäh. Wie im Deutsch-Französischen Krieg von 1870/71 gingen die deutschen Soldaten gegen die aufmüpfige Zivilbevölkerung brutal vor. Die Universitätsstadt Löwen (Leuven) wurde zum Menetekel. Deutsche Verbände zündeten sie an, nachdem die Bevölkerung zuvor evakuiert worden war. Die Universitätsbibliothek mit ihren Schätzen aus fünf Jahrhunderten wurde dabei vernichtet. Auch wenn die Wahrheit der Propaganda zum Opfer fiel, wurde das Ansehen Deutschlands durch diese Strafaktion in der Weltmeinung auf das Schwerste beschädigt.

Mit einem großen Umfassungsversuch rückten die deutschen Armeen Ende August von Nordfrankreich her kommend nach Süden vor und standen Anfang September an der Marne. Aber dann beging Moltke einen nicht wiedergutzumachenden Fehler. Er ordnete für seine Truppen einen taktischen Rückzug an die Aisne an, weil er die deutschen Angriffslinien für zu dünn und überdehnt hielt. Infolge des unerwartet raschen Aufwuchses an Truppen in Russland hatten deutsche Angriffsverbände Frankreich bereits verlassen müssen, um im Osten zu kämpfen. Sie fehlten jetzt an Ort und Stelle und kamen für die Entscheidungsschlacht in Ostpreußen zu spät.

Damit war der deutsche Blitzkrieg gescheitert.

Die Fronten erstarrten rasch. Schon bald begann der fürchterliche Stellungskrieg, der bis zum Herbst 1918 andauern sollte. Aber bereits in den ersten beiden Monaten des Krieges hatte es insgesamt 3,5 Millionen Tote und Verletzte auf deutscher und auf Seiten der Entente gegeben. Nur im Osten hatte Moltke eine »glückliche Hand«, als er Hindenburg und Ludendorff, die späteren Sieger der Schlachten bei Tannenberg und an den Masurischen Seen, zur Übernahme des Kommandos der 8. Armee entsandte. Ungewollt schuf Moltke mit dieser Abordnung aber auch die Voraussetzungen für die 3. Oberste Heeresleitung, eine Art von Militärdiktatur im Deutschen Kaiserreich.

Sechs Wochen im Sommer 1914

Als die Julikrise 1914 ausbrach, befand sich Moltke auf Badekur. Es war bereits die zweite in diesem Jahr. Beratungen der
militärischen Stellen im engeren Sinne mit dem Kaiser und
der politischen Führung Deutschlands fanden nicht statt. Erst
am 27. Juli 1914 kehrte Moltke nach vierwöchiger Abwesenheit nach Berlin zurück. Er gehörte weiterhin zu denen, die
einen großen Krieg befürworteten. Aber er war kein Ent-
scheider, er sprach nur auf Aufforderung. Von daher kann
man ihn keinesfalls als einen der Hauptverantwortlichen für
den Ausbruch des Ersten Weltkriegs ansehen, wie hier und da
zu lesen ist.[76] Das hieße, seine Rolle als Moltke-Ikone im Umfeld des Kaisers maßlos zu überschätzen. Vielmehr war er Ge-
fangener seiner Gruppe, eines geschlossenen Kreises mit seinen Intrigen und Gegenattacken. Er gehörte zu den Insassen
eines mit Goldtressen besetzten Luftschiffs – Moltke hatte in
diesen Jahren eine Probefahrt in einem solchen Gefährt absolviert – hoch über den Köpfen der Bevölkerung. Selten oder
nie hatte diese Gruppe Kontakte zur Arbeitswelt, zum modernen Deutschland, das sich in Berlin und in den anderen
Industriezentren des Landes mittlerweile entwickelt hatte.
Der Kaiser, Moltke und der Rest des »Flügelpersonals« fuhren zwar permanent an Menschenmassen vorbei, die sich aber
hinter Absperrungen befanden, mit Fähnchen winkten oder
wie die Arbeiterbewegung abseits standen.
     Moltke und seine Gruppe waren somit modern, was den
Krieg anging, und archaisch zugleich, was die gesellschaftlichen und politischen Entwicklungen betraf. Irgendwann
einmal musste dies bei einem Soldaten, der seit Jahrzehnten
mit dem Gedanken des Präventivkriegs lebte, zu einer Zer-
reißprobe, zu einer Explosion führen.

Nach dem Attentat von Sarajevo, das Moltkes Weltbild tief
erschütterte, gab am Ende wohl die russische Mobilmachung

bei ihm den Ausschlag, den Sprung ins Dunkle zu wagen. Vielleicht noch wichtiger für den Entschluss war die eigene Unsicherheit über den Rang in der kaiserlichen Hackordnung. Sie verlangte nach Klärung. Was bedeutete »Mein lieber Julius« eigentlich in einer Entscheidungssituation?

Moltke wirkte zwischen dem berühmt-berüchtigten Kriegsrat im Dezember 1912 und dem Sommer 1914 wie ein Lautsprecher des Kaisers. Vermutlich versuchte er damit auch die wachsenden Zweifel in sich zu überdröhnen, seine pazifistischen Neigungen, die zunahmen. Ludendorff sagte einige Jahre später über Moltke, er sei keine »durchgreifende Natur« gewesen, »mehr pazifistisch als kriegerisch gesonnen«.[77]

Am 1. August 1914 pfiff ihn der Monarch jedoch zurück und wischte seine Argumente mit einer Handbewegung beiseite, als Moltke die Westoffensive in Gang zu setzen beabsichtigte. Wilhelm II. wollte einer Verständigung mit England eine letzte Chance geben. Erstaunlicherweise hatte Moltke keinen genauen Lageüberblick. Er wirkte hilflos. Aber es gelang, die in Trier bereits abgefahrene 16. Division vor dem Einmarsch in Luxemburg zu stoppen. Moltke wurde vor versammelter Mannschaft vom Kaiser gedemütigt, der ihm einen neuen Plan diktierte. Erregt wies Moltke diesen zurück, denn er meinte, dieser bedeute Chaos. Zu allem Überfluss warf ihm der Monarch bei dem Wortwechsel auch noch vor, dass sein Onkel ihm in einer derartigen Situation eine andere Antwort gegeben hätte.

Völlig gebrochen kehrte Moltke von der Besprechung in den Generalstab zurück. Er war blau und rot im Gesicht und erlitt einen Weinkrampf. Dabei stieß er immer wieder die Worte aus: »Gegen die Franzosen und Russen will ich Krieg führen, nicht aber gegen einen solchen Kaiser.«[78] Einige Stunden später ergab sich ein neues Bild der Lage. Die Hoffnungen auf England hatten sich zerschlagen. Die Division konnte marschieren. Aber das Vertrauensverhältnis zu Wilhelm II. war für Moltke irreparabel zerstört. Als das Hauptquartier nach Koblenz übersiedelte, begleitete Eliza von Moltke ihren

Mann zum Auftakt seiner letzten Dienstreise als Generalstabschef. Auf Verlangen des Kaisers, der das Ansinnen zunächst ablehnte, hatte sie sich als Vorsteherin eines Rotkreuz-
lazaretts verkleidet. Als das Hauptquartier wenig später nach
Luxemburg weiterzog, war sie erneut mit von der Partie und
speiste zum allgemeinen Geraune am Tisch des Generalstabschefs.

Der Krieg war schon einige Wochen alt, als sich Moltke am
29. August 1914 erstmalig mit einem Brief bei seiner nach Berlin zurückgekehrten Frau meldete. Er schrieb ihn aus einer
Schule im Großherzogtum Luxemburg. Der Stab übernachtete in einem Hotel, worüber Moltke äußerst zufrieden war.
»Ich bin froh, für mich zu sein und nicht am Hofe. Ich werde
ganz krank, wenn ich dort das Gerede höre. Es ist herzzerrei-
ßend, wie ahnungslos der hohe Herr über den Ernst der Lage
ist.« Moltke verachtete die aufkommende Hurrastimmung,
die er um sich herum im Großen Hauptquartier beobachtete,
einer Mischung von militärischer Operationszentrale und
Hofstaat.
    Moltke wusste, dass die ersten Wochen des Krieges die ent-
scheidenden sein würden und dass nun auch für ihn persönlich alles auf dem Spiel stand. Ein angezählter Boxer war er
schon. Er zögerte mit klaren Weisungen an die Chefs der
Armeekorps, noch immer tief verunsichert durch das, was
ihm am 1. August durch Wilhelm II. widerfahren war. Alle
vermeintlichen Schlieffen-Plan-Anhänger hatten sich auf die
Seite des Monarchen geschlagen. Erich von Falkenhayn war
ihm nicht beigesprungen. Moltke war allein. Anders als sein
Onkel hatte er es in den zurückliegenden Jahren unterlassen,
die Führungsmittel des Heeres zu modernisieren. Er hatte
keine Luftaufklärung. Moltke wusste nicht, wo seine Truppen
standen. Er war Hunderte von Kilometern von ihnen entfernt
und hatte keine Übersicht. Die kommandierenden Generäle
waren mittlerweile alt, die meisten in ihren Siebzigern.
    Am 4. September 1914 musste Moltke einräumen, dass die

geplante Vernichtung der französischen Armee gescheitert war. In den nächsten Tagen gab es feindliche Gegenangriffe, die den Zusammenhalt der deutschen Front gefährdeten. Ohne Absprache mit dem Monarchen, aber offenkundig gegen seinen Willen, ordnete der Generalstabschef den Rückzug von fünf Armeen an. Er befürchtete einen Durchbruch des Gegners. Bezeichnenderweise hing die Entscheidung zum Rückzug an der Marne mit der Entsendung eines Oberstleutnants zusammen, der von Moltke nur mündlich instruiert worden war und der dann vor Ort möglicherweise seine Kompetenzen überschritt. Die Fronttruppen ahnten, was der Rückzugsbefehl bedeutete, den der Offizier übermittelte. Eine derartige Chance würde nie wiederkommen. Ein Bataillonskommandeur meldete sich bei seinem Regimentskommandeur mit den Worten: »Herr Oberst, ich melde gehorsamst, daß die Truppe das Vertrauen in die Führung verloren hat.«[79]

In diesen Tagen zeigte sich der janusköpfige Moltke aufs Neue. Er notierte: »Müßte ich heute mein Leben hingeben, um damit den Sieg zu erkämpfen, ich täte es mit tausend Freuden, wie es wieder Tausende unserer Brüder heute tun und Tausende es getan haben.« Und dann in derselben Passage des Briefes der Bruch in seiner Persönlichkeit, der in einer Reihe von vergleichbaren Situationen in ähnlicher Weise zu beobachten war, seine Weichheit und Sensibilität, die sich nun im Gedenken an das Leid der Opfer, der Unschuldigen ausdrückte: »Mich überkommt oft ein Grauen«, hieß es, »wenn ich daran denke. Und mir ist zu Mute, als müßte ich dieses Entsetzliche verantworten, und doch konnte ich nicht anders handeln, als geschehen ist.«

Die Lage spitzte sich weiter zu. Einen Tag später hielt Moltke fest: »Die schreckliche Spannung dieser Tage, das Ausbleiben von Nachrichten von den weit entfernten Armeen, das Bewußtsein dessen, was auf dem Spiel steht, geht fast über menschliche Kraft. – Die furchtbare Schwierigkeit unserer Lage steht oft wie eine schwarze Wand vor mir, die undurchdringlich scheint.« Und einige Sätze danach: »Deutschland hat keinen Freund in der Welt, es steht ganz alleine auf sich angewiesen.« Ähnlich hatte sich der Onkel viele Jahre zuvor zur Situation von Preußen geäußert.

Wie in den vorangegangenen Tagen beschäftigte Moltke der Gedanke, dass sich der Kaiser weiter vorn bei seinen Truppen aufhalten müsse, um den Durchhaltewillen zu steigern. Viele Verbände waren bereits furchtbar dezimiert, Eliteeinheiten binnen fünf Wochen auf die Hälfte ihrer Sollstärke abgeschmolzen. Moltke sah in diesen Tagen die Konstellation voraus, die einige Jahre später dann tatsächlich eintreten sollte. Die großen Anfangserfolge hätten die deutsche Bevölkerung zu Illusionen verführt. Zuletzt hatten deutsche Divisionen 50 Kilometer vor Paris gestanden. »Ich fürchte, unser Volk in seinem Siegestaumel wird das Unglück kaum ertragen können.«

Auch gesundheitlich ging es Moltke weiterhin nicht gut. In der Entscheidungssituation sträubte er sich jedoch, sich krankzumelden. Er ahnte nicht, dass die sechs Wochen, in denen er unter Kriegsbedingungen Generalstabschef sein würde, fast zu Ende waren. Er war der Chef für Friedenszeiten gewesen, wie selbst seine Kritiker später einräumten, nicht der Mann für den Krieg.

In den Tagen der Marne-Schlacht, also um den 8. und 9. September 1914 herum, soll Moltke dem Kaiser gesagt haben, dass der Krieg verloren sei. Am 14. September 1914 wurde er vom 53-jährigen Erich von Falkenhayn, seinem Konkurrenten und Kritiker, als Generalstabschef faktisch abgelöst. Sein schlechter gesundheitlicher Zustand hatte wohl den letzten Ausschlag gegeben. Der Kaiser bestellte die beiden zu sich und befahl Moltke, sich für 14 Tage krankzumelden. Moltke sagte: »Das tue ich nicht! Ich bin nicht krank. Wenn Eure Majestät mit der Leitung der Operationen durch mich unzufrieden sind, dann gehe ich!«[80] Nicht zuletzt um den österreichischen Bündnispartner in einer entscheidenden Situation des Krieges ruhig zu halten, wurde der Wechsel an der Spitze des deutschen Heeres verschleiert. Falkenhayn wurde nominell lediglich Generalquartiermeister. Moltke behielt vorläufig seinen Titel.

Falkenhayn versuchte, den Bewegungskrieg wieder in Gang zu setzen und zum Ärmelkanal vorzustoßen. Das gelang nicht. Ypern und der Opfergang der deutschen Schüler und Studenten bei Langemarck beendeten alle Hoffnungen auf einen raschen militärischen Erfolg. Die Fronten erstarrten im Spätherbst 1914 endgültig. Der große Abnutzungskrieg begann.

Moltke benötigte Wochen, bis ihm klar wurde, was geschehen war. Ende Oktober 1914 brach er körperlich zusammen. Eine Entzündung der Gallenblase, die sich auf die Leber auswirkte, zwang ihn ins Bett. Er musste liegen. Noch war ihm nicht bewusst, dass er endgültig von seiner Aufgabe entbunden worden war. Der Kaiser hatte bei einem Treffen am 23. Oktober 1914 in Charleville-Mézières nicht gewagt, ihm die Wahrheit ins Gesicht zu sagen. Moltke glaubte weiterhin, dass Falkenhayn ihm vorübergehend zuarbeiten werde. Dieser lehnte aber bereits jede Einmischung seines Vorgängers ab.

Am 1. November 1914 forderte der Chef des Militärkabinetts Moltke auf, sich krankzumelden und nach Berlin zu fahren. Erst mit der kaiserlichen Kabinettsordre vom 3. November 1914 wurden die Verhältnisse öffentlich klargestellt. Kriegsminister Erich von Falkenhayn ersetzte Helmuth Johannes Ludwig von Moltke nun auch offiziell als Generalstabschef. Dieser war inzwischen auf Einladung des Kaisers in ein Jagdschloss nach Bad Homburg gereist. Ein Stabsoffizier notierte bei der Abreise in seinem Tagebuch: »Das wird eine Erleichterung für ihn und für das Hauptquartier sein.« Bereits im Taunus begann Moltke mit der Abfassung von Rechtfertigungsschriften.

Mit einem weiteren Befehl des Kaisers vom 30. Dezember 1914 wurde Moltke zum Chef des Stellvertretenden Generalstabs der Armee ernannt.

Ein jähes Ende

Seit seiner Ablösung als Generalstabschef war Moltke von allen relevanten Informationen der Heeresführung abgeschirmt. Er wurde ein einsamer Mensch. Weihnachten 1914 meldete er Wilhelm II. persönlich, dass er gesundheitlich wiederhergestellt sei. Ein Telegramm gleichen Inhalts folgte. Moltke schrieb, er sei zu jeder Verwendung bereit, wo und wann Seine Majestät es befehle. Eine Antwort erhielt er nicht. Im Januar 1915 beklagte er sich in einem Schreiben an Reichskanzler Bethmann Hollweg bitterlich über seine neue Lage. Sein wirkliches Anliegen versteckte er hinter der Formalie, dass aus seiner Sicht die Vereinigung der Position des Generalstabschefs mit der des Kriegsministers nicht praktikabel sei.

Moltke beschäftigte sich in dieser Zeit intensiv mit der Versorgungslage der Bevölkerung, die er für kritisch hielt. Er richtete auch ein entsprechendes Schreiben an den Kaiser und nutzte diesen Anlass, seine persönliche Einschätzung über die militärische Lage im Krieg darzulegen. Moltke plädierte für eine Konzentration der Kräfte im Osten, um die Russen entscheidend zu schlagen. Dann würde auch der Widerstandswille der Franzosen gebrochen, meinte er. Als letzte Konsequenz würden dann auch die Briten als Verbündete der Franzosen vom Kontinent wieder abziehen. Aus dem Brief Moltkes ging hervor, dass der Kontakt zum Monarchen seit seiner Ablösung im Herbst 1914 abgebrochen war. Erst jetzt kam Moltke selbst zu der Einschätzung, dass er »völlig ausgeschaltet« worden sei.

In einem weiteren Schreiben an Wilhelm II. vergaß Moltke seine Verantwortung als Kamerad und seine Loyalitätspflicht gegenüber dem Nachfolger und griff Falkenhayn scharf an. Gegen Ende des Schreibens versicherte er, dass es ihm nicht darum gehe, wieder ins Spiel zu kommen. »Ich habe mit meinem Leben und Wirken abgeschlossen«, schrieb er resignativ,

»und würde nie wieder auf meine alte Stelle zurücktreten können.« Moltke riet dem Kaiser abschließend, Ludendorff anstelle von Falkenhayn als Generalstabschef zu berufen.

Anscheinend reagierte der Kaiser jetzt auf Moltkes Briefe. Es setzte eine Korrespondenz ein, die Moltke dazu ermunterte, mit einem eigenen Vorschlag hinsichtlich der weiteren Kriegsführung gegen England aufzuwarten. Gedanklich auf den Spuren seines Onkels schlug Moltke dem Kaiser vor, die Lücken in der Bagdad-Bahn zum Arabischen Golf zu schließen und die Zweiglinie der Hedschas-Bahn bis zum Suezkanal voranzutreiben. Auf dem direkten Schienenweg zwischen Deutschland und Ägypten wären dann die Möglichkeiten geschaffen, eine große Entscheidung zu Land gegen England herbeizuführen. Die deutsche Flotte sei dazu nicht in der Lage, meinte der General.

Wenige Tage später attackierte Moltke seinen Nachfolger in einem weiteren Schreiben an den Kaiser noch massiver. Er hatte sich von seinen persönlichen Rückschlägen anscheinend erholt. Zusätzlich hatte Moltke eine Information gestärkt, die ihm zugetragen worden war. Danach hatte Feldmarschall von Hindenburg, der Sieger von Tannenberg, dem Kaiser geraten, Moltke auf seinen alten Posten zurückzuholen. Moltke sprach als »ältester treuester Diener«[81] seiner Majestät Falkenhayn jede charakterliche und berufliche Befähigung ab, seinen Posten auszuüben. »Seine Person bildet eine ernste Gefahr für das Vaterland«, schrieb Moltke.

Moltkes Brief hatte Folgen. Er erhielt einige Tage später ein Telegramm des Generaladjutanten Hans von Plessen, also eines Nachfolgers auf dem Posten, den er selbst zwischen 1902 und 1904 bekleidet hatte. Er legte nahe, ein Antwortschreiben des Kaisers so lange nicht zu öffnen, bis Plessen mündliche Erläuterungen dazu gemacht habe. Der Generaladjutant, im gleichen Rang wie Moltke, traf am 24. Januar 1915 um zehn Uhr bei ihm ein und informierte ihn über das Schreiben des Kaisers. Eine Stunde später traf der Brief des Monarchen ein. Moltke erklärte Plessen, dass er das Schreiben nach

Kenntnisnahme des Inhalts nicht öffnen werde. Stattdessen werde er das Dokument ungeöffnet zu den Akten geben und bitte Plessen, dies dem Monarchen zu melden. Anders formuliert, Moltke war nicht bereit, aus seiner überbordenden Kritik an Falkenhayn die persönlichen Konsequenzen zu ziehen. Den letzten Warnschuss des Monarchen beantwortete er mit einer Geste der Unterwerfung.

Gleichzeitig wurde der persönliche Adjutant Moltkes, ein Major von Haeften, den der Generaloberst in geheimer Mission ins Große Hauptquartier geschickt hatte und der Hindenburg anschließend hatte Bericht erstatten sollen, mit sofortiger Wirkung versetzt. Offenkundig war es bei der Operation, die mit der Kaiserin abgestimmt war, darum gegangen, Hindenburg militärische Verstärkungen zu verschaffen. Der Kaiser hatte diese anscheinend genehmigt und ebenso die Rückkehr von Ludendorff zu Hindenburg angeordnet. Ganz in Ungnade war Moltke beim Kaiser also nicht gefallen.

Anlässlich des Geburtstags des Monarchen am 27. Januar 1915 durfte er eine der Reden halten. Moltke schlug sich nun vollends auf die Seite von Hindenburg und Ludendorff und beschloss ein Schreiben an Ludendorff mit dem Satz: »Ich weiß, wenn es jemanden gibt, der das Vaterland noch retten kann, so sind Sie es und Ihr Feldmarschall.«

Im Februar 1915 erfuhr Falkenhayn von dem Gedankenaustausch zur Ernährungslage, den Moltke auch mit Bethmann Hollweg geführt hatte, und forderte den Reichskanzler unmissverständlich dazu auf, »sehr gefälligst Maßnahmen zu treffen, die es verhindern, daß Auslassungen des stellvertretenden Generalstabs, die für Entschlüsse der Obersten Heeres- oder Staatsleitung von Einfluß sein könnten, nach außen gelangen, ehe sie mir vorgelegen haben«. Aus anderen Quellen erfuhr Moltke später, dass seine Berichte im Umfeld des Kaisers als Nervosität, Schwarzseherei und unzulässige Einmischung bewertet worden seien.

In dieser Zeit gewann der Kontakt zu Rudolf Steiner an Bedeutung, dem Repräsentanten einer gnostischen Weltanschauung. Moltke hatte ihn bereits 1904 kennengelernt, als seine Frau persönliche Schülerin des Theosophen geworden war. Moltke hatte Steiners Schriften über Nietzsche und Haeckel, aber auch das gerade erschienene Buch »Theosophie« gelesen. Eine Tochter Moltkes berichtete später, dass ihre Eltern oft bis tief in die Nacht mit Steiner über Welt- und Menschheitsprobleme gesprochen hätten.[82] In der frühen Korrespondenz mit seiner Frau war bei Moltke diese Neigung zum Nachdenken über die Welt angeklungen. Moltke hatte es lange Zeit bei flüchtigen Kontakten mit Steiner belassen. Aber in der großen persönlichen und menschlichen Krise nach seiner Entmachtung wurde er wichtiger. Wie bedeutend er für ihn war, zeigte sich im August 1914, als Steiner Moltke im Hauptquartier in Koblenz besuchte. Dort hielt sich zu diesem Zeitpunkt auch Moltkes Ehefrau auf. Moltke betonte später, dass es bei der Begegnung lediglich um Fragen von Mensch zu Mensch gegangen sei. Aber das von Freund und Feind natürlich genauestens registrierte Treffen reichte dazu aus, in den Zwanzigerjahren völkische Parteien zu haltlosen Verdächtigungen zu animieren. Steiner habe Moltke seinerzeit negativ beeinflusst mit der Folge, dass die Marne-Schlacht verloren gegangen sei – ein Unterkapitel der Dolchstoßlegende.

Der umfassend gebildete, nachdenkliche Mann korrespondierte von 1915 an mit einer Reihe von Persönlichkeiten. Dabei ging es um viele Themen. Einem Ministerialdirektor schrieb Moltke im Juni 1915, dass er nach dem Krieg die Einfügung der Sozialdemokratie in das staatliche Leben für unvermeidbar halte.[83]

Im Sommer 1915 verfasste Moltke eine umfassende Rechtfertigungsschrift zur Marne-Schlacht, mit der der Schlieffen-Plan gescheitert war. Die Entente-Mächte hatten in den zurückliegenden Monaten ihre Truppenstärken beträchtlich erhöht, die Schlacht in der Champagne stand bevor. Moltke nahm jetzt als Zuhörer an Steiner'schen Mitgliedervorträgen in Berlin teil. Nach einem Zusammentreffen mit Admiral von Tirpitz, einem seiner »Schicksalsgenossen«, notierte Moltke: »Er fühlt es wie eine Erlösung, aus dienstlichen Verhältnissen heraus zu sein, die ihm unerträglich geworden waren. Möge der Kaiser es nie bereuen, Männer beiseite geschoben zu haben, die doch vielleicht ihm hätten nutzen können.« Aus dem Umfeld des Kaisers hörte Moltke, dass der Monarch hin und wieder eine neue Verwendung für ihn erwogen habe, dass ihm aber jedes Mal gesagt worden sei, Moltke sei gesundheitlich noch nicht wiederhergestellt. Mit seinen Ärzten habe jedoch niemand gesprochen. Moltke der Jüngere verdrängte also weiterhin, wie es gesundheitlich um ihn stand. Und er machte sich neue Hoffnungen.

Das abrupte Ende einer unvollendet gebliebenen Karriere und eines zur Melancholie neigenden Lebens kam für Moltke überraschend.

Bei der Trauerfeier für Feldmarschall Colmar Freiherr von der Goltz, der im April 1916 an den Folgen einer Typhusinfektion in seinem Hauptquartier in Bagdad verstorben war, hatte Moltke am 18. Juni 1916 in Berlin eine der Reden zu halten. Die sterblichen Reste des Offiziers waren inzwischen nach Konstantinopel überführt worden. Im Park der Sommerresidenz des deutschen Botschafters, dort, wo heute noch der Obelisk für Generalfeldmarschall von Moltke steht, hatte Goltz im Juni 1916 seine letzte Ruhestätte gefunden. Moltke erinnerte bei seiner Rede an die Jahre, in denen sich der Verstorbene auf den Spuren seines Onkels bewegt hatte, als Militärberater in der Türkei. Moltke hatte Goltz ein letztes Mal im Sommer 1914 in Brüssel getroffen, noch als Generalstabschef. Goltz war danach auf Bitten des Sultans als oberster Koordinator zwischen der deutschen Armee und den Streitkräften des Osmanischen Reiches in die Türkei zurückgekehrt. Moltke berichtete in seiner Rede von den letzten militärischen Aktionen unter der Führung Goltz' im Irak und von seinem plötzlichen Tod. Gegen Ende seiner Ansprache sagte er: »Meine Herrschaften! Es wiederholt sich in der Geschichte öfters, daß Heldentum und Tragik nebeneinander stehen.«

Wenige Augenblicke danach beendete Helmuth von Moltke seine Ansprache und nahm auf seinem Stuhl im Berliner Reichstag wieder Platz. Er erlitt einen Schlaganfall und starb im Alter von 68 Jahren noch während der Gedächtnisfeier.

Wenige Wochen später verlor sein Widersacher Falkenhayn wegen anhaltender Misserfolge an den Fronten im Westen und Osten seinen Posten.

Die Kondolenzschreiben, Nachrufe und Reaktionen auf Moltkes Tod waren verhalten.[84] Noch träumten die Militärs vom Sieg. Adam von Moltke, ein Sohn des Verstorbenen, der als Offizier zu dieser Zeit zu Hause eine Verwundung auskurierte, schrieb später, er habe an seinem Vater gesehen, »daß man an gebrochenem Herzen sterben kann«.[85]

Wenige Tage später gab die Witwe Moltkes den im Januar 1915 ungeöffnet gebliebenen Brief des Kaisers, der an ihren Mann gerichtet gewesen war, an Plessen zurück und bat ihn, das Kuvert Wilhelm II. zu übergeben.

Unbemerkt von der deutschen Öffentlichkeit, hielt Rudolf Steiner am 20. Juni 1916 eine Rede, in der er sagte, dass Moltke aus einer ganz anderen Welt kommend eine Brücke zur Geisteswissenschaft gefunden habe.

Unmittelbar nach Kriegsende brachen in Deutschland große Debatten über den Ausgang des Weltkriegs aus, und Schuldzuweisungen wurden ausgesprochen. Dabei spielten der Kriegsanfang und damit die Marne-Schlacht sowie der für sie verantwortliche Generalstabschef ebenso wie das Kriegsende naturgemäß eine große Rolle. Moltke selbst hatte vor seinem Tod darauf vertraut, dass die Militärgeschichtsschreibung mit dem nötigen zeitlichen Abstand seine Rückzugsentscheidung gutheißen werde. Das tat sie nicht.

Seine Witwe Eliza versuchte zunächst, beraten durch Steiner, ihre Deutung des Lebenswerks des Gatten durchzusetzen.

Sie verfasste 1919 eine Broschüre mit dem Titel »Betrachtungen und Erinnerungen«, die andere Teile der Familie und das Auswärtige Amt alarmierten. Ende Mai 1919 bekam Eliza von Hvitfeld Besuch von Exgeneral Wilhelm von Dommes, der Adjutant ihres Mannes gewesen war. Nach der Unterredung zog die Witwe Moltkes die Publikation zurück. Vermutlich hatte Dommes sie am Ende damit überzeugt, dass die Publikation eine Anklage des Kaisers vor einem Entente-Gericht und den Verlust des holländischen Exils zur Folge haben könne. Dommes wurde später Präsident des Preußenbundes, einer konservativen Organisation, die in der Weimarer Republik der DNVP nahestand.

Ludendorff, mit dem Moltke in den Jahren vor dem Ersten Weltkrieg vertrauensvoll zusammengearbeitet und mit dem er 1915/16 die Ablösung Falkenhayns betrieben hatte, wandte sich viele Jahre später gegen seinen früheren Vorgesetzten. In einem 1934 erschienenen Buch machte er Moltke einen persönlichen Vorwurf wegen dessen Rolle während der Marne-Schlacht und hob auf die Verbindung zu Steiner ab.[86]

Als die Russen 1945 nach Berlin kamen, verbrannte Wilhelm, der älteste Sohn Moltkes, die Papiere des Vaters, unter anderem auch seine Tagebücher. Ob sie zu einer anderen Beurteilung geführt hätten, scheint zweifelhaft, wie auch die Restbestände an persönlichen Zeugnissen im Freiburger Militärarchiv zeigen.

Helmuth Johannes Ludwig von Moltke, genannt der Jüngere, machte eine Karriere als politischer Offizier. Schon als Offiziersanwärter hatte er eine Sonderstellung, die sich bereits im Deutsch-Französischen Krieg abzeichnete. Wie sein Onkel hatte er keine Erfahrung als Truppenführer, aber er war im Gegensatz zu diesem auch kein Stratege oder Organisator. Der Kaiser verwendete ihn quasi als Maskottchen. Einen Moltke in der Nähe zu haben bedeutete, ein gutes Omen zu besitzen. Obwohl er zur Entourage des Monarchen gehörte, war der sensible Mann mit den Kinderaugen in Wirklichkeit ganz allein. Sein Leben war von einem frühen Zeitpunkt der Karriere an durch Angst gekennzeichnet. Stets hatte er Sorge zu versagen. Mitunter fiel Moltke nach Panikattacken vom Pferd. Er wollte nicht Generalstabschef werden. Aber er konnte auch nicht Nein sagen. Er war unfähig, Konsequenzen irgendwelcher Art zu ziehen. Als ihm der Kaiser im entscheidenden Augenblick die Gunst entzog und ihn zudem mit seinem Onkel verglich, brach Moltke zusammen.

Helmuth Johannes Ludwig von Moltke liegt an der Seite seiner Frau auf dem Invalidenfriedhof in Berlin begraben.

Dorothy von Moltke

Von Pretoria nach Kreisau

Den Wandel der Moltkes von einer »Militärfamilie« zu einer zutiefst westlich geprägten, nach heutigen Kriterien linksliberalen Familie von Weltbürgern haben Frauen bewirkt. Ohne sie ist der Weg der Moltkes von den Befehlsempfängern der Monarchen in den Widerstand gegen Hitler nicht zu begreifen. Mary Burt, die kinderlos gebliebene, früh verstorbene Frau des Generalfeldmarschalls, hatte ohne jeden Zweifel Einfluss auf das Weltbild ihres Mannes, ohne dass sich dies im Einzelnen nachweisen ließe. Sehr viel weitreichender war dann jedoch das Gewicht, das eine weitere Angelsächsin in der Moltke-Familie hatte. Ohne Übertreibung wird man sagen können, dass die Wirkung bis in die Gegenwart anhält und auch in Zukunft das Leben der Familie mitbestimmen wird.

Dorothy Rose Innes, die Frau von Helmuth Adolf Edo Ludwig Wilhelm Graf von Moltke und Mutter von Helmuth James von Moltke, stammte aus Südafrika. Ihre Lebens- und Richtungsentscheidung für einen deutschen Mann bezahlte sie mit einem hohen persönlichen Preis. Das Herz der fünffachen Mutter schlug für ihr unmittelbares Umfeld und damit für Deutschland, ihr Verstand und ihre Liebe zu den Eltern galten Südafrika.

Zu ihrem Unglück standen sich ihr Heimatland und das Deutsche Kaiserreich in seiner Endphase als militärische Gegner gegenüber. Danach erlebte sie die von Beginn an gefährdete junge deutsche Demokratie und die Anfänge der NS-Diktatur.

Mit Dorothy Rose Innes setzte sich die Internationalität

bei den Moltke-Frauen fort, die mit Mary Burt begonnen
hatte und von Eliza von Hvitfeld weitertradiert worden war.
Sie betraf besonders jenen Zweig der Familie, an dessen Beginn Bernhard Adolph Erdmann von Moltke gestanden hatte,
der Bruder des Generalfeldmarschalls. Nach 1945 ist diese
Entwicklung in der Moltke-Familie noch weiter vorange-
schritten. Viele der Männer haben Partnerinnen aus der englischsprachigen Welt.

Dorothy Rose Innes kam aus Pretoria, das 1855 von den burischen Voortrekkern gegründet worden war. Der heutige
südafrikanische Regierungssitz zählt mittlerweile rund eine
Million Einwohner. Dorothys schottische Vorfahren väter-
licher- und mütterlicherseits hatten sich dort um 1820 nieder-
gelassen. Ähnlich wie Preußen war Südafrika zu dieser Zeit
ein Einwanderungsland, das Holländern, Hugenotten, Engländern und Juden eine Heimstatt bot. Vor allem die schottische Mittelklasse und Facharbeiter kamen an die Südspitze
des Schwarzen Kontinents.

Dorothys Vater, Sir James Rose Innes, stammte aus einer Familie von Priestern und Lehrern. Der 1855 Geborene gehörte
zu den bedeutendsten Juristen des Landes. Er war Chief Attorney von Transvaal, Justizminister und von 1914 bis 1927 Chief
Justice, also oberster Richter der Südafrikanischen Union.
Kein anderer Jurist im Lande hatte eine längere Amtszeit als er.
Entsprechend groß war sein Einfluss auf die Rechtspolitik
Südafrikas, das bis kurz nach der Jahrhundertwende eine britische Kolonie gewesen war. Zu seinen wichtigsten Anliegen gehörten der Ausgleich zwischen Engländern und Buren, die
Überwindung der Rassendiskriminierung und die Durchset-
zung des Wahlrechts für die Farbigen. Der liberale Jurist setzte
sich, tatkräftig unterstützt von seiner Frau Jessie, einer geborenen Pringle, während seines ganzen Lebens dafür ein.

Jessies Vorfahren waren Farmer und Kolonisten gewesen.
Sie war eine engagierte Frauenrechtlerin. Noch heute sagt
vielen Südafrikanern der Name Rose Innes daher etwas.

Die Rose Innes' hatten ein einziges Kind, die am 25. Februar 1884 geborene Dorothy.

Zusammen mit ihrer Mutter unternahm die junge Frau 1902 eine Europareise, die sie nach Frankreich, Italien und schließlich nach Deutschland führte. Hier fühlten sich die beiden Südafrikanerinnen schottischer Herkunft offenkundig besonders wohl. Die Aufnahme scheint herzlicher als in den beiden romanischen Ländern gewesen zu sein. Der Zufall wollte es, dass die Mutter bei einem Zwischenaufenthalt in Dresden eine Zeitungsannonce las, der zufolge ein Gutshaushalt in Schlesien zahlende Gäste aufnehmen würde, die das Bridgespiel beherrschten. Für Südafrikaner war diese Anforderung kein Problem. Die beiden Damen kamen nach Kreisau.

Bei ihrem Aufenthalt dort verliebte sich Dorothy in Helmuth von Moltke, den Sohn des Majoratsherrn Wilhelm von Moltke. Anders als es in seiner Familie üblich war, war Helmuth weder Berufssoldat noch Jurist. Er hatte keine Ausbildung und kein Studium hinter sich, sondern war ein Autodidakt, der als Landwirt dilettierte und phantastisch singen konnte. Wenn er abends Lieder von Richard Strauss, Johannes Brahms oder Franz Schubert intonierte, versammelte sich rasch eine anwachsende Hörerschaft in der großen Halle des Schlosses. Wenn man ihn singen hörte, begriff man ihn. Wenige Jahre zuvor war er nach einer schweren chronischen Herzkrankheit Reserveoffizier geworden und hatte damit die äußerlichen Insignien der Wilhelminischen Epoche erworben. »Der Mensch, der Mensch fängt erst beim Leutnant an«, heißt es in Zuckmayers »Hauptmann von Köpenick«.

Helmuth hatte fünf Geschwister. Die ältere Schwester Leonore heiratete einen Major und lebte bis 1961. Eine jüngere Schwester, Margarethe, war mit dem General Carl Dietrich von Trotha verheiratet. Sie starb 1946. Auf sie folgte Joachim Peter, der vor dem Ersten Weltkrieg das Militär-Reitinstitut in Hannover leitete und später das Gut Cadinen in Westpreußen verwaltete. Er lebte bis 1963. Monika, das jüngste Mädchen, heiratete später einen Rittmeister und starb 1975. Jüngster Bruder von Helmuth war schließlich Carl Viggo, der als Reserveoffizier in beiden Weltkriegen diente und in der Bundesrepublik als Landgerichtspräsident in Kiel tätig war. Er starb 1990.

Vater und potenzielle Schwiegereltern verfolgten 1902 die amouröse Entwicklung zwischen Helmuth und Dorothy mit Stirnrunzeln. Denn Helmuth sprach weder ein brauchbares Englisch, noch beherrschte die junge Südafrikanerin Deutsch. Als Helmuths Vater 1905 kurz nach einem Unfall mit einer Pferdekutsche starb und der Sohn über Nacht Herr auf Kreisau wurde, reiste er nach London. Er hatte Verbindung zu Dorothy gehalten, die sich dort gerade mit ihrer Mutter aufhielt. Ursprünglich war sie nach Europa gekommen, um ihre als unzureichend empfundene Ausbildung zu vervollkommnen. Nun hielt Helmuth um ihre Hand an. Die Familie stand vor einer schwierigen Entscheidung. Anders als heute waren die Distanzen zwischen Südafrika und Europa ein gewaltiges Problem, die Verbindung der Eltern zu ihrem Kind, vor allem die des Vaters, eine enge und innige. Am Ende wollten die Rose Innes' der Sache aber nicht im Wege stehen und willigten ein.

Helmuth von Moltke und Dorothy Rose Innes heirateten am 18. Oktober 1905 in Pretoria. Sie wohnten zunächst bei ihren Eltern in Midwood und ließen sich Anfang 1906 in Kreisau nieder. Der Altersunterschied zwischen den beiden betrug acht Jahre.

Dorothy hielt ihr Versprechen und schrieb ihren Eltern jede Woche einen mehrseitigen Brief. Die Post zwischen Deutschland und Südafrika benötigte auf dem Seeweg mehrere Wochen. Nur im Abstand einiger Jahre gab es Begegnungen zwischen Eltern und Tochter.

Das Ehepaar Moltke hatte insgesamt fünf Kinder: Helmuth James, geboren 1907, auf den im Zweijahresabstand die Geschwister Joachim-Wolfgang, Wilhelm-Viggo, Carl Bernhard und schließlich die einzige Schwester Asta Maria folgten.

Joachim-Wolfgang wurde Kunsthistoriker, diente im Zweiten Weltkrieg als Ordonnanzoffizier bei General von Falkenhausen in Brüssel und später beim Wehrmachtsstab in Oslo. Nach dem Krieg arbeitete er als Dozent an der Universität von Kapstadt und war von 1962 an Direktor der Kunsthalle in Bielefeld. Joachim-Wolfgang, der in zweiter Ehe mit Hildegard von Hülsen verheiratet war, starb 2002 in Hamburg. Wilhelm-Viggo wurde Architekt, verließ Deutschland 1937 aus politischen und beruflichen Gründen und arbeitete in Großbritannien und später in den USA. Er studierte bei Walter Gropius in Harvard und arbeitete in den Büros von Alvar Aalto und Hugh Stubbins. Er zog im Zweiten Weltkrieg die amerikanische Uniform an und diente im Hauptquartier der Pazifischen Armee in Manila und in Tokio. 1946 kam er zurück nach Europa und war in Zivil im US-Hauptquartier in Frankfurt am Main tätig. 1948 kehrte er in die USA zurück und arbeitete mit Marcel Breuer und Eero Saarinen. Auf der ganzen Welt betätigte er sich als Städteplaner. Im Wintersemester 1962 lehrte er an der TU in Berlin. Wilhelm-Viggo, der mit Veronica Jochum, einer Tochter des Dirigenten Eugen Jochum verheiratet war, starb 1987 in Boston. Carl Bernhard hatte Schwierigkeiten auf dem Gymnasium und machte eine kaufmännische Lehre. Er lebte in Berlin und in Stettin, wurde 1940 Soldat, war beim Luftflottenkommando in Oslo tätig und fiel Ende 1941 als Unteroffizier bei Sollum in Nordafrika. Er liegt in der Ehrenstätte Tobruk in Libyen begraben. Asta Maria ging in Eberswalde zur Schule und durchlief anschließend eine Tischlerlehre in München. Sie arbeitete danach in Innen- und Architekturbüros in Berlin und war von 1939 bis 1945 in der Verwaltung von Kreisau tätig. 1948 ging sie nach Kapstadt, kehrte 1957 nach Deutschland zurück und beteiligte sich an einem Verlag in Berlin. Asta Maria, die in zweiter Ehe mit dem Verleger Karl Heinz Henssel verheiratet war, lebte bis 1993 und ist auf dem Friedhof in Wannsee begraben.

Dorothy Rose Innes fasste rasch Fuß in ihrer neuen Heimat, sicherlich begünstigt durch das große Familienglück. Sie erlernte zügig die deutsche Sprache, die ihr aber zeitlebens zu schaffen machte. Ihren englischen Akzent wurde sie nie ganz los. Zusammen mit ihrem Mann gehörte sie der vor allem in den USA vertretenen Glaubensrichtung der »Christian Science« an. Die 1879 gegründete Religionsgemeinschaft hatte und hat ihren Hauptsitz in Boston und betreibt unter anderem die hoch angesehene Tageszeitung »The Christian Science Monitor«. Das Hauptwerk dieser Glaubensrichtung »Science and Health« wurde vom Ehepaar Moltke in den Jahren 1911/12 ins Deutsche übersetzt. Es war ein mühseliges Unterfangen, denn vor allem Helmuth brachte für ein derartiges Vorhaben keinerlei Voraussetzungen mit. »Der deutsche Stil und Satzbau sind jedoch schrecklich schwierig und verwickelt – so gründlich, speziell und persönlich wie die Nation selbst«, befand Dorothy in einem Brief an ihre Eltern im September 1911 seufzend. Zusammen mit den anderen Mitgliedern einer Arbeitsgruppe konsultierten die Moltkes den »Webster«, philosophische Lexika und Grimms »Wörterbuch« mit seinen 47 Bänden. In Kreisau ging Dorothy aber nicht zur örtlichen Kirche. Ihr Mann tat es gelegentlich, weil er als Gutsherr auch Patronatsherr des Gotteshauses war.

Wenige Monate nach der Ankunft in Kreisau erlitt Dorothy eine Fehlgeburt, als ein Vierspänner durchging, auf dem sie mit ihrem Mann saß und herausgeschleudert wurde. Wenige Monate später war sie erneut schwanger und brachte am 11. März 1907 das erste Kind, einen Jungen, zur Welt.

Mit großer Begeisterung berichtete Dorothy Anfang April 1907 von der Taufe ihres Sohnes Helmuth James nach Hause. Nur die Mutter hatte zur Geburt des ersten Kindes nach Schlesien kommen können. Helmuth James blieb zeitlebens Dorothys Liebling. »My boy« – »Mein Junge«, pflegte Dorothy in ihren Briefen zu schreiben, in zunehmender Bewunderung, je älter er wurde.

Die Taufe fand in Kreisau im Arbeitszimmer des Feldmarschalls statt. 16 Jahre nach seinem Tod war die Erinnerung an
ihn in der Familie wie in der deutschen Öffentlichkeit noch
immer lebendig. Ein Bruder von Helmuth James von Moltke
hat einmal gesagt: »Der Feldmarschall war in Kreisau immer
gegenwärtig, er war gewissermaßen die Bestätigung, daß Vergangenheit, Gegenwart und Zukunft eine Einheit bilden.«[87]
Als Taufspruch hatten die Eltern einige Zeilen aus dem Rö-
merbrief 8, Vers 38 f. ausgesucht, die das Leben und künftige
Schicksal des Kindes bereits umrissen: »Denn ich bin gewiß,
daß weder Tod noch Leben, weder Engel noch Fürstentümer
noch Gewalten, weder Gegenwärtiges noch Zukünftiges [...]
noch keine andere Kreatur kann uns scheiden von der Liebe
Gottes, die in Christus Jesus ist, unserem Herrn.« Zu den
prominentesten Gästen bei der Taufe gehörte Helmuth von
Moltke der Jüngere, der seit Kurzem amtierende General-
stabschef. Er hielt als einer von elf Paten eine Rede auf den
Täufling, deren Text Dorothy nach Südafrika schickte. Zum
Entsetzen der Familie hatte das junge Paar zunächst erwogen,
dem Stammhalter den Namen Louis-James zu geben. Am
Ende beugten sich die Eltern aber der Familientradition. Das
Kind wurde auf den Namen Helmuth James Wilhelm Ludwig
Eugen Heinrich von Moltke getauft. Dorothy schrieb ihrem
Vater: »Die Reden waren, glaube ich, charmant.«

Mit der Ankunft in ihrer neuen Heimat hatte sich Dorothys
Leben über Nacht geändert. Statt in einem kleinen Haushalt
mit zwei Bediensteten an einem der südafrikanischen Regie-
rungssitze zu leben, war sie nun von 14 bis 20 Personen am
Tag umgeben.
     Die kluge und warmherzige Frau begeisterte Kreisau vom
Tag ihrer Ankunft an. Von Beginn an griff sie in die Debatten
und politischen Diskussionen ein, die in der Moltke-Familie
geführt wurden. Die deutsche Innenpolitik spielte in Kreisau
eine große Rolle, denn Dorothys Mann war Mitglied im Preußischen Herrenhaus. Nicht selten war in Dorothys Briefen

von »teutonisch« oder den »Teutonen« die Rede, womit Dorothy den Unterschied zur angelsächsischen Welt festmachte: unbeherrscht, gefühlsbetont, leidenschaftlich, ein wenig plump, unkalkulierbar. So rieb sich die junge Südafrikanerin am Antisemitismus ihres Schwagers von Trotha, der in der Nähe von Kreisau Kommandeur eines Dragonerregiments und der Mann ihrer Schwägerin Margarethe war. »Es ist sehr seltsam«, hieß es in einem Brief von Dorothy an ihren Vater, »einen Mann zu treffen, der nichts von den Träumen und Idealen und Bestrebungen der Welt, wie sie heute ist, weiß […]«

Der scharfen Beobachterin mit internationaler Erfahrung entgingen die Unterschiede zum Leben in Südafrika und der angelsächsischen Welt im Allgemeinen nicht. Ihr fiel die mangelnde Individualität der preußischen Junkerklasse ebenso auf wie deren Begeisterung für die Jagd »in diesem schießwütigen Land«. Umso erleichterter war sie darüber, dass ihr junger Ehemann diesem Sport abschwor und damit auch bereit war, sich dem Gerede der Standesgenossen auszusetzen. »Ohne Zweifel ist Helmuth äußerst originell und individuell, er ist ein Sonderling, ein gänzlich gesunder und guter«, berichtete Dorothy ihren Eltern.

Die Entwicklung ihres Kindes und das Leben in einer vielköpfigen Familie bereiteten ihr große Freude. Tapfer bekämpfte sie den Trennungsschmerz. Hinter verschlossener Tür weinte sie mitunter lang und bitterlich, machte aber den Kummer der Trennung von Vater und Mutter mit sich aus. Ihr Mann sollte davon nichts bemerken. Er verstand es nicht. Viel Privates, aber auch viel Politisches wurde in dieser Zeit mit der Post zwischen Deutschland und Südafrika befördert. Intensiv diskutierte Dorothy mit ihrem Vater die Auswirkungen der »Daily-Telegraph-Affäre«, die im englischsprachigen Raum maßgeblich zu einem Meinungsumschwung zuungunsten Deutschlands führte. Von einer Reise nach Paris schrieb sie angesichts der in Deutschland aufgebrochenen Diskussionen um die Zukunft der Monarchie im November 1908 nach Südafrika: »Ist das wohl der Anfang einer nationalen Bewegung, eine konstitutionelle Regierungsform zu erlangen? Das hoffe ich aufrichtig, denn ein Land mit der Bildung und Modernität Deutschlands kann nicht ewig mit einer Regierungsform weitermachen, die nicht einmal vorgibt, repräsentativ zu sein [...]« Ein gutes Jahr später ging sie in ihrer Kritik am Kaiserreich noch weiter: »[...] das gegenwärtige System ist eine Schande für ein Kulturvolk.«

Dorothys politisches Urteilsvermögen war für eine junge Frau von Mitte 20 erstaunlich reif und zutreffend. Stil- und auftrittssicher bewegte sie sich auch im Umfeld von Monarchie und politischem Betrieb in Berlin, der sie jedoch langweilte. Nach einer Serie von Empfängen in der Hauptstadt hielt sie fest: »Aber es wird nicht lange dauern, und dann haben wir es hinter uns und Seiner Majestät und der Welt im allgemeinen unseren Knicks gemacht.« Einer preußischen Prinzessin attestierte sie in diesen Tagen ein sehr gutes Aussehen, aber schlechte Manieren. Die Dame sei arrogant und sehr unpopulär.

Im Herbst 1908 kamen ihre Eltern zu einem längeren Besuch nach Deutschland, erst im Februar 1909 reisten sie wieder ab. Dorothy brachte die beiden zusammen mit ihrem Mann nach Southampton. Sie ließ sich vom Getöse in den britischen und deutschen Medien nicht beeindrucken, das, angeheizt durch die Tirpitz'sche Flottenpolitik und das Wettrüsten zur See, weiter zunahm, und schrieb im Frühjahr 1909 an ihren Vater: »Meine eigene bescheidene Meinung ist, daß Deutschland entschlossen ist, eine absolut leistungsfähige, erstrangige Macht zu sein, und zu diesem Zweck seine Flotte baut, ohne konkrete Kriegspläne.«

Im September 1909 schenkte Dorothy einem weiteren Jungen das Leben und berichtete ihrer Mutter in allen Einzelheiten über die überraschend eingetretene Niederkunft, die glücklicherweise komplikationslos verlaufen war.

Wenige Monate später kam sie erneut nach Berlin und bereitete sich hier auf große Empfänge und Bälle vor. Im Schloss

Bellevue wurde sie dem Monarchenehepaar vorgestellt. Sie schüttelte Wilhelm II. die Hand, war sich aber nicht sicher, »daß er wußte, wer ich war«. Die Kaiserin, mit der sie einige Worte auf Englisch wechselte, »hat schöne weiße Haare und sieht sanft, freundlich und ziemlich dumm aus«, berichtete Dorothy respekt- und kompromisslos an ihre Eltern. Der drei Tage später stattfindende Hofball begeisterte die Südafrikanerin dann jedoch offenkundig: »Es war eine geradezu blendende Pracht und Farbe, und oben von der Galerie sah der Saal wie ein kostbarer persischer Teppich aus [...]«

Wenige Monate später gab es einen anrührenden Briefwechsel zwischen Vater und Tochter. Es ging um die Frage, ob Dorothys Vater sich gegen Ende seines Berufslebens auf einen weniger Stress verursachenden Posten mit geringerer Bezahlung zurückziehen solle. Die Tochter plädierte absolut dafür und schrieb zur Begründung: »Nach menschlichem Ermessen wirst Du, wenn Du weniger Arbeitsdruck hast, länger leben, länger eine Pension beziehen und so besser für la bonne mère sorgen als Du es auf irgendeine andere Art könntest.«
    Politisch bekannte sich Dorothy in dieser Zeit eindeutig zu ihrem Geburtsland, das sie fünf Jahre zuvor verlassen und das sich gerade zur Südafrikanischen Union zusammengeschlossen hatte. Im Vergleich zu ihrer Heimat entwickle sie für die deutsche Politik keinen Enthusiasmus oder auch nur Respekt, schrieb sie ihren Eltern. Beim Besuch einer Abordnung des »Deutschen Kriegervereins in Amerika« beobachtete Dorothy in Kreisau aufmerksam die merkwürdig zusammengesetzte Gruppe. »Solange sie Deutsche heiraten, bleiben sie Teutonen, aber laß' die Frau amerikanisch sein, und sie werden vollständige Yankees«, hielt sie fest.
    Dem Landleben der Junker und ihren reaktionären gesellschaftlichen Vorstellungen konnte Dorothy nichts abgewinnen. Sie kritisierte den Gruppendruck und die mangelnde Individualität des schlesischen Adels.
    Allerdings kam das weibliche Geschlecht bei ihr besser

davon. »Die deutsche Frau ist dem Mann geistig weit voraus, jedenfalls in der Junkerklasse, und hat einen weiteren Horizont«, lautete ihr Befund. In der deutschen Kindererziehung fiel ihr ein entscheidender Unterschied zu Südafrika auf. Jungen ließen sich gerne von den weiblichen Familienmitgliedern mütterlich verwöhnen und umsorgen, beobachtete sie und fand, dass dies »eine charakteristische teutonische Schwäche« sei.

Dorothy war daher entschlossen, den bereits ausgebrochenen Konflikt mit einem jüngeren Schwager durchzustehen, der nur zehn Jahre älter als Helmuth James war. Sie weigere sich, ihm Kartoffeln zu schälen und Schnittchen zu machen, berichtete sie ihren Eltern. »Aber wir sind trotz meiner Brutalität die besten Freunde«, beschloss sie diese Zeilen.

Leute unseres Alters, hieß es in einem anderen Brief zum Thema adliges Leben im Deutschen Kaiserreich, bräuchten andere Herausforderungen. Man könne die Zeit nicht mit »Reiten, Spazierenfahren, Spielen und Unterhaltung« verbringen. »Das ist schön zur Entspannung, aber nicht als tägliche Arbeit; herrlich für die Sommerferien, aber nicht als Beschäftigung für das ganze Jahr.«

Im Gegensatz zu vorangegangenen Moltke-Generationen sah sie das Landleben also kritisch und schrieb ihrem Vater, er solle dankbar sein, nie ein Gut geerbt zu haben. »Helmuth sagt oft ganz wehmütig: ›Wenn ich nur Mayer hieße!‹«

Dorothy zufolge erwirtschaftete Kreisau in den ersten Jahren ihrer Ehe Erträge zwischen 1750 und 3000 Pfund pro Jahr. Ein Pfund entsprach damals etwa 20 Mark. Sie selbst wurde von ihren Eltern weiterhin finanziell unterstützt.

Als im Mai 1911 der dritte Sohn auf die Welt kam, schrieb Dorothy ihren Eltern: »Meine drei kleinen Söhne – ich träume davon, daß sie sich eines Tages als Segen für die Welt erweisen [...]«

Wenige Wochen später entschloss sie sich, ihren Mann in

die USA zu begleiten und die kleinen Kinder in der Obhut
von Kindermädchen und Verwandten zu belassen. An Bord
der »Washington« verließen die beiden am 5. August 1911
Bremerhaven. Dorothy hielt sich nun mit ihrem Mann einige
Monate in Boston auf, wo die beiden an der Übersetzung des
Hauptwerks von »Christian Science« arbeiteten. Die Über-
tragung dauerte länger als erwartet und zog sich auch noch
über die Jahreswende 1911/12 hin. Mit Sehnsucht nahm Dorothy die Berichte aus Kreisau über das Leben und die Entwicklung ihrer Kinder entgegen. Am 13. März 1912 fuhren
die beiden auf dem Ozeandampfer »Mauretania« nach Europa zurück.

Wenige Monate später hatte Dorothy den ersten richtigen
Kontakt mit dem Patenonkel ihres Mannes, dem Generalstabschef. Von dem Gespräch hielt sie fest: »Onkel Helmuth meint,
daß es vielleicht Krieg gibt aus dem einfachen Grund, daß alle
sich seit langem darauf vorbereitet haben, und solch ungeheure Waffenarsenale sind immer eine Gefahr. Aber er glaubt
auch, daß absolut kein Grund zu einem Krieg besteht, und er
sagte: ›Wenn nur England und Deutschland sich zusammen-
täten, hätten sie die Führung in der Welt.‹« Dorothy zufolge
sagte der Onkel allerdings auch: »Wenn der Krieg kommt,
kommt er hoffentlich bald, bevor ich zu alt bin, die Dinge
richtig zu meistern.« Eine treffendere Charakterisierung des
Generals in so wenigen Worten hat es wohl nie gegeben.
   Die wegen der Übersetzungsarbeiten im Vorjahr ausge-
fallene Südafrikareise wurde nun nachgeholt. Für mehrere
Wochen reiste das Paar mit seinen Söhnen und zwei Kindermädchen zu den Eltern nach Südafrika.
   Nach Europa zurückgekehrt, stellte Dorothy seit Ende
1912 ein wachsendes leichtfertiges Gerede über den Krieg und
das Risiko eines großen Konflikts in Deutschland fest. Die
innenpolitischen Zusammenhänge und andere Faktoren, die
dabei eine Rolle spielten, entgingen ihr nicht. Das deutsche
Volk als Ganzes wolle keinen Krieg, schrieb sie. Ein Problem

seien hingegen die Offiziere, die erhebliche persönliche Mittel in ihre Ausrüstung investiert hätten. »Sie wollen nicht, daß das umsonst war.« Ihrer Ansicht nach sahen die deutschen Konservativen in einer militärischen Auseinandersetzung mit anderen Mächten das einzige Mittel, die Sozialdemokratie im Schach zu halten. Außerdem hielten sie den Krieg für unvermeidlich – »wie kindisch!«, entfuhr es Dorothy.

Als im Herbst 1913 in Niederschlesien die großen Manöver stattfanden, hielten sich ihre Eltern gerade in Kreisau auf. An einem Tag, an dem die gesamte Moltke-Familie ins Manövergebiet aufgebrochen war, kam eine Gruppe von Offizieren angeritten. Sie bat darum, die Räume des Generalfeldmarschalls besichtigen zu dürfen. Dorothys Vater betätigte sich notgedrungen als Fremdenführer und erläuterte den Besuchern mit seinen marginalen Deutschkenntnissen die ausgestellten Gegenstände. Längere Zeit ließ man den Bedauernswerten gewähren. Dann antwortete ihm der ranghöchste Offizier in fließendem Englisch. Es war der österreichische Generalstabschef Conrad von Hötzendorf.

Als die Eltern wieder nach Südafrika zurückkehrten, überkam die glückliche Mutter, die ihr viertes Kind erwartete, ein großes Heimweh. Das hing auch mit der drohenden militärischen Auseinandersetzung zwischen dem Deutschen Kaiserreich und dem Britischen Empire zusammen. »Ich denke an meine lieben Eltern und ihr warmes, sternglänzendes und schönes Land«, schrieb die mittlerweile 29-Jährige. »Was für ein Land! Ich werde ganz enthusiastisch, wenn ich an das Huhn und die Küken, den Tafelberg und hundert andere Herrlichkeiten denke [...]«

Den Jahresbeginn 1914 begleitete Dorothy mit den Worten: »[...] ich fühlte, daß ich eine reich gesegnete Frau bin, die lebt und arbeitet und mit wirklichen Dingen zu tun hat, und ich war für das alles sehr dankbar [...]« Kurz zuvor war im südafrikanischen Bloemfontein, der Stadt der Rosen, bei einer beeindruckenden Versöhnungsfeier zwischen Briten und Buren ein nationales Frauendenkmal eingeweiht worden. Es erinnerte an den Tod von 27000 Frauen und Kindern während des Burenkriegs von 1899 bis 1902. Das Ereignis kommentierte sie mit den Worten: »Wirklich, ich stamme aus einem großen Volk! Hier ist die Politik ekelerregend. Beiden Seiten mangelt jeglicher Sinn für das rechte Maß und Humor, beide ergehen sich in Strömen von Schmähungen für die andere Seite, bis ins Lächerliche.« Dorothy befand sich in einem, wie sie es sah, »politisch merkwürdigen Land«.

Als der Krieg ausbrach, wurde ihre Situation noch schwieriger.

Im Land des Gegners

Am 31. Juli 1914 erhielten die Moltkes in Kreisau ein Telegramm von ihrem Onkel, dem Generalstabschef. Die Familie könne ruhig vor Ort bleiben, es bestehe keine Gefahr. Der Brief-, Telefon- und Telegrammverkehr ins Ausland war jedoch unterbrochen, die Verbindung von Dorothy zu ihrer Familie noch dünner geworden. Die übliche Überweisung der Rose Innes' von einer Londoner Bank nach Deutschland war nicht länger möglich. Dorothys Mann war zum Militär eingezogen worden. Er kämpfte bald darauf im Osten. Pferde und Autos, darunter der kürzlich angeschaffte Mercedes, waren ebenfalls bei der Mobilmachung eingezogen worden. Die Dienerschaft auf dem Gut war durch die Einberufung zum Militär deutlich reduziert. Die blieben, verhielten sich gegenüber Dorothy unverändert freundlich und herzlich. Dorothy hoffte, dass ein Krieg, wenn er denn kommen sollte, sehr kurz sein, vielleicht nur wenige Wochen dauern werde. Mehrere ausländische Gäste, die Kreisau in diesen Tagen verließen, nahmen Briefe und Telegramme mit, um sie jenseits der Grenzen nach Südafrika aufzugeben.

Südafrika trat an der Seite Großbritanniens und der Ententemächte in den Ersten Weltkrieg ein. Das war keine Selbstverständlichkeit. Denn die Wunden der Auseinandersetzungen zwischen Briten und Buren waren noch frisch und die Buren kaum bereit, gegen Deutschland zu kämpfen. Das Bekenntnis Südafrikas zum Empire bedeutete eine enorme Entlastung für die britische Armee, die sich nun auf andere Hauptschauplätze des Krieges konzentrieren konnte. Die militärische Auseinandersetzung zwischen dem Kaiserreich und Südafrika vollzog sich zunächst auf dem afrikanischen Kontinent. Wenige Tage nach dem Kriegsbeginn in Europa übernahmen die deutschen Truppen auch in Deutsch-Südwest die Initiative und griffen Südafrika an. Südafrikanische Truppen besetzten ihrerseits Swakopmund und eroberten die Kolonie.

Als die englischen Verbände, die von Kenia aus den anderen Schwerpunktbereich, das deutsche Ostafrika, attackierten, nicht weiter vorankamen, wurden südafrikanische Kampftruppen herbeigeschafft. Bald darauf kontrollierten sie die Städte und Eisenbahnverbindungen in der Kolonie. Nun begann der Kleinkrieg. Die beiden südafrikanischen Generäle Jan Smuts und Louis Botha mussten sich in Ostafrika fortan mit dem Guerillakrieg der deutschen Truppen auseinandersetzen. Passende Antworten fanden sie nicht. Smuts wurde 1917 Mitglied des Londoner Imperial War Cabinet. Kritiker warfen ihm vor, bei den Operationen gegen die Deutschen trotz gewaltiger numerischer Überlegenheit versagt zu haben. Statt sie rasch anzugreifen, hätte Smuts viel zu lange gezögert. Epidemien, die infolge der Länge der Kampagne ausbrachen, hätten am Ende das Leben vieler Soldaten gekostet. Ganz in den Griff bekamen die Briten, Südafrikaner und ihre zahlreichen Verbündeten die Deutschen nie. Unter Führung von General Paul von Lettow-Vorbeck hielten sich letzte Reste der deutschen Afrika-Schutztruppe bis zur Kapitulation im November 1918.

In Europa kämpften südafrikanische Verbände in den großen Abnutzungsschlachten des Westens, zum Beispiel im Juli

1916 an der Somme. Bei einer Gesamtbevölkerung von sechs Millionen Einwohnern dienten 250000 Mann in den Streitkräften. Rund 9500 Südafrikaner fielen in den Schlachten des Ersten Weltkriegs, zumeist weit entfernt von zu Hause.

Smuts und Botha wurden später wichtige Figuren bei der Versailler Friedenskonferenz und plädierten für einen schonenden Umgang mit dem unterlegenen Gegner. 1920 erhielt Südafrika ein Völkerbund-Mandat zur Verwaltung von Deutsch-Südwestafrika. 1990 wurde das Gebiet als Namibia in die staatliche Unabhängigkeit entlassen. Lettow-Vorbeck starb 1964. Der letzte Askari, ein einheimischer Soldat in Diensten der deutschen Kolonialtruppe und Angehöriger der 13. Feldkompanie, lebte bis zum Jahr 2000.

Dorothy war tief beeindruckt von der Art und Weise, wie ihr neues Heimatland in den Krieg ging. Sie bewunderte die Präzision der militärischen Abläufe und der Organisation des Zivillebens unter Kriegsrecht. »Nie bin ich so begeistert für Deutschland wie jetzt. Es bedeutet die Wiedergeburt Deutschlands«, schrieb sie euphorisch unter dem Eindruck der militärischen Anfangserfolge in den ersten Augustwochen 1914. Sie verteidigte Deutschland selbst wegen der harten Reaktionen auf den Krieg hinter den Linien, entschuldigte die Repressalien, die wegen des unerlaubten Auftretens der Francs-Tireurs – Widerstandsgruppen hinter den militärischen Linien – in Belgien und in Frankreich notwendig seien.

Am 11. September 1914, sechs Wochen nach Kriegsbeginn, hatte Dorothy zum ersten Mal Post von ihren Eltern in den Händen. Umgehend schrieb sie zurück und berichtete von den aktuellen Entwicklungen.

Obwohl die Front weit entfernt war, gab es in dieser Gegend in Grenznähe eine gewisse Sorge, dass die russische Armee ähnlich wie in Ostpreußen bis nach Schlesien gelangen könnte. Für eine dann erforderliche Flucht gab es in Kreisau erste Vorbereitungen. Dorothy berichtete nach Hause, dass sie zur Sicherheit im Herrenzimmer schlafe und einen scharfen Hund und zwei Gewehre bei sich habe. Die Bewohner von Kreisau hatten zudem Schießunterricht erhalten.

Ab 1915 wurden die Abstände zwischen den Briefen allmählich größer. Mit ihnen schwand die Hoffnung auf ein rasches Wiedersehen. Dorothys Andeutungen zum Krieg und zur Politik wurden wegen der Zensur und der Länge des Krieges immer seltener und wichen schließlich einer nahezu ausschließlichen Berichterstattung über die Kinder, die mitunter durch Photos ergänzt wurde. Mittlerweile waren fast sechs Jahre ins Land gegangen, seitdem sie ihre Eltern zum letzten Mal gesehen hatte.

Helmuth Graf von Moltke befand sich mit der 9. Schlesischen Armee und seinem Versorgungsregiment mittlerweile im polnischen Czenstochau. Ende 1914 erhielt er Weihnachtsurlaub. Im März 1915 kam er überraschenderweise für eine Sitzung des Herrenhauses nach Berlin und machte auch einen kurzen Abstecher nach Kreisau.

Dort kam im August 1915 das lang ersehnte Töchterchen Asta Maria auf die Welt.[88]

Im März 1918 füllte sich das Schloss mit Jubel- und Entzückungsschreien. Kreisau hatte elektrisches Licht bekommen. Die Kinder rannten im Hause herum, führten Indianertänze auf und betätigten unablässig die Lichtschalter. Im August 1918 berichtete Dorothy ihren Eltern von einem 14-tägigen Fronturlaub ihres Mannes: »Es ist eine wunderbare Erleichterung, sich mal eine Weile an die Schulter eines guten Mannes zu lehnen und die Last des Krieges nicht ganz allein zu tragen. Ich habe seinen Besuch ungeheuer genossen, besonders da es diesmal länger war als sonst meistens. Er sieht prächtig aus, und der Krieg hat ihm sehr gut getan, wie vielen von uns, moralisch.«

Dorothys Mann war zu dieser Zeit in Kowel eingesetzt, einem in Wolhynien liegenden Flecken, der zur Ukraine gehörte. Deutsche Truppen hatten seit dem Frühjahr 1918 in einem Eisenbahnvormarsch große Teile Russlands besetzt und vom Kernland abgespalten, das von den Bolschewiken unter Lenin kontrolliert wurde.

Immer wieder drückte Dorothy die Hoffnung aus, ihre Eltern in England oder in den Niederlanden treffen zu können. Aber es blieb bei dem Wunsch. Im September 1918, als die deutschen Truppen vor der Niederlage im Westen standen, schrieb Dorothy nach Südafrika: »Je älter ich werde und je länger unsere Trennung dauert, um so näher fühle ich mich Euch, um so mehr lerne ich den Wert Eurer Liebe schätzen, die schönste, die ich je gesehen habe [...] Gott segne Euch dafür, Ihr Lieben, und mögen wir viele, viele Jahre leben und uns ihrer erfreuen, ohne Zensor und, soweit möglich, ohne physische Trennung.«

Die neue Zeit

Zu den grundlegenden politischen Neuerungen der Weimarer Republik gehörte das Wahlrecht für Frauen. Mit den Wahlen am 19. Januar 1919 setzte sich Deutschland an die Spitze des politischen Emanzipationsprozesses in Europa. Schon im November 1918 hatte Dorothy beobachtet, dass die Frauen bereits in allen Gremien und Vereinen säßen – »wenn der Teutone etwas macht, dann macht er's gründlich«, schrieb sie.

Ihre sich schon in den ersten Jahren in Deutschland abzeichnende politische Orientierung wurde nun noch deutlicher. Binnen weniger Monate entwickelte Dorothy sich zu einer Anhängerin der Sozialdemokratie und tendierte in der Weimarer Republik zur DDP von Theodor Heuss, ihr Mann zur DVP von Gustav Stresemann. Die politische Einstellung der Bevölkerung in Schlesien fand sie sehr gemäßigt.

Im Frühjahr 1919 sah Dorothy zusammen mit ihren fünf Kindern endlich die geliebten Eltern in den Niederlanden wieder. Das im Krieg neutral gebliebene Land hatte den Kai-

ser aufgenommen und damit vor einem Tribunal der Sieger
bewahrt.

Eine Schiffspassage von Südafrika nach Europa dauerte
damals etwa zwei Wochen. Wenn man von England abreiste,
zum Beispiel von Southampton mit der »Union Castle Line«,
auf der Dorothys Eltern und später die Kinder und die Enkel
fuhren, bestieg man in der Regel ein Schiff mit 20000 Bruttoregistertonnen. Es beförderte in der ersten Klasse etwa 200
und in der Touristenklasse circa 400 Menschen. Die Fahrt
ging über die Stationen Las Palmas, Ascension und St. Helena,
bevor schließlich Kapstadt erreicht wurde. Wenn man eine
Außenkabine mit eigener Toilette und Bad buchte, war ein
Reisepreis von etwa 100 Pfund pro Person zu entrichten.

Über einen längeren Zeitraum hinweg prägten nun Volks-
tumskämpfe und Lebensmittelknappheit das Leben in Kreisau. Als die Familie aus Holland zurückkehrte, hatten sich
Freikorps-Mitglieder unter der Führung von General von der
Goltz auf dem Gut eingenistet. Bald darauf gab es auch Ein-
quartierungen ausländischer Soldaten. Die Franzosen verhielten sich in der Gegend und im ganzen Reich nach Ansicht
von Dorothy äußerst schikanös. Sie manipulierten Abstimmungen und heizten die Emotionen an. Die Briten fand Dorothy in Ordnung, die Amerikaner im Großen und Ganzen
auch, aber recht unzivilisiert. In schwierigen Zeiten zwischen
Deutschen und Polen wurde Hans-Adolf von Moltke – ein
Enkel von Adolph und der Sohn des ehemaligen preußischen
Innenministers Friedrich von Moltke – einige Jahre später zunächst Gesandter, dann auch Botschafter in Warschau.

Dorothys Mann, bis dahin eher ein Einzelgänger, wurde
nun Mitglied in einer Reihe von Vereinigungen und Zirkeln.
Er trat unter anderem dem »Schlesischen Ritterschaftlichen
Kränzchen« bei, das während der Franzosenbesetzung im
Jahre 1806 gegründet worden war. Hier pflegte man die
deutsch-französische Erbfeindschaft. Bei einer Veranstaltung
im Kreisauer Weinkeller holte ein Zeremonienmeister eine

Flasche französischen Wein aus dem Regal und vergoss den Inhalt.

Ehemann Helmuth schaffte es, sich nach den Jahren der Abwesenheit im Krieg als Herr auf Kreisau neu zu motivieren. Nicht ohne Hintergedanken schrieb seine Frau, dass ihr Mann mit Ausnahme eines kurzen Besuches im Harz ein ganzes Jahr lang »nicht mehr außer Haus geschlafen«[89] habe.

Im Frühjahr 1921 reiste Dorothy zu ihren Eltern nach Kapstadt und kehrte im Juni zurück. Ab dann kämpften die Moltkes in der mittlerweile ausgebrochenen Inflation der Weimarer Republik damit, Löhne und Rechnungen bezahlen zu können. An Barmitteln blieb für die Familie kaum etwas übrig. Im Frühjahr 1922 reichte eine Überweisung von 315 britischen Pfund aus, um Altschulden des Vaters von Helmuth in Höhe von 250000 Mark zu begleichen. In den nächsten zwei Jahren berichtete Dorothy fortlaufend über den schwindelerregenden Anstieg der Inflation, verbunden mit Phantasiepreisen.

Auf die Nachricht von Hitlers Marsch auf die Feldherrnhalle in München am 9. November 1923 reagierte Dorothy so: »Ich traue weder ihm noch den Bayern, obgleich ich sicher bin, dass sie ihre Verbindung mit dem Reich nicht auflösen wollen. Aber sie haben keinen Weitblick oder politischen Verstand, der überhaupt in diesem Lande eine sehr seltene Gabe ist.«

Wenige Monate zuvor hatte sie bei der Teilnahme an einer internationalen Frauenkonferenz in Rom, zu der auch ihre Mutter gekommen war, den kurz zuvor an die Macht gekommenen Mussolini beobachten können. Sie fand, dass er »schrecklich anmaßend und zweitrangig« aussehe, »eigentlich wie ein drittklassiger Filmheld«.

Über das Weltgeschehen informierte sich Dorothy mithilfe britischer Zeitungen, die ihr Vater ihr zusenden ließ. Sie las die »Nation« und den »Manchester Guardian«. Neben Überweisungen kamen auch viele Pakete über den Ozean. Anfang

1924 befand Dorothy, dass diese Sendungen überhandgenommen hätten. »Ich habe einen unabhängigen schottischen Geist und bin für mehr Selbsthilfe«, schrieb sie nach Hause. Ihr Vater war dort kurz vor seinem Abschied aus dem Berufsleben vorübergehend stellvertretender Generalgouverneur der Südafrikanischen Union gewesen. Beinahe hellseherisch schrieb Dorothy im Februar 1924: »Wenn wir 30 Jahre später lebten, könnten wir zweifellos hin und her zueinander mit dem Flugzeug fliegen, in der kürzesten Zeit (aber ich befürchte, daß die ›Patrioten‹ in der Zwischenzeit die europäische Zivilisation ganz ausgelöscht haben werden) [...]« Wenige Monate später gab sie die Stimmung im Lande wieder, derzufolge es seit zehn Jahren Krieg gebe. Er werde seit 1918 nur mit anderen Mitteln weitergeführt. Dorothy beobachtete zu dieser Zeit den Hitler-Ludendorff-Prozess in München und fand: »[...] bis jetzt, scheint mir, haben alle Beteiligten einen erbärmlichen Eindruck gemacht. So konfuses Denken, eine solche Flucht vor der Wirklichkeit, Schuljungenansichten [...]« Nach Verhängung der Urteile einige Monate vor den Reichstagswahlen im Dezember 1924 schrieb Dorothy: »Politisch ist Deutschland ein hoffnungsloser Fall. Seine Instinkte und Mentalität sind in der Politik immer falsch, es ist ganz seltsam und sehr traurig. Das ist der Grund, warum so viele der besten Geister sich ganz vom politischen Leben abwenden, aber das ist natürlich auch nicht gut.«

Danach kam Dorothy auf die Beziehung zwischen Vätern und Töchtern in ihrem Umfeld zu sprechen. Sie zeigte sich dankbar dafür, dass ihr Verhältnis zum eigenen Vater durch enge Freundschaft gekennzeichnet sei. Weiter hieß es in diesem Brief: »Mir scheint, daß so viele Väter mit dem geistigen Fortschritt der Welt nicht Schritt halten und von ihren erwachsenen Töchtern einen Gehorsam und eine Aufopferung verlangen, die schon längst der Vergangenheit angehören. Eine Eurer kostbarsten Eigenschaften, liebe Eltern, ist Eure große Liebe gepaart mit vollständiger Freiheit – eine der schwierigsten Kombinationen [...]«

Im Frühjahr 1926 legte sich Helmuth Graf von Moltke eine schwere amerikanische Limousine zu, obwohl es um die wirtschaftliche Situation von Kreisau nicht gut stand. Anfang 1927 kamen Dorothys Eltern erneut nach Deutschland. Sie hatten nun wesentlich mehr Zeit, da der »Chief Justice« mit 72 Jahren in den wohlverdienten Ruhestand gegangen war. Die Rose Innes' bezogen für den einjährigen Europaaufenthalt ein erstes längeres Quartier in Dresden, kurten, empfingen Freunde und fuhren oft nach Kreisau, natürlich nicht mit leeren Händen. Bevor sie nach Südafrika zurückkehrten, reiste Dorothy mit ihnen für einige Wochen nach London, der letzten Etappe auf ihrer Reise. Es müssen schöne Tage für Eltern und Tochter gewesen sein.

1928 wurde die finanzielle Lage der Familie derartig prekär, dass sie aus dem Schloss in das sogenannte Berghaus umziehen musste, um die Betriebs- und Unterhaltskosten zu senken.

Bereits in den vorangegangenen Jahren hatte sich das Ehepaar größere Geldbeträge von den südafrikanischen Schwiegereltern leihen müssen. Dabei stießen Dorothys Eltern ihrerseits allmählich an ihre finanziellen Grenzen. Ein ganz leichter Hauch von Antisemitismus, gewissermaßen der kleine Antisemitismus des deutschen Ostens, zog sich mitunter durch die Briefe von Dorothy, wenn sie sich empört über die Profiteure der Wirtschaftskrise äußerte.

Internationale, teils zahlende Besucher hellten immer wieder die Atmosphäre und die Kasse auf Kreisau auf. So hielt sich im Frühjahr 1928 der amerikanische Schriftsteller Sinclair Lewis im Schloss auf, der zwei Jahre später den Nobelpreis erhielt. Der Kontakt war durch Helmuth James zustande gekommen, der mit der Verlobten des Schriftstellers bekannt und befreundet war.

Im Frühjahr 1928 fand zwischen Dorothy und ihrem Vater ein Gedankenaustausch über das Verhältnis zwischen Bismarck und Moltke dem Älteren statt. Dorothys Vater sprach von einer Gegnerschaft. Dorothy antworte: »Ja, sie war sehr stark. B. konnte keine Gleichgestellten um sich haben, und M.s Popularität wurmte ihn sehr. Im Moltkezimmer in Berlin ist ein Brief M.s an den alten Kaiser, in dem er sich beklagt, daß B. ständig seine Befehle sabotiere, und sagt, daß er seinen Rücktritt nehme, wenn das so weitergehe [...] B. war ein großer Tyrann und sehr intolerant [...]«

Im Sommer 1929 reiste Dorothy zu ihren Eltern nach Südafrika und kam kurz vor Weihnachten zurück.

Ende 1929 kam die große Krise auch nach Kreisau. Nur mithilfe von Helmuth James, dem frischgebackenen Juristen, konnte ein Konkurs des Gutes abgewendet werden. Sein Vater setzte ihn nun als Generalbevollmächtigten ein. Geschickt verstand es der Sohn, die Gläubiger bei Laune zu halten und um Geduld zu bitten, denn es gab für Kreisau die Perspektive, in eine Stiftung umgewandelt zu werden. Dann würde eine größere Summe Geld fließen. Die Familie verfügte nur noch über das Existenzminimum und blieb dennoch zuversichtlich. Dafür sorgten immer wieder aufs Neue Dorothys Eltern, die sich beispielsweise zwischen März und September 1930 in Deutschland aufhielten. Bei der Abreise begleitete Dorothy sie nach London.

Von 1930 an erhielt Kreisau, das bisher mit »C« geschrieben wurde, eine neue Schreibweise. An die Stelle des Anfangsbuchstaben C trat das K. »Kreisau« lautete nun die Anschrift.

Kurz nach den Septemberwahlen 1930, bei denen die NSDAP sensationell von zwölf auf 107 Sitze im Reichstag hochkatapultiert worden war, schrieb Dorothy an ihre Eltern: »Ihr Lieben, obwohl ich so weit weggegangen bin, möchte ich, daß Ihr wißt, daß ich es von meinem Standpunkt aus nie bereut habe. Euretwegen denke ich manchmal, oh je, ich würde nie den Mut – oder Egoismus! – haben, es wieder zu tun [...] Außerdem will ich Euch anvertrauen, daß ich die prächtigsten Kinder auf der Welt habe und daß ich Euer zärtliches Kind bin.«

Wenige Wochen später tauchte Freya Deichmann, eine Kölner Bankierstochter, nach einem ersten Besuch im Frühjahr

erneut in Kreisau auf. Dorothy hielt am 10. November 1930
fest: »[...] Freya hat uns am Freitag verlassen. Sie ging, glaube
ich, sehr ungern [...] Sie ist ein liebes Kind und paßt, glaube ich,
gut zu uns. Was Helmuths Gefühle ihr gegenüber sind, kann
ich nicht sagen. Jedenfalls sind sie sehr gute Freunde [...]«
    Helmuth James erwies sich in den folgenden Monaten als
Retter der Familie. Fortune kam hinzu. Denn zur großen
Überraschung bot Reichspräsident Hindenburg den Moltkes
an, bisherige Leihgaben der Familie für das Moltke-Museum
in Berlin fest anzukaufen. Das Reich bot dafür 11 000 Mark.
Für weitere 200 Pfund gingen Schriftstücke des Generalfeldmarschalls an das Reichsarchiv. Ein Bismarck darstellendes
Gemälde von Lenbach, das in Kreisau gehangen hatte, wechselte bei einer Auktion am Heiligabend 1930 für 4500 Mark
den Besitzer. Einige Wochen später veräußerte Dorothy zum
Erstaunen ihres Vaters ein wertvolles Diadem, das sie allerdings so gut wie nie getragen hatte. Auch das brachte Geld in
die Kasse der Familie. Aber der Verkauf des Tafelsilbers musste
weitergehen. Anfang 1931 wurde der Opel für 750 Mark verkauft. Zahlende Gäste in Kreisau verbesserten die Einnah-
menseite. Zu ihnen gehörte auch Julian Frisby, der spätere
Biograf von Helmuth James. Der junge Brite kam vermutlich
nach Kreisau, weil seine Mutter Anhängerin der »Christian
Science« war.

Dorothy verfolgte mit Respekt und großer Bewunderung die
Ansätze, mit denen Reichskanzler Heinrich Brüning die Krise
daheim und international anging. Im Frühsommer 1931 las sie
»Mein Kampf«. »Das Buch ist gestopft voll von dem lächer-
lichsten Unsinn über Juden und ›Marxismus‹ und so weiter.«
    Wenige Monate zuvor hatte Helmuth James auf Bitten
einer bekannten amerikanischen Journalistin ein Treffen mit
drei prominenten Nazigrößen organisiert, mit denen es eine
Diskussion um Wirtschaftsfragen gab. Es muss sich entweder
um Otto Strasser oder seinen älteren Bruder Gregor gehandelt haben. Ferner war der NS-Programmatiker Gottfried Fe-

der mit von der Partie. Der Name des dritten Teilnehmers in der Runde ist nicht überliefert. Die drei Nazis redeten eine Stunde lang. Aber Helmuth James verstand sie nicht. »Es sei als ob man Astronomie mit jemandem bespricht, der meint, daß nicht die Sonne das Zentrum unseres Systems ist, sondern, sagen wir, der Saturn«, berichtete Dorothy nach Hause.

Ende des Jahres reiste sie in die Niederlande und nach Belgien, um von dort aus im Januar 1932 zu ihren Eltern nach Kapstadt zu fahren. Aus Südafrika kam Ende des Jahres Dorothys Mutter zu Besuch. Die Verbindung blieb so eng, wie es denn möglich war über die große Entfernung.

Bei der Reichstagswahl am 31. Juli 1932 wählte Dorothy die Deutsche Staatspartei, die aus der DDP hervorgegangen war. Ihr gehörte auch Gertrud Bäumer an, die Dorothy Jahre zuvor in Schlesien erlebt und für die sie großen Respekt hatte. Erich Koch-Weser, ein Berliner Anwalt, war ebenfalls Mitglied dieser Partei. Helmuth James arbeitete bei ihm als Referendar. Am 22. November 1932, kurz nach der erneuten Reichstagswahl, die den Nationalsozialisten deutliche Verluste beschert hatte, schrieb Dorothy: »Hitler wird sich als große Niete erweisen.« Er wohne im Hotel Kaiserhof in Berlin. »Mit Erstaunen stelle ich fest, daß die Hotelangestellten – sogar die Pagen – in keiner Weise von ihm beeindruckt sind.« Im Fahrstuhl habe ihr der Liftboy gesagt: »Ja, es ist komisch, wir Deutschen müssen immer etwas haben zum Anhimmeln; erst war es Wilhelm, jetzt Hitler – fürchterlich ...« Am 30. Januar 1933 wurde Hitler zum Reichskanzler ernannt. Dorothy schrieb am selben Tag an ihre Eltern: »So ist nun Hitler doch Reichskanzler. Die Lage ist sehr ernst, weil praktisch alle Mitglieder des neuen Kabinetts darauf aus sind, die Verfassung zu brechen. Sie sind ein fürchterlicher Haufen.«

In einem unwirtlich gewordenen Land

Wie nur wenige Zeitgenossen hat Dorothy die Veränderungen in der deutschen Gesellschaft registriert und analysiert, die nach der Machtergreifung der Nationalsozialisten binnen kürzester Zeit eintraten. In den ersten Februartagen des Jahres 1933, als die Jagd auf Oppositionelle und Andersdenkende begann, als die KPD verboten wurde, schrieb Dorothy, dass die Macht an die Stelle des Rechts getreten sei. Bei einer Diktatur sei dies unvermeidlich, »d.h. bei einem starken Mann mit Ideen, einem Plan des Aufbaus, einer bestimmten Politik. Stattdessen haben wir ein Kabinett von Männern, die einander misstrauen, die keine Ideen haben – außer der, die ›Marxisten‹ zu unterdrücken – und die sich beeilen, ihre Parteileute in alle verantwortlichen Ämter zu setzen.« Wie immer half ihr der internationale Vergleich, um mit außerordentlicher Klarheit zu sehen, was sich in Deutschland abspielte. »Die Tragödie ist«, hieß es im selben Brief an ihre Eltern, »daß es keine mittlere Partei mehr gibt; in England ist es ähnlich, wo es praktisch nur noch die konservative und die sozialistische Partei gibt, nur daß natürlich hier alles 100% ernster ist, mit weniger Gleichgewicht, fanatisch.«

In Kreisau beobachtete Dorothy die Umorientierung der Bevölkerung hin zu den Nationalsozialisten, das handstreichartige Besetzen von gesellschaftlichen Schlüsselpositionen und den Hinauswurf kompetenter Amtsträger, voran der leitenden Polizeibeamten. Am 21. Februar 1933 sandte sie den Polizeierlass des neuen preußischen Innenministers Göring per Zeitungsausschnitt an ihren Vater mit der Bitte, ihn zurückzuschicken, »da er interessant und schlimm genug zum Aufbewahren ist, als Dokument menschlichen Irrsinns«. Der Vater solle nur die unterstrichenen Stellen lesen, schrieb sie und fügte hinzu: »Es ist ein unbegreifliches und ekelhaftes Dokument […]« Wenige Tage später verglich sie in einem weiteren Brief Deutschland mit Italien zu Beginn der Zwanzigerjahre, als Mussolini an die Macht gekommen war. Sie war damals in Rom gewesen. »Nur daß wir eine Riege Talmidiktatoren haben und ein Land, in dem sie noch weniger zu rechtfertigen sind als in Italien. Ich fürchte, uns stehen stürmische Zeiten bevor mit viel Blutvergießen.« Wenige Wochen später reiste Dorothy für einige Tage nach London. Es war für sie ein Augenblick zum Durchatmen. Am 19. März 1933 schrieb sie ihrem geliebten Vater: »Lebe wohl. Das Leben wäre perfekt, wenn es keinen Hitler gebe und Südafrika so nah wäre wie Dänemark [...]« Ihre große Sorge waren nun ihre Kinder. Wie würden sie mit der liberalen, weltoffenen Erziehung, die sie genossen hatten, in einem Land zurechtkommen, das sich binnen weniger Wochen in ein großes Freiluftgefängnis verwandelt hatte?

Der Informationsstand der Moltke-Familie war sehr gut. Obwohl man fernab von Berlin in der Provinz lebte, hörte Dorothy von den massenhaften Entlassungen in der Hauptstadt. Sie trafen hohe Beamte, Ärzte, Theaterdirektoren und Schauspieler. Die je zur Hälfte aus Deutschen und (deutschen) Juden bestehende weltberühmte Vokalgruppe »The Comedian Harmonists« wurde auf diese Weise gesprengt. »Es ist eine äußerst demütigende Lage und eines Volkes mit Selbstachtung so unwürdig«, schrieb sie drei Tage vor dem 1. April 1933, als die jüdischen Geschäfte boykottiert wurden. Eine freie Presse existierte nicht mehr, was Dorothy zu der sarkastischen Bemerkung veranlasste, dass man mitunter vergessen könne, »was in diesem unglücklichen Land vorgeht [...]«

Im benachbarten Reichenbach wurde Anfang April 1933 ein beliebter konservativer Landrat von seinem Posten entfernt und durch einen willfährigen Nazijüngling ersetzt. Er hatte vier Semester Kunstgeschichte vorzuweisen. »Wir sind sehr neugierig, ob all die entlassenen Beamten ein Ruhegeld bekommen und woher das Geld dafür kommen soll«, schrieb Dorothy. »Ich fürchte, die Antwort ist einfach: aus unserer Tasche [...]«

Nun setzte auch ein verschärfter Druck auf Dorothys Mann
ein. Helmuth nahm in Berlin eine Mittlerrolle zwischen der
deutschen »Christian Science«-Sektion und dem NS-Regime
ein. Im Sommer 1933 gestatteten ihm die Nazis, für mehrere
Wochen nach Boston zu reisen. Weitere vorübergehende Entlastung verschaffte ihm der Besuch einer englischen Delegation von »Christian Scientists« unter der Anführung von
David Astor. Dieser gehörte einer politischen Denkschule in
Großbritannien an, die darauf setzte, das NS-Regime mit
Konzessionen zu mäßigen.

Als sich der 1. Mai 1933 näherte, beobachtete Dorothy in
Deutschland eine Entwicklung hin zur Entindividualisie-
rung, zur Bereitschaft, in der Menschenmasse aufzugehen.
Der Durchschnittsdeutsche, der in seinem Bekanntenkreis
keine Juden habe, sei ahnungslos, schrieb sie. »Es ist überhaupt eine Offenbarung zu sehen, wie ein Volk hypnotisiert
werden kann, gewisse Dinge zu glauben. Es geschieht alles
durch Slogans und Suggestion, und nur die Aufgeklärten können sich von diesem Miasma befreien, und selbst ihnen fällt es
schwer.« Aber auch durch die Reihen der Aufgeklärten gingen nun Risse. In Familien, die man zu kennen glaube, erkläre
sich über Nacht der Mann oder die Frau zu Anhängern der
Nazipartei. Als ein den Moltkes bekannter Professor diesen
Schritt tat, notierte Dorothy seufzend: »Was wir Menschen
doch für eine merkwürdige Mischung sind, und wie oft ziehen Herz und Kopf in entgegengesetzte Richtungen.«

Trotz ungeschminkter Berichte über die politische Lage in
Deutschland versuchte Dorothy ihre Eltern, was das Schicksal der eigenen Familie betraf, zu beruhigen. Mitte Mai 1933
schrieb sie während eines Aufenthalts in Berlin: »Wir alle leben sozusagen von der Hand in den Mund – nicht materiell,
aber geistig – und fragen uns, was das Nächste sein wird […]«
In einem anderen Brief im gleichen Monat klang es sorgen-
voller: »Wir leben in einem solchen Zustand des Drunter
und Drüber, alles ist so chaotisch, eine Welt ohne feste Funda-

mente – außer in uns selbst und in denen, die wir lieben – daß wir uns an solche Umwälzungen gewöhnen.«

Mit großer Anerkennung berichtete sie nach Kapstadt, wo ihre Eltern mittlerweile lebten, dass sich Gertrud Bäumer entschieden habe, nach ihrer Entlassung als Ministerialrätin im preußischen Innenministerium in Deutschland zu bleiben. Sie habe Angebote aus Großbritannien, Spanien und Holland gehabt, aus New York, San Francisco und Detroit. Aber sie habe alles mit der Begründung abgelehnt, dass im Augenblick jeder reife und besonnene Mensch in Deutschland benötigt werde. Eine derartige Argumentation konnte in diesen Tagen auch andere besorgte Menschen im Land stabilisieren und weiter hoffen lassen.

Immer tiefer wurde in den Briefen von Dorothy und ihren Eltern die Rille der Selbstzensur. Es bestand die Sorge, dass es heimliche »Mitleser« geben könnte. Im Juni 1933 merkte Dorothy in einem Brief daher an: »Es kommt mir immer so vor, als ob ich in unseren Briefen nur einen Teil von Euch hätte, wenn Ihr nichts von öffentlichen Angelegenheiten oder Euren Reaktionen auf die Ereignisse in der Welt erwähnt.« Sie beschloss das Schreiben mit dem selbstironischen Ton, der die Korrespondenz dieser großartigen Frau über die Jahre auszeichnete: »Lebt wohl, Ihr Lieben, laßt uns, wie die Pharisäer, dankbar sein, daß wir nicht sind wie andere Menschen!«

Im Sommer 1933 gab es hinsichtlich der wirtschaftlichen Lage auf Kreisau einen ersten kleinen Hoffnungsschimmer. Zwar waren die Preise für Agrarprodukte anhaltend niedrig geblieben. Aber der Kunstdünger für den Herbst war bezahlt, und Schweine und Kühe entwickelten sich gut. Dorothy und ihr Mann hatten sie dank eines 1000 Pfund betragenden Zuschusses des Schwiegervaters anschaffen können.

»Aber von der geistigen Knechtschaft, in der wir leben, könnt Ihr Euch keine Vorstellung machen«, schrieb sie ihren Eltern. Vermehrt traten nun gebildete Menschen an Dorothy

mit der Frage heran, ob sie im Falle der Auswanderung in
ihrem akademischen Beruf Chancen in Südafrika hätten.

Die Repressalien des Regimes für einen international
orientierten Haushalt nahmen nun rasch zu. Es war sinnlos
geworden, deutsche Zeitungen zu lesen oder Radio zu hören.
Wer sich informieren wollte, dem blieb nur noch die internationale Presse. Aber Dorothy konnte nicht länger die vom
Londoner Pressevertrieb »Smith & Sons« zugestellte Wo-
chenendausgabe des »New Statesman« beziehen. Diese war
der deutschen Zensur zum Opfer gefallen. Stattdessen kam
nun die »Times« nach Kreisau. Wesentlich bitterer für die Familie war aber die Einführung der Visumspflicht für Reisen
nach Österreich, verbunden mit der sogenannten 1000-Mark-
Sperre. Das bedeutete, ein Reisedokument kostete 1000 Mark.
Dies besiegelte das Ende der Touren für die Kinder in das
Feriencamp am Grundlsee.

Unter solchen Umständen freute sich Dorothy ganz besonders, dass ihre Schwiegertochter Freya in Kreisau war, und
stellte in Tagen, in denen es um die berufliche Zukunft von
Tochter Asta ging, fest: »Langsam werden die Nazis sicher
die Frauen aus allen Berufen außer dem der Mutterschaft ent-
fernen [...]«

Im September 1933 zogen Dorothy und ihr Mann endgültig
nach Berlin. Helmuth war seit einiger Zeit als Lehrer und
Heilpraktiker in der Hauptstadt tätig und pendelte zwischen
Kreisau und Berlin. Das Paar hatte erneut zusammengefunden
und wohnte nun in der Wielandstraße 6 in Charlottenburg.
Für die Entscheidung war der äußere Druck ausschlaggebend,
denn die beiden hatten sich über die Jahre auseinandergelebt.
Dorothy hatte über manche Schwäche ihres Mannes hinweg-
gesehen und die Familie zusammengehalten. Ihr Mann war
schwierig. Er war ihr nicht immer treu, einerseits weich und
gemütvoll, andererseits ein Egozentriker. Wenn er sich in guter Verfassung befand, konnte man alles bei ihm erreichen.
Wenn er hingegen schlecht gelaunt war, tat man gut daran, den

Helmuth Carl Bernhard Graf von Moltke, preußischer Generalfeld-marschall, genannt Helmuth der Ältere.

Das Geburtshaus des Generalfeldmarschalls in Parchim.

Zeichnen war eine der Lieblingsbeschäftigungen Helmuth von Moltkes. Hier der Obelisk in Konstantinopel, wie ihn Moltke während seines Türkei-Aufenthalts skizzierte.

»Ein gutes Omen bei Königgrätz«. Helmuth von Moltke ergreift kurz vor der Schlacht am 3. Juli 1866 die bessere von zwei angebotenen Zigarren. Farbdruck von Carl Röhling.

*Mary Burt, die früh ver-
storbene Frau des Generalfeldmarschalls.*

*»Kriegsrat in Versailles«. V. l. n. r.: Generalstabschef von Blumenthal,
Kronprinz Friedrich Wilhelm, Oberstleutnant von Verdy du Vernois,
König Wilhelm I., Generalstabschef von Moltke, Kriegsminister von
Roon, Ministerpräsident Bismarck. Gemälde von Anton von Werner.*

*Helmuth von Moltke besaß
nie mehr als zwei Zivil-
anzüge und trug diese bis
zum völligen Verschleiß.*

Schloss Creisau, um 1895.

Der große Generalstab der preußischen Armee 1870/71. In der Mitte stehend, mit verschränkten Armen, Generalfeldmarschall Helmuth Graf von Moltke.

v. Mackensen v. Moltke Kronprinz Wilhelm v. François v. Falkenhayn v. Beseler v. Bethmann-Hollweg
v. Preussen Ludendorff v. Einem
v. Bülow Kronprinz Rupprecht Herzog Albrecht v. Kluck v. Emmich v. Haeseler v. Hindenburg v. Heeringen
v. Bayern v. Württemberg Kaiser Wilhelm II. v. Tirpitz

Kaiser Wilhelm II. (Mitte) mit einer Gruppe ranghoher Offiziere während des Ersten Weltkriegs. In der hintersten Reihe (2. v. l.) stehend Helmuth Johannes Ludwig von Moltke, genannt Moltke der Jüngere.

Kaiser Wilhelm II. mit den Generalstabschefs der Rheinbundarmeen beim Kaisermanöver des 5. und 6. Armeekorps 1913 in Schlesien.

Das Hochzeitsfoto: Dorothy Rose Innes und Helmuth Adolf Edo Ludwig Wilhelm von Moltke in Pretoria, 1905.

Mutter und Sohn: Dorothy von Moltke mit Helmuth James, 1907.

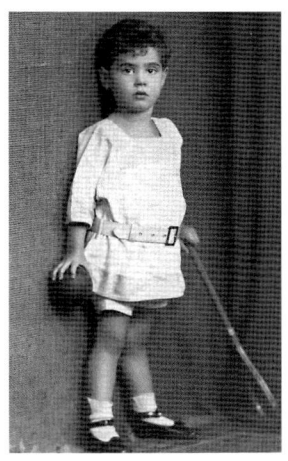

Helmuth James von Moltke, um 1911.

Dorothy von Moltke mit ihren Eltern und den Kindern Helmuth James, Joachim-Wolfgang, Wilhelm-Viggo, Carl Bernhard und Asta Maria in Holland, 1919.

Der Student Helmuth James von Moltke in Grundlsee im Hotel »Seeblick«, Sommer 1928.

Schloss Creisau, 1926.

*Helmuth James von Moltke mit Eugenie Schwarzwald
und Freya Deichmann, 1930.*

*Freya und Helmuth James anlässlich ihrer Hochzeit mit ihren Müttern
Dorothy von Moltke und Ada Deichmann in Köln, 1931.*

Helmuth James von Moltke mit Caspar, Weihnachten 1938.

Freya von Moltke mit Conrad auf der Veranda des Berghauses, 1942.

*Marion Yorck
von Wartenburg,
im Jahre 1940.*

*Peter Yorck
von Wartenburg als
Leutnant der Reserve,
um 1942.*

Harald Poelchau, 1940.

Helmuth James von Moltke vor dem Volksgerichtshof in Berlin, 1945.

Freya von Moltke, 1994.

Das Denkmal für Generalfeldmarschall Helmuth Carl Bernhard Graf von Moltke im Berliner Tiergarten.

zu cholerischen Anfällen Neigenden zu meiden. Helmuth, »Muthi« genannt, war als Junge schwer krank gewesen. Er hatte Diphtherie und Tuberkulose gehabt. Mit der Reitpeitsche über dem Bett stehend, hatte ihn sein Vater zur Einnahme von Medikamenten gezwungen.[90] Helmuth war als Kind sich weitgehend selbst überlassen gewesen. Er hatte weder vom Vater noch von der Mutter menschliche Wärme erhalten.

Nur Geld hatte es reichlich gegeben. Daher war Helmuths Umgang mit Finanzen eine riskante Sache. Anders als seine Frau und sein ältester Sohn begriff der untersetzte, mittlerweile zur Leibesfülle neigende Mann sehr spät, dass Kreisau der finanzielle Ruin drohte.

Dorothy war sich darüber im Klaren, dass sie sich in Berlin noch umsichtiger und überlegter als bisher verhalten musste. Auf dem Lande schien ihr der Gesinnungs- und Anpassungsdruck nicht so hoch zu sein wie in den Städten. Die Menschen in und rund um Kreisau hatten sich bis dahin freundlich gegenüber den Moltkes verhalten, obwohl die Familie als regimekritisch galt. Drei der Moltke-Kinder, Joachim-Wolfgang, Carl Bernhard und Asta, hatten sich Dorothy zufolge allerdings mit dem neuen Regime arrangiert. Joachim-Wolfgang wurde gegen Jahresende 1933 SA-Mitglied. Außer in Russland und in Italien, so schrieb sie nach Hause, habe es »nichts so ›Totales‹ gegeben wie hier, und natürlich erhöht die teutonische Gründlichkeit noch den Druck«.

Bei ihren täglichen Beobachtungen klammerte sich Dorothy an die kleinsten Hoffnungszeichen. Einige Freunde meinten, man gehe eben durch Revolutionszeiten und die Verhältnisse seien bei Weitem nicht so schlimm wie in Russland oder in Frankreich. Dorothy hielt derartige Vergleiche nicht für zulässig. Sie erkannte das grundlegend andere im deutschen Faschismus, der »die Uhr um 100 Jahre oder mehr zurückgestellt« habe, und fügte hinzu: »Natürlich war Deutschland nicht reif für die Demokratie, und diese Unreife plus schwerer Wirtschaftsnot war zu viel für das Volk.«

Auf dem Nürnberger Parteitag der NSDAP im September
1933 tauchte auch eine Abordnung von englischen Schwarz-
hemden auf, die enthusiastisch gefeiert wurde. Dorothy kommentierte ihr Erscheinen unbeeindruckt und trocken und
schrieb, dass englische Touristen in Deutschland einen Kredit-
brief der Dresdner Bank zum Kurs von 19 Mark für das Pfund
erhielten: »Das ist eine Subvention der Regierung, um den
Tourismus zu fördern. Ganz lohnend zu wissen […]«

Den Austritt Deutschlands aus dem Völkerbund am
14. Oktober 1933 sah Dorothy vor allem unter innenpolitischen Gesichtspunkten. Vorübergehend schien sie bereit,
zwischen einer aus dem Ruder gelaufenen NS-Bewegung und
ihrem vermeintlich gemäßigten Anführer Hitler zu differen-
zieren. »Aber es ist natürlich auch ein Spiel mit dem Feuer,
und wenn es einen Brand gibt, sind wir es, die dafür zahlen,
das ist das Schlimme.«

Im Oktober 1933 verfinsterte sich die Lage für die Moltkes
in Berlin. Helmuth verlor aus heiterem Himmel seinen Posten
als sogenanntes Publikationskomitee der »Christian Science«
für Deutschland. Offenkundig war die deutsche Sektion der
Freikirche von regimefreundlichen Mitgliedern unterwandert
worden, denn die Zentrale in Boston hatte ihm noch kurz zuvor einen permanenten Vertrag angeboten. Dorothy schrieb
nach Hause: »Ich war so froh, daß ich in dieser schwierigen
Zeit hier beim Y. T. [›Young Teuton‹, Abkürzung für den Ehemann, J. T.] war. Er hat sich die ganze Zeit hervorragend benommen. Die Moltkes sind eine Familie, bei der man sich immer darauf verlassen kann, daß sie die Dinge großzügig sieht
und niemals kleinlich, und das ist etwas Großartiges.«

Zum Geburtstag ihres Vaters schrieb Dorothy im Dezember 1933: »Der erste Teil Deines Lebens fiel in den wohl ange-
nehmsten Zeitabschnitt unserer westlichen Zivilisation seit
dem Mittelalter […] Eine Welt, in der Giftgas und Flugzeuge
und Radio unbekannt waren und der letzte Diktator mit Erfolg auf eine Insel im Atlantik verbannt worden war, muß
unendlich ruhiger und angenehmer gewesen sein als die Welt,

wie wir sie jetzt kennen.« Im letzten Brief des Jahres nach Südafrika, der am Silvestertag verfasst wurde, bezeichnete Dorothy 1933 als »ein gräßliches Jahr«.

Ende Januar 1934 schrieb Dorothy nach Hause: »Ich würde
am liebsten meine vier Söhne irgendwohin verpflanzen, wo die
Kriegsgefahr weniger akut ist.« Großbritannien schien ihr der
Hort größter Stabilität in Europa zu sein. Am 30. Januar 1934
hielt sie daher fest: »Heute ist der Jahrestag von Hitlers Machtergreifung, und aus dem Radio brüllen die Reden der großen
Männer [...]«

In einem lebhaften Gedankenaustausch mit ihrem Vater
äußerte Dorothy die Befürchtung, »daß sich der Faschismus
in der einen oder anderen Form über die ganze Welt ausbrei-
ten wird, jedenfalls für eine Zeit, bis die Menschen ihn total
satt haben [...] Der Faschismus scheint auf jeden Fall mehr
Anziehungskraft zu haben – wahrscheinlich, weil er egoisti-
scher und weniger edel ist als der ideale Bolschewismus – als
die russische Form der Diktatur.«

Am 25. Februar 1934, dem Tag ihres 50. Geburtstags,
schrieb Dorothy an ihre Eltern: »Nie habt Ihr mich im
Stich gelassen, und ich kann mir keine Eltern vorstellen, die
verständnisvoller, selbstloser und liebevoller sein könnten.
Ihr habt mich zwar in eine Epoche großer Unruhe und Zer-
rüttung gepflanzt, und ich habe gewiß die Sache nicht besser
gemacht – vom Standpunkt der Ruhe und Sorglosigkeit –, als
ich meinen Wohnsitz in Deutschland wählte. Aber vielleicht
ist das interessant und kann jedenfalls nicht ungeschehen gemacht werden – weder das eine noch das andere – und ich muß
sagen, daß ich mich trotz allem für einen sehr glücklichen
Menschen halte [...]«

1934 wurde dann für Dorothy in gewisser Weise ein glück-
liches Jahr. Ihr jüngstes Kind, Asta Maria, machte Abitur und
fand mithilfe von Freunden eine Lehrstelle in Stettin. Für alle
fünf Kinder gab es nun berufliche Perspektiven ungeachtet aller Beschwernisse des Tages.

Helmuth James und Freya hielten sich zu dieser Zeit bei
Dorothys Eltern in Südafrika auf. Dorothy hatte monatelang
dem Zeitpunkt der Abreise entgegengefiebert und war mehr
denn je mit ihren Gedanken und Erinnerungen im Land ihrer
Kindheit. Sie schrieb ihrem Vater: »Bist Du nicht der Meinung, lieber Flen [Kosename für Vater, J. T.], daß sie Lieblinge
sind? Sie befriedigen Herz, Kopf und Augen. Ist es verwun-
derlich, daß ich eine stolze Frau bin? Aber ich bin auch eine
stolze Tochter und Euer Kind.«

Nach kurzem Zwischenspiel sah Dorothy auch Hitler nun
wieder ganz kritisch und berichtete nach Hause: »[...] die
meisten halten ihn für aufrichtig – was ich nicht tue.« Im
gleichen Brief hieß es einige Sätze weiter: »Was ich wirklich fürchte, ist ein Krieg. Ob es Deutschland in den nächsten 5 Jahren möglich ist, einen Krieg zu führen, weiß ich
nicht [...]« Selbst bei den NS-Sympathisanten in der Familie
wich nun die große Illusion. Ein Freund ihrer Kinder meinte:
»Wie ich Helmuth darum beneide, aus Deutschland raus zu
sein! Das haben die Nazis aus Deutschland gemacht – dass
jedermann auswandern möchte.« Dorothy war der Meinung,
dass infolge der revolutionären Methoden der nationalsozialistischen Bewegung organisierter und geistiger Widerstand
gegen die Nazis unmöglich sei. Man müsse sie weitermachen
lassen, bis das Kartenhaus einstürze. »Natürlich müssen wir
diese Musik bezahlen, aber es wird niemals gelingen, diese
bösartige Doktrin auszumerzen, bis sie ihren Mißerfolg er-
wiesen hat. So muß man sie gewähren lassen, bis die Leute
nicht mehr darauf hören.«

Im September 1934 berichtete Dorothy ihren Eltern, dass
Joachim-Wolfgang nach bestandenem Doktorexamen als
Kunsthistoriker für ein Jahr zur Reichswehr gehen werde.

Währenddessen näherte sich der Aufenthalt von Helmuth
James und Freya am Kap seinem Ende: »Die Kinder verlassen
Euch in 2 Tagen«, schrieb Dorothy. »Mein Herz ist schwer,
wenn ich an sie denke, denn sie kehren in eine verrückte Welt
zurück, eine Welt, die sie zutiefst bedrücken wird [...]«

Dorothys Mann, der mit Missvergnügen, aber viel Verständnis einer erneuten Südafrikareise seiner Frau entgegensah, erhielt im Oktober 1934 überraschenderweise eine weitere Gelegenheit, nach Boston zu reisen. Zum Glück war der Dollarkurs gegenüber der Mark zu dieser Zeit günstig. Dennoch reichte es für nicht mehr als die Touristenklasse auf einem großen Passagierschiff. Als Helmuth bei einer Devisenstelle vorsprach, um herauszufinden, wie viel ausländisches Bargeld man bei Auslandsreisen mitnehmen dürfe, erhielt er die Antwort: »10 Mark«. Das Dritte Reich behandelte seine Besten wie Taschengeldempfänger. Und es sollte noch viel schlimmer kommen.

Wenige Tage nachdem ihre Kinder aus Südafrika zurückgekehrt waren, ging Dorothy mit der »Toulouse« auf große Fahrt in die Heimat. Bevor sie abfuhr, schrieb sie ihrem Vater: »Lieber Daddy, bitte komm nicht an den Hafen, um mich in Empfang zu nehmen, es sei denn Du fühlst Dich dem wirklich gewachsen. Es ist sehr anstrengend, so lange am Hafen herumzuwarten. Ich werde den eleganten beigen Studebaker erkennen, einsteigen und nach Kolara [Name des Elternhauses, J. T.] und in Eure Arme eilen, so schnell ich kann.« Dorothy blieb sechs Monate bei den »dear old birds« oder den beiden »Pelikanen«, wie sie ihre Eltern auch nannte.

Kurz nach ihrer Rückkehr nach Deutschland starb sie am 11. Juni 1935 an einem Gehirntumor und wurde auf dem Kapellenberg in Kreisau unterhalb des Mausoleums des Generalfeldmarschalls beerdigt.

Auf die Nachricht von ihrem Tod stellte ihr Vater die Arbeit an seinen Memoiren ein. Jessie, die Dorothy nach Europa begleitet hatte und sich zu einer Kur in Deutschland aufhielt, kam zur Beerdigung der Tochter nach Kreisau. Sie schenkte fortan ihre ganze Liebe den Enkeln. Sie kam 1938/39 noch einmal nach Kreisau und starb 1943, ein Jahr nach ihrem Mann.

Beide erlebten noch, dass ihr Schwiegersohn Helmuth Graf von Moltke 1937 erneut heiratete. Zum Entsetzen von Helmuth James ehelichte er eine Scientologin, die Schülerin von ihm war, die 33-jährige Elisabeth Altenberg, eine geschiedene, mittellose Frau aus dem Memelland. Diese brachte einen elfjährigen Sohn mit in die Ehe. Es kam nun zu erbitterten Auseinandersetzungen zwischen Vater und Sohn um die Zukunft von Kreisau. Die Ankunft der Frau überforderte die Gefühle der Kreisauer nur zwei Jahre nach dem Tod von Dorothy. Helmuth James' Vater starb im März 1939.

Was danach im Hause Moltke passierte, vor allem ab 1944, erlebten er und die Eltern von Dorothy also nicht mehr. Elisabeth Altenberg überlebte den Krieg. Sie starb 1952 in Paris.

Helmuth James Graf von Moltke

Unbeschwerte Kindheit

Helmuth James von Moltke, geboren am 11. März 1907, war sich seit frühester Kindheit seiner Sonderrolle bewusst. Er lebte das Dasein eines kleinen Prinzen, geliebt von der Mutter, in einem herrschaftlichen Anwesen, mit einem großen Familiennamen, was er sehr früh wegen des Verhaltens um ihn herum registrierte. Er war umgeben von Verwandten, einer nicht abreißenden Kette von interessanten Besuchern, und er wusste, dass seine Mutter von weit her gekommen war. »Meine Mami ist Afrikanerin«[91], sagte das Kind. »Black boy« nannten ihn die Eltern in den ersten Wochen seines Lebens, weil er so stark behaart war. Afrika beschäftigte seine Träume und seine Phantasie. Alle Schiffe segelten dorthin, alle Züge hatten beim kindlichen Spiel nur das eine Ziel.

Behütet von der Mutter und einer englischen Kinderschwester namens Mrs Chalmers wuchs der kleine Junge in Kreisau auf. Zur Großmutter väterlicherseits, Ella von Moltke, geborene Gräfin von Bethusy-Huc, die auch in Kreisau lebte, hatte Helmuth James keinen besonders engen Kontakt. Die starke, dem Leben zugewandte, ein wenig oberflächliche Frau, von Erwachsenen und Kindern »Muttel« genannt, lebte bis 1924. Bis zum Ausbruch des Ersten Weltkriegs bot das Gut einen luxuriösen Rahmen, denn neben den Eltern und der Großmutter gab es im Schloss eine Mamsell, zwei Diener, einen Jäger in Paradeuniform und mehrere Kutscher. Als der Junge fünf Jahre alt war, bekam er ein Pony und einen kleinen Wagen geschenkt. Täglich gab es eine Stunde lang Reitunterricht und viele Ausflüge mit Pferden und Kutschen. Gern erinnerte

sich Helmuth James später aber auch an einen Aufenthalt in
der elterlichen Wohnung in einer Villenetage der Tiergarten-
straße von Berlin, als ihn Chefkutscher Hermann in einem
Landauer, gezogen vom prächtigsten Rappen, den es auf Kreisau gab, über den Kurfürstendamm chauffierte.

Wenn Helmuth James zu Hause war, kroch er gern zur
Mutter ins Bett, die mit ihm vor dem Einschlafen betete. Mit
vier Jahren lernte er, bei geschlossener Tür im Dunkeln zu
schlafen. Als seine Mutter etwas später zu ihm kam, um ihm
zu sagen, dass sie froh über seinen Mut sei, antwortete er:
»Ja Mami, ich habe jetzt gelernt, daß Gott überall ist [...]«[92]
Im Kreise von anderen Kindern und Erwachsenen pflegte er
zu betonen: »Mami ist mein bester Freund.«[93] »In dieser
Wärme, meine lieben beiden Kleinen«[94], schrieb Helmuth
James seinen Söhnen Anfang 1944 aus der Gestapo-Haft,
»sind wir aufgewachsen, und wer diese Wärme mitbekommen
hat, dem wird nie wieder kalt ums Herz werden.«[95]

Als die Eltern 1912 für mehrere Monate in die USA reisten,
zog Helmuth James ins Berghaus. Bald darauf begann der
Unterricht mit Privatlehrern. Der Auftakt war moderat: zweimal in der Woche eine Stunde von elf bis zwölf Uhr. Auf den
Dorflehrer folgte eine ziemlich strenge Lehrerin. Ein besonders guter Schüler wurde Helmuth James nicht. Er befasste
sich am liebsten mit Gedichten und konnte den halben »Ech-
termeyer«, einen Lyrikband, auswendig hersagen. Mit Erwachsenen und Geschwistern spielte er Theater und führte
dabei am liebsten Regie.[96]

Hinsichtlich des Kriegsausgangs hatte der kleine Helmuth
James kein gutes Gefühl. Zu einer optimistischeren Lagebeur-
teilung konnte auch ein Besuch seines Onkels Helmuth des
Jüngeren, des Generalstabschefs, nicht beitragen, den er nach
den Chancen auf einen deutschen Sieg fragte. Er bekam keine
klare Antwort. Dass Krieg herrschte, dass irgendetwas funda-
mental nicht stimmte, merkte Helmuth James aber daran, dass
die Großeltern aus Südafrika nicht mehr zu Besuch kamen.

1916 wechselte Helmuth James aufs Gymnasium ins benachbarte Schweidnitz. Er fuhr im Wagen dorthin, gezogen von seinem geliebten Pony, später mit einem temperamentvollen jungen Apfelschimmel. Rund 20 Minuten benötigte der Junge für die Strecke. Im Winter oder bei schlechten Straßenverhältnissen war er jedoch mitunter stundenlang unterwegs und kam durchfroren und durchnässt zu Hause an.

Das Kreisauer Schloss mit seinem großen Areal war ein riesiger Abenteuerspielplatz für Helmuth James, seine Geschwister und die Spielkameraden aus allen sozialen Schichten. Das Flüsschen, das sich entlang des Besitzes schlängelte, stank allerdings, weil es die Abwässer von in der Nähe gelegenen Textilfabriken mit sich führte. Mehrfach hatte er als Kind Glück, bei gefährlichen Spielen in letzter Sekunde vor dem Ertrinken im Wasser oder dem Ersticken in der Sandgrube gerettet zu werden.

Von der Mutter erhielt er ein wöchentliches Taschengeld von 25 Pfennig. Über seine Ausgaben hatte er Buch zu führen. Als sein Budget später deutlich erhöht wurde, musste sich Helmuth James seine Unterrichtsmaterialien selbst kaufen.

Wenige Wochen nach Kriegsende reiste Helmuth James im Februar 1919 mit seiner Familie in die Niederlande, wo es ein Wiedersehen mit den Eltern der Mutter gab. Helmuth James erinnerte sich später an Schlagsahne, Mohrenköpfe und »himmlische Butterbrote«[97] in Scheveningen, als die Kinder nach den Entbehrungen der Kriegsjahre mit halben Essensrationen wieder normal essen durften. Mit den Apfelsinen, die er und seine Geschwister erstmalig sahen, wusste er zunächst nichts anzufangen.

Weil Helmuth James in diesem Jahr wegen der Hollandreise einen sechsmonatigen Unterrichtsausfall zu verzeichnen hatte, wurde er nur probeweise in die Obertertia versetzt. Danach entwickelte es sich für ihn schulisch aber deutlich besser. Auf eigenen Wunsch hin ließ er sich mit 14 Jahren konfirmieren. Irgendwelchen Druck hinsichtlich seiner konfessionellen Zugehörigkeit übten seine Eltern nicht auf ihn aus.

Von den großen Manövern einmal abgesehen, die der Junge bei Ausritten und Kutschfahrten erlebte, kam Helmuth James mit der Welt des Militärischen erst Anfang der 1920er-Jahre wieder in Berührung. Die in Kreisau einquartierten Freikorpssoldaten waren eine Attraktion für die Kinder. Helmuth James durfte ein mit Platzpatronen munitioniertes Maschinengewehr bedienen. Er weinte bitterlich, als die Soldaten abzogen. Als am 20. März 1921 aus dem ganzen Reich Menschen anreisten, um sich an den Abstimmungen in Teilen Schlesiens über die Zugehörigkeit zu Deutschland oder Polen zu beteiligen, gab Helmuth James zusammen mit anderen Jugendlichen Essen und Getränke an die Durchreisenden aus. In diesen Jahren gewann er eine äußerst innige Beziehung zu Kreisau und seiner Umgebung. Es war für ihn Heimat schlechthin.

Als der Junge 1922 nach der Versetzung in die Obersekunda auf Wunsch der Eltern, um sich abzuhärten, in ein Internat ins bayerische Schondorf wechseln musste, weinte er viel. Es war die Sehnsucht nach dem Zuhause, das Verlangen nach der Mutter. Dorothy begleitete ihn auf dieser schweren Reise, die für ihn, wie er später bekannte, das Ende seiner eigentlichen Kindheit war.

Mit dem Geist des Landerziehungsheims kam Helmuth James vom ersten Moment an nicht zurecht. Obwohl es eine moderne Institution war, waberte auf dem Schulhof und in den Schlafräumen offensichtlich ein Gebräu der »Ordnungszelle Bayern«, des rechtsradikalen Milieus im Bayern der Weimarer Republik. Denn im Süden des Reiches herrschte zu dieser Zeit der latente Bürgerkrieg. Moltke geriet rasch in einen Gegensatz zur Mehrheit seiner Klassenkameraden und wurde in den Trakt verlegt, in dem der Direktor wohnte. Die Schülerversammlung belegte ihn mit einem 14-tägigen Kontaktverbot. Niemand durfte mit ihm reden. Übrig blieb nur ein kleiner Kreis von Gleichgesinnten, der vom Rest der Mannschaft bei nächster Gelegenheit Klassenkeile bezog. Helmuth James wurde dabei das Trommelfell eingeschlagen. Die Folge war eine Mittelohrentzündung.

Im Juni 1923 zogen Helmuth James und seine wenigen Freunde aus Schondorf ab, es machte keinen Sinn zu bleiben. In der Zehnergruppe, die ging, befand sich ein Kölner Bankierssohn. Er hieß Carl Deichmann. Carl wurde ein enger Freund von Helmuth James, durch ihn lernte der junge Adlige bald darauf dessen Schwester Freya kennen. »So hatte also auch das seinen Sinn«[98], lautete einige Jahre später Helmuth James' Ammersee-Bilanz.

Helmuth James ging nun nach Potsdam, in die Stadt der preußischen Militärs, die im Leben seiner Familie eine wichtige Rolle gespielt hatte. Er besuchte das dortige Realgymnasium und wohnte bei Verwandten in Babelsberg, den von Mirbachs. Im Hause wurde Französisch gesprochen. Wilhelm Graf von Mirbach-Harff war 1918 als deutscher Botschafter in Moskau einem Attentat zum Opfer gefallen.

So oft wie möglich fuhr Helmuth James mit der S-Bahn nach Berlin, wo er die spannende Atmosphäre der »roaring twenties« genoss. Mit Begeisterung und Temperament absolvierte er aber in Potsdam einen Tanzkurs. Eigentlich habe er in Berlin gelebt und sei in Potsdam nur zur Schule gegangen, hat er einmal bekannt.

Er arbeitete nebenbei für zwei US-Journalisten, die als Korrespondenten für den »Christian Science Monitor« in Berlin tätig waren, fertigte Übersetzungen an und fungierte als Dolmetscher. Da sich die Amerikaner natürlich besonders für den Aufstieg der Nationalsozialisten interessierten, analysierte Helmuth James die Veränderungen mit klarem Blick. Er entwickelte sich zu einem glühenden Verehrer von Dostojewski und las begeistert die »Vossische Zeitung«, das »Berliner Tageblatt« sowie den »Manchester Guardian«, den er von seiner Mutter bekam. Für die Schule blieb kaum Zeit.

Im Gymnasium gehörten zwei Preußenprinzen zu seinen

Klassenkameraden, die Prinzen Wilhelm und Louis Ferdinand von Preußen. Letzterer radelte mit ihm nach dem Unterricht durch die Stadt zum Heiligen See, man siezte sich. »Ich hatte ihn gern wegen seiner geistreichen und etwas zynischen Art, die ihn zuweilen beinahe hochmütig erscheinen ließ«[99], bekannte der spätere Chef des Hauses Hohenzollern, über Helmuth James befragt. Louis Ferdinand berichtete weiter, dass Helmuth James ein Meister der Improvisation gewesen sei. Wie viele andere Klassenkameraden kam er unvorbereitet in den Unterricht, »sprach jedoch sehr gewandt und spickte seine Antworten mit witzigen Bemerkungen, die sogar die Lehrer belustigten. Da er überaus lang war, dauerte es immer eine Weile, bis er sich aus der Bank emporgewunden hatte, wenn er aufgerufen wurde. Schon damit erzielte er einen Lacherfolg. Obwohl die Lehrer gemerkt haben mußten, daß er nichts auf sie gab, ja andeutete, daß er mehr wisse als sie, schätzten sie doch seine Klugheit, so daß er auf seine Weise durchkam.«[100]

Der Abiturprüfung im März 1925 musste Moltke dennoch mit einiger Sorge entgegensehen. Dank eines herausragenden Referats über »Napoleon und England« bestand er sie jedoch, denn der Oberschulrat war von seiner Leistung so beeindruckt, dass er ihm die anderen Prüfungen erließ. Im Jahre 2007 wurde anlässlich des 100. Geburtstags von Helmuth James eine Gedenkplakette an der Schule enthüllt.

Kurz nach dem Abitur musste Helmuth James eine kleine Enttäuschung hinnehmen. Seine Bewerbung für ein Cecil-Rhodes-Stipendium in Oxford wurde abgelehnt.

Student in schwieriger Zeit

Im Sommersemester 1925 begann Helmuth James von Moltke mit dem Studium der Rechts- und Staatswissenschaften an der Universität Breslau. Er wollte nicht Landwirt werden, wie es der Vater wünschte, obwohl er Kreisau sehr liebte.

Als frischgebackener Student war er viel mit dem Auto und auf dem Motorrad unterwegs. Im Rückblick hat er später festgestellt, dass er wenig in den Hörsälen gelernt habe, sondern das Entscheidende gegen Ende des Studiums in kurzer Zeit beim Repetitor. »Er hat den Dreh raus, auf die Füße zu fallen«[101], schrieb seine Mutter 1926 ihren Eltern und traf den Nagel auf den Kopf. Helmuth James besaß die Gabe, mit seinem eleganten Auftritt, mit seiner Weltläufigkeit, Klugheit und Warmherzigkeit Menschen für sich einzunehmen.

Nach der Mutter wurden nun andere Frauen seine großen Förderer, ohne dass dies missverstanden werden darf: Die renommierte amerikanische Journalistin Dorothy Thompson und vor allem die aus Galizien stammende Jüdin Eugenie Schwarzwald nahmen sich seiner an. Letztere, eine promovierte Pädagogin und Schulreformerin, betätigte sich in Berlin als Mäzenin. Helmuth James war Stammgast in einer ihrer Suppenküchen im Apothekenflügel des Berliner Schlosses. Dort lernte sie den schlaksigen, hoch aufgeschossenen, 2,03 Meter messenden jungen Mann kennen und lud ihn schon bald in ihr internationales Begegnungszentrum am Grundlsee im Salzkammergut ein. Helmuth James reiste im Sommer 1926 an und traf dort interessante Menschen aus der Berliner und internationalen Kulturszene, beispielsweise Bertolt Brecht und Helene Weigel, Rudolf Serkin, Carl Zuckmayer, Karl Kraus, Arnold Schönberg und Gottfried Benn. Mit Egon Friedell, dem Autor der »Kulturgeschichte der Neuzeit«, schloss der junge Mann besonders engen Kontakt. Friedell beging 1938, beim sogenannten »Anschluss« Österreichs an das Dritte Reich, Selbstmord. Mit dem Aufenthalt in der Villa »Seeblick« schloss sich für Moltke ein erster Kreis von Begegnungen in Kreisau und in einer Welt draußen, die wenig mit der Enge gemein hatte, die er an den deutschen Universitäten empfand.

In Kreisau befasste sich Helmuth James im Jahre 1926 intensiv mit dem Lebenswerk des Feldmarschalls. Erstmalig wurden die im Schloss hängenden Porträts sowie die großen Massen ungeordneter Papiere inventarisiert.

Die Breslauer Universität hatte Helmuth James bereits nach einem Semester verlassen. Es zog ihn nach Berlin, wo er sich bereits sehr gut auskannte. Infolge des Groß-Berlin-Gesetzes vom 27. April 1920 mit den daraus resultierenden zahlreichen Eingemeindungen hatte die Stadt seit Beginn der 1920er-Jahre über vier Millionen Einwohner und war nach New York und London die drittgrößte Stadt auf der Welt.

Beim Jurastudium zeichnete sich ein klares Interesse für die historische und politische Dimension des Faches ab. Als Mentor stand Helmuth James dabei auch sein Großvater zur Seite. Der Student berichtete dem Juristen und Expolitiker in Briefen vom Studienverlauf und bat ihn um Rat.[102] Helmuth James zeigte bereits in dieser Phase seines Studiums, ähnlich wie der Jurist Hans von Dohnanyi, ein großes Interesse an Außenpolitik.[103] Er begrüßte den Locarno-Vertrag als Chance für eine deutsch-französische Verständigung, befasste sich mit der Paneuropa-Idee des Grafen Richard Nikolaus Coudenhove-Kalergi und mit der Geschichte des deutschen und europäischen Sozialismus. Dazu nahm er auch an Veranstaltungen in der sowjetischen Botschaft in Berlin teil. Einmal ließ er sich aus Jux mit Hammer und Sichel fotografieren. Er hörte Vorlesungen über verschiedene Politikfelder an der Hochschule für Politik und am Institut für Zeitungswissenschaft der Friedrich-Wilhelms-Universität, der heutigen Humboldt-Universität. Die Beschäftigung mit Literatur musste zu dieser Zeit zurücktreten, nicht nur wegen der Studienverpflichtungen, sondern auch, weil Helmuth James sich in Berlin intensiv für Malerei und Kunstgeschichte begeisterte.

Im September 1926 trat Moltke eine Reise an, die ihn schon im Vorfeld beschäftigt haben muss: Er besuchte den letzten deutschen Kaiser in seinem holländischen Exil im Haus Doorn. Er sah den Mann, der seinen Onkel hochgehoben und fallen gelassen hatte und der auch noch den Feldmarschall persönlich gekannt hatte. Nach dem Bericht von Dorothy fand Moltke den Exmonarchen »jämmerlich, seine Frau netter«[104], die ganze Veranstaltung aber lächerlich und ohne jeden Bezug zur Wirklichkeit. Wilhelm habe sich so verhalten, als ob er noch immer das Regiment in Deutschland führe.

Der Sommer am Grundlsee in Österreich hatte Helmuth James so fasziniert, dass er im Wintersemester 1926/27 für ein Jahr an die Universität nach Wien wechselte. Er wohnte zeitweise im Hause der Schwarzwalds, die ihn wie ihren Sohn betrachteten. Eugenies Mann war ein international anerkannter Bank- und Finanzexperte, bei dem er sich sicherlich auch Rat für die immer kritischere Lage des Familienguts in Kreisau holte. Im Gegensatz zu Berlin, wo ihn keiner der Professoren der juristischen Fakultät mit ihren fast 3000 Studenten sonderlich beeindruckt hatte, entwickelte Helmuth James in Wien eine enge Verbindung zu dem Staats- und Völkerrechtler Hans Kelsen und zu dessen Kollegen Alfred Verdross.

Im Frühjahr 1927 absolvierte Helmuth James bei Karl Ohle, einem sozialdemokratischen Landrat in Waldenburg, ein verwaltungstechnisches Praktikum. Die beiden hatten sich in Schlesien kennengelernt und waren in Kreisau zusammengetroffen. Die Gegend um Waldenburg war ein im Abstieg befindliches Industriegebiet, mit der doppelten Bevölkerungsdichte im Vergleich zum Ruhrgebiet. Die Menschen hausten unter heute unvorstellbaren Bedingungen in vor Nässe triefenden Häusern, die Kindersterblichkeit war hoch. Nach Jahrzehnten der Depression, die mehrere Generationen von Arbeitern gebeutelt hatte, drohten in der großen Wirtschaftskrise der späten 1920er-Jahre vor allem die jungen Leuten auf die schiefe Bahn zu geraten.

Jeden Morgen brauste der junge Adlige auf dem Motorrad von Kreisau in die Industriestadt, um die Zustände in dem Kohle- und Textilrevier zu studieren. Er organisierte bald darauf eine Initiative, die Hilfe für die bedrängten Menschen bringen sollte. Erstmals zeigte sich hier Moltkes Gabe, Helfer aus verschiedenen politischen Lagern und aus unterschiedlichen gesellschaftlichen Bereichen für eine Sache zu gewinnen. Ebenso bewies er sein Organisationstalent. Im Rahmen dieser Initiative lernte er auch den Breslauer Rechtshistoriker Eugen Rosenstock-Huessy kennen. Neben der akademischen Tätigkeit an der Universität war Rosenstock auch in der freien Erwachsenenbildung tätig. Er war Offizier im Ersten Weltkrieg gewesen, und die reine akademische Lehrtätigkeit langweilte ihn. Er gehörte zu den Mitbegründern der »Akademie für Arbeit« in Frankfurt am Main, die es noch heute gibt. Rosenstock wurde ein Freund der Familie, ging im Hause ein und aus, beriet Helmuth James bei den kommenden Vorhaben und wurde später der Lebensgefährte von Freya von Moltke.

Angeregt durch Rosenstock-Huessy und zusammen mit seinen Freunden entwickelte Helmuth James Pläne für sogenannte Arbeitslager von Jugendlichen unterschiedlicher Herkunft und bat in diesem Zusammenhang die Schriftsteller Gerhart Hauptmann und Carl Zuckmayer um Unterstützung. Während Hauptmann, der im nahe gelegenen Agnetendorf lebte, nicht direkt reagierte, kam es zu einem Treffen mit Zuckmayer. Bei ihm lernte Moltke auch die jungen Sozialdemokraten Carlo Mierendorff und Theodor Haubach kennen. Beide sollten wenige Jahre später wichtige Kontaktpersonen werden. Moltke suchte in Verbindung mit seiner Initiative auch Heinrich Brüning auf, der als Zentrumsabgeordneter für einen Breslauer Wahlkreis im Reichstag saß. Helmuth James traf zudem den parteilosen preußischen Kultusminister Carl Heinrich Becker in Berlin, einen bedeutenden Bildungsreformer, und erbat eine Spende von Reichspräsident Hindenburg für sein Ansinnen, die er tatsächlich auch erhielt.

Im Winter 1927/28 kehrte Helmuth James vom Studium aus Wien nach Breslau zurück, gerade noch rechtzeitig, um das erste gemeinsame Arbeitslager von jungen Menschen aus der akademischen Welt und aus Industrie und Landwirtschaft in die Tat umzusetzen. Mitte März 1928 trafen sich rund 100 junge Männer zum ersten Schlesischen Arbeitslager im

»Boberhaus« in Löwenberg. Statt Arbeitslager würde man heute wohl »work-camp« sagen. 14 Tage lang gab es für die jungen Leute ein Programm mit festem Tagesablauf, das unter der Themenstellung stand »Unter welchen Voraussetzungen kann in Deutschland eine gesunde Lebensform in der Industriewirtschaft gefunden werden?« Es wurde körperlich gearbeitet und diskutiert. Singen, Musik, Theaterspielen und spontane Diskussionen rundeten die Tage ab.

Moltke selbst nahm an dem Lager nicht teil, sondern besuchte lediglich in Begleitung seiner Eltern eine Veranstaltung mit den Hauptrednern. Zu ihnen gehörten Eugen Rosenstock-Huessy und Adolf Reichwein, der persönliche Referent des preußischen Kultusministers Carl Heinrich Becker. Moltkes Mutter berichtete ihren Eltern vom guten Geist dieses Tages: »Alle waren gleich – keine der Titel, die die Teutonen so lieben, wie Herr Professor oder Bischof, wurden benutzt – alle Meinungen wurden gehört.«[105] Helmuth James sei sich nicht zu fein gewesen, in der Küche Karotten für das Essen zu schälen. Dennoch wirkte er auf seine Umgebung sehr weltmännisch, wie einer seiner späteren Weggefährten beobachtete.

1929 und 1930 fanden zwei weitere Arbeitslager statt, die sich mit der demografischen Entwicklung Schlesiens und der Gefährdung der jungen Generation durch die Veränderungen im Berufsleben befassten. Auch zu diesen Begegnungen kam Moltke nur gelegentlich, weil er zu dieser Zeit nicht im Studium, sondern an anderer Stelle gefordert war. Studiert man jedoch die Listen der Referenten, Teilnehmer und Gäste bei diesen drei Arbeitslagern, stellt man fest, dass sich hier der spätere Kreisauer Kreis in seinen Konturen bereits abbildete. Aus dem Familienzentrum des Generalfeldmarschalls wollte der Nachfahre ein Denk- und Konzeptionszentrum machen.[106]

Die dritte große Herausforderung für Helmuth James neben der Organisation der Arbeitslager und dem Studium, das in dieser Phase zu kurz kam, war das Gut in Kreisau. Infolge der Krise der Landwirtschaft, die, von wenigen Aufhellungen abgesehen, während der gesamten Weimarer Republik anhielt, drohte das Gut seine Kreditwürdigkeit zu verlieren. Trotz scharfer Drosselung der Betriebsausgaben, der Entlassung von Personal, des Auszugs der Familie aus dem Schloss in ein Nebengebäude und des Verkaufs von wertvollen Gegenständen war keine durchgreifende Wende zum Besseren in Sicht. Nur die Schecks aus Südafrika hielten die Familie über Wasser.

Als die Insolvenz drohte, warf sich der 21-Jährige im März 1928 »ins Gefecht«, entschlossen, Kreisau der Familie zu erhalten. Zunächst wurde die Rechtsform des Familienfideikommisses durch einen Familienbeschluss in Berlin aufgehoben. Das machte die Moltkes in Vermögens- und Finanzangelegenheiten beweglicher. Wenige Monate später setzte sich Moltkes Vater nach Berlin ab, um seinen Aufgaben bei den »Christian Scientists« nachzugehen. Mitte Oktober 1929 machte er seinen ältesten Sohn zum Generalbevollmächtigten. Kreisau war zu diesem Zeitpunkt etwa eine halbe Million Reichsmark wert und hatte 375 000 Reichsmark Schulden.

Im Februar 1930 akzeptierten die insgesamt sieben Gläubiger eine Lösung, die die Bildung einer GmbH zusammen mit der Moltke-Familie vorsah. Sollte es Kreisau eines Tages wieder gutgehen, könnte die Familie die Beteiligungen der anderen Anteilseigner erwerben. Faktisch hatten die Moltkes damit die Kontrolle über Kreisau verloren. Die Familie erhielt Nahrungsmitteldeputate aus dem laufenden Betrieb und Helmuth James' Mutter 4000 Reichsmark im Jahr zum Haushalten. Ihr Mann hatte in Berlin ein eigenes Einkommen. Der ohnehin nicht zur Fülle neigende Helmuth James nahm im Verlaufe der aufreibenden Sanierungsoperation fast 15 Kilo ab.

Auf mehreren Reisen im Jahre 1928 unternahm Helmuth James den Versuch, Ideen, die er bei der Vorbereitung der Arbeitslager entwickelt hatte, auf die große Politik, den mitteleuropäischen Raum, zu übertragen.

Noch sehr jung an Jahren, aber in eine enorme Verantwortung gestellt, sah er, dass der Großgrundbesitz in der praktizierten Form mit seinen technisch-ökonomischen Defiziten und den sozialen Verwerfungen, die er verursachte, keine Zukunft hatte.

Immer mehr machten sich nun die Grundlsee-Kontakte für Moltke bezahlt. Aber natürlich war auch sein Name ein Türöffner, vor allem bei der politischen Prominenz, die er anschrieb und die ihn auch empfing. Er war in Kattowitz, das nun als Katowice als Hauptstadt der autonomen Woiwodschaft Schlesien zu Polen gehörte, und im Anschluss in Pleß, dem Hauptquartier des Kaisers im Ersten Weltkrieg. In Agram, dem heutigen Zagreb, kam er mit dem kommunistischen Bauernführer Stjepan Radić zusammen. Einen Monat nach dem Treffen wurde Radić erschossen. Moltkes Reaktion: »Ich glaube, für Europa war dies der denkbar größte Verlust.«[107] Moltke hatte gehofft, mit seinem Gesprächspartner gesamteuropäische Lösungen für die in der Landwirtschaft tätigen Menschen zu finden. Seinen Großeltern schrieb er, er wolle nun Polnisch und etwas von den Balkansprachen lernen, um für seine Tätigkeiten besser gerüstet zu sein.

Erst jetzt konnte Helmuth James mit dem Endspurt für sein juristisches Staatsexamen beginnen, das er im März 1929 in Breslau ablegte. Im Triumph fuhr er mit seinen Eltern nach Hause und konnte nach langer Zeit erstmals wieder vernünftig essen und gut schlafen. Auch die rheumatischen Beschwerden, ein Familienleiden, wenn man sich an Moltke den Älteren und seine Frau erinnert, waren verflogen.

Am liebsten wäre er nun viel gereist und hätte dabei gleichzeitig die großen Probleme der Welt lösen wollen. Vorübergehend erwog er im Frühjahr 1929, zu einem journalistischen Praktikum für die Dauer eines Jahres nach New York und Washington, D. C., zu gehen. Er war ein überzeugter Europäer, er stand politisch links, und er engagierte sich leidenschaftlich für den Rechtsstaat.

Auf der Hälfte seines kurzen Lebenswegs hatte Helmuth

James von Moltke vorübergehend ein titanisches Lebensgefühl. Es erinnert an Moltke den Älteren in der Zeit zwischen den Aufenthalten in Konstantinopel und in Rom. Dem südafrikanischen Großvater, der seit längerer Zeit auf den wiederholt angekündigten Besuch von Helmuth James wartete, war das Gebaren seines Enkels ein wenig unheimlich.[108] Ihm, aber nicht nur ihm, kam Helmuth James von Moltke rastlos vor.

Hochzeit mit Freya

1929 war in jeder Hinsicht ein Schlüsseljahr für Helmuth James von Moltke. Er legte nicht nur sein Examen ab, sondern begegnete erstmalig auch seiner späteren Frau. Im Frühjahr 1929 lernte er jedoch in Potsdam zunächst Daisy, Baronesse von Freyberg, kennen, einen Filmstar, ein sehr schönes, anmutiges, blondes Mädchen.[109] Zu ihrem Bekanntenkreis gehörte auch der Schriftsteller Erich Maria Remarque. Er überredete sie 1931 dazu, an der Wahl der »Miss Germany« teilzunehmen. Daisy gewann prompt und reiste zu den Ausscheidungskämpfen für die »Miss Universe« in die USA. Sie kam als »Miss Europe« zurück und war nur deswegen nicht insgesamt auf dem ersten Platz gelandet, weil sie eine Deutsche war. Die Organisatoren des Wettbewerbs waren da ganz offen. Der Erste Weltkrieg wirkte in den Vereinigten Staaten noch nach. Als Helmuth James sie kennenlernte, hatte sie gerade eine Rolle in dem Stummfilm »Die Büchse der Pandora« unter der Regie von Georg Wilhelm Pabst übernommen. Der Streifen, in dem erstmalig eine Lesbierin vorkam, wurde ein Welterfolg. Auch andere Mitglieder der Berliner Szene wurden auf die Blondine aus verarmtem Adel aufmerksam. Die »Comedian Harmonists« widmeten der damals 16-Jährigen den Ohrwurm »Hallo, was machst du heut', Daisy?« Daisy verriet es nicht, und auch Helmuth James war über das, was sie dachte und vorhatte, nur bedingt im Bilde. Da Daisy dem stürmischen Werben des Adligen zunächst widerstand, kam Helmuth James auf die Idee, mit ihr im Sommer an den Grundlsee zu fahren.

Der Grundlsee wurde dann jedoch der Ort einer ganz anderen Anbahnung. Denn im Hause der Schwarzwalds lernte er Freya Deichmann kennen, die mit ihrer Mutter und den Brüdern Hans und Carl hier ihre Sommerferien verbrachte.[110] Carl kannte Helmuth James bereits von der gemeinsamen Internatszeit in Schondorf. Die 18-jährige Freya verliebte sich spontan in Helmuth James, wohl bemerkend, dass der Funken von ihm auf den schönen Filmstar in seiner Begleitung nicht übersprang. Drei Jahre vor ihrem Tod schilderte Freya die entscheidende Szene noch einmal: »Ich sah ihn, und mein Herz stand still.« Freya war die Tochter des Bankiers Carl Theodor Deichmann und seiner Frau Ada, einer geborenen von Schnitzler. Im katholischen Köln gehörte die protestantische Familie zum liberalen Großbürgertum, zur absoluten Elite des Rheinlands. Die internationalen Verbindungen der Familie, nach Großbritannien, nach Holland, Belgien und Frankreich, waren bemerkenswert und sicher noch höher als die der Moltkes einzuschätzen.

Während der Ferien am Grundlsee hatte Freya das Glück, dass Daisy von ihrer Filmgesellschaft nach Babelsberg zurückbeordert wurde. Nun war sie mit dem angehimmelten Helmuth James allein und versuchte bei Picknicks und Almwanderungen ihre Chance zu nutzen. Dies gelang ihr anscheinend im Ansatz. Der Kontakt zwischen den beiden riss nach den Sommerferien nicht ab. Sie tauschten intensiv Briefe miteinander aus. Ein wenig altklug schrieb ihr Helmuth James am 1. September 1929: »Ich will damit anfangen, Ihnen zu sagen, daß dieser Sommer ein unerhörter Höhepunkt meiner Existenz gewesen ist [...] Ich habe durchaus das Gefühl, am Anfang einer Entwicklung zu stehen, die mir Höhen erschließen wird, die für mich noch vor 4 Wochen unerreichbar waren; eine Entwicklung, deren Spitze gar nicht abzusehen ist [...]«[111] Helmuth James schloss diesen Brief mit einer zarten Liebeserklärung.

Daisy Baronesse von Freyberg, auch Daisy d'Ora genannt, heiratete bald darauf den deutschen Diplomaten Oskar Schlitter, der in der Nähe von Regensburg ein Schloss und ein Gut besaß. Sie begleitete ihren Mann, der in den 1960er-Jahren Botschafter der Bundesrepublik Deutschland in Griechenland war, auf einer Reihe von Auslandsstationen. Auf die 100 zugehend, verstarb Daisy Baronesse von Freyberg am 12. Juni 2010 in einem Altersheim in München.

Im Frühjahr 1930 wollten sich Helmuth James und Freya bei den Schwarzwalds in Wien wiedersehen. Doch weil der junge Mann einige Wochen zuvor erkrankt war, wurde aus der Reise nichts. Stattdessen kam Freya, die sich mit Helmuth James noch immer siezte, mit ihrem Bruder Hans nach Kreisau. Den Sommer verbrachten die beiden dann wieder am Grundlsee. Die Bekanntschaft mit der jungen Frau führte rasch dazu, dass Helmuth James neuen Mut schöpfte, das Kreisauer Gut aus seiner existenziellen Krise herauszuführen. Denn der fröhliche Pragmatismus und Enthusiasmus von Freya wirkten auf ihn ansteckend.

Bereits im Juni 1930 hatte er mit der Referendarsausbildung begonnen, zunächst am Amtsgericht in Reichenbach, später am Landgericht in Schweidnitz.

Im Oktober 1930 kam Freya erneut mit ihrem Bruder Hans nach Kreisau. Obwohl sie und Helmuth James zu diesem Zeitpunkt noch nicht an eine Heirat dachten, ging dann alles sehr schnell. Helmuth James kam im Juni 1931 zu Freya nach Köln. Bald darauf zeichnete sich ab, dass Dorothy von Moltke zum Jahresende nach Südafrika reisen würde. Daraufhin schrieb Helmuth James an Freya: »Meine Mutter geht jetzt weg. Niemand ist da, der auf meine jüngeren Geschwister aufpasst. Wir müssen heiraten!«[112]

Die Umworbene nahm die Nachricht, wie sie sich später erinnerte, gefasst auf: »Es war etwas überraschend für mich.

Aber da ich genau wußte, daß das Wichtigste für mich war, in der Nähe dieses Menschen zu leben, daß ich mir nichts anderes mehr wünschte, so habe ich natürlich keinen Moment gezögert. Ich bin wirklich nach Schlesien gegangen, mit der Aufgabe, das Haus meiner Schwiegereltern zu übernehmen und die beiden jüngeren Geschwister, die noch in die Schule gingen, mitzubetreuen. So fing das an.«[113]

Der Entschluss Freyas hatte zur Folge, dass sie das gerade aufgenommene Jura- und Geschichtsstudium an der Universität Bonn, ergänzt um einen Stenografie- und Schreibmaschinenkurs, unterbrechen musste. Die Hochzeit fiel in die große Wirtschaftskrise, in der auch die Deichmann'sche Bank in die Liquidation ging. Was auf den ersten Blick wie die Verbindung von zwei großen, wohlhabenden Häusern aussah, war in Wirklichkeit ein Bund fürs Leben ohne Geld. Freya berichtete später, dass Helmuth James und sie eigentlich wie zwei Studenten gelebt hätten, »aber es lebte sich sehr gut«.[114]

Am 18. Oktober 1931, einem wichtigen Datum in der Familie Moltke, denn es hatte an diesem Tag mehrere Eheschließungen in der Familiengeschichte gegeben, fand in Köln die Hochzeit statt. Nach einem Gottesdienst gab es ein Diner für 14 Personen. Die Gesellschaft erschien in langem Kleid und im dunklen Anzug, kein Smoking. Als Eheringe gab es Vorhangringe. Freyas Vater konnte an dem Essen nicht teilnehmen. Eine Lungenentzündung, von der er nicht wieder genas, zwang ihn ins Bett. Nur drei Tage später verstarb er. Aus der romantischen Rheinreise des Paares gen Süden wurde daher nichts. Auf die Nachricht vom Tod des Vaters kehrten Freya und Helmuth James nach Köln zurück, beerdigten den Vater und kamen am 26. Oktober 1931 in Kreisau an.

Die Familie blieb noch für einige Tage zusammen, und Dorothy Rose Innes konnte nach Hause berichten: »Mein junges Paar ist lieb und miteinander so glücklich, es ist ein Vergnügen, es zu sehen. Freya ist so natürlich und impulsiv, ganz unverdorben und frisch. Helmuth ist sehr reserviert, aber man kann an hundert kleinen Einzelheiten sehen, wie glücklich er ist. Natürlich besteht wie bei so vielen Ehen auch bei dieser die Gefahr, daß sie ihm zu ergeben ist. Doch Freya ist ein intelligentes Kind und ist sich, glaube ich, bewußt, daß sie zurückhaltend sein muß.«[115]

Als Helmuth James' Mutter im Juni 1932 von ihrer Südafrikareise zurückkehrte, konnten die beiden daran denken, ihre Zukunftsvorhaben in die Tat umzusetzen. Sie machten an der pommerschen Ostseeküste Urlaub, fuhren auf die Güter von Verwandten und reisten am Ende nach Warschau, wo ein Mitglied der Familie an der deutschen Botschaft Gesandter war. Hans-Adolf von Moltke, der Sohn des ehemaligen preußischen Innenministers, war mit Davida Yorck von Wartenburg verheiratet, einer Schwester von Peter Yorck von Wartenburg. In jungen Jahren, in der Zeit von Atatürk, hatte Hans-Adolf von Moltke – eine schöne Geste des Auswärtigen Amtes – als Botschaftsrat an der deutschen Gesandtschaft in Konstantinopel gearbeitet. Im Juli schloss sich eine weitere Reise zu den Schwarzwalds nach Wien an.

Danach nahm Freya ihr Studium der Rechtswissenschaften in Berlin wieder auf, wo die beiden nun in einer kleinen Wohnung in der Bendlerstraße 42 lebten. Helmuth James setzte seine Referendarsausbildung in einem Anwaltsbüro fort und ging Mitte September 1932 für ein halbes Jahr an das Berliner Kammergericht.

In diesen Ausbildungsabschnitt von Helmuth James fiel die Machtergreifung Hitlers. Der junge Adlige sah den aussichtslosen Kampf der Weimarer Republik, das Verschwinden der demokratischen Mitte. Am 30. Januar 1933 waren Freya und Helmuth James von Moltke in Berlin zum Mittagessen mit Karl Ohle verabredet, dem ehemaligen Waldenburger Landrat. Er arbeitete jetzt als Gutsverwalter bei Verwandten. Wenige Stunden vor dem dramatischsten Einschnitt in der deutschen Geschichte war dieser der Ansicht, dass einer Regierung Hitler keine lange Amtsdauer beschieden sein werde. Moltke widersprach ihm heftig, denn er gehörte zu jener kleinen Gruppe von Zeitgenossen, die »Mein Kampf« gelesen hatten, und ahnte, was kommen würde.[116] Moltke nahm die dort formulierten politischen Bekenntnisse ernst. Er und seine Frau durchschauten die Taktik der Nazis, zunächst an die Regierung zu gelangen und dann mit der Etablierung einer Diktatur zu beginnen.

Zu den bis zum heutigen Tag sich hartnäckig haltenden Legenden über das Dritte Reich gehört, dass selbst der politisch wache Bürger sich damals von den Nationalsozialisten kein wirklichkeitsnahes Bild habe machen können, da Hitler nach den Septemberwahlen 1930 zu einer systematischen Verschleierungstaktik zur Tarnung seiner wahren Ziele übergegangen sei.[117] Die Fakten waren andere, denn noch im Spätherbst 1930 hielt Hitler mehrere öffentliche Reden vor Tausenden von Zuhörern – in Offenburg, in Mannheim und in Erlangen. Dort sagte er vor Studenten und Hochschullehrern: »Wir wissen folgendes: Jedes Wesen strebt nach Expansion und jedes Volk strebt nach der Weltherrschaft. Nur wer dieses letzte Ziel im Auge behält, gerät auf den richtigen Weg. Ein Volk, das zu feige ist oder den Mut oder die Kraft nicht mehr besitzt, sich dieses Ziel zu stellen, betritt den zweiten Weg, und zwar den des Verzichtes und der Selbstaufgabe, der in der Vernichtung seinen Abschluss findet. Es gibt nur zwei Wege: der eine Weg führt ununterbrochen nach vorwärts und ist nur begehbar, wenn solche bestimmten Erkenntnisse ein Volk leiten, der zweite Weg führt nach abwärts, wenn sich ein Volk stattdessen mit falschen Grundsätzen zufrieden gibt.«[118] Es war sinngemäß das, was Hitler kurz vor seinem Selbstmord in der Berliner Reichskanzlei 1945 wiederholte. Ein anwesender Ordinarius für Mittlere und Neuere Geschichte stand allein auf weiter Flur, als er Hitlers Ausführungen als »zügellose Demagogie«[119] und »sachlich[en …] Irrsinn« bezeichnete.

In einem kleinen Zimmer neben dem Empfangsraum des Reichskanzlers kam Hitler in den Nachtstunden des 30. Januar 1933 auf seine eigene Rolle in der Weltpolitik zu sprechen. Sein Wirken, so sagte er, »eröffne den Schlußkampf des weißen Mannes, des Ariers um die Herrschaft über die Erde. Die Nichtarier, die Farbigen, die Mongolen, seien schon in vollem Aufbruch, um unter dem Bolschewismus die Herrschaft an sich zu reißen, doch mit diesem Tage beginne die größte germanische Rassenrevolution der Weltgeschichte.«[120] Wenige Tage später enthüllte Hitler vor den Spitzen der Wehrmacht seine aggressiven Absichten.

Mit Entsetzen verfolgte Helmuth James die Bereitschaft der deutschen Juristen zur Anpassung an die neue Lage. Hans von Dohnanyi aber, in ähnlicher Situation wie Moltke, nur auf der Karriereleiter schon zwei Schritte weiter, arbeitete zu dieser Zeit in der Umgebung des Präsidenten des Reichsgerichts, Erwin Bumke. Als am 1. April 1933 jüdische Geschäfte boykottiert wurden und das »Gesetz zur Wiederherstellung des Berufsbeamtentums« einige Tage später verabschiedet wurde, unternahm Dohnanyi verzweifelte Versuche, seine Vorgesetzten zu Akten der Solidarität mit den Betroffenen zu ermuntern. Bumke entgegnete: »Glauben Sie mir, Herr Kollege, es wird uns niemand verstehen – die Walze geht über uns hinweg, wir sind die Letzten.«[121] Als am 20. April 1933 Hitlers Geburtstag erstmals landesweit gefeiert wurde, befand sich das Dorf Kreisau bereits fest in nationalsozialistischer Hand. Die Kinder des Ortes begrüßten Helmuth James mit »Heil Hitler«. Er reagierte mit einem »Heil Hindenburg«. Die Beflaggung war einheitlich – mit einer Ausnahme: Am Schloss und am Berghaus hingen keine Hakenkreuzfahnen. Dabei blieb es bis 1945.

Helmuth James verlor rasch die Freude, am berühmten Berliner Kammergericht zu arbeiten. Mitte Mai 1933 schrieb seine Mutter: »Der Junge hat alle Lust zu seiner Arbeit am Kammergericht verloren, weil selbst dort ›kein gerechtes Urteil‹ mehr ergeht, um mit der Bibel zu sprechen.«[122] Knapp 40 Prozent der Richter des Kammergerichts wurden von den Nazis entlassen. Ähnlich waren die Werte bei den Anwälten und

Ärzten, bei Banken und im Einzelhandel und noch viel höher bei Kulturschaffenden wie Theaterdirektoren, Regisseuren und Schauspielern. Von diesem Aderlass erholte sich Berlin, erholte sich Deutschland bis zum heutigen Tag nicht wieder.

Auch für Eugenie Schwarzwald und ihren Mann wurden in Wien die Spielräume nun enger, musste die Mäzenin manches ihrer Projekte beenden. Als im September 1933 ein US-Korrespondent, für den Helmuth James gearbeitet hatte, außer Landes verwiesen wurde, war Moltke beim Abschied demonstrativ dabei. Als irgendeiner der Umstehenden den Amerikaner anpöbelte, antwortete dieser: »Wir kommen wieder, aber in Feldmarschordnung.«[123]

Die Qualen von Helmuth James im Jahr der nationalsozialistischen Machtergreifung waren noch nicht beendet. Zum Abschluss seiner Ausbildung drohte ihm ein Arbeitslager ganz anderer Art. Die Nationalsozialisten hatten als Pflichtteil der Referendarzeit ein etwa zwei Monate dauerndes militärisch-weltanschauliches Lager eingeführt, wo dem juristischen Nachwuchs nationalsozialistische Gesinnung und Strammstehen beigebracht werden sollten. Es gab Sport, militärtheoretischen Unterricht, Wehrübungen und vor allem ideologische Unterweisung. Der hierfür zuständige Minister war Franz Gürtner, ein parteiloser Nationalkonservativer, der 1932 in der Regierung Papen das Amt des Justizministers übernommen hatte und es bis zu seinem Tod im Jahre 1941 behielt. Gürtner sagte zu dieser Zeit, man müsse für sein Vaterland vieles opfern, er opfere sogar seinen guten Namen, und das sei vielleicht das Schwerste.[124]

Moltke überstand das Lager, das ausgerechnet im kalten Monat Dezember 1933 in Jüterbog begann. Seine Stube war mit 29 Mann belegt. Im Raum war es so eisig, dass man seinen eigenen Atem sehen konnte. Unter zahlreichen Rauchern war der Aufenthalt in der Stube bei geschlossenen Fenstern alles andere als ein Vergnügen. Bücher waren nicht erlaubt. Helmuth James lebte dort wie ein Rekrut beim Militär, mit Uniformzwang an den freien Sonntagen und einem achttägigen

Urlaub zwischen Weihnachten und Neujahr. Die Familie verbrachte ihn gemeinsam in Kreisau und fand seine schlecht sitzende Uniform sehr komisch. Helmuth James zeigte sich unter den gegebenen Umständen zufrieden: Das Essen sei gut, die Lagerleitung nett, und die körperlichen Anstrengungen machten ihm nichts aus. Einmal kam ihn Freya besuchen.

Wie auf dem Gymnasium in Potsdam gelang es ihm, die Unterrichtenden aus dem Gleichgewicht zu bringen. Das führte zu Änderungen im Programm. Der weltanschauliche Unterricht wurde gestrichen, weil Helmuth James zusammen mit anderen Referendaren mit Fragen und Statements den Dozenten ins Schwimmen brachte. Stattdessen erschien Helmuth James mit einem Grammophon und mit Platten von Bach, Beethoven und Brahms. In einem Brief an Helene Weigel berichtete er: »Bei den Lesestunden legte sich alles auf die Betten und blieb totenstill liegen, und dann spielten wir eine ganze Symphonie und meistens noch eine kleine Sache. Es dauerte gar nicht lange, so blieben wir nicht mehr alleine, sondern zu unserer ›Lesestunde‹ kamen allerhand Gäste aus anderen Stuben. Es war also ein eklatanter Triumph des Geistes.«[125]

Am 10. Februar 1934 bestand Helmuth James sein zweites juristisches Examen mit der Note »befriedigend«. Seine Prüfer teilten ihm mit, dass sie ihm keine bessere Note hätten geben können, da er eine so erbärmliche Handschrift habe.

Mit einem Nachtzug reiste der frischgebackene Assessor nach Kreisau, kümmerte sich am Sonntag um die Angelegenheiten des Gutes, war am Montag aus geschäftlichem Anlass in Breslau und kehrte am Abend nach Berlin zurück. Dort sahen ihn seine Eltern für 30 Minuten. Am darauffolgenden Dienstag begab sich Helmuth James auf große Reise. Zusammen mit seiner Frau fuhr er nach Südafrika.

Südafrikanische Auszeit

Helmuth James und Freya von Moltke trafen am 13. Februar 1934 per Bahn in Hoek van Holland ein. Von dort ging es mit der Fähre nach England. In London trafen die beiden mit Julian Frisby zusammen, dem Kreisauer »paying guest« und Freund. In Southampton schifften sich die beiden dann auf der »Watussi« ein, einem knapp 10000 Bruttoregistertonnen fassenden, modernen Fahrgastschiff der Woermann-Linie. In der zweiten Klasse fühlten sich die beiden sehr wohl, saßen tagsüber auf einem ruhigen Abschnitt des Decks und lasen Bücher. Als sie am 1. März 1934 den Äquator überquerten, gab es an Bord die üblichen Rituale. Auf Betreiben von Helmuth James wurde seiner Frau ein Ehrenpreis verliehen. Er werde nur einmal ausgegeben »Für allergrößte und allerweiteste und allerbeste und allerschönste Liebe«. Unterzeichnet war das Schreiben vom sogenannten Komitee mit Helmuth James als Führendem.

Bei der Ankunft in Kapstadt wurden die beiden von den Rose Innes' in einem Chrysler abgeholt.[126] Der Großvater strahlte. Endlich war der Enkel da, der aus beruflichen Gründen in den zurückliegenden Jahren mehrfach Besuche in letzter Minute abgesagt hatte. Es gab noch einen anderen Grund, jetzt nach Afrika zu kommen. Zu Hause in Niederschlesien hatten NSDAP-Parteistellen die Behauptung in die Welt gesetzt, Dorothy habe jüdische Vorfahren. Moltke benötigte also Dokumente, um diesen Vorwurf zu entkräften.[127]

Das Anwesen der Familie, das den Namen »Kolara« trug, lag im Kapstadter Vorort Kenilworth. Vor allem durch seine Pferderennbahn ist der Villenvorort, der 20 Autominuten vom Stadtzentrum entfernt liegt, noch heute bekannt. In der Mitte eines Parks, in den eine lange Einfahrt hineinführte, lag das repräsentative Haus der Rose Innes'. Es war von Pflanzen und Blumenbeeten umgeben. Die Familienmitglieder waren trotzdem bescheidene Leute. Aber im Haushalt stimmte alles:

wertvolles Porzellan, silberne Gefäße, hochwertige Bestecke. Ein deutsches Mädchen bediente, in der Küche kochte eine afrikanische Haushälterin. Helmuth James kam mit der neuen Umgebung zunächst nicht gut zurecht. Er zog sich eine Gehirnerschütterung zu, als er in Gedanken mit dem Kopf voller Wucht gegen eine Teppichstange lief.

Gern erzählten die Rose Innes' den Enkeln von der jüngeren Geschichte Südafrikas, die Bestandteil ihrer eigenen Biografie war.

Der Großvater, James, hatte Cecil Rhodes, den Anführer des gescheiterten britischen Kap-Kairo-Plans zur Schaffung einer Eisenbahnverbindung durch ganz Afrika und Gründer von Rhodesien, persönlich gut gekannt. Opa James war als Sohn eines Verwaltungsbeamten auf die Welt gekommen und mit vielen Geschwistern in ärmlichen, aber behüteten Verhältnissen aufgewachsen. Er erhielt eine strenge presbyterianische Schulausbildung und verbrachte seine Kindheit an Flüssen mit »weinfarbenem Wasser«[128], zwischen Rosen- und Myrtenhecken und auf Wegen mit blühenden Akazien oder unter Quittenbäumen. Das große alljährliche Ereignis während der Schulferien war die Fahrt mit der Familie auf einem großen, von Ochsen gezogenen Wagen. Es ging langsam voran, die Kinder kannten jedes Tier und schliefen nach dem Abendessen am Lagerfeuer in der Nähe der Ochsen ein.

James studierte Rechtswissenschaft an der neuen Universität am Kap der Guten Hoffnung und ließ sich vom Gold- und Diamantenrausch nicht anstecken, der Südafrika wie Johann August Sutters »Neu-Helvetien« in Kalifornien erfasst hatte. In letzter Konsequenz sorgte aber der Vater dafür, dass James am Kap blieb und sein Examen machte. Die Studienjahre waren nicht einfach. James verdiente sich sein Geld bei einer kleinen Bank in Kapstadt. Als Bürogehilfe arbeitete er für Charles Brownlee, den zuständigen Minister für Eingeborenenfragen. Was er hier erlebte, konnte er auch als Reporter für Kapstadter Tageszeitungen verwerten, die zu dieser Zeit entstanden. Brownlee setzte sich vor allem für die Bantu ein, die in der modernen, europäisierten Kolonialwelt nicht zurechtkamen. Zwar war in Südafrika bereits 1834 der Sklavenhandel verboten worden, aber die alten wirtschaftlichen Grundlagen der Bantu wurden in dieser Zeit zerstört. Das Wahlrecht war an die Pflicht zum Zahlen von Steuern gebunden und machte aus dem stolzen Stamm ein Heer von Wanderarbeitern. Auf dem freien Arbeitsmarkt des Landes hatten die Bantu nun dorthin zu gehen, wo es für sie Jobs gab. Zwar wurden mit dieser Neuerung auch die burischen Farmer ruiniert, aber die Farbigen traf es noch härter – zu einer Zeit, als es die Apartheid noch nicht gab.

James engagierte sich unter dem Eindruck dieser Verhältnisse politisch. Er verkehrte in liberalen Zirkeln, die als Vorläufer des »African National Congress« (ANC) anzusehen sind. Im Geburtsjahr seiner Tochter Dorothy, 1884, zog er als Abgeordneter des Wahlbezirks Victoria East ins Kapstadter Parlament ein. Der Herausgeber der örtlichen Bantuzeitung, der ersten im Land, hatte ihn im Wahlkampf unterstützt. Noch vor der Jahrhundertwende wurde er dann Justizminister der Provinz. Um Cecil Rhodes mit seinen expansionistischen Plänen zu stoppen, legte er sein Amt nieder. Aber die Ereignisse gingen über ihn und die Buren hinweg. Als der Zweite Burenkrieg 1902 zu Ende war, zog sich Dorothys Vater aus der Politik zurück.

Danach begann die zweite, sehr viel bedeutendere Karriere. Die Briten ernannten den gut aussehenden, eleganten Mann zum Sir und Mitglied des Kronrats. Auf die Tätigkeit des »Chief Attorney« von Transvaal folgte die lange Karriere als »Chief Justice« für das gesamte Land.

Jessie Dods Pringle, mit der er seit 1881 verheiratet war, entstammte der Oberschicht des Landes. Sie kam aus einem Farmerhaushalt. Die emanzipierte Frau betätigte sich ehrenamtlich. Sie war eine leidenschaftliche Botanikerin und liebte ihren großen Garten, doch darüber hinaus gehörte sie zu den

Vorkämpferinnen für ein Frauenwahlrecht. Sie gründete und betreute zusammen mit anderen Frauen das Victoria-Schwesternhaus in Kapstadt. Während des Burenkriegs und des Ersten Weltkriegs engagierte sie sich beim Roten Kreuz ihres Landes. Sie half Heimarbeiterinnen, betreute einen Leseclub und unterstützte den »Christlichen Verein Junger Frauen«. Über die »Women's Enfranchisement League« und den »National Council of Women« kam Jessie Pringle in die Welt hinaus und besuchte Konferenzen internationaler Frauenverbände. Sie sprach Englisch, Holländisch, Deutsch und Italienisch.

Helmuth James und Freya blieben ein halbes Jahr in Südafrika. Sie verbrachten unbeschwerte Wochen bei den Großeltern und lernten das schöne Land bei langen Autofahrten kennen, für die sie sich ein altes klappriges Auto anschafften. Auf ihren Reisen wurden sie von den Verwandten der Rose Innes' sehr gastfreundlich aufgenommen. Eine Reihe von ihnen lebte als Farmer in der östlichen Kapprovinz. Von der Apartheid, die damals noch keine Staatsideologie, aber durchaus spürbar war, bekamen sie nur wenig mit.

Vom Augenblick ihrer Ankunft in Südafrika an stand eine Frage im Raum: Bleiben oder nach Hause zurückkehren? Diese Frage verschärfte sich mit dem Röhm-Putsch am 30. Juni 1934, den Helmuth James und seine Frau aus sicherer Entfernung verfolgten. Er bewies, dass Hitler entschlossen war, Regimegegner ermorden zu lassen. Binnen kürzester Zeit war es den Nationalsozialisten gelungen, eine große Kultur- und Industrienation mit über 80 Millionen Menschen weitgehend zu kontrollieren. Viele der Besten hatten das Land in den ersten eineinhalb Jahren seit Hitlers Machtergreifung verlassen. Noch war der Massenmord an den europäischen Juden einige Jahre entfernt.

Helmuth James war zu diesem Zeitpunkt noch nicht bekannt, dass die Journalistin Dorothy Thompson am 25. August 1934 aus Deutschland ausgewiesen worden war. Sie hatte mit Hitler am 24. November 1931 ein großes Interview im

Berliner »Kaiserhof« geführt und eröffnete nach ihrer Ausreise in die USA ein politisch-publizistisches Fernduell mit dem NS-Regime. Vom März 1936 bis zum April 1941 kommentierte sie dreimal pro Woche in der angesehenen »New York Times« die Lage in Deutschland. Ihre Kolumne hieß »On the Record«.

In Kapstadt fiel unterdessen die Entscheidung für Deutschland. Gegen den Rat von Verwandten und Freunden und in vollem Bewusstsein des Risikos entschlossen sich Helmuth James und seine Frau, in die Heimat zurückzukehren. Sie taten es vor allem aus Sorge um die Familienangehörigen in Kreisau. Helmuth James bewegte aber auch der Gedanke, dass er sich in der Position und Pflicht sah, Widerstand zu leisten. Noch auf der Fahrt nach Südafrika hatte er sich in einem ironisch gehaltenen Brief an eine Dame aus dem Umfeld der Schwarzwalds als Mitglied einer Nischengesellschaft bezeichnet, die sich den Zwängen des NS-Regimes entziehen könne. Er sei unzweifelhaft arisch, national gesinnt, kein Sozialist und verfüge über Produktionsmittel. Weiter hieß es in dem Brief: »Man hat zunächst folgende Lasten nicht: man braucht nicht den Führer für unfehlbar zu halten, man kann ein anderes Regierungssystem für wünschenswert halten, man braucht keine Zeitung zu lesen und nicht ins Theater zu gehen; man braucht keine Versammlungen und Schulungskurse zu besuchen [...]«[129]

Noch in Afrika, während der mehrwöchigen Tour durchs Land, bedankte sich Helmuth James bei seinem Großvater für die großzügige Aufnahme und Finanzierung einer Art von Auszeit von den Vorgängen in Deutschland. Er hatte zu ihm durch den langen Aufenthalt eine sehr viel engere Beziehung entwickelt. Helmuth James schrieb: »So habe ich also auch wieder die Freude gehabt, wirklich einen Großvater zu haben, denn Du bist der einzige von den vier Großvätern, die Freya und ich haben, den ich nun kenne, und das scheint mir, als habe sich mein Leben in die Vergangenheit hinein verlängert.«[130]

Vermutlich auf den Rat des Großvaters hin reisten die beiden nicht direkt nach Deutschland zurück, sondern legten einen mehrwöchigen Zwischenstopp in Großbritannien ein. Helmuth James schrieb noch während der Reise am 22. September 1934 an eine Freundin der Familie, man könne durchaus auf der südlichen Halbkugel leben, »wenn es uns auf der nördlichen nicht mehr passt«.[131] Am 1. Oktober 1934 trafen Helmuth James und Freya in Southampton ein, er 27 Jahre alt, sie 23. Als sich liebendes und in jeder Hinsicht ergänzendes Paar hatten sie nun noch gut zehn gemeinsame Jahre vor sich.

Während der drei Wochen in Großbritannien versuchten sie, Kontakte zu Menschen und Gruppen aufzunehmen, die dem Dritten Reich kritisch gegenüberstanden. Das war nicht einfach, denn die Zahl der »Appeaser« war in Großbritannien groß, auch wenn der Röhm-Putsch für einen ersten, noch verhaltenen Stimmungsumschwung gesorgt hatte. Vor allem in der britischen Oberschicht gab es nicht wenige Sympathisanten des NS-Regimes.

Die Akten über den Gründer der British Union of Fascists, Oswald Mosley, schlummern noch heute in den britischen Archiven. Weltweite Schlagzeilen machte in jüngster Vergangenheit sein Sohn Max, bis 2009 Präsident des Autosport-Weltverbandes FIA, 2008 mit einer Sadomaso-Party, auf der NS-Symbole gezeigt und Anspielungen auf Konzentrationslager gemacht wurden.

Hitler warb um Großbritannien. Er bewunderte die Art und Weise, in der die Führungsmacht des 18. und 19. Jahrhunderts mit »geringem Personalaufwand« die Welt beherrscht hatte. In der Welt, die Hitler vorhersah, sollte London sich an einem Lebensraum- und Vernichtungskrieg gegen die Sowjetunion beteiligen.[132] Danach käme eine Weltmachtphase, die durch den Auftritt von vier großen Mächten gekennzeichnet sei: die kontinentaleuropäische deutsche Großmacht, das Britische Empire, das ostasiatische Imperium Japans und die USA. Großbritannien würde eines Tages der Juniorpartner Hitler-

Deutschlands werden, wenn es um den Endkampf mit den USA um die Weltherrschaft ginge. In der konkreten Situation des Jahres 1940/41, als die nationalsozialistische Militärmaschinerie Frankreich geschlagen hatte, kam Hitler auf diese früh entwickelten Vorstellungen zurück.[133]

Helmuth James und Freya hingegen waren der Überzeugung, dass Großbritannien der entscheidende Gegenspieler sein werde, der den Expansionsplänen der Nationalsozialisten begegnen könne. Beide befassten sich fortan noch intensiver mit der britischen Politik, die Helmuth James ja bereits von der Lektüre englischer Zeitungen zu Hause vertraut war. Bis 1933 war Großbritannien in seinen Überlegungen zur Zukunft Europas allerdings nicht aufgetaucht, was sich nun änderte.[134]

Als besonders wichtig sollte sich die Begegnung mit Lionel Curtis und seinem Kreis herausstellen. Curtis war mit Helmuth James' Großvater gut bekannt. Er hatte als Freiwilliger im Zweiten Burenkrieg gekämpft und eine bedeutende Rolle bei der Bildung der Südafrikanischen Union gespielt. In London war er ein Mitbegründer des »Royal Institute of International Affairs« und trat für eine Weltregierung ein. Der Buchautor und Wissenschaftler spielte ebenfalls eine Rolle bei den Planungen, die vom Britischen Empire schließlich zum Commonwealth führten. Der kinderlose Mann nahm Moltke wie einen Sohn auf und verschaffte ihm unerhört wichtige Kontakte, aus denen später Freundschaften entstanden, zum Beispiel jene zu Michael Balfour und seiner Frau Grizel. Curtis lebte bis 1955.

Am 1. November 1934 trafen Helmuth James und Freya von London kommend wieder in Berlin ein.

Orientierungsphase

Mit einem Familientreffen in Berlin begann für Helmuth James und Freya die neue Zeit in Deutschland. Es gab viel zu besprechen, denn auch der Vater kam einen Tag später aus den USA zurück, während Dorothy knapp zwei Wochen später zu ihrer letzten Südafrikareise aufbrach. Sie berichtete von einem Brief des südafrikanischen Spitzenmilitärs und Politikers Jan Christiaan Smuts, mit dem dieser auf ein Schreiben von Helmuth James reagiert hatte. Moltke hatte das Schreiben nach der Lektüre einer Rede von Smuts verfasst, angeregt durch einen Hinweis Smuts' auf die unantastbare Freiheit der Nationen. Moltke hatte diese Überlegung um den Satz ergänzt, dass »die Frage der Freiheit in erster Linie eine Frage der Innenpolitik«[135] sei.

Helmuth James war vom Augenblick der Ankunft in Deutschland gefordert. Für Kreisau stand zu dieser Zeit eine Menge auf dem Spiel. Im Rahmen der »Osthilfe« hatten die Behörden von der Familie verlangt, Wierischau und Nieder-Gräditz, zwei große Gutsteile, zu verkaufen. Es gelang Moltke, dies zu verhindern. Aber man bedeutete ihm bei den Gesprächen, dass es für Kreisau wesentlich besser wäre, wenn sich seine Einstellung zum Staat ändere.

Dank eines Umschuldungskredits der Deutschen Industriebank konnte die Betriebsgesellschaft aufgelöst werden. Kreisau gehörte somit wieder der Familie. Mit großer Hingabe sanierte Helmuth James den Besitz in den kommenden Jahren und zahlte alle Schulden zurück. Er bildete mit Freya ein Gespann, das eng zusammenarbeitete. Waren die beiden auch nur für kurze Zeit getrennt, korrespondierten sie miteinander.

Helmuth James blieb der harte Arbeiter, der er in den zurückliegenden Jahren aufgrund vieler Verpflichtungen und Engagements gewesen war. Er hatte einen Zwölf-bis-14-

Stunden-Arbeitstag und lebte persönlich äußerst bescheiden. Wie sein Vater hatte er kein Interesse am traditionellen Leben der Junker. Er ging nicht zur Jagd und nahm mit seiner Frau weder an Jagdfesten noch an großen Bällen teil.

In Berlin besuchte das junge Paar gern Konzert- und Theateraufführungen. Zu Hause bevorzugte Helmuth James die Lektüre klassischer und zeitgenössischer Literatur und hörte klassische Musik.

Der lange Arbeitstag zwang ihn zu einem schonenden Umgang mit der Zeit. Wollte ihn jedoch ein Familienmitglied oder ein Freund sprechen, war die Tür jederzeit offen. Bei den Freundschaften war er, wie sich auch schon in seinen Adoleszenzjahren gezeigt hatte, wählerisch. Hatte er aber mit jemandem Freundschaft geschlossen, war auf Helmuth James jederzeit Verlass. Im Kreis der Familie war er heiter und voller Humor. Nach außen hin hatte er hingegen ernste Züge. Die Verantwortung lastete auf ihm schon in jungen Jahren. Wie sein Vorfahr, der Generalfeldmarschall, war er ein Schweiger.

Immer wichtiger wurde es nun auch, eine berufliche Entscheidung zu treffen, nachdem Kreisau auf den richtigen Weg gebracht worden war. Nach den Erlebnissen in der Schlussphase der Referendarsausbildung war für Helmuth James eine berufliche Karriere beim Staat ausgeschlossen. Der Journalismus, mit dem er als Schüler und Student geliebäugelt hatte, verbot sich unter den Bedingungen von Diktatur und Zensur ebenfalls. Übrig blieb in dieser Lage, wenn man in Deutschland bleiben und damit die Verantwortung für Kreisau übernehmen wollte, nur eine freiberufliche Tätigkeit. Helmuth James dachte daran, eine Anwaltskanzlei zu eröffnen.

Wie nicht anders zu erwarten, hatten die sechs Monate in Südafrika aber auch Sehnsüchte in Helmuth James geweckt, die Welt zu bereisen und interessante Menschen zu treffen. Geprägt durch sein Elternhaus, die Begegnungen am Grundlsee und neuerdings in Kapstadt und London, begab er sich auf eine große Erkundungs- und Selbstfindungsreise durch Europa. Er fuhr zwischen März und April 1935 nach Basel, Bern, Genf, Paris, Den Haag und London. Aufgrund der Devisenbeschränkungen, die deutschen Staatsbürgern mittlerweile auferlegt waren, war dies alles andere als selbstverständlich. Aber als mittelständischer Agrarunternehmer und dank des Londoner Kontos der Schwiegereltern verfügte er über die nötigen Devisen.

Auch im Ausland war der Name Moltke ein Türöffner. Die Veteranen des Ersten Weltkriegs standen noch mitten im Berufsleben, es lebten sogar noch die letzten Teilnehmer des Deutsch-Französischen Krieges von 1870/71. In Basel suchte er die Bank für Internationalen Zahlungsausgleich auf, um sich Einblicke in die ökonomische und finanzielle Lage Europas und der ganzen Welt zu verschaffen. In Genf studierte er die Arbeit des Völkerbunds und kam zu einem ernüchternden Befund: Er sah Karrieristen am Werk, die lediglich die Interessen des Staates vertraten, der sie entsandt hatte. Und er traf Entwurzelte – Russen, Italiener und Deutsche –, die im Zeitalter des Totalitarismus mit ihren Heimatländern gebrochen hatten. »Es wimmelt von Bürokraten«, schrieb Helmuth James seiner Frau, »aber es fehlen Menschen von Format völlig.« Ausgerechnet in Genf schien man nach dem Eindruck Moltkes »ganz kühl mit einem großen europäischen Krieg in absehbarer Zeit zu rechnen«.[136] Der Ständige Internationale Gerichtshof in Den Haag, den er im Anschluss an den Aufenthalt in Paris besuchte, schien ihm kraftvoller und stärker als der Völkerbund zu sein. Hier lernte er einen aus Deutschland entsandten Richter kennen, der in der Weimarer Republik für die DDP im Reichstag gesessen hatte. Walther Schücking, der schon zur deutschen Delegation bei den Friedensgesprächen in Versailles 1918 gehört hatte, galt als einer der führenden deutschen Völkerrechtsexperten.

In London, wo Helmuth James seit der Rückkehr aus Südafrika schon einige Bekannte und Freunde hatte, entschloss er sich zu einer Ausbildung als »barrister«. Dieser ist im Gegensatz zum »solicitor« jener Anwalt, der einen Prozess vor Gericht führt – »at the bar«. Im November 1935 wurde Helmuth James Mitglied des »Inner Temple«, einer Rechtsgilde, der der Großvater bereits angehörte. Diese Mitgliedschaft war die Voraussetzung, um die Ausbildung in Großbritannien angehen zu können. Sie verpflichtete Helmuth James unter anderem dazu, an einer Reihe von Diners während des Semesters teilzunehmen.

Wieder einmal sprang der Großvater ein, der Helmuth James zu diesem Weg geraten hatte, und finanzierte dem Enkel die erforderlichen Auslandsreisen. In London traf Moltke wiederholt mit Heinrich Brüning zusammen, dem ehemaligen Reichskanzler. Brüning lehrte zu dieser Zeit in Oxford. Er war nach dem Röhm-Putsch in die Schweiz emigriert und ging später in die USA.

In Deutschland beantragte Helmuth James nach der Rückkehr von seiner großen Europareise im Juni 1935 die Zulassung als Rechtsanwalt. Er trat in eine Kanzlei für internationales Privatrecht in Berlin ein, die Unter den Linden 69 residierte. Als Mussolini zu einem Staatsbesuch nach Berlin kam, sollte auch auf dem Gebäude der Kanzlei die Hakenkreuzfahne gehisst werden. Moltke verweigerte den Arbeitern, die mit dem entsprechenden Auftrag erschienen, die Genehmigung und veranlasste die anderen Mieter im Hause, in gleicher Weise zu handeln.

Chef der Kanzlei war Karl von Lewinski, der wie Moltke als junger Jurist am Kammergericht tätig gewesen war. In den 1920er-Jahren hatte Lewinski als Diplomat gearbeitet, unter anderem als Mitglied der »German American Mixed Claims Commission« und als Generalkonsul in New York. 1931 war er aus dem Staatsdienst ausgeschieden. Er wurde 1943 ausgebombt, verließ Berlin vorübergehend und kehrte 1945 zurück. 1949 kehrte er Deutschland endgültig den Rücken und lebte als Geschäftsmann und Berater der Bundesregierung in Washington, D. C. Dort starb er im Jahre 1951.

In seiner Kanzlei bearbeitete Helmuth James von Moltke nun Fälle von deutschen Juden, die von der neuen Gesetzgebung betroffen waren. Es ging zumeist um den Verkauf von Immobilien und Wertgegenständen und die beabsichtigte Auswanderung. Moltke versuchte unter den gegebenen Umständen möglichst günstige Konditionen für seine Klienten herauszuschlagen. Noch harrten mehr als zwei Drittel der deutschen Juden unter sich ständig verschlechternden Lebensbedingungen in Hitler-Deutschland aus.

Einer der Ersten aus dem Freundeskreis von Helmuth James, die bereits gegangen waren, war Eugen Rosenstock-Huessy. Er beendete zwei Tage nach der Machtergreifung Hitlers seine Vorlesungen in Breslau und verließ das Land im November 1933 per Schiff. Seine Frau und sein Sohn folgten ihm bald in die USA. Helmuth James verwand nie das Unrecht, das seinem Mentor und Freund widerfahren war.

Die andere schwerwiegende Erfahrung waren die Krebserkrankung und der Tod der Mutter ausgerechnet in den Tagen und Wochen, in denen er seine Anwaltstätigkeit in Berlin aufgenommen hatte. Helmuth James trug schwer an ihrem Verlust. Besonders an ihrem Todestag überkam ihn ein Gefühl von großem Schmerz und Dankbarkeit. Seinen Geschwistern sagte er, die Trennung von der Mutter sei schlimm, wenn man nicht an ein Wiedersehen glaubte.[137]

Im gleichen Monat schloss Freya ihr Jurastudium mit der Promotion bei Martin Wolff, einem Professor für Öffentliches Recht, an der Berliner Friedrich-Wilhelms-Universität ab. Der Titel ihrer Arbeit lautete »Beglaubigung und öffentlicher Glaube. Zur Auslegung des § 1155 BGB«. Wolff, ein begnadeter akademischer Lehrer, dessen Vorlesungen von 1933 an gestört worden waren, verließ Deutschland drei Jahre später. Er starb 1953 in London. Unter den Umständen war es ein Glücksfall, dass Freya zu diesem Zeitpunkt ihre akademische Ausbildung beendete.

Sie wurde nun der neue Mittelpunkt der Kreisauer Großfamilie. Bis zur Ankunft der Russen im Jahre 1945 war sie »die Kreisauerin«.

Anfang Juli 1935 begleitete Helmuth James seine Schwiegermutter zum Schiff nach Southampton. Er nutzte diese Reise nicht nur für seine juristische Ausbildung, sondern auch für intensive politische Gespräche in London. Moltke nahm die Verbindung zu Lionel Curtis wieder auf. Durch ihn kam er zum All Souls College nach Oxford. Er machte seinen Zuhörern klar, dass man dem NS-Regime mit Konsequenz begegnen müsse. An Curtis schrieb er, dass ihm der liberale Geist seiner Gesprächspartner Hoffnungen auf Veränderungen in der Welt mache, »selbst wenn wir unser ganzes Leben in einer kleinen Zelle verbringen müssen«.[138]

Bei seinem nächsten Großbritannienaufenthalt nahm Helmuth James von Moltke Kontakt zur anglikanischen Kirche auf. Über Mittelsmänner ließ er ausrichten, dass sein Lagebericht über die Bekennende Kirche in Deutschland dem Bischof von Chichester, George Bell, übergeben werden solle. Bell war ein enger Freund von Dietrich Bonhoeffer.

Wie dies nur ganz wenigen Deutschen noch möglich war, lebte Helmuth James zwischen Diktatur und offener angelsächsischer Demokratie. Zusätzlich zu den Trips nach London unternahm er an der Jahreswende 1936/37 mit Freya eine zweite Südafrikareise. In Berlin nahm er wiederholt an Zusammenkünften des »Schiffer-Kreises« teil. Es handelte sich um eine Tischrunde des ehemaligen Justizministers Eugen Schiffer, zu der neben prominenten Politikern der Weimarer Republik auch Theodor Heuss gehörte. Er war damals nach dem Verlust seines Reichstagsmandats für die Deutsche Staatspartei vorübergehend im Institut für Grenz- und Auslandsstudien beschäftigt. Man tauschte Informationen über die allgemeine Lage aus. Einmal referierte Moltke selbst.

Am 2. November 1937 kam sein Sohn Helmuth Caspar auf die Welt.

Bei seiner Arbeit als Berliner Rechtsanwalt befand er sich auf dem ständigen Rückzug. Neue Gesetze und Verordnungen beschleunigten den Niedergang einer großen Rechts- und Kulturtradition, indem die deutsche Gesellschaft ihre jüdischen Mitbürger zu »Outlaws« machte, die sie ausplünderte, bevor sie das Land verließen. Oft starben die Hinausgeworfenen mittellos nach kurzer Zeit, weil ihnen die Pensionen und Rentenansprüche genommen worden waren und sie Mühe hatten, sich unter den veränderten Bedingungen ihres Exils zurechtzufinden. Ende Januar 1938 schrieb Helmuth James an seine Frau: »Die Stadt ist widerlich, und jeder Tag festigt in mir die Überzeugung, dass es richtig ist, die Arbeit hier auf ein Mindestmaß zu beschränken, sobald es finanziell erträglich scheint. Wenn es in drei oder vier Jahren in London nicht geht, dann werde ich mich doch noch ganz nach Kreisau zurückziehen und dort mit Dir verbauern.«[139]

Nach dem »Anschluss« von Österreich im März 1938 begann der Massenexodus der jüdischen Freunde aus Wien. Die Nachricht vom Einmarsch der Wehrmacht im Nachbarland erreichte Eugenie Schwarzwald auf einer Vortragsreise in Dänemark. Sie kehrte nicht mehr in die Heimat zurück. Helmuth James begab sich sofort nach Kopenhagen und stand seiner alten Gönnerin bei. Sie ging nach Zürich, wohin ihr Mann ihr folgte. Moltke vertrat die beiden später als Anwalt. Im gleichen Monat trennte sich Helmuth James von seiner Berliner Kanzlei und wechselte in das Anwaltsbüro von Paul Leverkühn am Pariser Platz. Lewinski sagte ihm zum Abschied: »Gehen Sie fort aus diesem komischen Land, es wird Ihnen hier nie gut gehen.«

Wenige Wochen später traf Moltke den Stellvertreter von Generalstabschef Ludwig Beck, Franz Halder, zu einem etwa einstündigen Gespräch. Halder hatte das Grab des Generalfeldmarschalls in Kreisau besucht und gehörte zu den Gegnern Hitlers.

Mehrmals war Helmuth James in diesem Jahr in London, um sein Alternativprojekt als Anwalt in Großbritannien voranzubringen. Im August 1938, wenige Wochen vor dem Münchner Abkommen, das den britischen Premier Neville Chamberlain dazu bewog, sich als Friedensstifter feiern zu lassen, schrieb Helmuth James an seine Frau: »Ich kann die Unsinnigkeit dieser Existenz nicht mehr lange ertragen. Ist es nicht besser, die falschen Werte und Fiktionen hier aufzugeben und in allergrößter Bescheidenheit irgendwo zu leben, wo man nicht ständig auch von außen bedrückt ist? Ich habe das Gefühl, daß ich lieber in einem freien Land hungere, als daß ich hier dazu beitrage, den respektablen Schein aufrechtzuerhalten.«[140]

Im Oktober 1938 bestand Helmuth James in London das »barrister«-Examen. Seinen Großeltern schrieb er, dass er nun in England mehr Freunde als in Berlin habe. Wenige Wochen nach dieser vorletzten Londonreise des Jahres, bei der er seine juristische Abschlussprüfung machte, brannten in Deutschland die Synagogen. Noch im November 1938 kehrte Helmuth James nach London zurück und arbeitete in der kleinen Wohnung, die ihm Lionel Curtis für Studienzwecke überlassen hatte. In einem Brief an Curtis schrieb er, dass er »wirklich auf das Verhalten des englischen Volkes stolz war [...] Diese Wochen hätten in der Tat als Lektion für Diktatoren dienen können [...] Ich muß gestehen, daß ich, nachdem ich keine Zweifel daran habe, auf welcher Seite meine Sympathien im Kriegsfalle wären, wirklich stolz auf die englische Nation war. Das ist ein komisches Gefühl für einen Ausländer.«[141]

Im Brief an Curtis hieß es weiter: »Wenn dieser Kontinent für längere Zeit unter die Herrschaft der Nazis geriete, würde unsere in Jahrhunderten aufgebaute und letztlich auf dem Christentum und der Klassik gegründete Zivilisation verschwinden, und wir wissen nicht, was stattdessen entstände.« Moltke setzte auf Churchill. Er war seine einzige Hoffnung. Der Politiker war wenige Monate zuvor mit Ewald von Kleist-Schmenzin, einem entschlossenen Hitler-Gegner, zusammengetroffen, um mit ihm über die Haltung der britischen Regierung für den Fall eines Umsturzes in Deutschland zu sprechen. Kleist-Schmenzins Sohn war zum Attentat auf Hitler bereit, scheiterte 1943 knapp und überlebte mit viel Glück den 20. Juli 1944, während der Vater hingerichtet wurde.

Im Winter 1938/39 kam Dorothys Mutter nach Kreisau. Es ist anzunehmen, dass zu diesem Zeitpunkt die Entscheidung, in Deutschland zu bleiben oder nach Großbritannien zu gehen, bei Helmuth James von Moltke noch nicht endgültig gefallen war. Jede Reise diente der Überprüfung seines Entschlusses im Heimatland zu bleiben, der immer wieder infolge der dramatischen Entwicklungen in Deutschland und in Europa bis 1938 ins Wanken geriet.

Im Juni 1939 reisten Helmuth James und Freya von Moltke nach London, um gezielt mit dem Aufbau einer Doppelexistenz zu beginnen. Sie mieteten ein Büro in einer internationalen Kanzlei an. Die Möbel waren bereits bestellt. Eine Londoner Universität bot Helmuth James ein zweijähriges Forschungsstipendium an, das mit 200 Pfund dotiert war. Seinem Großvater schrieb er, dass er seine Tätigkeit als Anwalt in London am 1. Oktober 1939 aufzunehmen gedenke. Doch vier Wochen zuvor brach der Zweite Weltkrieg mit dem deutschen Überfall auf Polen aus. Damit war der Fluchtweg nach Großbritannien verbaut. Die Alternative London existierte nicht länger.

Im OKW

Am 1. September 1939, als die deutschen Soldaten die polnischen Schlagbäume mit Brachialgewalt zur Seite räumten, hatte Helmuth James von Moltke noch fünf Jahre und fünf Monate Lebenszeit vor sich.

Er trat nun in einen Lebensabschnitt ein, in dem er nicht wie sein Vorfahr große Heere kommandierte, sondern Schritt um Schritt geistiger Führer von Gruppen von Versprengten wurde, die sich dem Unrechtsregime entgegenstellten.

In einem Zug fuhr er am 1. September von Kreisau nach Berlin zurück. Nach der Ankunft hielt er fest: »Die Atmosphäre hier ist schrecklich. Ein Gemisch von Ausweglosigkeit und Trauer.«

Mit 50 000 Mann im Sicherheitsapparat war es dem Regime gelungen, eine Friedhofsstille in Deutschland herbeizuführen, die nur von den Schreien der Gequälten und Inhaftierten, vom Weinen derer, die mit wenigen Habseligkeiten das Land verließen, unterbrochen wurde. Aber dies wurde im Lande nicht mehr registriert. Hitler befand sich auf dem Höhepunkt seiner Popularität.

Seit dem Tod seines Vaters am 27. März 1939 führte Helmuth James den Titel eines Grafen. Da er sich von der Propaganda des Regimes nicht vereinnahmen ließ, drohte zu dieser Zeit die Verstaatlichung von Kreisau.

Mit dem Versammeln von Mitstreitern hatte Helmuth James bereits 1938 begonnen. Es waren die Teilnehmer der schlesischen Arbeitslager, zu denen der mittlerweile 32-Jährige den Kontakt wiederaufnahm: Horst von Einsiedel, Adolf Reichwein, Otto Heinrich von der Gablentz und Hans Lukaschek. Mit ihnen und einigen anderen Gleichgesinnten wie dem Rechtsanwalt Eduard Waetjen und dem Agrarfachmann Arnold von Borsig, bei dem er Theodor Haubach kennenlernte, diskutierte der junge Adlige die aktuelle Politik und Aspekte einer Neuordnung Deutschlands nach dem Fall des NS-Regimes. Es war nicht mehr als ein Gesprächskreis, aber eben doch auch eine Runde der Vergewisserung in bedrängten Zeiten.[142]

Die Kontakte zum Ausland hatte Helmuth James von Moltke in letzter Minute deutlich ausgebaut. Er kam wiederholt mit dem amerikanischen Botschafter in Berlin, Alexander C. Kirk, zusammen, auf den 1940 George F. Kennan als Gesprächspartner Moltkes folgte. Besonders wichtig für ihn wurde nun sein Onkel Hans-Adolf von Moltke.

Das Regime hatte ihn, den Botschafter, am 9. August 1939, drei Wochen vor dem deutschen Angriff, aus Warschau abgezogen. Moltke hatte sich in den Jahren zuvor, bestärkt durch seine Frau, mit dem Gedanken getragen, den Auswärtigen Dienst zu verlassen. Er verfügte natürlich weiterhin über viele Kontakte und wusste die Lage einzuschätzen. Mit großer Sorge verfolgte er die Aktivitäten seines Neffen, die nach geltendem Recht Hochverrat waren. Eindringlich beschwor er Helmuth James, »dafür zu sorgen, daß kein Moltke auf dem Schafott stirbt«.[143] Nach der Rückkehr aus Warschau leitete er im Auswärtigen Amt in der Berliner Wilhelmstraße ein Sonderreferat. Es stellte Dokumente zusammen, die die Kriegsschuld Polens belegen sollten. Er selbst dachte völlig anders und suchte nach Wegen, die Brutalität der deutschen Besatzungsherrschaft zu mildern. Danach arbeitete er für eine Archivkommission, die erbeutete Akten auswertete, und wurde 1942 auf eigenen Wunsch in den sogenannten Wartstand versetzt. Danach winkte der Posten eines Aufsichtsratsvorsitzenden bei einem Stahlunternehmen. Noch im selben Jahr wurde Moltke vom Kapitel Polen in seiner beruflichen Karriere eingeholt. Einer seiner früheren Warschauer Mitarbeiter, Rudolf von Scheliha, wurde im Oktober 1942 von der Gestapo verhaftet. Dem NSDAP-Mitglied wurde vorgeworfen, für die Sowjetunion spioniert zu haben und Mitglied der »Roten Kapelle« gewesen zu sein. Tatsächlich hatte Scheliha unter Einsatz seines Lebens über Jahre hinweg dem polnischen Widerstand geholfen und die Anfänge des Holocaust detailliert dokumentiert. In Deutschland bekämpfte er engagiert die Euthanasieprogramme der Nationalsozialisten. Scheliha wurde am 14. Dezember 1942 wegen Landesverrats zum Tode verurteilt und bereits am 22. Dezember in Berlin-Plötzensee hingerichtet. Erst im Jahr 2000 wurde Scheliha vom Auswärtigen Amt gewürdigt und vollständig rehabilitiert. Sein Name erschien auf einer Gedenktafel. Jahrzehntelang hatte er nicht als Widerstandskämpfer gegolten.

1942 zog sein Fall im Auswärtigen Amt weite Kreise. Auch

Hans-Adolf von Moltke geriet in Gefahr, es drohte die Einweisung in ein Konzentrationslager, wie ihm der Staatssekretär im Auswärtigen Amt Ernst von Weizsäcker angedeutet haben soll. Anfang 1943 wurde Moltke reaktiviert und als Botschafter nach Spanien entsandt. Wenige Wochen nach der Ankunft in Madrid verstarb er jedoch an den Folgen einer Blinddarmoperation. Der äußerst musisch veranlagte Spitzendiplomat hatte sich binnen weniger Wochen einen legendären Ruf erworben. 100 000 Menschen begleiteten seinen Sarg durch die spanische Hauptstadt, eine politische Demonstration in Zeiten der Waffenbrüderschaft in Russland, wo Francos »Blaue Division« kämpfte. Auf Anweisung Hitlers erhielt er in Breslau ein Staatsbegräbnis, bei dem Helmuth James und Peter Graf Yorck von Wartenburg zugegen waren.

Aufgrund seiner Kontakte ins Auswärtige Amt und zu anderen Dienststellen in Berlin war es Helmuth James von Moltke möglich, mit Kriegsbeginn eine Tätigkeit anzusteuern, die seinen beruflichen Kenntnissen entsprach und mit der er zugleich der Einberufung zur Wehrmacht entgehen konnte. Dort hätte er als Hitler-Gegner in einer Schreibstube nichts ausrichten können. Er wurde tatsächlich wenige Wochen nach Aufnahme seiner neuen Tätigkeit von den Militärärzten als »büroverwendungsfähig, aber nicht kriegsdienstfähig« eingestuft.

Bei Gesprächen mit dem Kaiser-Wilhelm-Institut für ausländisches öffentliches Recht und Völkerrecht, das im Berliner Schloss residierte, hatte sich im Sommer 1939 abgezeichnet, dass diese Institution der Wehrmacht unterstellt werden würde. Mit Erlass vom 15. September 1939 verfügte General Wilhelm Keitel, der Chef des Oberkommandos der Wehrmacht (OKW), die Einrichtung dieser »Beratungsstelle Völkerrecht«. Bereits eine Woche nach Kriegsbeginn arbeitete Moltke, der bei seiner Berliner Anwaltskanzlei inzwischen ausgeschieden war, für diese im Amt Ausland/Abwehr des OKW angesiedelte Arbeitseinheit.

Chef der Behörde war Admiral Wilhelm Canaris. Der westfälische Industriellensohn hatte nach abenteuerlich verlaufenen Jahren während des Ersten Weltkriegs im Dienst der deutschen Kriegsmarine vorübergehend in Südamerika gelebt, wo er interniert gewesen war. Später gehörte er zu den engen Mitarbeitern von Reichswehrminister Gustav Noske. Canaris hielt sich während des Spanischen Bürgerkriegs, der gerade zu Ende gegangen war, auf der Iberischen Halbinsel auf. Er war, wie die meisten anderen Soldaten, für eine Revision von Versailles, versuchte aber auch Hitler davon abzuhalten, einen großen Krieg zu beginnen.

Moltke war damit Angehöriger der Wehrmacht, zog die Uniform jedoch nie an. Im Range eines Majors und Kriegsverwaltungsrats ging er jeden Morgen zu seiner Dienststelle am Tirpitzufer 80. Dem eingefleischten Zivilisten kam es merkwürdig vor, nun mit Soldaten zusammenzuarbeiten. Mitunter konferierte er ausschließlich mit Generälen und Admiralen.

Gegenüber seinem Dienstsitz, in der Derfflingerstraße 10, wo heute das Französische Gymnasium von Berlin steht, bezog er eine über einer Garage gelegene kleine Wohnung. Von dort war es nur ein Katzensprung zum Tirpitzufer. Zu seinen zahlreichen Gästen gehörte auch der fünf Jahre ältere Hans von Dohnanyi, der Sohn eines berühmten ungarischen Komponisten, Pianisten, Dirigenten und akademischen Lehrers. Er war zur gleichen Zeit wie Helmuth James von Moltke im Range eines Majors und Sonderführers in das Amt Canaris' eingerückt. Dohnanyi leitete unter Oberst Hans Oster, der der Zentralabteilung vorstand, die »Gruppe Berichterstattung«. In Wirklichkeit führte er seine Dokumentation über die Verbrechen des NS-Regimes weiter, die er mit Billigung von Minister Franz Gürtner bereits im Reichsjustizministerium begonnen hatte.

Wie Dohnanyi saß nun auch Moltke in einem Vorzimmer der Macht und hatte offiziell völkerrechtliche Expertisen auszuarbeiten. Binnen kürzester Zeit arbeitete er sich in viele Fragen ein, die mit dem See-, Luft- und Landkrieg sowie wirtschaftlichen Aspekten zu tun hatten. Der Vernichtungskrieg, der in Polen in diesen Tagen geführt wurde, und der Seekrieg der Marine unter dem fanatischen Admiral Erich Raeder zeigten ihm rasch, dass sein Rat zwar gehört wurde, sich die militärischen Befehlshaber aber über ihn hinwegsetzten. Hitler selbst hatte in einer Ansprache an die Befehlshaber der Wehrmacht am 22. August 1939 den Rahmen so skizziert: »Bei Beginn und Führung des Krieges kommt es nicht auf das Recht an, sondern auf den Sieg. Herz verschließen gegen Mitleid. Brutales Vorgehen. 80 Millionen Menschen müssen ihr Recht bekommen. Ihre Existenz muß gesichert werden. Der Stärkere hat das Recht. Größte Härte.«[144]

In der Hierarchie des Amtes war Moltkes direkter Vorgesetzter ein Major Tafel, der mit Dietrich Bonhoeffer und der Frau von Hans von Dohnanyi verwandt war. Wegen kritischer Äußerungen zum Vorgehen der SS in Polen wurde er 1942 an die Front versetzt.

Leiter des Kaiser-Wilhelm-Instituts, das nun zum OKW gehörte, war der Völkerrechtler Viktor Bruns. Er kannte Moltke von einer Veröffentlichung in der Institutszeitschrift her und wusste somit, dass dieser ein hervorragender Kenner des britischen Rechts war. Bruns' Stellvertreter war Ernst Martin Schmitz, ein Berliner Honorarprofessor, der als Hauptmann der Reserve zu Kriegsbeginn ins Amt Ausland/Abwehr einberufen worden war. Moltke teilte sein Arbeitszimmer mit ihm. Da Schmitz bereits 1942 bei einem Skiunfall ums Leben kam, Tafel im gleichen Jahr versetzt wurde und Bruns 1943 starb, hatte Moltke einerseits drei Jahre vor sich, in denen er sich im Hause relativ sicher fühlen konnte. Andererseits stand ihm eine tief greifende Veränderung der Arbeitsverhältnisse bevor, bis bald darauf der Endkampf gegen das Regime in Haft begann.

Die Aufgabe, vor der Moltke stand, war ihm bewusst: die Folgen des Krieges zu mildern, wie er es formulierte, »den Krieg zu humanisieren«[145]. Die erste große Herausforderung, die ihn an die Grenzen der psychischen und physischen Belastbarkeit brachte, war die Frage der Behandlung der polnischen Kriegsgefangenen. Es war ein Thema, das Moltke sehr naheging, da er als Junge die Folgen der neuen Grenzziehung zwischen Deutschland und Polen, das heißt vor allem die Flüchtlingsströme, die diese auslöste, hautnah erlebt hatte. Anfang Oktober 1939 hatten die letzten Reste des polnischen Heeres kapituliert, zerrieben zwischen den beiden Diktatoren Hitler und Stalin, die die Beute untereinander aufteilten. Einheiten der Roten Armee, eine knappe halbe Million Soldaten, verteilt auf mehr als 40 Divisionen und Panzerbrigaden, waren vom 17. September 1939 an in das geschundene Land eingerückt und hatten zusammen mit den Deutschen die vierte Teilung Polens besiegelt.

In den Berliner Ministerien wurde die Frage, wie man die 400000 gefangenen polnischen Soldaten behandeln sollte, kontrovers diskutiert. Waren sie im Sinne der Haager Landkriegsordnung und des Abkommens über die Behandlung von Kriegsgefangenen Kombattanten? Oder sollte man sie im Sinne der nationalsozialistischen Ideologie als »Untermenschen« behandeln, zur Zwangsarbeit verurteilen, ins Konzentrationslager schicken, indem man Hunderttausende ins neu geschaffene »Generalgouvernement« abschob?

Ein Brief von Canaris, der im Sinne Moltkes verfasst wurde, verhinderte am Ende das Schlimmste. Die Gefangenen wurden unter Aufsicht des Internationalen Roten Kreuzes in Zeltstädten untergebracht und vom Herbst 1940 an zu Arbeitseinsätzen in die deutsche Landwirtschaft geschickt.

Die nächste Herausforderung ließ nicht lange auf sich warten. Es war der »Fall Gelb« – die Vorbereitungen für den Angriff im Westen –, der 29-mal verschoben und schließlich im Frühjahr 1940 durchgeführt wurde. Die Planungen sahen vor, Frankreich erneut Elsass-Lothringen abzunehmen und es wie Luxemburg dem Reich zuzuschlagen. Da hiermit völkerrechtliche Grundsatzfragen aufgeworfen waren, wurde unter anderen Moltke mit der Problematik betraut. Er setzte alles daran, mit seinen Einwänden den Beginn der Operation hinauszuzögern, denn im Amt wusste man von Staatsstreichplänen gegen Hitler. Es war Moltke zu Ohren gekommen, dass Ludwig Beck und Hans Oster in der Angelegenheit mit Walther von Brauchitsch und Franz Halder gesprochen hatten.

Am 18. November 1939 schrieb Helmuth James an Freya: »Die aufregendste Woche meines bisherigen Lebens ist vorüber. Und das Unglück ist aufgeschoben. Ich weiß nicht, wie viel ich dazu beigetragen habe, aber das Ergebnis ist da [...] Ich sitze natürlich immer noch am kurzen Hebelarm, am Stümpchen des Hebels, und wenn ich den Hebel, also dessen langes Ende bewegen will, muß ich ganz unverhältnismäßige Kraftanstrengungen machen und überdies darf der lange Arm es nicht bemerken. – Trotz dieser Einschränkung ist die Möglichkeit für mich, manches abzuwenden, so groß wie noch nie.« Zu Hilfe müssen Helmuth James von Moltke zu dieser Zeit nicht nur seine überlegene juristische Argumentation und die Kenntnis des Hauptkriegsgegners Großbritannien und des britischen Rechts gekommen sein, sondern auch der Schutzpanzer, den sein Name in einem Apparat darstellte, der noch zu großen Teilen der alten Rechtstradition verpflichtet war. Jedem deutschen Soldaten vom Major an aufwärts waren die Militärs der Familie Moltke ein Begriff. Man bewunderte und verehrte den alten Moltke auch nach 1933. Wo immer der baumlange Urgroßneffe des Generalfeldmarschalls auftauchte, erinnerte er in seiner Statur an den Vorfahren und löste starke Assoziationen aus. Moltke der Ältere war nicht nur in der Gefühlswelt der Soldaten stark verankert, sondern auch in der deutschen Gesellschaft quer durch alle politischen Lager, von den Kommunisten einmal abgesehen.

Moltke war somit vom Beginn seiner Tätigkeit im OKW an in mancher Situation ein Anführer ohne Rangabzeichen. Er empfahl sich für die Leitung dank seiner Fähigkeit, größere Zusammenhänge zu sehen. Und er genoss dies, fand es aber komisch, wie er schrieb, wenn die Herren mit den geflochtenen Schulterstücken und roten Streifen an den Hosen das Gespräch und seinen Rat suchten.

Zwar erfüllten sich Moltkes Hoffnungen, dass der Krieg schnell vorbei sein werde, nicht, doch am Ende des Jahres 1939 konnte er die ersten Monate seiner Tätigkeit im Amt Ausland/Abwehr so resümieren: »Wenn ich die vier Monate übersehe, so finde ich doch, daß ich noch nie so viel Übel verhütet und so viel Gutes erreicht habe. Es erstaunt mich. Und das Angenehme ist, daß es nie jemand erfahren wird oder bemerken wird, so daß man nicht sieht, daß etwas dagegen unternommen werden kann.«

Wenig oder nichts konnte Helmuth James Graf von Moltke gegen das Unternehmen »Weserübung« ausrichten, die Eroberung und Besetzung von Dänemark und Norwegen im April 1940. Wie in Polen mit Hans Frank wurde mit Josef Terboven ein hoher NSDAP-Funktionär als Reichskommissar eingesetzt, bekam die Wehrmacht nicht die Zuständigkeit im besetzten Gebiet. Der Strohhalm, an den sich Moltke klammerte, Schlimmeres zu verhindern, wurde brüchiger und dünner. »Es ist eine Existenz im Vakuum«[146], schrieb er.

Moltke machte in diesen Wochen eine interessante Feststellung, die sich als Problem wie ein roter Faden durch das Leben jener Moltke'schen Familienmitglieder zog, die als Soldaten und Diplomaten zwischen 1825 und 1945 dem Vaterland dienten. Er schrieb: »Es scheint ein deutscher Charakterzug zu sein, dem Ob größerer Fragen aus dem Wege zu gehen und stattdessen das Wie in den Vordergrund zu schieben und sich daran zu erfreuen, wie gut man das macht. Dabei wird dann immer und immer wieder übersehen, ob man das, was man gut macht, überhaupt machen sollte. Die Deutschen scheinen eine ausgesprochene Begabung für das Taktische zu haben, strategisch aber hoffnungslos zu sein.«

Als die deutschen Truppen im Frühsommer 1940 binnen weniger Wochen Frankreich besiegten – ein unerhörter Vorgang für die Erlebnisgeneration des Ersten Weltkriegs – und Großbritannien zum hastigen Abzug seiner Truppen aus Dünkirchen zwangen, kannte die Begeisterung keine Grenzen. Selbst die Hitler-kritischen Generäle ließen sich unter dem Eindruck der militärischen Erfolge mitreißen. Ganz Europa orientierte sich nun an der neuen Vormacht. Nur Großbritannien blieb standhaft. Inmitten der Siegesfeiern war Moltke ein Einsamer, der den heraufziehenden Weltkonflikt mit den USA ahnte. Er mutmaßte – das deutsche Potenzial überschätzend –, es werde sich dabei um einen 100-jährigen Krieg handeln. Mit seinem Schwager Carl erörterte er die Frage, wo man sich als Deutscher noch auf der Welt zeigen könne, ohne gefangen gesetzt oder nicht hineingelassen zu werden. »Mit Ausnahme von Italien konnten wir kein Land entdecken«, schrieb er.

Im Januar 1940 ging Moltke erneut eine Bürogemeinschaft mit zwei Berliner Anwälten ein. Im gleichen Monat kam es zu einer schicksalhaften Kontaktaufnahme in Berlin zwischen Moltke und Peter Graf Yorck von Wartenburg, zwei Adligen, die einen gemeinsamen schlesischen Hintergrund hatten. Auch der Name Yorck hatte zu dieser Zeit wegen eines Vorfahren noch einen besonderen Klang. Ludwig Yorck hatte in der Schlussphase des Napoleonischen Reiches 1813 die berühmte Konvention von Tauroggen abgeschlossen. Sie löste die Erhebung Preußens gegen Frankreich aus und bahnte eine enge Verbindung mit Russland an, die bis kurz vor dem Ersten Weltkrieg bestand und das Leben von Helmuth von Moltke dem Jüngeren geprägt hatte. Im Elternhaus von Yorck befand sich die größte Privatbibliothek Preußens mit etwa 150 000 Bänden. Musiker wie Liszt und Rubinstein und Philosophen wie Schelling, Tieck, Hegel, Varnhagen und Dilthey gehörten im 19. Jahrhundert zum Freundeskreis der Familie. Großvater Heinrich war selbst ein bekannter Philosoph.

Yorck war zusammen mit zehn Geschwistern auf einem Schloss in Klein-Öls östlich von Breslau aufgewachsen. Wie

Helmuth James' Vater war auch sein Vater Mitglied des Preußischen Herrenhauses gewesen. Im Gegensatz zu Moltke sah er zunächst im Nationalsozialismus eine Chance, wandte sich aber unter dem Eindruck der Ereignisse, vor allem der Judenverfolgung, und einer Bekanntschaft mit Oberstleutnant Helmuth Groscurth vom Regime ab. Groscurth, ein Abwehroffizier, gehörte zu denjenigen, die Hitlers Fernziele, nämlich die Errichtung einer Weltherrschaft, klar vorhersahen.[147] In Russland versuchte er später, Juden zu retten. Yorck nannte Hitler, als er vom Beginn des Holocaust hörte, den »deutschen Dschingis Khan«[148].

Moltke traf Yorck am 16. Januar 1940 in dessen Privatwohnung in der Hortensienstraße 50 in Berlin-Lichterfelde. Mit dabei war Yorcks Frau Marion, eine promovierte Juristin, die für ihren Mann eine ähnliche Rolle spielte wie Freya für Helmuth James. Die beiden Männer frischten damit die bis dahin eher lose Verbindung auf. Bei der Taufe von Gebhardt von Moltke in Schlesien hatten sie sich 1938 bereits angenähert. Beide waren begabte Netzwerker und hatten in den zurückliegenden Monaten Freunde und Bekannte identifiziert, mit denen man gegen das Regime arbeiten konnte. Yorck hatte als Leutnant am Polenfeldzug teilgenommen. Dort war ein jüngerer Bruder gefallen, ein weiterer starb später in Russland. Aufgrund seines beruflichen Werdegangs hatte der promovierte Jurist auch Zugang zu jenen militärischen Kreisen, die seit der Blomberg-Fritsch-Krise den Staatsstreich gegen Hitler planten.

Moltke und Yorck entwickelten rasch ein enges Vertrauensverhältnis zueinander, das sich auf Familientraditionen, gemeinsame Herkunft, vergleichbare Ausbildung und Karriere sowie Zukunftsabsichten gründete. In den Gruppen des deutschen Widerstands suchte man ein vergleichbares Gespann vergebens. Die beiden Männer definierten zunächst ihre Gruppe, einen Vorläufer des Kreisauer Kreises, als kleine Gemeinschaft.

Man fühlt sich unwillkürlich an die Zusammenkünfte der

verfolgten Christen in der Antike erinnert. Bald versuchten sie in mehrmonatigen Korrespondenzen eine gemeinsame geistig-politische und philosophisch-theologische Plattform für ihre Zusammenarbeit zu finden. Moltke und Yorck setzten auf einen völligen Neuanfang in Deutschland. Sie wollten nicht nur das Hitler-Regime überwinden, sondern auch die antiliberalen und antidemokratischen Traditionen Deutschlands, die Berührungsängste mit Sozialismus und Sozialdemokratie beseitigen und den im Kaiserreich aufgekommenen Antisemitismus stoppen.

In der Kerngruppe, die die Zukunft Deutschlands besprach, tauchte im Sommer 1940 auch Hans von Dohnanyi auf.[149] Nach der Trennung der Eltern zu Beginn des Ersten Weltkriegs war die Mutter Dohnanyis mit ihren beiden Kindern in Berlin geblieben. Auch durch die Verbindung mit der Bonhoeffer-Familie hatte Dohnanyi einen vergleichbaren Hintergrund und ähnliche Überzeugungen wie Moltke. Als Student hatte er mit großer Begeisterung die Reisebeschreibungen und die Schilderung des Lebens am königlichen Hofe von Moltke dem Älteren gelesen.

Ähnliches galt für Adam von Trott zu Solz, den Moltke 1937 bei einem seiner Englandaufenthalte kennengelernt hatte. Der zwei Jahre jüngere Trott, der der SPD politisch nahestand, verfügte in den deutschen Oppositionskreisen mit über die besten internationalen Verbindungen. Im Juni 1939 war er mit dem britischen Premier Chamberlain, mit Außenminister Halifax und Lord Lothian, dem designierten britischen USA-Botschafter, zusammengetroffen, den auch Moltke persönlich kannte. Im September 1940 brachte Moltke ihn mit Dohnanyi zusammen. Trotts Vater war von 1909 bis 1917 preußischer Kultusminister gewesen. Der promovierte Jurist Adam von Trott zu Solz hatte in den 1930er-Jahren eine ähnliche Karriere wie Moltke durchlaufen und war weit in der Welt herumgekommen. Im Gegensatz zu Moltke kannte er auch die USA. Zu Beginn des Zweiten Weltkriegs war er ins Auswärtige Amt eingetreten und Mitglied des Freundeskreises um Moltke geworden.

Unmittelbar nach der Kapitulation Frankreichs unternahm Moltke in Begleitung des Gesandten Otto Carl Kiep, der Verbindungsoffizier zum OKW war, eine Erkundungsreise durch Belgien und Frankreich. Weitere Teilnehmer der Tour waren der Unterstaatssekretär Ernst Woermann und ein Major Karl Wilhelm von Schlieffen. Nach einem Stopp bei der Großmutter von Freya in der Eifel, bei der sich auch Moltkes Schwiegermutter aufhielt, ging es in Gegenden, in denen noch wenige Wochen zuvor erbitterte Kämpfe stattgefunden hatten. In Brüssel begegnete Moltke dem Befehlshaber für Belgien und Nordfrankreich, General Alexander von Falkenhausen. Falkenhausen war Militärattaché in Tokio gewesen, später – wie Moltke der Ältere – Militärberater in der Türkei. Wie Gürtner hatte er in Palästina gekämpft und war während seines abenteuerlichen Lebens in den 1930er-Jahren Berater des chinesischen Politikers Chiang Kai-shek gewesen. Bei dem Treffen mit der Vierergruppe aus Deutschland nahm der General kein Blatt vor den Mund. Er sah die deutsche Besatzungspolitik kritisch und diskutierte offen die Rolle, die England seiner Meinung nach in der künftigen Weltpolitik spielen müsse. Danach fuhr die kleine Delegation nach Dünkirchen weiter, wo eine Armada von großen und kleinen Schiffen wenige Wochen zuvor das britische Expeditionskorps gerettet hatte. Als die Gruppe über Calais nach Boulogne weiterfuhr, kam das Land der Sehnsucht in Sicht. Moltke notierte: »Von den Anhöhen sah man im Dunst die englische Küste liegen, und ich war doch sehr bewegt zu denken, daß dort in Sichtweite so viele unserer Freunde wohnen, ohne daß wir zueinander kommen können.« Danach ging es weiter nach Paris, wo die Gruppe im »Ritz« residierte. Moltke entging das unterwürfige Verhalten der französischen Zivilbevölkerung nicht. Bei seinen vielen Reisen hatte er einen wachen Blick für Alltagsszenen, aber auch für das unwürdige Benehmen vieler Deutscher in der Etappe. Er sah, wie sich Soldaten in der Freizeit verhielten, und er hörte, worüber sich Nachrichtenhelferinnen unterhielten. Ihn interessierte die menschliche Komödie durchaus.

Moltke nutzte den Aufenthalt, um eine Verlagsbuchhandlung aufzusuchen, die einer Familie Fischbacher gehörte. Ein Bruder von Moltke hatte einmal bei den Eigentümern gewohnt, und der junge Pierre Fischbacher war noch kurz vor dem Krieg in Kreisau zu Besuch gewesen. Dort hatte er, wie sich Moltke erinnerte, beim Himbeerenpflücken »Mourir pour la patrie« – »Für das Vaterland sterben« – gesungen. In der Buchhandlung erfuhr Moltke, dass der junge Mann wenige Wochen zuvor bei Sedan gefallen war. Moltke musste sich setzen, erschüttert verließ er den Laden. Einige Zeit später bedankte sich die Mutter des Gefallenen bei ihm für die spontan geäußerte Beileidsbekundung.

Erinnerungen an den gerade zu Ende gegangenen Krieg mit Frankreich und an den Ersten Weltkrieg wechselten einander ab. Über Fontainebleau reiste die Abordnung an den Ort, der den westlichsten Punkt des deutschen Vormarsches im September 1914 markierte. Hier hatte damals Oberstleutnant Richard Hentsch, autorisiert durch den Generalstabschef, den deutschen Angriffstruppen die Empfehlung zum Rückzug gegeben. Moltke besichtigte die Scheune bei Montmirail, in der sich das Drama abgespielt hatte. Wenige Tage später war sein Onkel und Taufpate, Helmuth von Moltke, damals abgelöst worden. Entlang der Linien der Marne-Schlacht fuhren die vier nach Verdun weiter, wo Kiep im Ersten Weltkrieg gekämpft hatte. Über Nancy und das Moseltal ging es nach Metz und dann zur Maginot-Linie. Hitlers Panzerdivisionen hatten sie mit einer Operation, die dem Schlieffen-Plan ähnelte, wenige Monate zuvor umgangen. Über Straßburg, mit einer Besichtigung des Münsters, und Karlsruhe kehrte die Reisedelegation am 13. August 1940 nach Berlin zurück.

Während der Zeit der Abwesenheit war Moltkes große Gönnerin Eugenie Schwarzwald in der Schweiz verstorben. Sie hatte, ebenso wie ihr Mann, die Vertreibung aus Österreich nur kurze Zeit überlebt.

Wenige Tage später erlebte Berlin den ersten großen britischen Luftangriff als Reaktion auf den ersten deutschen Angriff auf London. »Meine Gedanken sind ständig in England«, schrieb er an Freya, »wo ein wesentlicher Teil unserer Zukunft von der Fähigkeit einiger tausend Männer abhängt.« Hinsichtlich der eigenen Landsleute fiel das Urteil hingegen düster aus: »Immer wieder bin ich erstaunt, wie sehr alle diese Menschen ihre Orientierung verloren haben. Es ist nicht anders wie beim Blinde-Kuh-Spielen: sie sind mit verbundenen Augen im Kreise gedreht worden und wissen jetzt nicht mehr wo rechts und links, vorne und hinten ist.« Im Menschengewirr des Breslauer Hauptbahnhofs fiel ihm im November 1940 die Entwurzelung der Menschen auf, die der Krieg inzwischen verursacht hatte. Er sah »Maschinen, die eine bestimmte Funktion in einem Prozeß haben. Ich habe buchstäblich außer meinem netten Gepäckträger keinen einzigen Menschen gesehen«, bemerkte er. Der »Times« entnahm Moltke im Dezember 1940, dass die Halle des »Inner Temple« in London bei einem deutschen Luftangriff zerstört worden war.

Anfang 1941 ging es Moltke gesundheitlich nicht gut: »Ich habe mein Gleichgewicht in skandalöser Weise verloren und nicht gerade mit Grazie wiedererlangt; an das Jahr 1940 werde ich immer als ein ganz schwarzes Jahr zurückdenken«, schrieb er. Er erhielt die Möglichkeit zu einem Genesungsurlaub in den Dolomiten, auf dem ihn seine Frau begleitete. Er nutzte diese Gelegenheit gleich zu Anschlussunternehmungen. In Taormina auf Sizilien traf er seinen Bruder Carl Bernhard und war Gast in der Residenz des deutschen Botschafters in Rom, der ein Verwandter seiner Frau war. Anlässlich des 50. Todestags des Generalfeldmarschalls, des großen Italienliebhabers, gab es am 24. April 1941 drei Feiern – im OKW selbst, am Berliner Moltke-Denkmal sowie in Kreisau.

Wenige Wochen später flog der Hitler-Stellvertreter Rudolf Heß nach Großbritannien. Im gleichen Monat markierte der Untergang des Schlachtschiffs »Bismarck« das Ende des deutschen Seekriegs mit Überwassereinheiten. Das Duell mit der englischen Flotte, das in den Tagen von Helmuth von Moltke dem Jüngeren ausgebrochen war, war für immer entschieden.

Mit Beginn des Russlandfeldzugs am 22. Juni 1941 wurde die Zusammenarbeit zwischen Moltke und Dohnanyi enger. Es ging um das Stoppen bzw. die Abmilderung des berüchtigten »Kommissarbefehls«. Dieser sah vor, politische Kommissare der Roten Armee im Falle der Gefangennahme sofort zu erschießen. Die beiden trafen sich nach mehreren missglückten Anläufen endlich am 27. Juni 1941. Im Haus der Dohnanyis in Sacrow an der Havel fand am 16. August 1941 eine weitere Begegnung mit familiärem Charakter statt, wie sich die damals 15-jährige Tochter Dohnanyis Barbara erinnerte.[150] Helmuth James kam in Begleitung seiner Frau. Eine Woche später sah man sich erneut im Dienstzimmer von Dohnanyi am Tirpitzufer. Anscheinend war Moltke derjenige, der immer und immer wieder die Initiative ergriff, um Dohnanyi stärker an seinen Kreis zu binden.

Mit Sorge beobachtete Moltke die hohen anfänglichen Verluste der deutschen Wehrmacht im Russlandfeldzug und den zähen Widerstandswillen der Russen. Die Dimension der Auseinandersetzung, in die sehr bald die USA eingreifen würden, war ihm völlig klar. Niemals in der Weltgeschichte müssten so viele Menschen zwischen Portugal und dem Ural sterben wie in den kommenden neun Monaten, sah er in einem Brief am 22. Juli 1941 voraus. »Und diese Saat wird aufgehen. Wer den Wind sät, wird den Sturm ernten. Aber wenn das schon der Wind ist, wie wird der Sturm aussehen?« Inzwischen waren Hunderttausende von Rotarmisten in den großen Kesselschlachten des Sommers 1941 in deutsche Kriegsgefangenschaft geraten. Ihre Lage in den Lagern war, sofern sie dort überhaupt ankamen, katastrophal. Die Sowjetunion hatte im Juli 1941 über Schweden ausrichten lassen, dass man sich an die Bestimmungen der Haager Landkriegsordnung von 1907 halten werde. Moltke und Dohnanyi versuchten mit völkerrechtlichen und politischen Argumenten eine faire Behandlung der russischen Kriegsgefangenen zu erreichen. Das Resultat war eine Denkschrift, die Canaris am 15. September 1941 an Keitel schickte. Die Antwort des willfährigen Hitler-Generals war: »Die Bedenken entsprechen der soldatischen Auffassung vom ritterlichen Krieg. Hier handelt es sich um die Vernichtung einer Weltanschauung. Deshalb billige ich die Maßnahmen und decke sie.«[151]

Daheim in Kreisau entwickelte Moltke sein Gegenprogramm: Russische Kriegsgefangene, die an der Regulierung des Flüsschens arbeiteten, das sich am Gut entlangschlängelte, erhielten zusätzlich zur Lagerverpflegung ein Mittagessen. Soldaten, die verstarben, bekamen auf dem Gutsfriedhof ein Grab mit Kreuz und Namen.

Deutlich besser waren Moltkes Chancen, wenn es um das Schicksal von Gefangenen aus westlichen Armeen ging. Während des Jugoslawienfeldzugs wurde 1941 ein britischer Hauptmann gefangen genommen und nach Berlin gebracht. Er sollte nach Verhören erschossen werden. Moltke sorgte für seine Befreiung und lud ihn zu sich nach Hause ein. Dort setzte er ihm ein »English breakfast« vor. Der Offizier wurde von ihm als Kriegsgefangener behandelt. Was aus ihm geworden ist, ist unsicher, doch er wurde anscheinend von einem dänischen Diplomaten 1945 in Torgau an der Elbe gesehen, als sich Amerikaner und Russen dort die Hände reichten.[152]

Ende September 1941 kam Moltke erstmals mit dem früheren Generalstabschef Ludwig Beck zusammen, dem Kopf des militärischen Widerstands gegen Hitler. Mit einigen Hoffnungen seitens Moltke ging man nach dem Abendessen auseinander. Der Vernichtungskrieg im Osten, an dem sich die Wehrmacht direkt und durch logistische Unterstützung der Einsatzgruppen und der SS beteiligte, trieb Moltke um. »Mache ich mich dadurch nicht mitschuldig? Was sage ich, wenn man mich fragt: Und was hast Du während dieser Zeit getan?«, schrieb er voller Verzweiflung seiner Frau.

Mit einigen Mitgliedern seiner Familie haderte er nun zunehmend, vor allem mit Hans-Adolf, dem Onkel und Diplomaten, dessen vermeintliche Mitläufermentalität er verachtete, da er sich für den Widerstand einfach nicht gewinnen ließ, und noch mehr mit Carl Viggo, dem jüngsten Bruder seines Vaters. Er war Richter und diente in der Wehrmacht. Was die Rolle von Hans-Adolf anbetraf, war Moltke in seinem Urteil, das er später revidierte, zu hart, ja ungerecht.[153] Hans-Adolf gehörte, wie andere Konservative in den Apparaten des Dritten Reiches, zu denen, die innerhalb ihrer Institutionen Widerstand zu leisten und die Härten des Regimes zu mildern versuchten. Moltke verfolgte Tag für Tag die Entwicklungen beim Frontverlauf und gab bemerkenswert fachmännische Urteile über die militärische Lage ab.

Am 23. September 1941 kam Conrad, das zweite Kind der Moltkes, auf die Welt. Trost fand Helmuth James von Moltke auch immer mehr in der Religion. Seit dem Herbst 1941 war eine Hinwendung zu und Beschäftigung mit religiösen Fragen bei ihm feststellbar. Er las die Bibel in der Übersetzung von Martin Luther. Alles erschien ihm aktuell. Mit besonderem Interesse studierte er die Passionsgeschichte. In einem seiner Briefe schlug er zu dieser Zeit seiner Frau vor, in Kreisau zum Tischgebet zurückzukehren.

Im Oktober 1941 beobachtete er in der Hauptstadt den Beginn der systematischen Vernichtung der Juden: »Seit Sonnabend werden die Berliner Juden zusammengetrieben; abends um 21.15 werden sie abgeholt und über Nacht in eine Synagoge gesperrt. Dann geht es mit dem, was sie in der Hand tragen können, ab nach Litzmannstadt und Smolensk. Man will es uns ersparen zu sehen, daß man sie einfach in Hunger und Kälte verrecken läßt und tut das daher in Litzmannstadt und Smolensk.«

Zur Tragödie des deutschen Widerstands gehörte am Jahresende 1941, als die Wehrmacht vorübergehend vor Moskau stand, dass Moltke und Dohnanyi nicht zueinander fanden. Sie stellten ihre Zusammenarbeit praktisch ein.

Am 15. Januar 1942 starb Sir James Rose Innes, der Großvater von Helmuth James. Wenige Tage später wurde Moltkes Bruder Carl Bernhard für vermisst und bald darauf für tot erklärt.

Im Frühjahr 1942 sahen sich Moltke und Dohnanyi noch einmal flüchtig anlässlich einer Norwegenreise, die Moltke zusammen mit Bonhoeffer unternahm. Beide retteten einen norwegischen Bischof aus den Fängen des NS-Regimes, kamen sich aber auf der Reise, die mit einem Kinobesuch in Saßnitz und einer Übernachtung begann und mit einer Morgenwanderung zu den Kreidefelsen auf Rügen fortgesetzt wurde, nicht entscheidend näher. Sie hatten danach auch noch auf der Fähre nach Trelleborg und in Malmö Gelegenheit, sich besser kennenzulernen. Aber es blieb bei einer Distanz, die nicht zu überwinden war. Bonhoeffer hat später gesagt, dass die Gespräche mit Moltke anregend gewesen seien, aber »wir sind nicht einer Meinung«[154]. Moltkes Frau hat nach großem zeitlichen Abstand hinzugefügt, dass der Landedelmann einfach nicht die gleiche Wellenlänge wie der Schriftgelehrte gehabt habe, »der ihn etwas langweilte und ungeduldig machte«[155]. Sehr viel härter fiel die Kritik des ehemaligen Botschafters Ulrich von Hassell aus, der in seinen Tagebüchern den Generationsunterschied im deutschen Widerstand festhielt: »Die ›Jungen‹, die im Gegensatz zu den ›Alten‹ nach außen als Einheit auftraten, wurden geistig von dem mir wenig sympathischen, angelsächsisch-pazifistischen Gen[eralstabs]chef Moltke geführt.«[156] Hassell wurde ebenfalls hingerichtet.

Dohnanyi, von vielen unterschätzt und wegen seiner analytischen Kühle mitunter als »Sekretär« und »Archivar« eingestuft, war im Zusammenspiel mit seinem Schwager Dietrich Bonhoeffer handlungsorientierter. Phasenweise trieb er Canaris und Oster förmlich vor sich her, hatte enormen Einfluss

auf ihr Denken und Handeln. Bonhoeffer hatte den Tyrannenmord theologisch durchdacht und Begründungen gefunden, die Dohnanyi und vor allem die Hitler-Gegner unter
den Militärs überzeugten. Dohnanyi fand die Erörterungen
im Kreise von Moltke und Trott zu theoretisch. Moltke war
zwar dafür, die Militärs zum Eingreifen zu gewinnen, lehnte
aber den Tyrannenmord ab.[157] Ein Mord dürfe nicht am Anfang eines Systemwechsels stehen, sagte er. Angesichts der
Treue der Deutschen zu Hitler, die ja tatsächlich auch über
den 20. Juli 1944 anhielt, befürchtete er eine zweite Dolchstoßlegende.

Moltke zog sich seinerseits enttäuscht von den oppositionellen Militärs zurück, die seit dem Frühsommer 1940 in
ihren Handlungen gelähmt waren. Die Chance des Zusammengehens der Westorientierten, der Denker und Moralisten
mit den zum Handeln Fähigen, und das waren in dieser Phase
des Dritten Reiches nur noch die Militärs, wurde nicht genutzt.

Moltke hatte nun nur noch zwei Jahre in Freiheit vor sich,
Dohnanyi noch weniger.

Der Kreisauer Kreis

Der Kreisauer Kreis war ein lockerer Zusammenschluss von
Menschen, die spätestens seit 1938 wussten, worum es ging.
Die Vertreter verschiedener Gruppen trafen sich auf dem Gut
dreimal in den Jahren 1942 und 1943.[158] Die insgesamt fünf
Gruppen repräsentierten die Gewerkschaften, staatliche und
kommunale Dienststellen, im Widerstand befindliche Kreise
der beiden großen Konfessionen sowie militärische Zirkel
und Wirtschaftsführer. Sie waren gegeneinander abgeschottet. Nur Moltke und Yorck kannten alle Zusammenhänge.

Viele Kreisauer stammten aus der Jugendbewegung nach
dem Ersten Weltkrieg, die damals nirgendwo so viel Bedeu-

tung gewann wie in Deutschland. Gegen Ende der Weimarer Republik waren in den schlesischen Arbeitslagern die ersten Kontakte geknüpft worden. Nun sahen sich viele der damaligen Aktivisten unter veränderten Vorzeichen wieder.

Zu ihnen gehörte neben Moltke und Yorck von Wartenburg Carl Dietrich von Trotha. Er war ein Vetter von Moltke und ein Freund von Horst von Einsiedel, der in der Zwischenzeit die Auswirkungen des Roosevelt'schen »New Deal« in den USA studiert hatte. Trotha hatte den von den Nazis Entlassenen in der »Reichsstelle Chemie« untergebracht. Adolf Reichwein, die rechte Hand Beckers, war als Schulberater in Berlin untergetaucht. Weitere stießen nun hinzu: der in Norwegen dienende Major Theodor Steltzer, der bis 1933 Landrat in Rendsburg gewesen war, der Gefängnispfarrer Harald Poelchau und Theodor Haubach, der aus der KZ-Haft entlassen worden war und in einer Papierfabrik arbeitete. Carlo Mierendorff, der Sozialdemokrat, der Goebbels und die Nationalsozialisten leidenschaftlich bekämpft hatte, war schon lange nicht mehr Abgeordneter im Reichstag, hatte im Konzentrationslager gesessen und arbeitete nun in einem Rüstungsbetrieb. Er teilte dieses Schicksal mit Wilhelm Leuschner, der den Nationalsozialisten in Lübeck getrotzt hatte und nun in einer Berliner Kohlenhandlung beschäftigt war. Hans Lukaschek hatte 1933 sein Amt als Oberpräsident von Oberschlesien verloren. Er war jetzt Anwalt. Zusammen mit Paulus van Husen hatte er in verantwortlicher Position die Volksabstimmungen in Oberschlesien erlebt. Husen arbeitete im Wehrmachtsführungsstab. Augustin Rösch war, wie Alfred Delp und Lothar König, Mitglied des Jesuitenordens, mit besten Verbindungen nach Rom. Adam von Trott zu Solz und Hans-Bernd von Haeften arbeiteten als Diplomaten im Auswärtigen Amt. Haeften war Mitglied der Bekennenden Kirche und Eugen Gerstenmaier, ein Vertrauter des württembergischen Landesbischofs Wurm, Mitarbeiter im Kirchlichen Außenamt. Hans Peters war ein Berliner Staatsrechtler, den Moltke aus Breslau kannte. Er diente beim Luftwaffenführungsstab in Potsdam. Dies war die Kreisauer Kerngruppe, ein Kreis von knapp 20 Personen.

Andere gehörten in weiteren Ringen um diese Gruppe dazu: Eduard Waetjen, Fritz Graf von der Schulenburg, Otto Heinrich von der Gablentz, Hermann Josef Abs, Günter Schmölders, Ernst von Borsig oder Karl Blessing. Besonders wichtig für Moltke wurde Karl Ludwig Freiherr von und zu Guttenberg, der ihm Kontakte zur katholischen Kirche vermittelte. Einen engen Draht hatte Moltke später zum Berliner Bischof Konrad von Preysing, der in der St.-Hedwigs-Kathedrale predigte. Preysing hörte auf ihn und benutzte manchen Gedanken von Moltke in seinen Hirtenworten. Im November 1942 schrieb Moltke an seine Frau: »Ich muß zu Konrad, um ihm noch eine Stütze für Sonntag einzuziehen. Das ist wohl auch gelungen.«

Moltke erarbeitete in den ersten beiden Kriegsjahren zwei große Denkschriften, die sich mit der Situation Deutschlands und Europas nach dem Krieg befassten. Er ging davon aus, dass Deutschland diesen Konflikt verlieren würde und dass es zu einer Invasion der angelsächsischen Mächte käme. Er sah die Entstehung einer angelsächsischen und einer europäischen Union voraus, die ihre Einflussgebiete auf der Welt aufteilen könnten. Deutschland bliebe ein selbstständiger Staat und würde an einem Friedensschluss beteiligt. Danach ginge es, wie alle anderen Staaten, in einer europäischen Union auf. Es entstünde ein einheitliches Wirtschafts- und Währungsgebiet, und es gäbe eine gemeinsame Außenpolitik mit einer europäischen Armee. Grundlage einer europäischen Identität seien die christliche und die humanistische Tradition.

Moltkes Überlegungen gingen bis ins Detail. Er wollte eine Gemeinwirtschaftsorganisation gründen, die durch wirtschaftliche Selbstverwaltungskörper betrieben und von einer Wirtschaftsbürokratie geleitet werde. Die Regierungsgewalt sollte von einem Kabinett von fünf Ressortministern ausgehen, dem Vertreter aus Länderkabinetten beratend zur Seite stehen würden. Moltke schwebte also zunächst kein parlamentarisches Regierungssystem für Europa vor. Wahlberechtigt sollte zunächst nur derjenige sein, der gewisse gemeinschaftsfördernde Tätigkeiten ausübe. Moltke sprach in diesem Zusammenhang von der »Wiederherstellung der Ausdrucksformen«[159]. Moltke wollte das kapitalistische System überwinden. Er dachte an eine Wirtschaftsordnung, die dem Modell ähnelte, das Tito nach 1945 in Jugoslawien praktizierte, eine gemeinwirtschaftliche Organisation der Ökonomie, basierend auf den Säulen von Bürokratie und wirtschaftlichen Selbstverwaltungsorganen.

Das erste Kreisauer Treffen fand vom 22. bis 25. Mai 1942 statt und befasste sich mit staatskirchenrechtlichen Fragen und der künftigen Bildungspolitik. Zu dieser Zeit lief die deutsche Sommeroffensive in Russland mit der Schlacht bei Charkow. Unter dem Einfluss von Reichwein formulierten die Kreisauer Thesen für eine neue Schule, die nicht nur Sachwissen vermitteln, sondern auch zur Bildung einer sittlichen Persönlichkeit ihren Beitrag leisten sollte. Auf die Konfessionsschule sollte verzichtet werden. Die Kreisauer befürworteten die Gemeinschaftsschule. Auch die Lehrerausbildung sollte unter dem Eindruck der NS-Begeisterung der meisten Pädagogen reformiert werden. Es wurde eine Aufteilung in Hochschulen und Reichsuniversitäten vorgeschlagen. Zur Reichsuniversität sollte nur derjenige zugelassen werden, der das Abitur eines humanistischen Gymnasiums in der Tasche und bereits ein Hochschulstudium absolviert hatte.

Beim zweiten Kreisauer Treffen, das vom 16. bis 18. Oktober 1942 stattfand, ging es um den Aufbau des künftigen Staates und seine Wirtschaft. Mittlerweile kämpfte die Wehrmacht im Zentrum von Stalingrad. Im verabschiedeten Entwurf zur Staatsordnung lautete der erste Satz: »Das Reich ist die oberste Führungsmacht des Volkes.«[160] Gedacht war an eine Reichsregierung, die aus dem Kanzler und Fachministern bestehen sollte. Das Parlament sollte sich aus zwei Häusern zusammensetzen, einem Reichstag und einem Reichsrat. Jeder Deutsche sollte vom 21. Lebensjahr an wahlberechtigt sein, Familienoberhäupter für jedes nicht wahlberechtigte Kind eine zusätzliche Stimme erhalten. Es handelte sich also um ein indirektes Wahlrecht.

Gemäß der Vorstellung vom überschaubaren Raum, von übersichtlichen Gemeinschaften dachten die Kreisauer an einen Aufbau von unten nach oben in dieser Reihenfolge: zunächst die Gemeinde bzw. der Stadtteil, danach der Kreis und die kreisfreien Städte. Auf der nächsten Ebene waren Länder in der Größenordnung von fünf Millionen Einwohnern konzipiert. Das Übergewicht Preußens im Reich sollte damit verschwinden. Auf der letzten Ebene erschien dann der Reichstag.

Die Landtage sollten mit Kreistagsdeputierten besetzt werden. Jedes Land im neuen Deutschland sollte an der Spitze einen Landesverweser, gewählt auf zwölf Jahre, und einen Landeshauptmann haben, der von Staatsräten unterstützt würde. In den Reichstag sollten Vertreter der Landtage entsandt werden. Der Reichsrat würde sich aus den Landesverwesern, den Präsidenten des Reichstags und der Reichswirtschaftskammer sowie aus zu ernennenden Reichsräten zusammensetzen. An die Stelle des Präsidenten der Weimarer Republik sollte ein Reichsverweser treten, ebenfalls mit einer Amtsdauer von zwölf Jahren. Er würde im Reichsrat den Vorsitz und den Oberbefehl über die Wehrmacht haben und das Reich nach außen vertreten.

Für alle Ebenen sollte das Subsidiaritätsprinzip gelten. Ungeachtet der Idee eines Aufbaus von unten nach oben mit basisdemokratischen Ansätzen war dies ein autoritäres staatliches Modell: die Republik der parteipolitisch ungebundenen Fachleute. Und noch eine große Veränderung war beabsichtigt: Infolge der Selbstverwaltung auf Gemeinde-, Kreis- und Länderebene gab es keinen Platz mehr für zentralistisch geführte Parteien mit riesigen Funktionärsapparaten. Dies war die Antwort der Kreisauer auf das, was sich in den Parlamenten der Weimarer Republik abgespielt hatte: eine ohne Verantwortung für das Ganze operierende Parteiendemokratie.

Bei der künftigen Wirtschaftsordnung lautete der zentrale Grundsatz: »Das Grundprinzip der Wirtschaft ist der geordnete Leistungswettbewerb, der sich im Rahmen staatlicher Wirtschaftsführung vollzieht und hinsichtlich seiner Methoden ständiger staatlicher Aufsicht unterliegt.«[161] Den Kreisauern kam es darauf an, den Gegensatz von Kapital und Arbeit weitgehend aufzuheben. Im Unternehmen sollte es zu einer Kooperation zwischen Besitzer und Belegschaft kommen. Ein genossenschaftlich verstandenes Kommunikations- und Kooperationssystem sollte den Kapitalisten, der seine Eigentumsrechte behalten würde, dazu bewegen, verantwortungsvoll mit seiner Rolle umzugehen.

Die Begegnungen quer durch alle sozialen Schichten, quer durch die politischen Lager und religiösen Zugehörigkeiten müssen für die Beteiligten, zumal unter den Bedingungen einer Diktatur, eine fundamentale Erfahrung, eine Reise zu sich selbst und den anderen Mitgliedern gewesen sein. Nicht jeder sprang dabei über seinen Schatten. Auch unter den Kreisauern gab es Menschen, die zur Selbstprofilierung neigten, die nicht zuhören konnten, die nicht kompromissfähig waren. Die Diskussion um die künftige Rolle der Gewerkschaften führte dazu, dass man übereinander, nicht miteinander redete. Daraus bildete sich ein Konflikt, der am Ende den Auszug von Leuschner aus dem Kreisauer Kreis zur Folge hatte. An seine Stelle trat im Juli 1943 Julius Leber, der zu den bedeutendsten politischen Köpfen im deutschen Widerstand zählte.

Überschattet wurden die Kreisauer Tagungen durch die dramatischen Veränderungen, die auf dem europäischen und nordafrikanischen Kriegsschauplatz eintraten. Den einschneidendsten Wandel stellte jedoch der industrielle Massenmord an den Juden dar, der mittlerweile eingesetzt hatte. Eine Woche vor der Wannsee-Konferenz schrieb Helmuth James von

Moltke an seine Frau: »Ich kann mich gar nicht mehr von dem Gedanken trennen: Wie wird dem deutschen Volk gesagt werden, was jetzt geschieht und was in den nächsten Wochen geschehen wird, und wie werden die Menschen darauf reagieren? Wenn nicht ein Wunder geschieht, dann werden selbst meine seit Kriegsbeginn geäußerten Kassandra-Rufe von der Wirklichkeit noch weit in den Schatten gestellt werden.« In einem Brief an Lionel Curtis, der seinen Empfänger jedoch nicht erreichte, berichtete Moltke im März 1943 von Konzentrationslagern. 16 von ihnen hätten eigene Krematorien. Er schätze die Zahl der Insassen auf 150000 bis 350000. »Aber selbst ich bekomme alle diese Informationen nur in recht vager, undeutlicher und ungenauer Form, obwohl ich mich ja bemühe, so etwas herauszufinden.«[162]

Moltke war in allen diesen Jahren oft auf Dienstreisen durch Europa unterwegs und versuchte im Ausland, brieflichen Kontakt zu seinen Freunden aufzunehmen. Michael Balfour, einem englischen Freund, der wie Julian Frisby auf Kreisau gewesen war, trug er bei einer Reise die Patenschaft für seinen jüngeren Sohn an. In einer von den deutschen Behörden requirierten Villa am Osloer Holmenkollen kam ihm beim Tee der Gedanke: »Das einzig Ekelhafte war das Gefühl, in eines Fremden Haus eingebrochen zu sein, so als Räuber darin zu sitzen, während der wahre Eigentümer, wie ich wußte, im KZ saß.« In Norwegen, in den Niederlanden und in anderen Staaten versuchte Moltke, Kriegsverbrechen zu verhindern und Kontakt zu Widerstandsgruppen aufzunehmen. Sie sollten von der innerdeutschen Opposition gegen Hitler erfahren. Bei einer dieser Reisen sah er aus nächster Nähe den Aufstand im Warschauer Ghetto, den die SS brutal niederschlug.

Darüber hinaus dienten die Unternehmungen auch dazu, mit zuverlässigen Militärbefehlshabern Verabredungen für den Tag X zu treffen. Nach Alexander von Falkenhausen in Brüssel sah Moltke unter anderen General Otto von Stülpnagel in Paris, der ihm geheimste Unterlagen anvertraute. Seine Offiziere verhielten sich, eingeschüchtert durch Sicherheitsdienst und SS, dagegen enttäuschend. Man berief sich auf Führerbefehle. Aber es gab mitunter auch Überraschungen, beispielsweise SS-Führer, die von massenhaften Geiselerschießungen nichts hielten, weil man damit die Bevölkerung gegen sich aufbrächte.

Über Trott zu Solz gelangte im Frühjahr 1942 ein Memorandum zur künftigen deutschen Außenpolitik nach Großbritannien. Es zielte in zwei Richtungen. Die Kreisauer sahen aufgrund der sich abzeichnenden Katastrophe alle kriegführenden Nationen in der Verantwortung. Unter diesen Umständen kam es ihnen darauf an, der britischen Seite zu vermitteln, dass es ein »anderes Deutschland« gebe. Sir Stafford Cripps, der zum Kriegskabinett gehörte, gab das Dokument an Churchill weiter. Dieser soll es mit Respekt gelesen haben. Dennoch enthielt das Memorandum einen illusionären Zug. Es warnte vor dem Vordringen des Bolschewismus nach Europa. Aber den Westalliierten waren die Hände gebunden. Hitler hatte Stalin und Churchill zusammengeführt. Die Sowjetunion hatte bis dahin die Hauptlast des Krieges getragen. Sie würde ein Verbündeter des Westens »contre cœur« bis zum bitteren Ende in Berlin bleiben.

Wenige Tage nach der Landung der Amerikaner an den Küsten Marokkos im November 1942 trafen Roosevelt, Churchill und de Gaulle in Casablanca zusammen. Von hier ging die Formel des »unconditional surrender« – des Anspruchs der Alliierten auf eine bedingungslose Kapitulation Deutschlands und seiner Verbündeten – um die Welt. Sie traf die deutsche Opposition, Moltke und Trott, ins Mark.[163]

Im Dezember 1942 machte sich Moltke an die Lektüre von Briefen des Generalfeldmarschalls. Besonders gefielen ihm jene, die der Alte an seine früh verstorbene englische Frau und an seine Mutter geschrieben hatte. Bereit zum Äußersten, wollte er vielleicht wissen, woher er kam.

Auf einer Frankreichreise traf Moltke in Lille mit Carlo

Schmid zusammen, der dort als Militärverwaltungsrat arbeitete. Moltke hatte Schmid bereits bei einer Konferenz in Deutschland erlebt. Schmid fiel der hochgewachsene Zivilist, »dessen schmales Angesicht Noblesse und Geist ausdrückte«[164], bereits beim Vortrag auf, den er zunächst zu halten hatte. Danach stellte sich der Adlige mit den Worten »Helmuth Moltke« vor und lud Schmid zum Essen ein. Nach einem weiteren Gespräch sagte Moltke, dass das, was sie miteinander beredet hätten, Hoch- und Landesverrat sei. Auf die Bemerkung von Schmid, der den Krieg überlebte und Bundestagsvizepräsident wurde, dass man noch nicht vor Herrn Freisler stehe, sagte Moltke: »Sie können sicher sein, die werden uns kriegen. Und dann werden sie uns hängen.«[165] Ähnliches über Moltke berichtete der ehemalige DNVP-Reichstagsabgeordnete Hans Schlange-Schöningen. »Bei unseren Gesprächen hatte ich oft das Gefühl, als ob er eine dunkle persönliche Zukunft ahnte.«[166] Moltke hat sie geahnt. Er wusste, was kommen würde, und schrieb seiner Frau: »Schone Dich mein Herz. Die Zeit für unbegrenzte Anstrengungen ist noch nicht da und für die mußt Du Dich pflegen. Du vor allen Dingen, denn Du mußt immer damit rechnen, daß es mich dann nicht mehr gibt, sei es physisch oder nur geografisch. Vergiß das, bitte, nicht.«

Im Januar 1943 erreichten die alliierten Angriffe auf das Reichsgebiet eine neue Qualität. Amerikanische Bomber griffen am 27. Januar bei Tage Wilhelmshafen an. Der strategische Bombenkrieg war eröffnet.

Wenige Wochen später endete das junge Leben von Sophie Scholl nach einer Denunziation unter dem Fallbeil. Moltke sorgte auf einer Auslandsreise dafür, dass ein Flugblatt der »Weißen Rose« wenige Wochen später, versehen mit einem Bericht, an das Londoner Foreign Office weitergeleitet wurde.

Am 4. Juni 1943 verstarb Jessie Rose Innes, die südafrikanische Großmutter.

Das dritte Treffen des Kreisauer Kreises fand vom 12. bis 14. Juni 1943 statt. Es ging um Erklärungen zur Außenpolitik, zur Wirtschaftspolitik und zur Ahndung der nationalsozialistischen Verbrechen. Wenige Wochen zuvor waren Hans von Dohnanyi, seine Frau und Dietrich Bonhoeffer verhaftet worden. Moltke hatte in einer ersten Reaktion über einen Gewährsmann anfragen lassen, ob er vom Berliner OKW in das Breslauer Landeswirtschaftsamt wechseln könne. Danach hatte bei ihm die Einsicht gesiegt, dass er jetzt nicht weichen durfte, obwohl er die wachsende Gefährdung spürte und selbst auch nur noch wenige Monate in Freiheit sein würde.

In den Papieren, die in Kreisau verabschiedet wurden, ging es um die Menschenwürde und eine zu ihr passende Wirtschaftsordnung, die Rivalitäten zwischen den europäischen Nationen durch Arbeitsteilung vermeiden helfen sollte. Die Kreisauer dachten auch an Wiedergutmachung für die Millionen von Menschen, die als Arbeitssklaven aus dem besetzten Europa nach Deutschland verschleppt worden waren und in Rüstungsbetrieben und in der Landwirtschaft arbeiteten. Die Deutschen, die sich während des Unrechtssystem schuldig gemacht hatten, wollten die Kreisauer durch nationale Justizbehörden aburteilen lassen. Angesichts der Katastrophe, in die Deutschland hineinsteuerte, nahmen die religiösen Aspekte in den Texten zu.

Wenige Tage nach dem Treffen in Kreisau bewegte sich Helmuth James von Moltke auf den Spuren seines großen Vorfahren. Er reiste nach Istanbul. Auf dem langen Flug mit mehreren Stopps überkam ihn über dem Schwarzen Meer ein Gefühl der Freiheit. »Ich kann kein Wasser sehen«, berichtete er nach Hause, »ohne daß mir sogleich gegenwärtig ist, daß dieses selbe Wasser Table-Mountain [Kapstadt, J. T.], Sydney und Shanghai verbindet.« Wie es schon der Alte getan hatte, fertigte Moltke Skizzen über den Bosporus und die Lage der Istanbuler Stadtteile rund um das Goldene Horn für seine Frau an. Sie könne das zwar im Baedeker nachlesen, aber werde es vielleicht nicht tun. Selten in seinem kurzen Leben kam Moltke in der Dichte seiner Reisebeschreibung so nahe an den Generalfeldmarschall heran wie in diesem Augenblick. Er verschlang förmlich alles, was er binnen weniger Tage und Stunden in Istanbul sah. Er durcheilte die fünf Jahre, die sein Vorfahr in diesem Land verbracht hatte, in fünf Tagen. Die Türken gefielen Moltke besser als die Italiener. Er fand sie stolz und nicht aufdringlich, beobachtete jedoch auch, dass die Juden in Istanbul »Outcasts« waren. Man gebe ihnen weder die Hand noch einen Stuhl zum Sitzen.

Moltkes Ziel war es, ähnlich wie Trott es unmittelbar vor ihm versucht hatte, Franz von Papen, den deutschen Botschafter in der Türkei, für den deutschen Widerstand zu gewinnen. Aber wie schon Trott richtete Moltke bei dem Gespräch nicht viel aus. Sein Eindruck von Papen lautete: »Er ist doch ein jämmerlicher Mann.«[167] Wie Lissabon und Bern war Istanbul ein Ort, an dem sich die Geheimdienste während des Zweiten Weltkriegs tummelten. Einmal in Freiheit, wollte Moltke die Welt umarmen und weiter nach Kairo fliegen, wo einer seiner alten Bekannten US-Botschafter war. Es ging nicht, so wie es zuvor bei Skandinavientouren nicht mit Abstechern nach London geklappt hatte. Über einen Mittelsmann verabredete sich Moltke anlässlich der zweiten Istanbulreise, die Anfang Dezember startete und fünf Tage dauerte, mit Alexander Comstock Kirk, dem amerikanischen Botschafter. Kirk kam jedoch nicht. Das Gespräch mit einem US-General in der Wohnung eines österreichischen Geschäftsmanns war nicht ergiebig. Moltke befürchtete, bei der Rückkehr nach Deutschland verhaftet zu werden. Bei der Abfahrt soll er resigniert gesagt haben: »Jetzt ist alles aus.«[168] In einem später verfassten Bericht von Kirk hieß es, dass die Integrität Moltkes außer Frage gestanden habe. Deutschland hätte jedoch bedingungslos kapitulieren müssen, es sei sinnlos gewesen, mit Vertretern von »Splittergruppen« zu sprechen.

Zu einer dritten Türkeireise, die Moltke für 1944 plante, sollte es nicht mehr kommen.

In Berlin wurde die Lage für Moltke nun in jeder Hinsicht ungemütlich. Alliierte Luftangriffe legten immer mehr Gebäude in Schutt und Asche. Canaris verlegte seine Dienststelle nach Zossen an den südlichen Rand der Hauptstadt. Moltke erhielt in einem Schulgebäude auf halbem Weg ein Ersatzbüro. Er bekam nun immer häufiger Besuch von Mitarbeitern des SD. Sie gaben vor, sich von ihm völkerrechtliche Probleme erläutern zu lassen. In Wirklichkeit ging es um die Zerschlagung des Amtes Ausland/Abwehr. Im September 1943 reiste Moltke noch einmal nach Holland, Belgien und Frankreich. Es sollte eine seiner letzten Auslandsreisen sein. Moltke sah Paris nie wieder. Einige Tage später begab er sich ins Führerhauptquartier bei Rastenburg, wo er mehrere Angelegenheiten nach zunächst schriftlicher Stellungnahme mündlich vortrug. Es ging um die Behandlung von Kriegsgefangenen, um Post von deutschen Soldaten aus der Sowjetunion, die sich dort in Kriegsgefangenschaft befanden, und um die rechtliche Stellung der Mitglieder der Résistance in Frankreich. Befriedigt kehrte er nach Berlin zurück. Man hatte auf seine Argumente gehört.

Bei einer weiteren Reise nach Dänemark geriet Moltke am 30. September 1943 in den Brennpunkt des Geschehens. In Kopenhagen herrschte seit Wochen der Ausnahmezustand. Nach 21 Uhr durfte kein Däne auf die Straße gehen. Moltke hatte in Berlin von einer unmittelbar bevorstehenden Judenrazzia gehört und informierte seine dänischen Freunde darüber. Diese wussten bereits von der Aktion, da ein in Kopenhagen arbeitender deutscher Diplomat, Georg Ferdinand Duckwitz, den dänischen Widerstand unterrichtet hatte. Die Doppelaktion führte jedoch dazu, dass nahezu alle 6000 dänischen Juden gerettet werden konnten. Leider fielen trotzdem einige Hundert den deutschen Behörden in die Hände.

Die Fülle der Aktivitäten Moltkes in der zweiten Jahreshälfte 1943 hatte zur Folge, dass der Kreisauer Kreis allmählich auseinanderfiel. Einige Mitglieder drängten zur befreien-

den Tat, sie wollten nicht länger warten und nur Positions-
papiere verfassen. Leber schloss sich Stauffenberg an, als
dieser am 1. Oktober 1943 Chef des Stabes im Allgemeinen
Heeresamt wurde. Yorck tendierte in die gleiche Richtung.
Mierendorff versuchte zwischen Moltke und Leber zu vermitteln. Drei Tage nach einem Bombenangriff, der am 24. November 1943 Moltkes Wohnung in der Derfflingerstraße zerstört hatte, kam es zu einer Aussprache zwischen Moltke,
Leber und Mierendorff. Moltke ging enttäuscht aus ihr hervor. Er wohnte nun bei den Yorcks in der Hortensienstraße.
Wenige Tage später kam Mierendorff bei einem britischen
Luftangriff auf Leipzig ums Leben.

Am 30. Dezember 1943 gab es eine Begegnung zwischen
Moltke und Claus von Stauffenberg. Moltke fand ihn »männlicher und mit mehr Charakter« als dessen Bruder Berthold,
mit dem er im OKW zusammenarbeitete. Er attestierte Stauffenberg Klarheit in der politischen Position und den Willen
zur Tat. Es sollte das einzige Treffen bleiben.

Auf den Straßen Berlins spielten sich bedrückende Szenen ab.
Moltke sah, wie die ausgebombten Bewohner der Derfflin-
gerstraße schreiend und protestierend in Busse verfrachtet
wurden, die mit ihnen ohne Angabe des Ziels davonfuhren.
»Welch ein menschlicher Tiefstand«, schrieb er seiner Frau.
In einem anderen Fall hatten spielende Kinder in einem Trüm-
merhaufen die Reste eines Geschäfts für Faschingsartikel entdeckt. Sie nahmen Lampions in die Hand, setzten sich bunte
Hüte und Mützen auf, warfen Konfetti und kletterten, lange
Papierschlangen hinter sich her ziehend, über die Trümmer.
»Ein unheimliches Bild, ein apokalyptisches Bild«, hielt
Moltke fest. In der zunehmend zerstörten Stadt, in deren Zen-
trum weite Flächen Mondlandschaften glichen, beschäftigte
er sich vom Spätherbst 1943 an erkennbar verstärkt mit existenziellen und religiösen Aspekten seines Lebens.

Bald darauf brach Moltke zum letzten Weihnachtsfest mit
seiner Familie nach Kreisau auf. Seine Söhne waren mittler-

weile sechs und zwei Jahre alt. Beide wurden während der
Feiertage krank, Caspar musste sogar in eine Klinik nach
Breslau. In mehreren Briefen an seine Frau zeigte sich Moltke
nach der Rückkehr nach Berlin, das nun beinahe jede Nacht
von Bomberflotten heimgesucht wurde, besorgt über den
gesundheitlichen Zustand seiner Kinder. Am 10. Januar besuchte er seine früheren Gasteltern, die von Mirbachs in Potsdam. Es war ein Abschied für immer. Am 19. Januar 1944
wurde Moltke in seiner Dienststelle, die sich seit Kurzem in
der Lausschule in Berlin-Dahlem befand, verhaftet. Claus von
Stauffenberg und Peter Yorck trafen sich noch am gleichen
Abend, um über die Folgen zu beraten. Yorck rief an diesem
Abend Freya von Moltke mit der verschlüsselten Mitteilung
an: »Helmuth ist verreist.«[169] Freya wusste nach einem kurzen
Augenblick des Nachdenkens, was passiert war. Viele Mitglieder des Kreisauer Kreises wurden in den folgenden Monaten verhaftet. Theodor Haubach benutzte bei einer Vernehmung erstmals den Begriff »Kreisauer Kreis«. Er wurde
daraufhin von der Gestapo übernommen.

Berlin-Plötzensee

Gestapo-Beamte verhafteten Helmuth James Graf von Moltke
am 19. Januar 1944 in seinem Berliner Büro und brachten ihn
ins Reichssicherheitshauptamt. Es lag in der Prinz-Albrecht-
Straße 9 unweit des Anhalter Bahnhofs und des Gropius-
Baus. Nach der Aufnahmeprozedur sperrte man Moltke in
eine Einzelzelle, die sich im Kellergeschoss des Gebäudes befand. Die Häftlinge verblieben mit angelegten Handschellen
bei Luftalarmen in ihren Zellen, während sich die Wachmann-
schaften in den Luftschutzkeller begaben. Moltke befand sich
also in permanenter Lebensgefahr. Bereits am 20./21. Januar
gab es einen Großangriff britischer Bomber auf Berlin, an
dem knapp 700 Maschinen beteiligt waren.

Das erste Verhör Moltkes fand am 22. Januar statt, fast auf den Tag genau ein Jahr bevor er in Plötzensee hingerichtet wurde. Moltke wurde vorgeworfen, Otto Carl Kiep, den Begleiter auf der großen Frankreichreise im Jahre 1940, gewarnt zu haben, dass die Gestapo seinen Gesprächskreis abhöre. Ein junger Arzt, Paul Reckzeh, der sich als Gestapo-Spitzel in die Gesprächsrunde von Kiep, Hanna Solf und Elisabeth von Thadden eingeschlichen hatte, hatte Moltke verraten. Die Dreiergruppe war eine Woche vor Moltke verhaftet worden. Er wusste davon und konnte sich vor den Verhören entsprechend wappnen. Moltkes Glück: Er hatte an der Runde bei Kiep nie selbst teilgenommen. Nach der ersten Vernehmung fuhr man ihn in sein Büro, um Akten sicherzustellen. Am 6. Februar fand ein Verhör beim Sicherheitsdienst statt.

Noch am gleichen Tag wurde Moltke mit mehreren Mitgliedern des Kiep-Kreises in das Konzentrationslager Ravensbrück gebracht, das in der Nähe von Fürstenberg in Mecklenburg lag. In diesem Frauenlager gab es eine Abteilung für politische Häftlinge. Noch konnte Moltke auf einen glimpflichen Ausgang der Angelegenheit hoffen, denn es lag keine Anklage gegen ihn vor. Er hatte den Status eines »Schutzhäftlings«, durfte Zivilkleidung tragen, Bücher kommen lassen, dreimal in der Woche Briefe schreiben und einmal im Monat mit seiner Frau sprechen. Im Hof des Gefängnisses drehte Moltke nun täglich für eine Stunde seine Runden, zunächst allein, einige Wochen später in Anwesenheit von Mithäftlingen.

Mehrmals während des Monats Februar wurde er zu weiteren Verhören nach Berlin geholt. Am 28. Februar schrieb er seiner Frau, es komme ihm wie »im Land der Gottlosen«[170] vor. Man höre keine Kirchenglocken, nur Hundegebell. Freya von Moltke kam insgesamt neunmal zu Besuch und schrieb ihm beinahe täglich. Die besondere Sorge ihres Mannes galt, vom Kreisauer Gutsbetrieb einmal abgesehen, ihr und dem Wohlergehen der beiden Söhne.

In Haft hatte der mittlerweile knapp 37-Jährige unvermittelt Zeit, sehr viel Zeit. Er nutzte sie zum Lesen. Neben schöngeistiger Literatur las er mehrere Klassiker, darunter auch das gewaltige Werk, das sein Vorfahr seinerzeit als junger Offizier übersetzt hatte: Edward Gibbon mit seinem »Verfall und Untergang des Römischen Reiches«. Ende April nahm er sich die achtbändige Edition der »Gesammelten Werke« des Generalfeldmarschalls vor, die er Jahre zuvor in Kreisau in der Hand gehabt hatte. Bei den zeitgeschichtlichen Analysen des Vorfahren sah er Parallelen zur politisch-militärischen Situation seiner eigenen Zeit.[171] Bis Ende Mai studierte er das Werk des Generalfeldmarschalls. Landwirtschaftliche Literatur und vor allem theologische Schriften rundeten das ambitionierte Leseprogramm ab, dem sich Moltke unterzog. Vor allem in der Lektüre des Alten und Neuen Testaments fand der mit Erkältungskrankheiten kämpfende sensible Intellektuelle die Kraft, die Haft unter widrigen Verhältnissen zu überstehen. Aber er litt, hatte Ohnmachtsanfälle und Depressionen. In seiner Zelle herrschte ein ständiger Luftzug, das Fenster war undicht. Über manche Schwierigkeiten halfen Insassen anderer Zellen hinweg, aber auch eine SS-Aufseherin, die für ihn einkaufte und ihm dadurch Abwechslung beim Essen verschaffte.

Im OKW hatte Moltke eine Lücke hinterlassen, die angesichts der Endphase, in der sich das Dritte Reich befand, nicht mehr geschlossen wurde. Völkerrechtliche Normen spielten kaum noch eine Rolle. Aber Moltke erhielt Besuch von Vorgesetzten und Mitarbeitern, die ihm Akten zur Bearbeitung vorbeibrachten. Mitte März protestierte er gegen seine Inhaftierung. Man signalisierte ihm, dass er mit einer milden Strafe und baldiger Entlassung rechnen könne.

Da die Rückkehr ins OKW ausgeschlossen war, wurde dem Zwei-Meter-Mann als Alternative ein Fronteinsatz als Infanterist oder als Fallschirmjäger in Aussicht gestellt. Am 16. Juni besuchte ihn der Gestapo-Chef Heinrich Müller in seiner

Zelle in Ravensbrück. Wenige Tage später hörte Moltke von einem Kriminalbeamten, dass seine Entlassung angeordnet worden sei. Aber er könne nicht Soldat werden, er müsse sich als Industriearbeiter verdingen. Moltke rechnete weiterhin mit allem. Er regelte für den Fall seines Todes sein Erbe, ging aber auch davon aus, dass Kreisau nach Kriegsende nicht mehr zu Deutschland gehören werde. Je näher der Sommer und damit die Erntezeit auf Kreisau kam, umso intensiver durchschritt Helmuth James im Geiste die Felder und Wiesen des Familienbesitzes und gab in den Briefen an seine Frau zahlreiche entsprechende Ratschläge. Hoffnung konnte Moltke auch daraus schöpfen, dass ihm die britischen Parlamentsberichte und die »Times« geliefert wurden. Es waren klare Indizien für einen weniger schweren Fall, dass er eine privilegierte Behandlung genoss. Er hatte dadurch auch einen unverändert guten Informationsstand über die Lage im Krieg und erfuhr von der Landung der Alliierten in der Normandie. Er trug in sein Tagebuch ein: »Am Abend bekamen wir die Nachricht, daß am Morgen die Invasion begonnen hätte. Ich war gerade bei meinem Abendlauf, als die Nachrichten kamen, und hörte sie mit an. Das wird nun zu einer Krisis und dann, so Gott will, zu einer Entscheidung führen. Jedenfalls sind jetzt die Würfel gefallen.«[172] Die Stimmung der KZ-Insassen stieg nach der Nachricht spürbar. Mitte Juli 1944 entnahm Moltke dem Wehrmachtsbericht, dass es erstmalig einen Luftangriff auf Niederschlesien gegeben habe.

Dann kam der 20. Juli 1944. Schon zuvor hatten erste Schikanen eingesetzt. Zwischen dem 26. Mai und dem 4. Juli hatte Moltke keine Sprecherlaubnis erhalten. Von Ende April 1944 an durfte er nur noch zwei Briefe in der Woche schreiben. Ab Anfang Mai wurde die Seitenzahl auf eine Seite und ab Ende Juli 1944 auf zwei wöchentliche Briefe mit zehn Zeilen beschränkt. Nun kam es auf jedes Wort an. Moltke brauchte für die wenigen Sätze so viel Zeit wie zuvor für die Langfassungen seiner Briefe. Freya kam am 2. August 1944 zum letzten Mal zu Besuch. In der Regel hatten sie bis dahin zwei bis drei

Stunden Zeit füreinander gehabt. Er sah, dass die Zahl ihrer
grauen Haare deutlich zugenommen hatte. Ahnungsvoll
schrieb Moltke: »Mit täglich neuer Freude, mit täglich neuem
Glück denke ich immer wieder an die letzten 15 Jahre. Die
kann uns nichts mehr rauben.«[173]

Nach dem gescheiterten Attentat auf Hitler wurde die
Kerngruppe des deutschen Widerstands zum Teil in Ravensbrück inhaftiert, gefoltert und verhört. Über den »Flur-
funk« hörte Moltke, dass Yorck, Leber und Leuschner zusammen mit anderen nun in seiner Nähe waren. Weitere
Kreisauer wurden in den kommenden Wochen verhaftet:
Gerstenmaier, Haeften, Trott, Delp und Haubach. Yorck gehörte zu den Ersten, die Anfang August 1944 hingerichtet
wurden. Moltke hatte mit ihm vor dem 20. Juli noch tele-
foniert. Aus dem Heer ausgestoßen, schrieb Yorck: »Das
Kleid kann man uns nehmen, aber nicht den Geist, in dem
wir handelten.« Trotz Folter hatte er keinen Freund, keinen
Namen verraten, wie er Harald Poelchau in letzter Sekunde
zuflüstern konnte. Im Sinne Moltkes, des Weggefährten der
letzten Jahre, der ihm wenige Monate später folgen sollte,
hatte Yorck im letzten Brief an seine Mutter geschrieben, er
habe aus Sorge um Deutschland gehandelt. »Deshalb stehe
ich auch aufrecht vor meinen Vorfahren, dem Vater und den
Brüdern.«[174]

Yorck, Moltke und einige andere waren in ihrer sozialen
Gruppe Sonderfälle. Viele ihrer Standesgenossen hatten am
Ende der Weimarer Republik die letzte Chance verpasst, sich
zu demokratisieren. In der DNVP hatten sie Helferdienste
für die heraufziehende deutsche Katastrophe geleistet, und sie
bezahlten dies mit der historischen Vernichtung des ostdeut-
schen Großgrundbesitzertums. Es kehrte auch nicht ansatz-
weise in seine Machtpositionen zurück, als Deutschland sich
1990 neu vereinigte.

Erst zwei Tage nach der Hinrichtung von Yorck geriet Moltke durch die Denunziation von Franz Rehrl in das Blickfeld der Ermittler. Rehrl war Salzburger Landeshauptmann gewesen. Die Kreisauer hatten ihn als Landesverweser für Österreich vorgesehen. Rehrl hatte die Gestapo über einen Besuch Moltkes in Salzburg Ende August 1943 informiert, bei dem es um den geplanten Regimewechsel gegangen war.

Es kam nun zu schweren Folterungen in der Gruppe der Kreisauer, von denen nur Moltke und Trott verschont blieben. Die Führungsrolle Moltkes im Kreisauer Kreis war der Gestapo vermutlich vom 14. August 1944 an klar, als die Schutzhaft für ihn aufgehoben wurde. Er war nun ein politischer Häftling. Moltke kam für mehrere Wochen in Einzelhaft, ohne persönliche Sachen, vorübergehend mit einer Ausgangssperre belegt. Auch das Essen verschlechterte sich. Die Gestapo fand jedoch die Papiere des Kreisauer Kreises nicht. Sie lagerten versteckt im Dachbereich des Kreisauer Schlosses und wurden von Freya von Moltke später nach Berlin gebracht. Moltkes Ehefrau wurde von der Gestapo nie verhört, das Schloss und die beiden anderen auf dem Gelände befindlichen Gebäude nicht durchsucht. Am 18. September 1944 schrieb Moltke aus Ravensbrück einen Abschiedsbrief an seine Frau: »Mein liebes Herz, vor allem bin ich aber voller Dankbarkeit gegen Mami und Dich, denn wo wäre ich ohne die Reichtümer, die von Euch gekommen sind. Es vergeht auch kein Tag, an dem ich nicht Spr. 30, 10–31[175] still vor mich hinsage, jede Zeile dankbar bejahend.«[176]

Am 27. September wurde Moltke von Ravensbrück mit einem kurzen Zwischenaufenthalt im Wehrmachts- und Polizeiuntersuchungsgefängnis an der Lehrter Straße in die Justizvollzugsanstalt nach Tegel gebracht. Dort befand er sich bereits in der Nähe seines Hinrichtungsortes. Eine Reihe von Weggefährten hatte dieses Schicksal bereits erlitten, wie Berthold von Stauffenberg, Haeften, Trott, Kiep und Stülpnagel. Andere sollten in den nächsten Monaten folgen, wie Leuschner, Reichwein, Leber und Haubach.

Im Sanitätsraum des Gefängnisses traf Gerstenmaier Moltke zu einem letzten Wortwechsel. »Das Gespräch ging hin und her. Helmuth Moltke sprach ohne jenen moralischen Rigorismus, der ihm bei ähnlichen Gesprächen in den Jahren zuvor zu eigen war«, meinte Gerstenmaier. Als er auf den 20. Juli 1944 zu sprechen kam und das Attentat zu rechtfertigen versuchte, widersprach Moltke nicht mehr. »Er sagte nicht ja. Er sagte auch nicht nein. Wir nahmen brüderlich Abschied.«[177] Am Ende war die Hälfte der Kerngruppe des Kreisauer Kreises tot.

Viele der Aktivitäten des Kreisauer Kreises blieben der Gestapo verborgen. Befangen im engen Weltbild des Dritten Reiches, fehlte den NS-Schergen der Blick für größere Zusammenhänge, für die enormen Auslandsaktivitäten von Moltke und Trott. Sie wurden nie entdeckt, obwohl den Beamten bekannt war, dass Moltkes Mutter aus einer führenden südafrikanischen Politikerfamilie stammte und ihr Sohn als Rechtsanwalt in London zugelassen war. Sogar die Verbindung zu Lionel Curtis fand sich in den Gestapo-Unterlagen, konnte aber gegen Moltke nicht verwandt werden. Damit ging die Verteidigungsstrategie der Kreisauer teilweise auf. Sie konnten sich überzeugend von einem gewaltsamen Umsturzversuch distanzieren und ihre Aktivitäten als ökumenischen Arbeitskreis darstellen. Einsiedel, Trotha, Gablentz, Poelchau, Husen und Peters blieben dadurch unentdeckt und überlebten das Inferno. König versteckte sich, Rösch wurde im Januar 1945 verhaftet, entkam jedoch mit Glück dem Schicksal seiner Mitstreiter.

Moltke saß in Tegel im sogenannten Totenhaus ein. In seiner Zelle brannte Tag und Nacht das Licht. Er war mit Handschellen gefesselt, die selten gelockert wurden. Poelchau schmuggelte seine Nachrichten heraus. Moltkes Zellennachbarn waren Delp, Gerstenmaier und der als bayerischer Landesverweser vorgesehene Joseph-Ernst Graf Fugger von Glött, der das Ende des Dritten Reiches überlebte und für die CSU später im Deutschen Bundestag saß. Diese vier, zwei Protestanten und zwei Katholiken, lasen gemeinsam Bibeltexte und bildeten mithilfe von Klopfzeichen und kleinen Kassibern, die von Zelle zu Zelle wanderten, eine ökumenische Gemeinde. Zusammen mit den anderen Gefängnisinsassen wartete Moltke auf seinen Prozess vor dem Volksgerichtshof.

Bis zum Ende seines Lebens blieb die Verbindung zu seiner Frau denkbar eng, die nun voll in die Verteidigungsstrategie ihres Mannes eingebunden war, um sein Leben zu retten. Die Juristin Freya von Moltke suchte General Müller, den Stellvertreter von Himmler, im Hauptquartier des Sicherheitsdienstes in der Prinz-Albrecht-Straße auf. Und sie ging zu Freisler – mit einem kleinen Erfolg. Man erlaubte ihr wieder, mit ihrem Mann zu sprechen. Viermal trafen sich die beiden in Tegel in Anwesenheit des Gefängnisdirektors. Moltke operierte mit vollem Risiko. Er wusste, dass Himmler und Teile der SS-Führung mit dem Gedanken spielten, an Hitler vorbei Kontakte zu den Westmächten aufzunehmen, um den eigenen Kopf zu retten. Wer als Moltke war geeigneter, eine solche Karte über seine Frau andeutungsweise zu spielen und auf eine Reaktion zu warten?

Moltke selbst verabschiedete sich in Briefen von seiner Frau. Einen Tag vor der Urteilsverkündung des Volksgerichtshofs schrieb er ihr, es sei schön, »daß die Würfel, deren Fall schon genau feststeht, sozusagen auf der Kante noch mal halten«. Freya sagte später, man habe vier Monate Zeit gehabt, voneinander Abschied zu nehmen, »ein Mann und eine Frau. Der Höhepunkt unseres gemeinsamen Lebens – die schwerste Zeit unseres gemeinsamen Lebens.«

Der Kreisauer Diakonisse Ida Hübner, einer Vertrauten der Familie, schrieb Moltke: »Ich sterbe für eine gute und gerechte Sache, für eine, für die man eben auch bereit sein muß, sich umbringen zu lassen [...] ich bin wie ein stiller Sämann übers Feld gegangen [...] Der Samen aber, den ich gesät habe, wird nicht umkommen, sondern wird eines Tages seine Frucht bringen, ohne daß irgendjemand wissen wird, woher der Same kommt und wer ihn gesät hat [...] vielleicht ist mein Tod nützlicher, als mein Leben hätte sein können. Wir müssen es dem Herrn überlassen.«[178] In der Krypta von St. Gereon in Köln wurde für Moltke täglich eine Messe gelesen.

Seinen beiden kleinen Söhnen teilte er mit: »Ich habe mein ganzes Leben lang schon in der Schule gegen einen Geist der Enge und der Gewalt, der Überheblichkeit, der Intoleranz und des Absoluten, erbarmungslos Konsequenten angekämpft, der in den Deutschen steckt und der seinen Ausdruck in dem nationalsozialistischen Staat gefunden hat.«[179] Im Rückblick auf das Jahr 1944 schrieb er seiner Frau, dass der Tod »ein Begleiter des ganzen Jahres geworden« sei.

Moltke wollte nicht sterben. Im letzten Winkel seines Herzens hoffte er auf das Wunder, dass sein Name die Tür der Zelle öffnen würde. Er schrieb, dass sich Fleisch und Blut trotz der Nähe des Todes wild gegen das schier Unvermeidliche auflehnten. Am Abend des 8. Januar 1945, zwei Wochen vor der Hinrichtung, erhielt Moltke seine Anklageschrift. Ihm wurde vorgeworfen, seit jeher ein Feind des nationalsozialistischen Staates und ein »Defätist« gewesen zu sein. Er habe seit 1940 Gruppen angehört, die den Umsturz planten.

Hanns Lilje, der spätere Landesbischof von Hannover und stellvertretende Ratsvorsitzende der EKD, sah den vom nahen Tode Gezeichneten in einem Zustand der heiteren Klarheit der Seele, wie es sie »wohl nur an der Grenze des Todes geben kann. Der Kampf lag hinter ihm, keine Wolke der Anfechtung trübte seine Glaubenszuversicht.«[180]

Am 9. Januar 1945 begann mit dem Prozess das Finale. Moltke bestieg zusammen mit anderen Angeklagten ein Fahrzeug, das sie zum Volksgerichtshof in der Bellevuestraße 15 brachte. Die Erfahrung von Diktatur und Krieg hatte Moltke deutlich altern lassen. Er sah nach heutigen Maßstäben wie ein 50-Jähriger aus.

Bei dem zweitägigen Verfahren geriet Moltke rasch mit

Freisler aneinander, der ihn als führenden Kopf des Kreisauer Kreises ansah. In einer seiner Schimpftiraden warf er Moltke an den Kopf: »Nur in einem sind das Christentum und wir gleich: Wir fordern den ganzen Menschen.«[181] Während der Verhandlung wollte es der Zufall, dass Freisler aus irgendeinem Grund das Strafgesetzbuch einsehen wollte. Es fand sich kein Exemplar im Gerichtsgebäude. Moltke zerfetzte später Freislers Argumentation.

»Wir sind aus jeder praktischen Handlung heraus«, berichtete er Freya, »wir werden gehenkt, weil wir zusammen gedacht haben.« Übrig blieb am Ende, wie er seiner Frau am 11. Januar schrieb, »ein Privatmann, nämlich Dein Wirt [Ehemann, J. T.], von dem feststeht, daß er mit 2 Geistlichen beider Konfessionen, mit einem Jesuitenprovinzial und mit einigen Bischöfen, ohne die Absicht, irgend etwas Konkretes zu tun, und das ist festgestellt, Dinge besprochen hat, ›die zur ausschließlichen Zuständigkeit des Führers gehören‹.«[182] Hitler ließ sich über die Verfahren gegen die Mitglieder des Kreisauer Kreises informieren.

Helmuth James war, wie der Brief weiter zeigte, bei Gott und Gott in ihm. »Alles bekommt nachträglich einen Sinn, der verborgen war. Mami und Papi, die Geschwister, die Söhnchen, Kreisau und seine Nöte, die Arbeitslager und das Nichtflaggen und nicht der Partei oder ihren Gliederungen angehören, Curtis und die englischen Reisen [...]« Moltke war nun allen und allem entrückt. »Der Auftrag, für den mich Gott gemacht hat, ist erfüllt«, hieß es in den letzten Zeilen.

Am 11. Januar 1945, zwei Tage bevor die Rote Armee mit dem Sturm auf Ostpreußen begann, wurde gegen 16 Uhr das Urteil gegen Moltke verkündet. Es lautete: Todesstrafe. Entgegen der üblichen Praxis wurden Moltke und Delp, der ebenfalls zum Tode verurteilt worden war, nicht sogleich zur Hinrichtungsstätte in Plötzensee gefahren, sondern nach Tegel zurückgebracht. Dort konnte Moltke noch einmal seine Frau sehen.

In einem Briefwechsel mit Ger van Roon schrieb Freya von

Moltke im Januar 1963: »Wissen Sie, er konnte sich in all dem Unglück nur ›am Leben‹ erhalten, wenn er über die Gegenwart hinaussah. Das hat ihn ja die ganzen Jahre bestimmt. Er hat nie aufgehört, an das ›Danach‹ zu glauben. So nur konnte er es verhindern, in der Verzweiflung des ›Jetzt‹ nicht moralisch, seelisch und leiblich unterzugehen.«[183]

Am späten Vormittag des 23. Januar 1945, als sich neue Hoffnung zu regen begann, weil seit der Urteilsverkündung erstaunlich viel Zeit ins Land gegangen war, holte Moltke ein Auto nach Plötzensee ab. Der Gebäudekomplex lag nur wenige Minuten vom Gefängnis in Tegel entfernt. Nach dem Bericht eines katholischen Geistlichen ging Helmuth James Graf von Moltke seinen letzten Weg gefasst, ja mit innerer Heiterkeit. Er war zum Sterben bereit. Er hatte sich endgültig von seiner Frau Freya und seinen Söhnen Caspar und Conrad verabschiedet. Gegen 14 Uhr wurde er nach dem Protokoll der Justizvollzugsanstalt Plötzensee gehängt. Die Asche Moltkes wurde gemäß einer Anweisung von Himmler auf Rieselfeldern verstreut.

Helmuth James von Moltke war eine Persönlichkeit, die bei Freund und Feind Eindruck hinterließ. Im Vorwort eines zweibändigen großen Werks über Völkerrecht schrieb Wilhelm Wengler nach dem Krieg, für die wenigen überlebenden Freunde sei Moltke eine Persönlichkeit »von prägender Unvergeßlichkeit«[184]. In die gleiche Richtung ging das, was George Kennan über ihn sagte, der nach dem Krieg wichtige Positionen im diplomatischen Dienst der USA bekleidete: »Für mich ist Moltke eine so große moralische Figur und gleichzeitig ein Mann mit so umfassenden und geradezu erleuchteten Ideen, wie mir im Zweiten Weltkrieg auf beiden Seiten der Front kein anderer begegnet ist.«[185]

Lionel Curtis hatte sich schon 1943 darüber Gedanken gemacht, wie man Moltke und seiner Familie nach dem Zusammenbruch Deutschlands das Überleben sichern könne. Er hatte die Idee, dass die britischen Offiziere, die in den Stäben der Roten Armee tätig waren, den Auftrag erhalten sollten, die Familie per Zugriff vor den Russen zu retten und nach Großbritannien zu bringen.[186]

Helmuth James starb, so hat es den Anschein, als Märtyrer. Die zwölf Monate der Haft, vor allem das letzte Halbjahr, veränderten ihn.[187] Der Inhalt seiner Briefe entwickelte sich weg vom Gedanken, in ein irdisches Leben zurückzukehren. Die Verzweiflung, den Kampf um Deutschland am Ende mit dem Aufenthalt in einem Konzentrationslager und dem sicheren Tod bezahlt zu haben, war so groß, dass nur noch der Ausweg in die Transzendenz blieb.

Moltkes Sorge und Skepsis, dass ein Attentat scheitern könnte, hatte sich bestätigt. Die Tür des Gefängnisses war nun verriegelt – eine menschliche Tragödie und ein Verlust für Deutschland, der immer schmerzen und umtreiben wird. Die Hoffnung, nicht umsonst gelebt, mit den Ideen vom »Sämann« und seiner Aussaat dauerhafte Wirkung erzielt zu haben, ist in Erfüllung gegangen. Moltke ist eine feste Größe im kollektiven Gedächtnis der Nation geworden. Viele geben ihm unter denen, die sich im Widerstand gegen Hitler befanden, einen Ehrenplatz.

Das mag mit der Entwicklung der Bundesrepublik während des letzten Vierteljahrhunderts zusammenhängen, mit dem Traum, noch einmal in das Jahr 1933 zurückzukehren und alles richtig zu machen. Es bleibt aber festzuhalten, dass sich Moltke bis zum letzten Augenblick zum Tyrannenmord nicht wirklich durchringen konnte. Gewiss war der Ausgang des 20. Juli 1944 angesichts der verbliebenen geringen Zahl von Akteuren auf das Äußerste risikobehaftet. Aber auch in der Rückschau bleibt er ohne Alternative. Das Inferno des Krieges und die Tötungsmaschinerie, die bis zum letzten Pulsschlag des Regimes lief, kosteten im letzten Dreivierteljahr des Krieges die gleiche Anzahl von Opfern wie die vorangegangenen fünf Kriegsjahre.

Das Wort von Henning von Tresckow bleibt daher richtig

und gültig: »Das Attentat muß erfolgen, coute que coute.«[188] Es komme nicht mehr auf den praktischen Zweck an, sondern darauf, der Welt zu zeigen, dass der deutsche Widerstand unter Einsatz des Lebens den entscheidenden Wurf gewagt habe.

Wenn man auf die Wirkungsmächtigkeit der Arbeit des Kreisauer Kreises schaut, wird man nicht umhinkommen, Moltke zu attestieren, dass er während der Jahre im OKW die realen Möglichkeiten für einen Umsturz allmählich aus den Augen verlor. Stattdessen gab er sich Aktivitäten hin, die seine Mutter als »teutonisch« bezeichnet hätte. Hierin mag dann auch der Grund für das Auseinanderdriften von Dohnanyi, Bonhoeffer, Tresckow, Stauffenberg und am Ende vor allem von Yorck gelegen haben. Sie drängten zur Tat, während sich bei Moltke das juristische Denken durchsetzte, die Liebe zur Theorie. Hans Bernd Gisevius, ein Verbindungsoffizier zwischen dem Amt Ausland/Abwehr und der Schweiz, erinnerte sich später an eine Zusammenkunft mit Moltke. Bei ihr ging es 1943 darum, den bedrängten Canaris aus der Schusslinie zu bringen. Gisevius: »Moltke rührte sich nicht vom Fleck, er drückte eine dünne Akte an die Brust wie der Pfarrer die Bibel, in seinem in die Ferne gerichteten Blick leuchtete etwas Sektiererisches.«[189]

Moltkes Bedeutung für die Nachwelt bleibt davon unberührt, denn fest steht auch, dass er mit Beginn des Krieges in die Risikogruppe Nr. 1 des Dritten Reiches überwechselte. Als Zivilist in herausgehobener Position hatte er mitten im Machtzentrum ein wesentlich höheres Risiko als der Kommandeur an der Front zu tragen. Insofern war die Suche nach der Alternative zum Militärdienst das Gegenteil von Feigheit. Trotz zahlreicher Auslandsreisen scheint Moltke ein entscheidender Umstand entgangen zu sein, der mit seiner Biografie und mit seinem Namen zu tun hatte. Seit dem 1. September 1939 war niemand mehr in Deutschland Herr irgendeines Verfahrens. Das Land musste durch eine Niederlage gehen, es musste vorübergehend besetzt werden, bevor die Verantwor-

tung von den Siegern an deutsche Regierungskreise rücküber-
tragen werden konnte. Moltke machte sich über seine Wirkung im Ausland in gewisser Weise Illusionen. Einige wenige
kannten ihn. Aber mit Ausnahme der englischen Führungs-
klasse, die reiste, war Europa, war die westliche Welt damals
noch nicht vernetzt. Ein amerikanischer Außenminister blieb
stabil in seinem Land. Kein einziger deutscher General mit
Ausnahme von Walter Warlimont, der als jüngerer Offizier in
Übersee gewesen war, kannte die Vereinigten Staaten aus eigener Anschauung. Die Führungsgruppen der Staaten und die
Funktionseliten zirkulierten noch nicht. Infolge des Austritts
aus dem Völkerbund im Herbst 1933 war Deutschland auch
der Teilnahme an der bescheidenen Konferenzmaschinerie,
die damals existierte, verlustig gegangen. Wenige Deutsche
konnten nach 1933 reisen. Moltke und Trott waren weiße Raben, Ausnahmen, ein Paradox.

Die Pläne der Kreisauer waren wichtig und richtig. Aber in
der gegebenen Situation des Krieges waren sie zu visionär. Es
gab kurzfristig Bedeutsameres zu tun, in erster Linie das Attentat gegen Hitler bzw. eine Verhaftung des Diktators herbeizuführen. Angesichts der Kriegslage und der in deutschem
Namen begangenen Verbrechen war undenkbar, dass die kommenden Siegermächte deutschen Oppositionsgruppen entscheidende Mitspracherechte bei der Nachkriegsgestaltung
einräumen würden. Vor allem die Generation der zwischen
1870 und 1900 Geborenen bei den Alliierten war Augenzeuge
eines zweifachen Ausbruchs Deutschlands aus dem internationalen System binnen zwei Jahrzehnten gewesen. Sie war für
eine drakonische Bestrafung des Gegners.
    Das schließt nicht aus, dass man Moltke nach dem Zusam-
menbruch des NS-Regimes gehört und ihm eine wichtige be-
ratende Position eingeräumt hätte, mehr aber wohl nicht. Vor
allem war nach dem Ende Hitlers, herbeigeführt von innen
oder von außen, mit einer chaotischen Entwicklung zu rechnen. Präzise Planungen waren auf einem Kontinent, auf dem

Millionen von Menschen ihr Leben verloren hatten und andere Millionenmassen sich in Uniform oder in Form von Zwangsarbeit fern von der Heimat befanden, nicht möglich.

Mit der Identifizierung von geeignetem Personal, mit der Herstellung von Netzwerken leistete der Kreisauer Kreis daher als Personenverband, als Zusammenschluss von Menschen aus allen Schichten einer auf halbem Weg zur Demokratie stehen gebliebenen deutschen Gesellschaft einen großen, unvergessenen Beitrag. Menschen aus anderen, von Hitler-Deutschland besetzten europäischen Staaten, die wie die Kreisauer unter dem Terror des Regimes gelitten hatten, konnten nach 1945 die Ideen aufgreifen, die Moltke und seine Freunde als europäische Agenda zwischen 1941 und 1944 entwickelt hatten. Dieses Konzept war während des Krieges in das Kapillarsystem des europäischen Geistes, der sich im Untergrund befand, eingesickert.

Helmuth James Graf von Moltke, der Träger eines europäischen Familiennamens, konnte vor seine Familie, seine Vorfahren und die deutsche Geschichte treten.

Freya von Moltke

Kindheit und Jugend

Freya Deichmann kam am 29. März 1911 in Köln als jüngstes von drei Kindern auf die Welt. Sie hatte zwei Brüder, Hans und Carl. Am Butzweilerhof wurde im gleichen Jahr der erste Flughafen der prosperierenden Stadt angelegt und die majestätische Hohenzollernbrücke fertiggestellt.

Ihr Vater Carl Theodor Deichmann war einer der beiden Teilhaber des gleichnamigen Bankhauses, ihre Mutter Ada eine geborene von Schnitzler. Die Ehe der Eltern war nicht glücklich, er ein Konservativer, sie eine Liberale, die ihre Energien und Talente als Hausfrau nicht ausleben konnte. Als die Kinder aus dem Haus gingen, engagierte sie sich ehrenamtlich in Köln. Ada war mit Konrad Adenauer, dem späteren Bundeskanzler, befreundet, der sie sehr schätzte.

Die Vorfahren der Familie, Protestanten, waren um 1800 aus dem benachbarten Bergischen Land nach Köln eingewandert. Der Reiseschriftsteller Johann Kaspar Riesbeck bezeichnete Köln zu dieser Zeit als »abscheulichste Stadt von Deutschland«[190]. Von Weitem mache sie einen prächtigen Eindruck, komme man jedoch durch das Stadttor, seien die Straßen und die Einwohner gleich finster. In einem weiteren Brief berichtete er, dass die meisten Häuser vom Einsturz bedroht seien. Ein Drittel der Männer seien Bettler, ein weiteres Drittel Pfaffen.

Das Deichmann'sche Bankhaus entwickelte sich im 19. Jahrhundert dank günstiger Eheschließungen zum führenden Kreditinstitut der Stadt. 1836 kaufte die Familie ein barockes

Sommerschloss im Bonner Stadtteil Mehlem als Sommersitz, das heutige Schloss Deichmannsaue. Eine illustre Gästeschar, zu der unter anderen Johannes Brahms zählte, ging im Hause ein und aus und genoss den Blick auf das Siebengebirge und den Drachenfels. Hier residierte ab 1949 der US-Botschafter.

Was Deichmannsaue im Rheinland war, war Kreisau in Schlesien. Das aufstrebende Großbürgertum, zu dem die Deichmanns zählten, trat an die Stelle des Adels, der in der Französischen Revolution an Bedeutung verloren hatte. Als der preußische Prinz Friedrich Wilhelm Karl von Preußen 1830 als Gouverneur der Rheinprovinz zusammen mit seiner Frau Augusta der Kölner Gesellschaft vorgestellt wurde, soll eine Deichmann beim Hofknicks auf die Bemerkung der Zeremonienmeisterin, dass in der Schlange der zu Begrüßenden der Adel nun beendet sei, bemerkt haben: »Und hier, Majestät, fängt der Wohlstand an.«[191] 1870 wurde das Kölner Bankhaus Deichmann & Co. eine der Gründungsbanken der späteren Deutschen Bank AG. Sie machten Krupp groß. In der Kölner Trankgasse ließen sie 1913 ein siebengeschossiges Büro- und Geschäftsgebäude mit einer auffälligen Muschelkalkfassade errichten.

Freya kam im Deichmann-Haus auf die Welt, das noch heute gegenüber dem Kölner Hauptbahnhof steht. Später wohnte die Familie in einem schönen Haus am Georgsplatz 16 in der Altstadt, das an ein Pariser Stadtpalais, ein Hotel, wie es dort genannt wird, erinnerte. Es wurde im Zweiten Weltkrieg zerstört. 95 Prozent der Häuser in der Umgebung teilten dieses Schicksal.

Die Kindheit der drei Deichmann-Kinder war sehr behütet. Die beiden älteren Brüder gingen zunächst sehr raubeinig mit ihrem Schwesterchen um. Später wurde es ein liebevolles, enges Verhältnis, das so lange existierte, wie die Geschwister lebten. Hinter einem gelben Seidenvorhang versteckt, beobachteten die drei mitunter die Ankunft prominenter Gäste zu festlichen Diners ihrer Eltern. Die Damen rückten noch einmal den Strumpfgürtel zurecht, die Herren vergewisserten sich vor dem Spiegel des richtigen Sitzes der Fliege. Als die Brüder ins Internat wechselten, stand Freya allein hinter dem Vorhang.[192]

Das Schlösschen in Bonn gehörte einem anderen Teil der Deichmann-Familie. Freyas Eltern erwarben 1907 in der Nähe von Mechernich in der Voreifel ein großes Landhaus mit Stallungen und Pferden. Ihr Vater, Rittmeister der Reserve, zog 1914 mit den Kölner Ulanen ins Feld. Carl, der ältere Bruder, Jahrgang 1906, machte am Deutschen Kolleg in Bad Godesberg das Abitur und danach eine Banklehre in Hamburg. Weitere Ausbildungsabschnitte absolvierte er in der Bank J. Henry Schröder in London, an der seine Tante Emma beteiligt war, sowie bei einem Schnitzler-Onkel in Paris. Carl arbeitete danach als Banker in den Niederlanden, als ihn 1931 die Kunde vom drohenden Zusammenbruch der väterlichen Bank ereilte. Er kehrte nach Köln zurück, um zu retten, was noch zu retten war. Danach verwaltete er niederländische Beteiligungen in Berlin, ging nach Holland zurück und von dort während des Zweiten Weltkriegs 1942 nach Bern. Der erklärte Gegner des Nationalsozialismus blieb nach dem Krieg mit seiner Familie in der Schweiz. Er lebte bis 1985.

Hans, der jüngere Bruder, gleicher Jahrgang wie Helmuth James, promovierte nach Schulzeit in Bad Godesberg und Jurastudium zum Dr. iur. Er fand aber in den 1930er-Jahren keine angemessene berufliche Aufgabe in Deutschland und ging für die IG Farben nach Italien. Sein Onkel Georg von Schnitzler war Vorstand der Firma. Mehrfach war Hans Deichmann auf der Baustelle des Konzentrationslagers Auschwitz. Durch ihn erfuhren die Kreisauer erstmals vom Massenmord an den Juden. Unter Einsatz seines Lebens rettete er im Krieg viele Menschen vor Zwangsarbeit und agierte eng mit der italienischen Partisanenbewegung zusammen. Er kam nach dem Krieg nach Deutschland zurück, kehrte dem Land aber nach kurzer Zeit wieder den Rücken. Das hatte offenbar auch damit zu tun, dass ihm bei der Entnazifizierung seine Tätigkeit für die IG Farben zur Last gelegt wurde. Hans' Onkel, Georg von Schnitzler, wurde 1948 in einem Verfahren in Nürnberg zu einer fünfjährigen Freiheitsstrafe verurteilt. Man warf dem NSDAP-Mitglied vor, Chemiebetriebe im besetzten Polen und Frankreich während des Krieges ausgeplündert zu haben. Schnitzler kam jedoch schon 1949 unter Anrechnung der Untersuchungshaft frei und konvertierte zum Katholizismus. Sein Neffe Hans lebte bis zu seinem Tod im Jahre 2004 in Mailand und verfasste zeitgeschichtliche Abhandlungen.

Den Besuch des Gymnasiums brach Freya in der Mittelstufe vorübergehend ab. Sie langweilte sich und ging für ein Jahr auf eine Haushaltsschule nach Sachsen. Von dort kehrte sie nach Hause zurück und ging wieder aufs Gymnasium. 1929, im Jahr vor dem Abitur, überredete sie ihre Mutter, ihr eine Ferienreise ins Salzkammergut zu erlauben. Vorsichtshalber wollte Ada Deichmann aber mitkommen und fuhr in ihrem schnittigen Cabriolet mit der Tochter nach Süden. Sicherheitshalber hatte sie auch noch ihren Sohn Hans herbeigeordert, der in Wien studierte. Schweren Herzens hatte sich die Familie wegen beginnender wirtschaftlicher Schwierigkeiten in diesem Jahr von ihrem Landbesitz in der Eifel getrennt.

Helmuth James war für die 1,70 Meter große junge Frau Liebe auf den ersten Blick. Erleichtert registrierte sie die vorzeitige Abreise der Konkurrentin Daisy, mit der Helmuth James aus Berlin nach Österreich gekommen war. Zitternd fragte sie ihren Bruder auf der Rückfahrt: »Krieg' ich nun einen Brief? Finde ich was in Köln?«[193] Der ersehnte Brief kam, und es blieb nicht bei einem. Aber Helmuth James brauchte offenbar etwas länger. Er war gerade mit seinem Leben nicht sonderlich zufrieden. Durch die Begegnung mit Freya veränderte er sich binnen weniger Monate. Als sie ihn kennenlernte, berichtete sie später, sei er verschroben gewesen, besser seltsam, unzugänglich für Außenstehende. Nun öffnete er sich mit seinem leicht bösartigen, vielleicht britischen Humor. Freya schuf ihm in gewisser Weise die Verbindung zur Welt. Er vertraute ihrer Menschenkenntnis und ihrem raschen, sicheren Urteil. Freyas Sohn Caspar sagte in der Trauerrede auf seine Mutter Anfang 2010, sie habe ein Gefühl für Lebensrhythmen gehabt, für Konstellationen, den richtigen Zeitpunkt. Obwohl sie noch sehr jung gewesen sei, habe sie gewusst, dass sie die richtige Entscheidung traf, als sie Helmuth James im Sommer 1929 am Grundlsee begegnete.

Im Oktober 1930 bestand Freya in Köln das Abitur und nahm an der Universität Bonn ein Studium auf. In Bad Godesberg erbte ihre Mutter später ein Haus. Wenn es in den nächsten Jahren in Kreisau knapp war, winkte nicht nur Hilfe aus Südafrika, sondern auch aus dem Rheinland.

Herrin auf Kreisau

Mit 19 Jahren kam Freya Deichmann im April 1930 mit ihrem Bruder Hans zum ersten Mal nach Kreisau. Die Distanz zwischen ihrem Heimatort Köln und dem schlesischen Dorf betrug gut 900 Kilometer. Helmuth James holte die beiden mit einem kleinen grünen Auto ab, einem sogenannten Opelfrosch. Der Weg zum Berghaus, in dem die Moltkes lebten, betrug nur wenige Fußminuten. Daher war man rasch an Ort und Stelle. Einen so schönen Gutshof hatte Freya, wie sie sich später erinnerte, im Westen des Landes noch nicht gesehen. Die schlesische Landwirtschaft galt als hoch entwickelt. Sie hatte damals einen Vorsprung von zehn bis 15 Jahren vor anderen agrarisch geprägten Gegenden Deutschlands.

Freya war sofort von der großen Familie eingenommen, vor allem von der Mutter von Helmuth James, wie es wohl bei Dorothy auch umgekehrt der Fall gewesen ist. Sie kam zu einem Zeitpunkt in die Familie, als diese sich gerade in alle Richtungen zu zerstreuen begann. Die beiden nach Helmuth

James geborenen Brüder Joachim-Wolfgang und Wilhelm-Viggo hatten gerade ihre Schulzeit beendet und mit dem Studium bzw. mit einem Praktikum begonnen, während Carl Bernhard und Asta Maria noch zur Schule gingen.

Verliebt in die Sommerbekanntschaft des letzten Jahres und in einem ungewohnten Umfeld, machte Freya nun viele neue Erfahrungen. Zum Frühstück beispielsweise aß sie südafrikanischen Biltong, geriebenes Antilopenfleisch, das die Moltkes als Brotaufstrich benutzten.

Das Schloss mit seinen zahlreichen Umbauten beschrieb Freya als einen Kasten, in dem das unverändert gehaltene Arbeitszimmer des Feldmarschalls den Besuchern von Angehörigen der Familie »pflichtschuldig gezeigt« wurde. »Das Andenken des Feldmarschalls war in der Familie eine Angelegenheit des Respekts, nicht mehr«[194], meinte Freya mit großem zeitlichen Abstand kess. Sicherlich sahen und sehen die Traditionalisten in der Moltke-Familie dies anders.

Die Beziehung von Freya zu Helmuth James entwickelte sich langsam. Freya war zunächst mehr verliebt in ihn als er in sie. Aber vielleicht zeigte er seine Gefühle anders. Noch siezten sich die beiden. Das änderte sich im August 1930. Was er nicht sagte, brachte er schrittweise in Briefen an sie unter, wie überhaupt das Briefeschreiben als Ausdruck der Gefühle und der allmählichen Annäherung typisch für diese Generation nach dem Ersten Weltkrieg war. Man warb wirklich und anhaltend um den anderen. Man übte sich in Geduld.

Daher war zunächst von schnellem Heiraten nicht die Rede. Und wenn es so kommen sollte, wollte man kinderlos bleiben. So lautete die Zukunftsplanung in beiderseitigem Einverständnis. Freya und Helmuth wollten sich mit ihrer Beziehung Zeit lassen. Aber schon im Sommer 1931 erhielt Freya einen Brief von Helmuth James, in dem er ihr vorschlug, aus ganz pragmatischen Gründen bald zu heiraten. Dorothy fahre für ein halbes Jahr nach Südafrika, und allein käme er mit seinen jüngeren Geschwistern in Kreisau nicht zurecht.

»Und so geschah es«, war die trockene Reaktion der damals noch sehr jungen Rheinländerin in ihren Memoiren.

Freya war die ideale Partnerin für den introvertierten, dunkelhaarigen, ernsten jungen Mann, der sich zu dieser Zeit in einer echten Sinnkrise befand. Zwar brachte sie nicht, wie eigentlich zu erwarten war, als Tochter eines Bankiers ein großes Vermögen in die Verbindung ein, aber doch die Horizonte eines großen liberalen rheinischen Elternhauses. Das Bankhaus ihres Vaters stand gerade im Begriff, wegen seiner Anlagen in fallende Industriewerte zusammenzubrechen. Kurz vor der Hochzeit stellte es seine Zahlungen ein. Die schöne Villa sahen Freya und ihr Mann noch einmal bei der Hochzeit. Danach wurde sie verkauft. Helmuth James hatte aber in letzter Minute gesehen, aus welchem »Stall« Freya stammte. Er war zudem sichtlich beeindruckt, als er mit ihr bald darauf zu Freyas Tante Lilly von Schnitzler nach Frankfurt am Main fuhr, die dort als Kunstmäzenin ein großes Haus führte. Sie förderte unter anderen den Maler Max Beckmann. Das junge Paar lernte bei ihr zahlreiche prominente Gäste kennen, mit denen später in Berlin der Kontakt fortgesetzt wurde.

Helmuth James nahm die Nachricht vom wirtschaftlichen Untergang der Deichmanns mit Fassung auf. Nun könnten sie wie zwei Studenten miteinander leben, lieber zusammen als allein.

Was Freya mitbrachte, war die linksrheinische Mentalität der Unabhängigkeit, die sie nach eigenem Dafürhalten der Mutter und den beiden Brüdern verdankte. Hinzu kam das Bewusstsein, jüngstes Glied in einer Kette von sehr emanzipierten Frauen zu sein. Dies drückte sich vor allem in ihrer Entscheidung für das Jurastudium aus, das nur wenige junge Frauen damals aufnahmen. Mit diesem Gefühl von innerer Freiheit kam sie nach Kreisau und wurde, wie sie festhielt, nie enttäuscht. Den rheinischen Singsang in ihrer Stimme, den Kölner Grundton, verlor sie nie.

Sie führte vom ersten Augenblick an ein kongeniales Leben

mit ihrem Mann. Denn mochte Kreisau auch als große Versorgungseinheit für den Moltke-Clan stark geschrumpft sein, so gab es immer noch so viel Personal und helfende Hände, dass Freya Verpflichtungen als Hausfrau im engeren Sinne nicht hatte. Wenn sich ein Besucher auf der Kirschallee dem Berghaus näherte, sah sie ihn kommen und setzte das Teewasser auf. Ein Heimchen am Herd, eine Nurhausfrau wurde sie aber nie. Sie kochte nicht, putzte nicht und hatte dennoch einen langen Arbeitstag im Management von Kreisau. Ein Hausmädchen bemerkte trocken: »Freya steht mit beiden Füßen im Schlamm.«

In der Hochsaison arbeiteten noch immer bis zu 60 Personen auf dem Gut. Freya trat daher sogleich in die Geschäftsführung des Gutes ein. An der Universität Breslau besuchte sie zwar einige Seminare, aber vor allem half sie ihrem Mann bei seinen ersten großen Projekten. Helmuth James arbeitete damals an einer Verbesserung der Situation der Arbeitslosen im Waldenburger Kohlerevier. Freyas Aufgabe war es, einschlägige Statistiken für ihn durchzuarbeiten und zu analysieren. Beide arbeiteten hart und viel, verfügten jedoch über ein ausreichendes Zeitbudget. Freya hat einmal in einem Interview gesagt: »Mein Mann hat sich nur ganz selten überfordert gefühlt. Er hatte immer Zeit. Menschen, die sehr viel leisten, haben ja meistens Zeit, denn sie kommen mit der Zeit irgendwie besser zurecht als weniger Begabte.«

Sehr rasch musste Freya das Bridgespiel erlernen, ein beliebtes Kartenspiel an den langen Winterabenden in Kreisau. Auf dem Gut verstand sie sich auf Anhieb gut mit dem neuen Inspektor Adolf Zeumer. Infolge der langen Abwesenheiten ihres Mannes, die im Zweiten Weltkrieg durch die Abordnung zum OKW in Berlin zunahmen, wurden die beiden im Laufe der Zeit ein »echtes Gespann«. Zeumer, der mit den Nationalsozialisten sympathisierte, 1933 rasch Parteimitglied wurde, den Posten des Amtsvorstehers in Kreisau übernahm und damit die Polizeigewalt im Dorf innehatte, hielt aber in entscheidender Stunde zu ihr, als Helmuth James 1944 inhaftiert wurde.

In Niederschlesien herrschte ein Kontinentalklima mit langen, kalten Wintern und heißen Sommern. Die Qualität der Böden in Kreisau war nur stellenweise gut, insgesamt mittelmäßig und ungleich verteilt. Auf den sandigen Endmoränen des Eulengebirges mit der gut 1000 Meter aufragenden »Hohen Eule« als höchstem Berg wuchsen Hafer und Roggen. Die anspruchsvolleren Feldfrüchte wie Weizen, Braugerste, Zuckerrüben und Kartoffeln gediehen auf den besseren Böden von Kreisau. Ingesamt hatte die Mannschaft, die Helmuth James anführte, 1200 Morgen »unter dem Pflug«. Hinzu kamen 400 Morgen Wiesen und Wald. Im großen Kuhstall des Gutes standen 60 Kühe und weiteres Jungvieh. Die Schweinemast umfasste 100 Tiere. Ferkel wurden in Kreisau ebenfalls aufgezogen. Während des Krieges kam eine große Schafherde mit 200 Tieren hinzu.

Als Freya nach Kreisau kam, stand die Motorisierung des Gutes noch immer in den Anfängen, obwohl der alte Moltke auf diesem Gebiet besonders progressiv gewesen war. Die Feldarbeit wurde mit Pferdegespannen verrichtet, die Milch täglich mit einem dieser Gefährte in die Molkerei nach Schweidnitz gebracht. Erst als sich die Haushaltslage des Gutes allmählich verbesserte, setzte eine verstärkte Ausstattung mit Maschinen auf dem Gut ein.

Eine glückliche Zeit begann für Freya, als sie mit ihrem Mann im Herbst 1932 nach Berlin ging. Helmuth James setzte dort seine Referendarsausbildung fort und sie ihre juristischen Studien. »Es war für mich einfach köstlich, nun endlich einmal allein mit Helmuth wohnen zu können«, heißt es in ihren Erinnerungen. Es war eine große Liebe und mehr. Freya verehrte Helmuth James. Sie war eine leidenschaftliche Frau, wie jemand, der sie gut gekannt hat, nach ihrem Tod gesagt hat. Bis zur Verhaftung ihres Mannes habe sie viele glückliche Stunden mit ihm erlebt. »Das war das Beste, was ich hatte auf der Welt.« Helmuth James sei »ein fabelhafter Mann« gewesen. Obwohl Freya im Abstand der Jahrzehnte viel feministi-

scher geworden war, wie sie selbst befand, fügte sie Anfang
der 1990er-Jahre hinzu, »daß ein Leben mit einem hervorragenden Mann eine große Erfüllung für eine Frau sein kann«.

Zwar musste ihr Mann mindestens einmal im Monat nach
Schlesien fahren, um die Situation des Gutsbetriebs vor Ort
zu prüfen, aber sie waren nun das Paar, das sie sein wollten.
Die Machtergreifung der Nationalsozialisten erlebten die
beiden in Berlin. Im Gegensatz zu ihrem Mann hatte Freya
»Mein Kampf« nicht gelesen. Durch Zufall sah sie Hitler
zweimal in den Januartagen 1933. Er habe »schreckliche Augen« gehabt, sagte sie später.

Als die entscheidende Stütze im Kreisauer Gutshaushalt,
Ida Märkert, genannt »Mamsell«, aufgefordert wurde, der
NS-Frauenschaft beizutreten, einer der vielen nationalsozia-
listischen Massenorganisationen, lehnte sie mit der Begrün-
dung ab: »Herr von Moltke sagt, Hitler, das bedeutet Krieg.«
Ida starb 1939.

Helmuth James selbst trug sich seit der Machtergreifung
der Nationalsozialisten mit düsteren Gedanken, die seine
Frau mit ihrem ganz entgegengesetzten Naturell verdrängte,
geradezu wegschob. Er werde nicht alt werden, er werde in
einer Revolution umkommen, sagte er ihr. Freya entgegnete
in solchen Situationen: »Sage doch nicht immer so schreckliche Sachen.« Aber auch sie hatte das Gefühl, dass die Pro-
phezeiungen ihres Mannes Wirklichkeit werden könnten,
dass das Glück ihrer Ehe nicht von Dauer sein werde. Aber
konkret dachte sie nie an diese Möglichkeit. »Da war ein Vorhang davor«, hat sie später gesagt.

Obwohl das Dorf Kreisau 1933 politisch kippte, bot es den
Moltkes Schutz. Die »Lebensgemeinschaft«, wie Freya von
Moltke die Beziehung zwischen dem Gutsherrn und den Bauern charakterisierte, existierte weiter. Das soziale Gewissen
der Moltke-Familie zahlte sich nun aus. Als Helmuth James
einmal aus Protest der KPD seine Stimme geben wollte, bat ihn
sein Inspektor, nicht in Kreisau, sondern in Berlin zu wählen.

Es käme sofort heraus, dass die Moltkes Thälmann-Wähler seien. Günstig wirkte sich auch die Randlage aus, die großen Städte, vor allem Berlin, waren weit weg. Und: Die Nationalsozialisten benötigten den Generalfeldmarschall als Symbolfigur. Sie verehrten ihn und konnten ihn bei der Ausgestaltung ihrer kruden Ideologie nicht umgehen. Der Gefreite Hitler musste als Nachfolger des alten Moltke »aufgebaut« werden.

Wie ihre Schwiegereltern, die im Winter in Berlin gelebt hatten, blieben auch Freya und Helmuth James bis zur Geburt ihres ersten Kindes im Jahre 1937 in Berlin. Das Paar genoss die zwei Reisen nach Südafrika und die zahlreichen Auslandsaufenthalte, die die beiden vor allem nach Großbritannien führten.

Helmuth James, dessen Entschlossenheit zum Widerstand gegen Hitler unter Inkaufnahme größter Risiken Freya spürte, wollte eigentlich keine Kinder. Freya trotzte sie ihm ab.

Die Erziehung der Kinder lag in der Familie dann auch eindeutig bei Freya. Sie ließ ihnen alle Freiheiten, Erziehungsprobleme gab es nie. Eltern aus der deutschen Oberschicht waren bei der Erziehung ihrer Kinder wenig präsent und spielten nicht die dominante Rolle, wie sie die deutsche Mittelschichtsfamilie bis zum heutigen Tag ausübt. Darüber hinaus war Helmuth James, als die Kinder zur Welt kamen, nur selten zu Hause. Bezeichnenderweise ist in seinen Briefen von »Deinen Söhnen« die Rede.

Freya schloss 1935 ihr Jurastudium mit einer Promotion ab, in den Dreißigerjahren noch eine Seltenheit. Nur wenige Hundert Frauen belegten an Deutschlands Universitäten dieses Fach. Von 1935 an wurden sie nicht länger zum Referendariat zugelassen. Damit war die Möglichkeit verbaut, Rechtsanwältin zu werden. Gleichzeitig liefen NS-Kampagnen gegen sogenannte »Doppelverdiener«, was zur Folge hatte, dass viele junge Juristinnen seit 1933 aus dem Berufsleben ausscheiden mussten. Als Freyas jüdischer Doktorvater Martin Wolff bald nach ihrer Promotion Deutschland verließ, beriet ihn Helmuth James anwaltlich. Helmuth James half, wo er konnte, bedrückt durch das Wissen und die Ahnung, was noch kommen könnte. Offiziell wurde es ihm vom 1. Dezember 1938 an, also kurz nach der Pogromnacht, untersagt, Juden anwaltlich zu vertreten. Er tat es dennoch heimlich weiter. Wolff, der hoch angesehene Gelehrte, ging 1938 nach Großbritannien, wurde 1947 britischer Staatsbürger und starb 1953 in London.

Nach dem Tod ihrer Schwiegermutter 1935 war Freya nun die Herrin auf Kreisau. Hoch auf dem Bock des Wagens, neben Inspektor Zeumer sitzend, absolvierte sie eine dreistündige Arbeitsschicht, die entweder um sechs Uhr oder um neun Uhr morgens begann. Mithilfe ihres Mannes, dem sie täglich über die Abläufe in Kreisau Bericht erstattete, übte Freya dann im Krieg das Controlling des Betriebs aus, prüfte die Einnahmen und Ausgaben, überwachte die Fruchtplanung, aber auch die einzelnen Arbeitsvorgänge. Das letzte Wort hatte jedoch immer ihr Mann. Freyas täglicher Brief an ihn war eine Art von Rapport. Im Abendzug von Schweidnitz nach Berlin befanden sich Schlitze für die Post. Bis zum Schluss des Krieges funktionierte die Beförderung.

Kreisau bot neben der täglichen Arbeit aber auch Freude und Entspannung. Das Paar entkam in Schlesien der aufreibenden Arbeit in der Berliner Rechtsanwaltskanzlei. Die beiden gingen über die Felder und sahen die Früchte gedeihen. Sie durchstreiften die Wiesen und den Busch, wie die Schlesier die kleinen Waldstücke nannten, die zwischen den Feldern lagen. Sie atmeten den Duft der Maiglöckchen ein, sie rochen die frisch gepflügte Erde und empfanden Glück, das Glück des einfachen Lebens.

Als während des Krieges die Versorgung mit Nahrungsmitteln schwieriger wurde, bot der Obst- und Gemüsegarten des Gutes genügend Abwechslung und trug oft zur Versorgung der Freunde in Berlin bei. Kreisau blieb bis zum Schluss ein gastliches Haus. Nun wurden auch noch Bienenstöcke angeschafft, was ungemein wichtig war, denn in den Geschäften gab es keinen Honig mehr zu kaufen. Einmal im Jahr wurde ein Schwein geschlachtet. Mit ein wenig Geschick konnte man das Fleisch in unterschiedlichster Form der Verarbeitung als Frischfleisch, Wurst und Schinken bis zur nächsten Schlachtung konsumieren.

Als der Krieg ausbrach und in Kreisau – wie 25 Jahre zuvor – die Männer eingezogen wurden, versuchte der Inspektor, die entstandenen Lücken mit polnischen Gastarbeitern zu schließen. Asta, Helmuth James' Schwester, die in Berlin als Innenarchitektin gearbeitet hatte, kehrte zur Familie zurück und fuhr Traktor. Französische und russische Kriegsgefangene ergänzten die Mannschaft, die versuchte, Kreisau einigermaßen unbeschadet über die Kriegsjahre zu bringen. In das Arbeitslager, das sich in der Nähe befand, kamen während des Krieges auch Juden. Freya konnte sie aus der Ferne in KZ-Kleidung bei der Arbeit am Flüsschen Peile beobachten. Sie arbeiteten nicht auf dem Gut.

Freya war längst in die konspirative Tätigkeit ihres Mannes eingebunden. Sie wusste von seinen Überlegungen und besprach mit ihm alle Schritte, die er hinsichtlich der Nachkriegsplanung für Deutschland im Kopf hatte. Sie kannte den Kreis der Mitverschwörer und engagierte sich in ähnlicher Weise wie Christine Bonhoeffer, die Frau von Hans von Dohnanyi. Eines Tages fehlte Asta bei den geheimen Gesprächen auf Kreisau. Ihr Mann, auch ein Hitler-Gegner, hatte sie gebeten, wegen des hohen Risikos, entdeckt zu werden, nicht mehr dabei zu sein. Sie könne ja ohnehin nicht viel mehr tun, als zuzuhören. Freya von Moltke hat später einmal in der ihr eigenen lapidaren Art gesagt, sie seien die Frauen ihrer Männer gewesen: »wenn die Männer geplant haben, haben wir zugehört«.[195]

Im Herbst 1941 luden die Moltkes den Maler Karl Schmidt-Rottluff, mit dem sie seit Längerem bekannt waren, nach Kreisau ein und baten ihn, dort zu malen. Helmuth James meinte, die Bilder würden der Familie vielleicht erhalten bleiben. So kam es auch. Bis zu ihrem Tod hingen die Aquarelle in den Wohnungen und Häusern von Freya. Als das Gut gegen Ende des Kriegs entschuldet war, sagte Freya: »Nun bekommen es entweder die Russen oder die Nazis.« Helmuth James entgegnete: »Besser ohne Schulden!«

Bei den drei Kreisauer Treffen und bei allen Zusammenkünften mit Gleichgesinnten hatte Helmuth James die Parole ausgegeben, dass bei den Mahlzeiten keine politische Äußerung fallen dürfe. Das Personal schien nichtsdestoweniger verlässlich, zwei junge Frauen aus dem Dorf, die die Gäste bekochten und bedienten. Nach dem 20. Juli 1944 ging eine der beiden Frauen dennoch zur Polizei und berichtete von den Wochenendbegegnungen. Sie begründete ihren Schritt damit, dass sie verhindern wolle, dass infolge derartiger Treffen noch mehr deutsche Soldaten sterben müssten. Anrichten konnte sie mit ihrer Denunziation nichts mehr. Eine Tante von Helmuth James, die einzige überzeugte Nationalsozialistin auf Kreisau, behielt ihr Wissen hingegen für sich.

Freya war über die Versuche ihres Mannes informiert, mit europäischen Widerstandsgruppen Kontakt aufzunehmen und mit ihnen über ein Nachkriegseuropa zu diskutieren. In der Rückschau fand sie, dass ihr Mann in Holland und in Norwegen erfolgreich gewesen sei, nicht jedoch in Frankreich, wo die Initiativen unter anderem über Carlo Schmid liefen. Sehr skeptisch zeigte sie sich auch hinsichtlich der Bemühungen ihres Mannes und Trotts zu Solz im Westen. »Weder aus England noch aus USA hat es jemals einen Widerhall gegeben«, schrieb sie später.

Die Endfassungen der Kreisauer Dokumente, die das Datum 9. August 1943 trugen, übergab Helmuth James Freya mit der Bemerkung, er wolle nicht wissen, wo sie sie verstecke. Freya versenkte sie in einer Bodenkammer im Schloss und holte sie erst wieder zum Vorschein, als die Russen sich im Mai 1945 in dem großen Haus niederließen. Freya nahm die Dokumente mit ins Berghaus. Von dort gingen sie mit ihr auf Reise, als die Familie Kreisau im Herbst 1945 verlassen musste.

Die Einschläge rückten nun näher. Der Krieg, der bis dahin vor allem die großen deutschen Städte heimgesucht hatte, rückte ab 1944 auch an Kreisau heran. Die Unglücks- und Todesnachrichten begannen sich zu häufen. Der jüngste Bruder von Helmuth James, Carl Bernhard, stürzte mit einem Beobachtungsflugzeug über Libyen ab. Wilhelm-Viggo hatte sich vor Kriegsbeginn in die USA abgesetzt, Joachim-Wolfgang schaffte es, kurz vor der Verhaftung seines Bruders mit dessen Hilfe nach Norwegen versetzt zu werden. Er hatte zuvor als junger Leutnant in Stäben im Westen wie im Osten gedient. Das letzte Weihnachtsfest, das die Familie Moltke zusammen verbrachte, war ein sehr trauriges. Beide Söhne waren krank, und Asta, die Schwester von Helmuth James, hatte gerade ihr erstes Kind wenige Tage nach der Geburt verloren.

Anfang 1944 wurde Helmuth James inhaftiert. Freya besuchte ihn und erhielt in den ersten Augusttagen zum letzten Mal eine Sprecherlaubnis im KZ Ravensbrück. Die beiden trafen sich in einer Polizeischule im benachbarten Drögen. Ihr Mann wurde per Auto dorthin gebracht. Freya kam zu Fuß von der Bahnstation. Auf der Rückfahrt übernachtete sie immer im Reihenhaus der Yorcks in Berlin-Lichterfelde.

Bei der letzten Zusammenkunft hatte Helmuth James mit ihr einen Code-Satz vereinbart, der seine Lage beschreiben werde, nämlich ob eine bestimmte 40 Morgen große Koppel in Kreisau ganz umgepflügt werden solle oder nur zu einem von ihm angegebenen Teil. Würde er die 40 Morgen nennen, sei seine Situation hoffnungslos, würde er einen anderen Wert angeben, beurteile er seine Lage günstiger.

Hans Deichmann, der Bruder von Freya, von dem der Kreisauer Kreis Informationen über Auschwitz erhalten hatte, kümmerte sich um seine Schwester. Erschüttert vom Besuch seiner Chemie-Baustellen in Oberschlesien, fuhr er öfter nach Kreisau. Bis zum November 1944 konnte er diese Abstecher machen.

Ende September 1944 reiste Freya ohne eine Sprecherlaubnis nach Drögen und erfuhr, dass ihr Mann am Vortag nach

Berlin in das SS-Gefängnis in der Lehrter Straße verlegt worden war. Als sie seine Habseligkeiten in einem schweren Koffer zum Bahnhof schleppte, war ihr die Lage klar. Im Zug traf sie zufällig den Gestapo-Beamten, der bei den Gesprächen in Drögen zugegen gewesen war und sie fair behandelt hatte. Ob es schlecht stehe, fragte sie den Mann. »Ja, sehr schlecht!«, antwortete der.

Zur großen Erleichterung von Freya befand sich Helmuth James jedoch nicht in der Lehrter Straße, weil das Gefängnis einen schweren Bombenschaden erlitten hatte, sondern in Tegel. Das war insofern ein Glück, da dort Harald Poelchau, der Gefängnispfarrer und Freund, alles Menschenmögliche für Helmuth James tat. Freya pendelte nun zwischen Kreisau und Berlin und wohnte bei Carl Dietrich von Trotha, einem Vetter von Helmuth James. Zu Yorcks konnte sie nicht gehen, denn Marion, die Witwe des bereits hingerichteten Peter Graf Yorck von Wartenburg, war zwar mittlerweile, wie mehrere andere Frauen von Hitler-Gegnern, freigekommen, doch in ihrem Haus wohnte nun ein SS-Mann mit seiner Familie. In der Notgemeinschaft der Frauen und überlebenden Männer in Berlin entstanden in diesen Wochen Kontakte fürs Leben, bildeten sich Netzwerke der Freundschaft und des Anstands, die dank des »Hilfswerks 20. Juli 1944« und fortgeführt durch die Nachkommen bis heute halten.

Zwei Tage nach der Hinrichtung ihres Mannes, am 25. Januar 1945, reiste Freya mit Marion Yorck nach Kreisau. Bei der Abreise gaben ihr Freunde Butterbrote mit, Marion bekam eine Flasche Malaga. Wie in einem Zustand der Trance, nach Monaten unvorstellbarer Anspannung, des Hoffens und der Niedergeschlagenheit, saßen die beiden jungen Witwen in der dritten Klasse des Zuges auf einer hölzernen Zweierbank eng zusammen und waren, wie sich Freya später erinnerte, »ganz heiter«. Freya von Moltke lieferte zu diesem zunächst überraschenden Verhalten später eine schlüssige Erklärung. Sie sei lange von »seiner Größe getragen« worden. »Von der Verhaftung meines Mannes im Januar 1944 bis zu seinem Tode im Januar 1945 habe ich in gewisser Weise in der Höhe gelebt«, sagte sie. Es sei ein Hochgefühl wie nach den Kreisauer Treffen gewesen. Nach 24 Stunden Fahrt kamen Freya und Marion in Kreisau an. Die Gegenrichtung war durch Flüchtlingszüge verstopft.

Schwer wurde es Freya, als sie abends am Bett ihres älteren Söhnchens saß. Sie kämpfte tapfer gegen ihre Tränen. Als der Junge am nächsten Morgen bei ihr erwachte und sah, dass sie noch immer traurig war, sagte er: »Wegen dem Pa? Immer noch?!« Ein ungeheurer Trost für die Mutter, deren kleinerer Sohn das Ereignis noch nicht verstand.

Im Februar 1945, als die Rote Armee Breslau eingekreist hatte, setzten sich in der Kreisauer Gegend die ersten Flüchtlingstrecks in Bewegung. Der Gutsinspektor ging, Freya blieb. Helmuth James hatte die bevorstehenden Ereignisse mit General Franz Halder, der im Gefängnis in Berlin-Tegel in der Zelle nebenan hauste, einmal analysiert. Beide hatten die gebirgige Gegend um Kreisau als sicher eingeschätzt und die Ansicht vertreten, dass die Rote Armee bei ihrem Vormarsch auf Berlin das Gebiet »links liegen lassen« werde – ein Trugschluss.

Die einen zogen aus Kreisau ab, andere kamen. Unter ihnen war Davida »Davy« Yorck, die mit einem Treck aus Wernersdorf eintraf. Auf diesen folgten Wehrmachtssoldaten, die wild entschlossen waren, den Russen so wenig wie möglich zu hinterlassen. Aber bis zuletzt nötigte der Name Moltke den vom Krieg völlig Verrohten Respekt ab. Große Teile des Schlosses wurden nicht in Beschlag genommen.

Die russische Front war nun nur noch zehn Kilometer entfernt. Die im Mausoleum von Kreisau frei stehenden Särge des Generalfeldmarschalls und seiner Frau wurden im Grab von Helmuth James und im leeren Grab von Freya versenkt. Acht Feldwebel mit Stahlhelmen auf dem Kopf begleiteten die Zeremonie, die in der Erinnerung von Freya »ganz feierlich und dabei doch so trostlos« war.

Im April 1945 erhielt Freya von der NSDAP die Aufforderung, Kreisau binnen zwei Tagen zu verlassen. Sonst werde
man die dort Verbliebenen durch die Polizei von Ort zu Ort
treiben lassen. Freya fuhr zur Parteizentrale nach Gräditz und
erreichte, dass die Familie bleiben durfte. Nach Ostern wurde
es ihr aber dann doch zu mulmig. Sie entschloss sich, mit der
sechsköpfigen Familie und zwei Kastenwagen voller Gepäck
in ein Bauernhäuschen im Riesengebirge zu ziehen. Es lag beinahe 1000 Meter hoch auf der tschechoslowakischen Seite des
Massivs. Nach drei Wochen entschied sich Freya, nach Kreisau zurückzukehren und nach dem Rechten zu sehen. Für eine
derartige Entscheidung brauchte man Mut und Willenskraft.
Freya hatte beides. Sie radelte los, stellte jedoch an der Bahnstation fest, dass der nächste Zug erst am kommenden Morgen fahren würde. Sie entschloss sich daher weiterzufahren
und kam, gegen die Müdigkeit ankämpfend, am Abend in
Kreisau an. Sie hatte etwa 100 Kilometer zurückgelegt. »Ich
hatte an diesem Abend das Gefühl, daß sich in dieser Heim-
fahrt das ganze Glück und der ganze Reichtum unseres Kreisauer Lebens noch einmal in mir zusammenfanden.«
    Wenige Tage später kehrte sie zu ihren Kindern zurück. Bei
einem Besuch von Freunden Adolf Reichweins in der Baude
hörte Freya vom Selbstmord Hitlers in der Reichskanzlei.
Erneut radelte sie nach Kreisau, um sich ein Bild von der Lage
zu machen. Eines Tages kam ein Motorrad, auf dem ein russischer Soldat und ein Zivilist saßen, die Kirschallee herunter.
Sie fragten Freya, ob die Brücke über die Peile intakt sei, und
als sie dies bejahte, drehten sie um und fuhren zurück. Wenige
Stunden später setzte der Einmarsch der Roten Armee in
Kreisau ein. »Es war ein toller Anblick. Primitiv wirkendes
Material, Wagen hoch mit Beute beladen, zerschunden auch
die Fahrzeuge, aber die Männer waren kraftstrotzend, gesund,
stark – siegreich«, befand Freya. »Ein Strom von Vitalität er-
goß sich durch das kleine, abseits gelegene Dorf Kreisau, dessen unzerstörte Brücke wichtig geworden war.«
    Freya, die das Schauspiel beobachtete, schaffte es dann ge-

rade noch, sich zu verstecken. Die Jagd auf deutsche Frauen war nämlich eröffnet. Sie wechselte die Plätze und Schlaforte, kampierte in Scheunen und bei alten Leuten. Wenige Tage später war die Armee mit dem Tross durchgezogen, und die Lage beruhigte sich wieder. Freya wagte sich nun zu Fuß nach Schweidnitz und bat den russischen Ortskommandanten um Schutz. Der Russe verstand ihr Anliegen nicht und sagte nur – wenn auch freundlich –, jeder Mann brauche eine Frau. Dies sei nun einmal so.

Als der große Treck mit Inspektor Zeumer wohlbehalten in Kreisau wiederauftauchte, entschloss sich auch Freya, ihre Familie aus dem Gebirge zurückzuholen. Mit viel Glück kam sie heil durch alle Linien und entging den Risiken, die die mittlerweile zurückflutenden Rotarmisten für Frauen darstellten. Im Gebirge fand sie ihre Familie unangetastet, aber im Schockzustand vor. Die in der Nähe in einem Lager zusammengefassten Angehörigen der russischen Wlassow-Armee, die als Verbündete von Hitler-Deutschland schrecklichen Zeiten entgegensahen, waren von den abziehenden Deutschen in letzter Minute bewaffnet worden. Das erste Ziel dieser Russen war, die Uniform loszuwerden und sich Zivilkleidung zu beschaffen. In einem Bauernhaus hatten sie eine vierköpfige Familie erschlagen. Wie durch ein Wunder war das nicht allzu weit entfernte Haus, in dem die Moltke-Familie mit fünf Frauen, sechs Kindern und einem alten Mann untergekommen war, verschont geblieben.

Stationen

Kurz vor Pfingsten 1945 entschied sich Freya, nach Kreisau zurückzukehren. Der Krieg war seit wenigen Tagen vorbei. Die »Festung« Breslau hatte erst am 6. Mai kapituliert. Eine mit Freya bekannte Lehrerin schrieb auf Tschechisch auf ein

Stück Papier Informationen auf, die einem Passierschein gleichkommen sollten. Der Inhalt: Eine Gruppe von Frauen, deren Männer von den Nationalsozialisten zum Tode verurteilt und hingerichtet worden seien, wolle mit ihren Kindern in ihren schlesischen Heimatort Kreisau zurückkehren. Mit reduziertem Gepäck, aber immer noch voll beladen, ging es mit drei Pferden, die einen Kastenwagen und den kleinen Kutschwagen zogen, zunächst ins Tal und dann entlang des Gebirgskamms zurück nach Kreisau. Die sudetendeutschen Bauern am Wege schüttelten den Kopf: kein Mann dabei, keine Erfahrung mit Pferd und Wagen. Als ein Fuhrwerk zusammenbrach, half ein Schmied bei der Reparatur. An der tschechischen Grenze waren die Zöllner misstrauisch und nahmen dem kleinen Treck ein Pferd ab, das bergauf an vorderster Stelle im Geschirr gelaufen war. Kurz hinter der Grenze überfuhr ein russischer Lastwagen den geliebten Scotchterrier.

Bald nach der Ankunft in Kreisau begann der Sommer in Schlesien. Freya bemerkte von den Russen, die im Schloss nur in kleiner Besetzung saßen, nicht allzu viel. Man schlug ihr vor, Bürgermeisterin zu werden, aber sie lehnte ab. Es galt, mit der Feldbestellung zu beginnen. Glücklicherweise waren Maschinen, Pferde und Kühe noch da und auch Arbeitskräfte, wenn auch in beschränktem Umfang. Bezahlt wurde mit Lebensmitteln. Die Tiere, die sich in Kreisau befanden, gehörten nicht zur alten Herde, sondern stammten aus tschechoslowakischen Dörfern. Im Chaos der Evakuierung waren sie einfach freigelassen worden. Sie standen brüllend auf den Wiesen, weil sie nicht gemolken wurden. Die eigene Herde war Anfang Februar 1945 auf Anweisung der NSDAP abgeholt und in den Schlachthof nach Waldenburg, das heutige Wałbrzych, getrieben worden. Nun hatte Freya eine neue, bunt zusammengewürfelte Schar von Tieren.

Gelegentlich wurde eine Kuh geschlachtet, um das ganze Dorf mit Essen zu versorgen. Flüchtlinge wurden aufgenommen, weil ein gut belegtes Haus gegenüber den Russen besser zu verteidigen war als eines mit erheblichem Leerstand. Abends musste es fest verriegelt und alle Fenster und Türen gesichert werden, weil russische Soldaten durch das Gelände streiften und versuchten, in die Gebäude einzudringen. Im Berghaus gab es eine stabile Haustür, aber Freya saß vorsichtshalber mit dem Feuerhorn im Obergeschoss, um im Notfall Hilfe von den Nachbarn anzufordern. Glücklicherweise war das nie notwendig.

Eines Tages kletterte ein Russe an der Fassade empor, stieg im Kinderzimmer durchs Fenster ein und kam die Treppe hinunter. Sohn Conrad, der ihn sah, blieb unbeeindruckt, schrie nicht. Die Russen waren sehr kinderlieb.

Tagsüber versuchten die Rotarmisten, Lebensmittel und Hühner zu stehlen. Wenn man ihnen entschlossen gegenübertrat, verzogen sie sich. Man durfte nur keine Angst zeigen. Im Laufe des Sommers kamen mehr Soldaten in das Dorf. Im Schloss lebte nun eine ganze Kompanie. Sie hatte den Auftrag, das Einbringen der Ernte zu kontrollieren. Mit den Moltkes und ihren Mitarbeitern sprachen sie nicht.

Den Offizieren, die im Gegensatz zu den Mannschaften fürstlich dinierten, war der Name Moltke ein Begriff. Ein Soldat sagte einmal, nur wegen ihrer Männer lasse man die Frauen in Ruhe. Die Russen verschonten auch das seit 1891 unangetastete Arbeitszimmer des Generalfeldmarschalls mit dem rosa Porzellanständer für die Perücke, der kleinen Waschschüssel, den Filzpantoffeln, dem Maltesermantel aus Moiré im Kleiderschrank und dem Federbuschhelm.

Allerdings wurde Freya aufgefordert, ihr Radio abzuliefern. Sie tat es nicht und hörte weiterhin allabendlich die BBC-Nachrichten. Natürlich bekamen die Nachbarn das mit. Die Moltkes wüssten mehr als die anderen über das Geschehen draußen in der Welt, hieß es. Daher kamen Besucher, die sich nach den politischen Entwicklungen in der Region erkundigten. Es hatte sich herumgesprochen, dass in der Folge des

Potsdamer Abkommens Schlesien an Polen fallen würde. Unklarheit herrschte nur darüber, ob die Grenze entlang der Glatzer Neiße oder der Görlitzer Neiße verlaufen würde, zwischen denen Kreisau lag. Die Polen schufen Fakten, erschienen auf den Höfen und warfen die Deutschen hinaus. Im August hörte Freya von der Evakuierung ganzer Dörfer. Kreisau blieb vorläufig verschont.

Aber eines Tages erschien ein polnischer Milizionär und bedrohte Freya mit einem Revolver. Sie ließ sich nicht einschüchtern. Daraufhin verpasste er ihr eine schallende Ohrfeige und verschwand. Freya ging zum russischen Kompaniechef im Schloss, der ihr versicherte, dass den Moltkes nichts zustoßen werde. Leiden mochten sich Russen und Polen nicht.

Glück hatte Freya, als bei einer Fahrt mit dem Inspektor die Pferde durchgingen und beide in hohem Bogen vom Bock flogen. Erstaunlicherweise war ihnen nichts passiert. Aber die Inspektionsfahrten, die Freya mit Zeumer über zehn Jahre lang unternommen hatte, waren zu Ende. Der geländegängige Wagen ließ sich nicht mehr reparieren.

Durch einen Zufall entstand im Juli 1945 eine Verbindung zu den Engländern, nachdem die drei westlichen Besatzungsmächte in die zerstörte deutsche Hauptstadt eingezogen waren. Das russische Zwischenspiel mit der alleinigen Besetzung und Kontrolle von Berlin von Mitte April bis zum 2. Juli 1945 war damit beendet. In Berlin hatte sich ein britischer Offizier bei Freunden der Familie danach erkundigt, ob sie etwas von Helmuth von Moltkes Frau und seinen Kindern in Schlesien wüssten. Zwei Damen aus Kreisau, die sich zufällig zu Besuch befanden, schilderten am nächsten Tag im Büro des Offiziers die ihnen bekannten Einzelheiten. Damit war ein erster Kontakt zu den Rettern und Freunden von einst hergestellt, die zu spät gekommen waren. Lionel Curtis, Michael Balfour, Julian Frisby und andere hatten Wort gehalten.

Für Freya war es nun an der Zeit, selbst nach Berlin aufzubrechen. Von Waldenburg fuhr sie in Begleitung einer anderen

Frau aus Kreisau auf einem Kohlenzug nach Berlin, der bei seinen Stopps von Dieben geplündert wurde. Die Warnschüsse der russischen Wachen beeindruckten die Täter nicht. Nach langer Fahrt hielt der Zug in einem östlichen Vorort von Berlin. Von dort aus konnte Freya mit der S-Bahn weiterfahren. Sie begab sich in die Hortensienstraße – die ehemalige Wohnung der Yorcks, in der nach der SS und den Russen nun ein älteres Klempnerehepaar wohnte, das für die Yorcks gearbeitet hatte. Freya schlief im Wohnzimmer und schrieb am Tag Briefe an ihre Mutter, an ihren Bruder Carl, der in der Schweiz lebte, an Lionel Curtis und Dorothy Thompson in den USA. Briten und Amerikaner, mit denen sie in Berlin Kontakt aufnahm, beförderten die Briefe weiter, obwohl dies offiziell untersagt war. Sie erreichten ihre Empfänger schnell. Der Brief an ihre Mutter, den ein Flüchtling gen Westen mitnahm, benötigte hingegen Monate.

In Dahlem suchte Freya die Dienststelle des US-Geheimdienstes OSS auf und traf dort mit Allen Dulles und anderen Offizieren zusammen. Ihre Gesprächspartner waren sehr gut über das Schicksal der Familie informiert und rieten ihr davon ab, nach Kreisau zurückzukehren. Sie suchte auch russische Dienststellen auf. An einem Tag fuhr sie in die Afrikanische Straße, die im Norden der Stadt unweit des Flughafens Tegel liegt, und klingelte an der Tür der Poelchaus. Hier hatte sie in den Monaten vor dem Tod ihres Mannes wichtige Stunden verbracht. Anstelle von Harald Poelchau, dem ehemaligen Gefängnispfarrer in Berlin-Tegel, traf sie in der Wohnung ihren Schwager, den Mann von Asta Maria. Sie hatte seit Februar nichts mehr von ihm gehört.

Per Kohlenzug ging es nun wieder nach Kreisau zurück. Die Nachrichten, die sie vor der Abfahrt erhielt, waren schlecht. Die Oder und die Görlitzer Neiße bildeten nun die Grenze zwischen der Sowjetischen Besatzungszone und Polen. In Berlin hieß es, die Polen würden keinen Deutschen mehr hineinlassen. Drei Tage und drei Nächte war Freya unterwegs. Kurz hinter der neuen Demarkationslinie stoppten polnische Milizionäre den Zug und warfen mit Ausnahme der ehemaligen Wehrmachtssoldaten alle Passagiere aus den Waggons. Wie eine Herde Vieh wurde die Gruppe unter dem Knallen langer Peitschen zu Fuß zur deutschen Grenze zurückgetrieben. Freya gelang es unterwegs, einen Leutnant auf sich aufmerksam zu machen. Sie rief ihm zu, dass sie internationale Papiere habe. Sechs US-Zigaretten und ein gelbes Regencape konnten den Mann erweichen. Er erlaubte den beiden Frauen, zum Zug zurückzukehren. Kurze Zeit später sollten sie erneut vom Zug hinunterbefördert werden, konnten jedoch am Ende mithilfe des Milizoffiziers auf dem Waggon bleiben. Unter abenteuerlichen Begleitumständen und dank der US-Rationen, die sie in Berlin erhalten hatten, kamen die beiden Frauen schließlich zu Hause an. Als sie die Kirschallee hinaufgingen, kam ihnen Freyas Sohn Caspar mit einem Freudenruf entgegen.

Die bis dahin im Schloss residierende russische Kompanie zog nun nach Schweidnitz ab. Als die Moltkes im Anschluss das Gebäude inspizierten, fanden sie es komplett ausgeräumt vor, bis auf zwei kleine Wandschränke aus dem 18. Jahrhundert.

Deutsche mussten jetzt in dem von Polen kontrollierten Gebiet weiße Armbinden tragen. Freya unterließ es und nahm damit zusätzliche Risiken auf sich.

Eines Tages stürzte Reichweins Frau, die mit ihrer Familie in Kreisau untergekommen war, ins Haus und teilte mit, dass sich Amerikaner im Dorf befänden. Sie wollten Freya besuchen. Kurz darauf fuhr ein großer US-Sportwagen vor, dem Gero von Schulze-Gaevernitz in der Uniform eines Obersts entstieg. Freya hatte ihn bei ihrem Berlinbesuch in der OSS-Dienststelle in Dahlem kennengelernt. Gaevernitz wollte sie sehen und auch sein Elternhaus besuchen, das nicht allzu weit entfernt lag. Freya hatte es zusammen mit Marion Yorck kurz zuvor inspiziert und unversehrt vorgefunden. Mit Gaevernitz unternahm sie eine Fahrt nach Breslau, das zu Jahresbeginn wochenlang im Frontverlauf gelegen hatte. Sie sprachen mit katholischen und evangelischen Pfarrern, den Einzigen, die zu dieser Zeit einen Überblick über die Lage hatten. Bei der Abfahrt des Obersts gab ihm Freya ein Paket mit Briefen ihres Mannes mit, das sie hinter Bienenstöcken versteckt hatte. Der Offizier sollte es in Berlin für sie aufbewahren. Gaevernitz sagte ihr zum Abschied: »Ihr müßt hier alle weg und so schnell wie möglich. Ihr sitzt hier auf einem Vulkan!«

Kurz danach ging Freya zu Fuß über die Hügel nach Schweidnitz, das sich in ihren Augen binnen kürzester Zeit in eine polnische Stadt verwandelt hatte, nicht nur durch neue Straßennamen und die polnische Beschriftung der Läden, sondern vor allem durch eine neue Bevölkerung.

Bei der Rückkehr nach Kreisau riefen Nachbarn schon von Weitem, dass sie erneut Besuch habe. Dieses Mal waren es Briten, die mit einem viersitzigen Auto gekommen waren, an dem der Union Jack angebracht war. Im Hause stellten sich zwei unverkennbar angelsächsische Herren vor. Es waren Angehörige der britischen Botschaft in Warschau. Lionel Curtis hatte Freyas Brief bekommen und den britischen Außenminister Ernest Bevin informiert. Dieser hatte einen Diplomaten im Foreign Office, der Helmuth James aus der Vorkriegszeit gekannt hatte, beauftragt, sich um die Moltkes zu kümmern. Er hieß Con O'Neill und spielte später eine entscheidende Rolle beim Eintritt Großbritanniens in die Europäische Wirtschaftsgemeinschaft. O'Neill ermittelte Freyas Aufenthaltsort. Bevin schaltete daraufhin den britischen Oberkommandierenden in Deutschland, General Montgomery, ein. Er bekam den Auftrag, bei Russen und Polen anzufragen, ob die Briten die Moltkes aus Kreisau abholen dürften. In Kreisau teilten die britischen Diplomaten aus Warschau diesen Sachstand Freya nun mit und baten sie, etwa vier Wochen auf das Ergebnis der Demarche zu warten. Falls sie nichts höre, solle sie Kreisau auf eigene Faust verlassen. Bevor die beiden Diplomaten abreisten, gaben sie Freya polnische Zloty im Gegenwert von 50 Pfund. Davon konnten die

Moltkes in diesen Tagen voller Ungewissheit eine Zeit lang
gut leben.

Die nächsten Wochen vergingen nur langsam, Freya musste
ihr Radio doch noch abgeben und hatte das Gefühl, dass die
Zeit noch einmal stillstehe. »Nichts störte uns; wir hörten
nichts und waren nicht beunruhigt.« Eines Tages kam Caspar
auf den Hof gelaufen und rief: »Reialie [Kosename der Mutter, J. T.], komm, wir müssen weg. Die Engländer sind da!«
Auf den Tag genau waren vier Wochen seit dem überraschenden Besuch aus Warschau vergangen. Ein Major in Begleitung
von zwei Soldaten war aus Berlin mit einem Personenwagen
und einem kleinen Lastwagen gekommen, auf den am nächsten Morgen das Gepäck aufgeladen wurde. Wie ein Lauffeuer
verbreitete sich in Kreisau die Nachricht, dass »die Gräfin«
ginge. Als Freya mit ihren Kindern und einer Frau, einem der
dienstbaren Geister des Hauses, abfuhr, blieb das Haus offen.
»Wann werden wir wiederkommen?«, fragte Freya sich beim
Anfahren, und Caspar antwortete vergnügt: »In einem Jahr!«
Sie selbst nahm an, Kreisau nie wieder zu sehen. In der Ferne
sahen sie das Schloss liegen und passierten bald darauf die ge-
fürchtete neue deutsch-polnische Grenze – ohne Komplika-
tionen. Nach sieben Stunden trafen sie in Berlin ein.

Freya von Moltke hatte – gemessen an ihren Erfahrungen –
bereits mehrere Leben hinter sich und war doch erst 34 Jahre
alt.

Sie blieb mit ihren Kindern nur wenige Wochen im kriegszer-
störten Berlin. Bereits am 23. November 1945 flogen die Amerikaner die Familie nach Frankfurt am Main aus und brachten
sie per Auto nach Dornholzhausen im Taunus. Dort lebte
Freyas Bruder Hans mit seiner Familie. Die beiden Geschwister hatten sich das letzte Mal am 3. November 1944 auf dem
Bahnhof Friedrichstraße in Berlin gesehen, wenige Wochen
vor der Eröffnung des Prozesses gegen Helmuth James. Eine
Schwägerin von Hans, die in der niederländischen Armee in

Berlin diente, hatte Hans vorab über die Ankunft der Schwester informiert. Wann und auf welchem Weg sie eintreffen würde, wusste die Soldatin jedoch nicht.

Am 7. Dezember 1945 fuhr Hans mit seiner Schwester und den Kindern nach Bad Godesberg zu einem Wiedersehen mit der Mutter. Ein äußerst schwer zu erhaltendes Dokument, das Freunde besorgt hatten, machte die Fahrt von der Amerikanischen in die Britische Besatzungszone möglich. Es muss ein herzzerreißendes Wiedersehen gewesen sein

Wenige Tage später reiste Freya mit ihren beiden Söhnen – Caspar und Conrad – weiter nach Basel. Caspar wurde noch im Dezember 1945 in Gstaad eingeschult. Der Kontakt zur Schweiz war durch die Familie des Staatssekretärs im Auswärtigen Amt und Bekannten von Helmuth James, Gustav Adolf Steengracht von Moyland, zustande gekommen. Da beide Kinder nun bei Freunden eine Bleibe hatten – Conrad ging noch nicht zur Schule –, konnte sich Freya das Jahr 1946 über umschauen. Sie pendelte zwischen Gstaad, Frankfurt am Main und dem Rheinland und plante für die Zukunft.

Ihr Schicksal nahm sie klaglos hin. Die deutschen Behörden zeigten sich völlig uninteressiert. »Die Behandlung war null«[196], sagte sie kurz vor ihrem Tod in einem TV-Interview. Sie besaß lediglich einen Ausweis für die »Opfer des Faschismus«, den Rosemarie Reichwein ihr bei einer Tour nach Berlin besorgt hatte. Freyas Brüder Carl und Hans schlugen ihr vor, endgültig in die Schweiz zu kommen. Aber sie wählte eine andere Lösung.

1947 entschied sie sich, mit ihren Kindern nach Südafrika zu gehen. Sie wollte das in Deutschland noch immer herrschende Chaos hinter sich lassen, sie wollte nach allem, was geschehen war, Sonne, gutes Essen und gute Schulen für ihre Kinder. Auslöser war die persönliche Einladung des südafrikanischen Premierministers Jan Christiaan Smuts, der den Großvater gut gekannt und immer wieder mit Helmuth James korrespondiert hatte. In Southampton schiffte sich die Familie ein.

Die Moltkes waren die ersten Deutschen, die nach dem Zweiten Weltkrieg nach Südafrika kamen. Nach dem Tod der Großmutter war das Vermögen der Rose Innes' vom Staat als Feindvermögen konfisziert worden. Da nach südafrikanischem Recht aber nicht Freya, sondern die Söhne die Erben waren, wurde es wieder freigegeben und bildete nun die finanzielle Grundlage für die Ausbildung der Söhne.

Südafrika und Deutschland hatten sich, wie im Ersten, auch im Zweiten Weltkrieg feindlich gegenübergestanden. Angehörige beider Nationen hatten in Nordafrika erbittert gegeneinander gekämpft, etwa in El Alamein und beim Fall von Tobruk, wo mehrere südafrikanische Brigaden in deutsche Kriegsgefangenschaft gerieten. An der Befreiung von Italien hatten die Südafrikaner bald darauf einen erheblichen Anteil. Ihre Luftwaffe flog viele Einsätze auf dem europäischen Kriegsschauplatz und bombardierte unter anderem die strategisch wichtigen rumänischen Erdölfelder.

In Kapstadt fanden die Moltkes Aufnahme bei Verwandten ihrer Großeltern. Die beiden Söhne gingen dort zur Schule. Außerhalb der Familie und der Verwandtschaft sagte der Name Moltke niemandem etwas. Vielleicht tat das vorübergehende Leben in der Anonymität gut. Freya arbeitete in einer südafrikanischen Behindertenorganisation. 1948 trafen zwei von Helmuth James' Geschwistern – die Familie von Joachim-Wolfgang und bald darauf auch die Familie von Asta – am Kap ein.

Es war die Zeit der sich verschärfenden Apartheidspolitik unter Premierminister Daniel Malan. Als die Moltkes ankamen, stand der weißen Bevölkerung von etwa zwei Millionen Menschen eine farbige Bevölkerung von neun Millionen Menschen gegenüber. 20 Jahre später hatte sich die Zahl der Schwarzen verdoppelt, die weiße Bevölkerung nur leicht erhöht. Im täglichen Leben aber waren die Weißen hoch privilegiert. Im Alltag herrschte strikte Rassentrennung. Als Freya ging, wurde gerade die Rassentrennung in Bussen eingeführt. 1955 kehrte Freya von Moltke nach Deutschland zurück, ihr folgten die restlichen Mitglieder der Familie, jedoch in Schüben. Die Apartheid mag der Hauptgrund gewesen sein. Es ging aber auch darum, die Universitäts- und Schulausbildung der beiden Söhne abzusichern, die mittlerweile 18 und 14 Jahre alt waren. Freya ging bewusst nach Berlin, sehr zur Enttäuschung ihrer Mutter, die gehofft hatte, dass die Tochter sich nach den Erfahrungen in Schlesien und der Hauptstadt im Rheinland niederlassen werde. Freya zog zur Verlegerfamilie Henssel, in die Asta später einheiratete, an den Kleinen Wannsee.

Zu ihren Freunden zählten nach wie vor Harald Poelchau und seine Frau, Rosemarie Reichwein mit ihrer ganzen Sippe, Marion Yorck, die Journalistin Margret Boveri und natürlich die Moltke- und die Deichmann-Familien. Freya kannte Otto Suhr und Willy Brandt. Mehrfach war sie mit ihren Söhnen bei Adenauer in Rhöndorf. Ähnlich wie im Falle von Christine von Dohnanyi, der Frau von Hans von Dohnanyi und Schwester von Dietrich Bonhoeffer, verpasste die junge Bundesrepublik die Chance, Freya von Moltke eine verantwortliche politische Aufgabe zu übertragen. Es ist jedenfalls nicht überliefert, dass die Bundesrepublik irgendwelche Anstrengungen unternommen hat, dieser außergewöhnlichen Frau eine Perspektive im Land zu bieten. Adenauer vergab nur mit äußerster Zurückhaltung Posten an Widerstandskämpfer. Er misstraute ihrer außenpolitischen Orientierung.[197]

Über das Schicksal des Vaters wurde in der Familie nur das Notwendige gesprochen. Freya blickte nach vorn und versuchte auf ihre Weise, in ihren Söhnen den verlorenen Mann lebendig zu machen. Ihr jüngster Sohn Conrad sagte einmal: »Eigentlich haben wir nie viel über unseren Vater gesprochen, aber wir hatten immer das Gefühl, er sei da.«[198] Beide Söhne – später auch deren Familien – behandelte sie völlig gleich, auch wenn sie sich später sehr unterschiedlich entwickelten. Schaut man auf die Karriereverläufe, wurden aus dem älteren Sohn und seinen Nachkommen Unternehmer und Banker, während der jüngere Bruder eine Intellektuellenfamilie repräsentierte. Caspar, der nach dem Tod seines Vaters juristisch der Erbe war und das Recht auf den Grafentitel hatte, wurde nach dem Verlust von Kreisau, mit dem auch der Titel untergegangen war, von der Mutter mit seinem Bruder rechtlich gleichgestellt. Auch der Kontakt der Brüder untereinander war denkbar eng. Von außen wurden die drei als »eisernes Dreieck« angesehen. Es war zwecklos, Mutter und Söhne in wichtigen Fragen auseinanderbringen zu wollen.

Bereits von Südafrika aus hatte Freya von Moltke damit begonnen, Vorträge zu halten und erste Vortragsreisen zu unternehmen, bei denen sie über den deutschen Widerstand berichtete. Dabei kam sie auch in die USA. Auf einer Fundraising-Reise für die Familien der Opfer des 20. Juli 1944, den Eugen Gerstenmaier vermittelt hatte, lernte sie 1949 Eugen Rosenstock-Huessy kennen, ihren späteren Lebensgefährten. Sie fanden rasch Gefallen aneinander.

Auf ihre beiden Brüder, die wirtschaftlich äußerst erfolgreich waren, war jederzeit Verlass. Aber sie benötigte ihre Hilfe nicht. Sie erhielt, wie ihre beiden Söhne, als Erbin von Kreisau einen Lastenausgleich. Diesen legten die drei zusammen und setzten ihn später zum Kauf eines Hauses in Vermont ein. Die Stiftung »Hilfswerk 20. Juli 1944« unterstützte Freya zudem mit einer bescheidenen Rente. Von 1956 an erhielt sie eine staatliche Versorgung. Als in den 1960er-Jahren Nachzahlungen in die deutsche Rentenversicherung möglich wurden, befolgte sie den Hinweis einer deutschen Freundin und zahlte eine größere Summe ein. Damit war sie finanziell einigermaßen abgesichert.

Mit Annedore Leber sprach Freya in den 1950er-Jahren in Schulen über den deutschen Widerstand. Solange es Zeitzeugen gebe, so war ihre Auffassung, dürfe man dieses Thema nicht nur den Historikern überlassen. Beide verfassten auch ein Schulbuch.[199]

Freya begann weiterhin mit der Transkription der Briefe ihres Mannes. Bei manchem Kontakt war Eugen Gerstenmaier behilflich. In der deutschen Öffentlichkeit begegnete man ihr mit Skepsis und – ähnlich wie es Marlene Dietrich auf ihren Tourneen damals erging – mit Ablehnung. Sie sei eine »Verräterin«. Die Rheinländerin schüttelte den Kopf und nahm es mit Fassung. Sie ging auch weiterhin auf die Menschen zu, so wie sie 1944 immer wieder zu den Nazis gegangen war, um sich für die Freilassung ihres Mannes einzusetzen. Der Grundzug eines enormen Optimismus im Leben blieb ihr erhalten.

Kraft ihrer Persönlichkeit hielt sie die Menschen in den Sälen im In- und Ausland in Spannung. Sie erzielte bei Jung und Alt eine ungeheure Anteilnahme am Schicksal der Familie und der Bedeutung und Rolle des deutschen Widerstands. Sie sprach frei und pflegte zu sagen, sie habe ihren Mann gegen Hitler, nicht für ihn verloren. Eine Zeit lang hatte sie mit dem Schicksal von Helmuth James, mit seinem tragischen Tod infolge des gescheiterten Attentats auf Hitler gehadert. Je älter sie nun wurde, umso mehr erkannte sie die Bedeutung des 20. Juli 1944 an.[200] In einem Interview mit der »Süddeutschen Zeitung« sagte sie: »Wir hatten die Überzeugung, auf der richtigen Seite zu stehen. Wir waren vollkommen überzeugt davon, daß wir das Richtige taten – dann mußten wir auch die Folgen tragen. Dieses Niveau des Lebens habe ich später nie wieder erreicht.«[201]

1960 entschied sie sich, in die USA zu gehen. Der Kontakt zu Eugen Rosenstock-Huessy, dem Freund der Familie, war nie abgerissen. Er lehrte Sozialphilosophie am Dartmouth College in Norwich im US-Bundesstaat Vermont, an der Grenze zu Kanada, nicht weit entfernt von Montreal. Mit ihm zusammenzuleben war keine Entscheidung gegen Deutschland, sondern ein Freya-typischer, pragmatischer Entschluss. Sie war weit gereist und fand, dass man überall leben könne. Lange Zeit dachte sie im Übrigen daran, nach Deutschland zurückzukehren.[202]

In den USA

In den USA setzte Freya von Moltke die Abschrift der Briefe ihres Mannes verstärkt fort. Sie hatte etwa 1600 aus Schlesien gerettet, zumeist im DIN-A5-Format. Viele wurden nach und nach von anderen Herausgebern veröffentlicht. Aber einen gewissen Teil, der offenbar Privates betraf, hielt sie zurück. Über seine Publizierung sollten eines Tages ihre Söhne entscheiden. Sie wolle ihren Mann nicht entblößen. »Ich habe schon viel zu viel von ihm preisgeben müssen«[203], meinte sie zwei Jahre vor ihrem Tod. 2011 wird Caspar zusammen mit seiner früheren Schwägerin Ulrike von Haeften die Briefe herausbringen.

Freya arbeitete auch für Rosenstock-Huessy, mit dem sie seit geraumer Zeit mehr als eine Arbeitsbeziehung verband. Als sie in sein Haus einzog, war Huessys Frau Margrit kurz zuvor verstorben. Huessy, eine in jeder Hinsicht energische Persönlichkeit, wissenschaftlich eher in einer Randposition, hatte mit seiner ersten Frau eine sehr liberale Ehe geführt. Margrit war lange mit dem Kollegen Franz Rosenzweig, dem großen deutsch-jüdischen Historiker und Philosophen, liiert gewesen. Für Freya von Moltke war die Situation nicht einfach. Zeitlebens fragte sie sich, ob sie richtig entschieden hatte, vor allem ob der Zeitpunkt der Entscheidung, zu Rosenstock-Huessy zu ziehen, richtig gewesen war. Sie war noch immer jung, gerade 49 Jahre alt.

In Deutschland nach heutigen Gesichtspunkten eine Linksliberale, entwickelte sich Freya von Moltke in den USA zu einer typischen »Ostküstenliberalen«. 1986 wurde sie amerikanische Staatsbürgerin. Sie wollte sich aktiv in die Belange ihres neuen Heimatlands einmischen.

Bis in die letzten Tage ihres Lebens hinein liebte sie die politische Diskussion, begeisterte sich in den letzten Jahren für Barack Obama und empfing Gäste, die ihre Liebe zur verbalen Auseinandersetzung und den kritischen Blick auf die sie umgebende Welt teilten. Als der holländische Historiker Ger van Roon, vermittelt durch Theodor Steltzer, Mitte der 1960er-Jahre mit der Bitte an sie herantrat, Dokumente für eine erste große Studie über den Kreisauer Kreis zur Verfügung zu stellen, willigte sie ein. Im Grunde ihres Herzens war sie froh, dass sich ein Niederländer an diese Arbeit machte, denn mit dem muffigen Klima der damaligen Bundesrepublik hatte sie ihre Probleme. Dem Institut für Zeitgeschichte, das ebenfalls Interesse an ihren Briefen zeigte, hatte sie ihre Sammlung nicht überlassen wollen.

Am 21. März 1967, van Roon war gerade mit seiner Studie promoviert worden, schrieb sie ihm: »Ich denke immer noch, eines Tages wird noch einmal aus Kreisau ein Haus für deutsch-polnische Verständigung.«[204] Sie träumte davon, wie sie weiter schrieb, eine Steinplatte für Helmuth James, wie es sie sonst nirgendwo gebe und auch nirgendwo hinkommen solle, dort hinzulegen. Sie könne sich vorstellen, »daß es einmal soweit sein wird, daß man Helmuth als einen Europäer ansehen wird, so sehr als einen Europäer, daß auch die Polen bereit sein werden, ihm in Polen einen Stein zu setzen«.[205]

Rosenstock-Huessy, der deutlich älter war als Freya, starb 1973 im Alter von fast 85 Jahren. Sie war erneut allein. Aber schon ein Jahr später übernahm ihr älterer Sohn Caspar eine berufliche Aufgabe ganz in der Nähe, im kanadischen Montreal, das nur drei Autostunden entfernt liegt. Einmal im Monat sah man sich im Schnitt. Mitte der Achtzigerjahre kam auch Conrad, der zweite Sohn, mit seiner Familie aus dem Rheinland nach Norwich. Die Ehe des Jüngeren ging zehn Jahre vor dem Tod von Freya auseinander. Aber man blieb in Verbindung, denn die Mutter der ersten Schwiegertochter war Barbara von Haeften, wie Freya eine Witwe des 20. Juli 1944 und eine Freundin zudem.

Zusammen mit den Freunden von einst, Michael Balfour und Julian Frisby, veröffentlichte Freya von Moltke 1972 ein Buch über ihren Mann, das zunächst in Großbritannien erschien.[206] Freya übersetzte den Text ins Deutsche und überarbeitete ihn. Die deutsche Fassung erschien 1974. Balfour war in den zurückliegenden Jahrzehnten ein Grenzgänger zwischen Wissenschaft und Politik gewesen. Er hatte die Anfänge des deutschen Pressewesens nach 1945 in der Britischen Besatzungszone begleitet und später eine bedeutende akademische Karriere in Großbritannien gemacht. Er starb 1995. Frisby, der Patenonkel von Caspar, arbeitete als Landschaftsarchitekt. Sein Vater war im Ersten Weltkrieg mit dem »Victoria Cross« dekoriert worden, einer äußerst selten vergebenen Kriegsauszeichnung. Später trat Frisby in die Maklerfirma ein, die seiner Familie gehörte. Aber hier langweilte er sich. Er lebte bis 1999.

Kreisau ließ Freya nun nicht mehr los. Vielleicht hielt sie gedanklich und emotional am Familiensitz fest, weil sie selbst im Jahr ihrer Hochzeit ihr Kölner Elternhaus, einen beeindruckenden Besitz, verloren hatte. Auf jeden Fall wollte sie es als Idee nicht untergehen lassen, denn Kreisau hatte sie damals »gerettet«. Freyas Mutter hatte ihr jedoch das Versprechen abgenommen, nie mehr dorthin zu fahren. Es sei zu gefährlich, argumentierte sie, das sehe man an Marion Yorck. Diese war bei dem Versuch, die Heimat zu sehen, vorübergehend im Gefängnis gelandet. 1976, ein Jahr nach dem Tod ihrer Mutter, fuhr Freya mit der Familie ihres älteren Sohnes erstmals nach 1945 wieder nach Kreisau, das nun Krzyżowa hieß. Sie wollte unerkannt bleiben. Aber Landarbeiter, die sie seinerzeit eingestellt hatte, erkannten sie bei ihrem Besuch, kamen auf sie zu und umarmten sie. 1977 wiederholte sie die Reise mit der Familie von Conrad. Anfang der Achtzigerjahre kam Freya erneut nach Kreisau, als die DEFA gerade einen Film über ihren Mann dort drehte.

In den Ruinen von Kreisau, das nach dem Krieg ein polnischer Staatsbetrieb geworden war, begannen sich in den 1980er-Jahren neues Leben und Stimmen zu regen. Auf polnischer Seite wurde daran gedacht, die Anlage einer neuen

Bestimmung zuzuführen, ohne dass jemand außerhalb der Landesgrenzen davon wusste.

Bei einem Symposium in Vermont im Jahre 1988 anlässlich des 100. Geburtstags von Eugen Rosenstock-Huessy wurde die Idee für ein deutsch-polnisches Versöhnungstreffen auf Kreisau geboren. Die Sache nahm kurz danach konkretere Gestalt bei einer Tagung im »Klub der katholischen Intelligenz« in Wrocław, dem früheren Breslau, an. Auf unbekanntem Wege gelangte dieser Gedanke ins Bundeskanzleramt nach Bonn. Nun bemächtigte sich die Politik der Idee. Als in Berlin die Mauer fiel, befand sich Bundeskanzler Helmut Kohl gerade auf einem Staatsbesuch in Polen und unterbrach zum Missfallen seiner Gastgeber die Reise. Kurz zuvor hatte er Freya telefonisch eingeladen, zu einer deutsch-polnischen Versöhnungsmesse nach Kreisau zu kommen. Die beiden kannten sich, hatten sich mehrfach in Harvard gesehen, wo ein Sohn des Kanzlers studierte. Als sie ablehnte, wurde einer ihrer Enkel, den Kohl in seinem britischen College aufstöbern ließ, in einem direkten Gespräch mit dem Kanzler ohne Wissen Freyas nach Kreisau eingeladen. Zum Glück und bezeichnend für den Familiensinn der Moltkes, sagte der junge Mann dem Kanzler, er müsse dies zunächst mit der Familie besprechen. Freya von Moltke blieb hart und sagte dem Regierungschef in einem Telefonat: »Herr Bundeskanzler, wir gehen erst nach Kreisau, wenn uns die Polen einladen.« Dieser Satz wurde in Polen bekannt und im richtigen Sinn verstanden. Freya von Moltke wollte jeden Anschein vermeiden, dass ihre Familie Restitutionsforderungen an Polen richten wolle. Kohl war verstimmt und musste ohne ein Familienmitglied der Moltkes am 12. November 1989 nach Schlesien zur Versöhnungsmesse mit Ministerpräsident Tadeusz Mazowiecki fahren.[207] Freya erhielt aber kurz darauf tatsächlich von polnischer Seite eine Einladung nach Kreisau und folgte ihr Ende 1989. Als die Mauer fiel, veränderte sich auch ihr Verhältnis zu Deutschland. Bei einer Einreise nach Deutschland stellte sie fest, dass ihr deutscher Pass abgelaufen war. Ein kluger

und verständnisvoller Generalkonsul der Bundesrepublik
Deutschland sorgte in Boston dafür, dass Freya ihren deutschen Pass Anfang der 1990er-Jahre wieder erhielt. Das Bos-
toner Generalkonsulat war darüber hinaus während vieler
Jahrzehnte ein Ansprechpartner und Helfer der Familie.

In Kreisau entstand in den folgenden Jahren ein deutsch-
polnisches Begegnungszentrum. Spenden kamen aus Polen,
Deutschland, aus anderen westeuropäischen Ländern und
den USA. Es gelang der ins Leben gerufenen »Stiftung Kreisau für Europäische Verständigung«, das zum Verkauf stehende Gut zu erwerben. Es wurde etwas von dem wahr, was
1942/43 hier unter Lebensgefahr erdacht worden war. Das
vermeintlich verloren gegangene Kreisau hatte eine Zukunft
bekommen. Es hatte eine europäische Dimension erhalten,
die Helmuth James begeistert hätte. An ihn erinnert heutzutage ein Gedenkstein auf dem Kapellenberg, auf dem zusätzlich zu dem seinen auch der Name seines im Krieg gefallenen
Bruders eingraviert ist.

Auf einer Fahrt nach Kreisau, bei der das Auto am deutsch-
polnischen Grenzübergang in einer langen Warteschlange
stand, zog Freya das Buch »Ein Jahrhundert wird abgewählt –
Aus den Zentren Mitteleuropas 1980–90« von Timothy Gar-
ton Ash hervor und sagte den Mitreisenden, sie lese jetzt etwas Gutes über Mitteleuropa, das gerade gut hierher passe,
zur Verkürzung der Wartezeit vor.

Im November 1996 wurde das neue Kreisau mit einer In-
vestitionssumme von rund 15 Millionen Euro fertig. Selbst die
beiden Wandgemälde mit den deutsch-französischen Motiven
im Treppenhaus des Schlosses, die alle Wirren überlebt hatten, waren restauriert worden. Ein Jahr später veröffentliche
Freya ihre Erinnerungen an Kreisau aus den Jahren 1930 bis
1945. Im Kontext des deutschen Vereinigungsprozesses und
der zarten Annäherung von Deutschland und Polen flogen
Freya im In- und Ausland die Sympathien zu. In gewisser
Weise wurde sie gezwungen, die Rolle als Interpretin des deut-

schen Widerstands zu übernehmen. Als sie einmal in Harvard die Thematik behandeln sollte, waren die einladenden Studenten auf die in deutschen Augen absurde Idee gekommen, den Hörsaal mit einer Hakenkreuzfahne zu dekorieren, quasi um die Dramatik des Themas zu unterstreichen. Freya zögerte keine Sekunde. Als sie die Fahne sah, marschierte sie nach vorn und riss sie herunter. 1998 verlieh ihr das Dartmouth College die Ehrendoktorwürde. Im November 1999 erhielt sie den »Brücke-Preis« der Stadt Görlitz und trug sich in das Goldene Buch der Stadt ein. Beim Besuch eines Gymnasiums in der Altstadt von Görlitz tauschte sie mit den Schülern E-Mail-Adressen aus, um weitere Kontakte zu pflegen. Andere Preise waren vorausgegangen und folgten noch, wie der Geschwister-Scholl-Preis.

Freya von Moltke blieb aktiv bis an ihr Lebensende. Sie war willensstark, bestimmt in ihrem Urteil – was sich im Alter verfestigte – und für alle Menschen, die ihr begegneten, tief beeindruckend. Noch trieb sie etwas um. Kreisau hatte eine Anschubfinanzierung. Es gab für die dort geplanten Kurse auch EU-Mittel und andere öffentliche Zuwendungen, aber es fehlte die institutionelle Förderung, etwa wenn Reparaturen im Schloss und den angrenzenden Gebäuden fällig wurden. Daher entstand 2004 mit ihrer Zustimmung die Freya-von-Moltke-Stiftung, für die sich ihre Familie und bekannte deutsche Persönlichkeiten besonders einsetzten.

Sie selbst kam 2004 zum letzten Mal nach Kreisau. Ein Verbindungsbüro in Berlin begann mit der Konzeption von Projekten, die in Kreisau durchgeführt werden sollten. Freya von Moltke hoffte, dass binnen drei Jahren eine Million Euro als Stiftungskapital zusammenkommen würden. Aber trotz enormer Anstrengungen wurde dieses Ziel bislang nicht erreicht.

Die Begeisterung für Kreisau hielt unterdessen an. Als Freya ihren 90. Geburtstag feierte, schrieben ihr polnische Freunde und Mitinitiatoren: »Jede Begegnung mit Dir ist eine erfrischende Dusche.«[208]

Das frühere Gutsgelände ist mit 177 Plätzen im Jugend-
herbergs- und Hotelstandard ausgestattet. 15 000 junge Menschen besuchen im Schnitt pro Jahr das deutsch-polnische
Begegnungszentrum. Vom Konzept war Freya bei einem Besuch sehr angetan. Sie bedauerte nur, dass die für Kreisau so
wichtige Landwirtschaft bei den Kursen keine Rolle spiele,
offenbar nicht simuliert oder praktiziert werden könne.

Nach Deutschland kam sie zum letzten Mal im Jahre 2007,
einem besonderen Jahr. Bei den Feierlichkeiten anlässlich des
100. Geburtstags ihres Mannes sagte Freya: »Ich glaube, jetzt
ist meine Aufgabe erfüllt.«[209] Im Bundeskanzleramt wurde sie
am 11. März 2007 von Angela Merkel persönlich empfangen.

In Norwich lebte sie in ihrem Hause äußerst bescheiden.
Einen Haustürschlüssel besaß sie nicht. Als sie im Jahre 2008
Besuch aus Berlin bekam, hing ein Zettel an der Tür: »To Eve-
rybody! Please walk in! Push hard. Find me upstairs, if I don't
respond. Freya«.[210] Sie hatte zu diesem Zeitpunkt mit dem
Autofahren aufgehört. Die Heizung des VW Golf sei kaputt,
sagte sie ausweichend. Dem Gast, so die Erinnerung, bot sie
am Abend an, entweder eine Videokassette über den deutschen
Widerstand anzuschauen oder einen »Liebesfilm«, wie sie
sich ausdrückte. Glücklicherweise entschied sich der Besucher
für den Filmstreifen »Moonstruck« mit Cher in der Haupt-
rolle. Freya war mehr als zufrieden.

Kurz nach Weihnachten 2009, das sie im Kreis der Familie
gefeiert hatte, legte sich die 98-Jährige hin und schlief am
1. Januar 2010 im Beisein ihrer Familie friedlich ein. An ihrem
Bett befand sich auch die erste Frau von Conrad, die Freya
wenige Wochen zuvor gebeten hatte, ihr in den letzten Wochen beizustehen und sie zu pflegen. Ulrike von Haeften, die
nicht weit weg wohnte, sagte natürlich zu. Es war beinahe so
wie früher. Auch der Kontakt zwischen Caspar und seiner
einstigen Schwägerin wurde wieder enger.

Die Beisetzung mit anschließender Trauerfeier war für den
Ortsteil von Norwich, in dem Freya gelebt hatte, ein außeror-

dentlich bewegender Tag. Es nahmen nicht nur die engsten Verwandten teil, sondern das gesamte Stadtviertel, in dem ihr Haus oberhalb von einem Flüsschen liegt. Es war wie in Kreisau. In der ganzen Welt erschienen Nachrufe. Selbst in Asien gab es Beiträge. Vor allem in der britischen Presse war das Medieninteresse groß, die Schilderungen detailliert und ungewöhnlich warmherzig.

Nach 66 Jahren Trennung war Freya wieder mit ihrem Mann vereint. Auf dem »Hillside Cemetery« von Norwich steht auf ihrem Grabstein: »Freya von Moltke, wife of Helmuth James von Moltke«.

Ihr Sohn Caspar ist in den letzten Jahren immer mehr in die Rolle eines Chefs des Hauses Moltke hineingewachsen. Auch durch den frühen Tod seines Bruders verspürt er die Verpflichtung, das Lebenswerk seiner Eltern in der Erinnerung wachzuhalten. Er selbst würde dies nie so formulieren, aber er hat diesen Auftrag angenommen. Während der Bruder ein typischer Moltke war, ist Caspar ein Rheinländer, der von seiner Mutter das Kölner Idiom geerbt hat, obwohl er dort nie gelebt hat. Er selbst sieht sich als Mitglied einer alten nordeuropäischen Familie, begreift sich als Nordeuropäer. Die Familie war ihm immer wichtig. Er hat sie wie ein Schäferhund umkreist und war in seinen Kontakten nicht so »wählerisch« wie sein Bruder. Die früh gewonnene berufliche Freiheit und wirtschaftliche Unabhängigkeit, schließlich der Fall der Berliner Mauer weckten bei ihm ein Interesse für Mitteleuropa und die europäische Dimension der Familiengeschichte. Man spürte dies bei der offiziellen Trauerfeier für Freya von Moltke am 23. März 2010 im Französischen Dom am Berliner Gendarmenmarkt. Sie war nicht nur eine ungewöhnlich stilvolle, würdige Gedenkfeier, sondern hatte auch eine für deutsche Verhältnisse starke emotionale Komponente, zu der vor allem die aus Polen gekommenen Redner beitrugen.

Auch Caspars warmherzige australische Frau und seine beiden Söhne interessieren sich für die Familiengeschichte. Weitere Veröffentlichungen aus dem Familienkreis sind daher zu erwarten. Es kann nicht ausgeschlossen werden und bleibt sogar zu hoffen, dass der Name Moltke eines Tages auf der nationalen und internationalen Ebene wieder jenen Klang entfalten wird, wie er ihn lange Zeit hatte.

Die Moltkes seit 1945

Herkunft und Familienschicksal im Dritten Reich hatten zur Folge, dass sich Freya, ihre Kinder und Enkel nach dem Zweiten Weltkrieg international orientierten und an die Schauplätze gingen, die im Leben von Helmuth James und seinen Vorfahren eine Rolle gespielt hatten. In gewisser Weise traten lediglich die USA im Laufe der Zeit an die Stelle von Großbritannien. Die Moltkes setzten damit den Weg für ihre Familie fort, den das NS-Regime unterbrochen hatte.

Durch den Fall der Mauer, die deutsche Wiedervereinigung und das Ende der Teilung Europas ereignete sich ein kleines Wunder. Die verloren gegangene Basis Kreisau kehrte als Ort der Begegnung, der Versöhnung, des weltoffenen Geistes und der europäischen Zukunft wieder in die Mitte der Familie zurück.

Anhand von fünf Lebensläufen, denen der Söhne von Helmuth James von Moltke, von zwei Söhnen von Hans-Adolf von Moltke und einem Enkel von Helmuth von Moltke dem Jüngeren, soll – neben dem Kapitel zu Freya von Moltke – der Weg nachgezeichnet werden, den die Familie nach 1945 zurücklegte. Die fünf stehen gleichzeitig für die drei Moltke-Familienstämme, die auf Adolph Erdmann, den Bruder des Generalfeldmarschalls, zurückgehen.

Einen der abenteuerlichsten Lebensverläufe der Moltkes,[211] in dem sich gleichzeitig die Ereignisse des letzten Jahrhunderts bündeln, hatte Johannes-Helmut von Moltke. Er war das einzige Kind von Adam von Moltke, dem jüngsten Sohn des unglücklichen Generalstabschefs 1914 an der Marne. Nur wenige Monate nach dem Tod seines Großvaters 1916 wurde er in Berlin geboren. Seine Eltern trennten sich später, er verblieb bei der Mutter und besuchte das Grunewald-Gymnasium.

Danach schlug er eine Karriere als Offizier ein und diente bei einem Kavallerieregiment in der Nähe der Hauptstadt. Bei Kriegsausbruch 1939 befand er sich bei seinen künftigen Schwiegereltern in Kopenhagen und musste sofort zu seiner Einheit zurück. Er nahm am Russlandfeldzug teil und erreichte mit einer Panzerdivision Anfang Dezember 1941 die Peripherie von Moskau. Beim Weihnachtsurlaub in Berlin erlitt er einen Schock, als sein Elternhaus bei einem Luftangriff am Tag vor Heiligabend zerstört wurde. Anfang 1942 wurde er nach Bukarest als Instrukteur für die Ausbildung von Panzertruppen entsandt. Im gleichen Jahr heiratete er Birte Herschend, eine Tochter des Direktors der Dänischen Staatsbahnen. Das Ehepaar hatte zwei Kinder.

Moltke erlebte die Schlacht um Stalingrad und erhielt von seinem sterbenden Divisionskommandeur den Auftrag, 10000 Soldaten aus dem Kessel herauszubringen, was ihm gelang. Er wurde daraufhin mit dem Ritterkreuz dekoriert. Moltke setzte seine Ausbildung zum Generalstabsoffizier fort, diente als Major bei Rommel und nach dessen Verwundung bei Feldmarschall von Kluge. Er befand sich in dem Raum, in dem Kluge am 20. Juli 1944 in Paris mit Ludwig Beck telefonierte. Um der Gestapo zu entgehen, flog Moltke einen Tag später zum Stab der 19. Panzerdivision nach Ostpreußen, die kurz darauf nach Ungarn verlegt wurde. Beim Rückzug wurde er im März 1945 am Plattensee verwundet. Im allgemeinen Durcheinander gegen Kriegsende requirierte Moltke wenig später einen Zug in einer ungarischen Provinzstadt, der ihn zusammen mit anderen Verwundeten nach Wien beförderte. Von dort gelang es ihm, per Motorrad nach Berlin und weiter nach Warnemünde zu kommen. Moltke wollte zu seiner Frau und zu den Schwiegereltern nach Kopenhagen. Aber

Schiffstransporte waren nicht mehr möglich und die Rote Armee bereits in unmittelbarer Nähe von Rostock. Moltke hatte Glück. Der Ortskommandant, ein Freund seines Vaters aus Zeiten des Ersten Weltkriegs, genehmigte die Weiterfahrt auf dem Landweg. Am 25. April 1945 traf er am Kopenhagener Hauptbahnhof ein und wurde von seiner Frau in ein deutsches Lazarett gebracht. Mit Glück entging er Anfang Mai 1945 der Rückbeorderung nach Deutschland.

Mit einem gekidnappten deutschen Krankenauto begab er sich in die Hände der Briten. Sie ernannten ihn zum Kommandanten eines Durchgangslagers, das er im September nach Oldenburg in Holstein zu überführen hatte. Von dort marschierte er im Dezember 1945 zu Fuß nach Eutin, geriet in britische Gefangenschaft, wurde jedoch wegen seiner familiären Verbindung mit Helmuth James sofort freigelassen. Erst 1947 sah er seine dänische Verwandtschaft wieder. Er hauste bis dahin in einem Verschlag, der aus zwei Lazarettwagen bestand.

Die nächsten Jahre waren hart. Moltke bekam keinen vernünftigen Job. 1952 erhielt er ein unter solchen Umständen verlockendes Angebot, nämlich Militärberater in Südamerika zu werden. Der venezolanische Oberst José Joaquín Jiménez Velázquez trat an ihn mit der Bitte heran, die Ausbildung und Beratung der Panzertruppe Venezuelas zu übernehmen. Im Mai 1952 traf Moltke in Caracas ein, seine Familie wenige Wochen später. Wie für seinen großen Vorfahren, Moltke den Älteren, der als Militärberater in der Türkei tätig gewesen war, gab es auch für ihn zunächst nichts oder nur wenig zu tun. Die Ausfertigung des Vertrags ließ auf sich warten. Und es kam noch schlimmer: Moltkes Förderer, der venezolanische Oberst, wurde wegen seiner Verwicklung in einen Anschlag auf Diktator General Pérez Jiménez verhaftet. Moltke saß in der Falle. Aber er blieb mit seiner Familie im Lande und schlug sich mit dem Verkauf von Gebrauchtwagen durch. Der venezolanische Geheimdienst beobachtete ihn. Wirtschaftlich ging es allmählich aufwärts. Moltke verkaufte aus Europa importierte Werkzeugmaschinen und baute ein eigenes Lager und einen Kundendienst auf. Mit der Wahl der ersten demokratischen Regierung Rómulo Betancourt verbesserte sich die wirtschaftliche und politische Lage der Familie noch weiter.

Dann aber kamen zwei Rückschläge, die der mittlerweile knapp 52-Jährige nur mühsam verkraftete. 1967 beschädigte ein Erdbeben das Haus, das er selbst gebaut hatte, schwer. Ein Jahr später raubten sieben maskierte Banditen die Familie vollständig aus. Moltke ließ sich nicht unterkriegen. Er gründete eine Firma zur Herstellung von Industrieöfen in Caracas, die bald 50 Mitarbeiter hatte.

1984 übergab er das Unternehmen an seinen zweiten Sohn und zog sich schrittweise aus dem wirtschaftlichen Leben von Venezuela zurück. Er besaß mittlerweile ein Haus in Boca Raton in Florida und eine Eigentumswohnung in Garmisch-Partenkirchen. Von 1996 an verschlechterte sich sein gesundheitlicher Zustand. Dennoch reiste er noch viel zwischen den Kontinenten hin und her. Moltke starb im Mai 2006 in Garmisch-Partenkirchen. Er liegt auf dem Partenkirchener Friedhof begraben.

Helmuth Caspar Carl Graf von Moltke, das erste Kind von Freya und Helmuth James von Moltke, kam am 2. November 1937 in Bonn auf die Welt. Am 30. Dezember wurde der Säugling in Kreisau getauft. Caspar ging zunächst in Kreisau zur Schule. Zusammen mit seinem kleinen Bruder baute er ein Baumhaus, das die beiden aus Teilen eines abgestürzten Flugzeugs zusammengetragen hatten. Nach weiteren Schuljahren im schweizerischen Gstaad machte er 1955 an der Rondebosch High School in Kapstadt seinen Schulabschluss. 1957 begann er am New College in Oxford mit dem Studium der Rechtswissenschaft, denn in Deutschland war sein südafrikanischer Collegeabschluss nicht anerkannt worden. Er schloss das Studium drei Jahre später mit dem Bachelor ab und bewegte sich fortan noch stärker als bisher auf den Spuren seines Vaters und Urgroßvaters, denn er setzte seinen beruflichen Werde-

gang mit der Ausbildung zum »barrister« – ein Rechtsanwalt,
der die Forderungen seiner Mandanten im Gerichtssaal vertritt – fort und wurde wie seine familiären Vorbilder beim »Inner Temple« in London aufgenommen.

Gelegentlich kam er nach Berlin und war von der Atmosphäre und vom kulturellen Leben in der noch nicht durch
die Mauer geteilten Stadt begeistert. Er sah Helene Weigel
im Berliner Ensemble am Schiffbauerdamm in der Rolle der
»Mutter Courage«. Sein Vater hatte sie in den 1920er-Jahren
am Grundlsee kennengelernt.

Caspar bestand 1962 das Examen zum »barrister«. Er hatte
inzwischen mit einem Volontariat bei der SASEA SpA in Mailand begonnen, einer Firma seines Onkels Hans, und setzte
seine Ausbildung danach zwischen 1961 und 1963 im Verkauf
der BASF in Ludwigshafen fort. 1964 wurde er Direktionsas-
sistent bei Henry H. York & Co. in Sydney. In gleicher Funktion wechselte er ein Jahr später zur australischen Tochter der
BASF in Melbourne. Er lernte dort eine junge Frau kennen,
die wenige Monate später ihre beiden Eltern bei einem Boots-
unglück verlor und drei jüngere Geschwister hatte. Caspar
nahm sich der Waisen an. Er heiratete 1965 im australischen
Wollongong Keri Oddy, Tochter eines Zahnarztes. Das Ehepaar hat zwei Söhne.

Nach dem kurzen Zwischenspiel auf dem fünften Kontinent kehrte Caspar mit seiner Frau und dem älteren Sohn
nach Europa zurück. 1967 wurde er Exportleiter für Zwischenprodukte seiner Firma BASF in Ludwigshafen. Die Familie bezog bald darauf ein Domizil in Heidelberg. Caspar
erlebte hier auch den studentischen Protest in Deutschland,
er fand ihn befreiend. In der Rückschau sagt er heute, Deutschland habe sich 1968 »freigeschaufelt«.

Schon 1971 wurde Moltke im Sektor »Zwischenprodukte«
Abteilungsleiter bei einer US-Tochter der BASF in Wyandotte.
1973 führte ihn seine Karriere bei der BASF weiter. Caspar
wurde Corporate Secretary der Firma für Großbritannien.
Ein Jahr später wurde er Mitglied der Geschäftsführung und

Vizepräsident der BASF in Kanada. Diese Position bekleidete er in Montreal zwölf Jahre lang, bevor er ab 1986 als Vice President der gesamten Gruppe, also der BASF Corporation vorstand. Angebote seines Unternehmens, nach Deutschland zurückzukehren, lehnte er ab. Er wünschte sich nach seinen eigenen Erfahrungen, dass seine Kinder eine stabile Schulausbildung erhielten.

Mit Mitte 50 stieg Caspar aus dem anstrengenden Managerleben aus und arbeitete fortan freiberuflich. Er ging nach Norwich in Vermont, wo seine Mutter mit ihrem Lebensgefährten Eugen Rosenstock-Huessy lebte, und wurde für die Kouri Capital tätig, ein in China beheimatetes Unternehmen der Bauindustrie. Vorübergehend war er Chairman von acht chinesischen Zementunternehmen. Eine weitere Partnerschaft ging er mit der »Quo Vadis International« ein. Moltke berät noch heute eine Reihe von Unternehmen und ist Mitglied in zahlreichen Aufsichtsräten.

Der hochgewachsene Mann, ein begeisterter Tennisspieler und Spaziergänger, liebt die Nähe des Meeres. In Kapstadt verbrachte er seine Kindheit am Wasser, und in Australien und Kanada war es auch nie weit zum Meer – eine Passion, die er mit seiner Frau teilt. Caspar von Moltke war und ist in zahlreichen ehrenamtlichen Funktionen tätig. Er ist Präsident des Eugen Rosenstock-Huessy Fund, Vorsitzender der Freunde und Förderer der Akademie Kreisau e.V. in Frankfurt am Main, stellvertretender Vorsitzender der Freya-von-Moltke-Stiftung, Aufsichtsratsvorsitzender der Brocard Group GmbH & Co KG aA in Berlin und Direktor des Maas Biolab LLC in Albuquerque in New Mexico. Der weit gereiste Mann hält trotz internationaler Karriere an der deutschen Staatsangehörigkeit fest und besitzt nur den deutschen Pass.

Im Abstand von 65 Jahren zu den beiden Ereignissen, die das Leben seiner Familie veränderten, dem Verlust des Vaters und dem Abschied von Kreisau, sieht er sich in vielem nicht in der Lage, zwischen Erlebtem und Erzähltem über seinen Vater zu unterscheiden. Er erinnert sich jedoch an eine große

Nähe und ein Hingezogensein zum Vater, wenn dieser zu Hause war.

Caspars jüngerer Bruder Conrad Bernhard Peter wurde am 23. September 1941 auf Kreisau geboren. Als Kind ging er in Südafrika zur Schule. Das Abitur legte er 1960 an der Malwida-von-Meysenbug-Schule in Berlin ab. 1961 nahm er ein Mathematikstudium am Dartmouth College in Hanover in New Hampshire auf und schloss es 1964 mit dem Bachelor ab. Am selben College hatte Rosenstock-Huessy gelehrt. Conrad studierte im Anschluss Geschichte an der Universität Göttingen und setzte seine Studien in München fort. Dann kehrte er wieder nach Göttingen zurück. Er promovierte 1970 mit einer Studie über das Eindringen des Protestantismus in der Steiermark unter Maximilian I. und Ferdinand II.

1965 heiratete er Ulrike von Haeften, mit der er vier Kinder hat. Die Ehe wurde 1999 geschieden. Ein Jahr später heiratete er Annabelle Winograd, kam aber nur schwer über den Entschluss seiner ersten Frau hinweg, sich von ihm zu trennen und eigene Wege zu gehen.

Von 1968 bis 1972 war Conrad Assistant Professor für Geschichte und von 1972 bis 1974 Associate Professor im gleichen Fach an der University of New York in Buffalo. Dort war er auch Verwaltungsratsmitglied und für die Entwicklung von interdisziplinären Studiengängen zuständig. Während seiner Amtszeit wurden sechs neue Studiengänge eingerichtet, darunter auch einer für Umweltwissenschaften.

Den vielseitigen, unruhigen Geist zog es nun zu neuen Ufern. Wohin er tendieren würde, hatte sich schon in den frühen Siebzigerjahren abgezeichnet, als Conrad Assistent des Generalsekretärs der European Cultural Foundation in Amsterdam geworden war. 1973 wurde er Exekutivsekretär des Deutschen Komitees für kulturelle Zusammenarbeit in Europa und Direktor der Curriculum-Gruppe Amerikakunde der Amerika-Gesellschaft in Hamburg. Er entwickelte also Lehrmaterialien für Amerika- und Europastudien. 1974 wurde er Prüfer und Berichterstatter der OECD, die die nationalen Bildungspolitiken unter die Lupe nahm. Conrad war für Norwegen und Österreich zuständig.

1976 trat eine weitere große Veränderung in seinem beruflichen Leben ein. Conrad wurde Gründungsdirektor des Instituts für Umweltpolitik mit Sitz in Bonn und weiteren Außenstellen in Paris und London. Die Institution, die sich zu einem frühen Zeitpunkt mit diesem drängenden Thema beschäftigte, wurde von der European Cultural Foundation in Amsterdam betrieben, mit der Moltke bereits seit 1972 zusammengearbeitet hatte. Conrad konzentrierte sich auf die Beziehungen zwischen internationaler Wirtschafts- und Umweltpolitik und untersuchte insbesondere die Themenfelder Handel und Umwelt sowie Investitionen und Handel mit Rohstoffen. Eines Tages fand er, dass er die gelungene Aufbauarbeit in andere Hände übergeben könne.

Moltke gab die sichere Position auf, die er in Bonn hatte, und siedelte 1984 mit seiner fünfköpfigen Familie in die USA über. Neben dem Haus der Mutter baute er in Norwich eine schöne Bleibe. Er wurde Consultant mit allen Risiken und Chancen. Wie sein älterer Bruder und sein Vater war er wirtschaftlich sehr geschickt. Aber immer achtete er darauf, in einer Sache nicht »Partei« zu nehmen. Folglich beriet er verschiedenste Organisationen, Parlamente und Regierungen. Seinem Gastland gegenüber war er nicht unkritisch und sorgte sich vor allem um den Niedergang der politischen Kultur. Aber er spürte auch die Last der deutschen Vergangenheit und brauchte die Wertschätzung, die der Name Moltke einschließlich des militärischen Teils der Familiengeschichte in den USA genoss. Gelegentlich hatte Moltke in der Bundesrepublik das Gefühl gehabt, als wenn die Deutschen erneut vom Tugendpfad der Demokratie abweichen wollten. In seinem Denken, seinem Handeln und in seiner Gefühlswelt ähnelte er immer mehr seinem Vater. Freunde priesen seinen humanen Charakter. Er lehnte gewaltsame Konfliktregelungen ab, war ein leidenschaftlicher Advokat des europäischen Gedankens und arbeitete bis zur Erschöpfung an der Idee, europäische zivilgesellschaftliche Institutionen zu schaffen. Die große Stärke des Mannes, der die Statur seines Vaters hatte, war die freie Rede. Er war der geborene Anführer, er riss mit und beherrschte dies in einer ganzen Reihe von Sprachen. Er hatte Witz und Ironie – eine unabdingbare Voraussetzung für den Erfolg vor einem angelsächsisch geprägten Auditorium.

Der mitunter rastlos Wirkende wurde Adjunct Professor – außerplanmäßiger Professor – am Dartmouth College und Herausgeber der Zeitschrift »International Affairs«. Er war Senior Fellow des Institute for Sustainable Development in Winnipeg und Partner des Ecologic Institute in Bonn. Von den immensen Aktivitäten, die er weltweit betrieb, sind ferner ein Senior Fellowship des »World Wildlife Fund« in Washington, D. C., und ein Senior Fellowship des »Institut de développement durable et des relations internationales« in Paris zu erwähnen.

Inmitten zahlreicher Aktivitäten starb Conrad am 19. Mai 2005. Er hatte eine sehr seltene Form von Lungenkrebs, die zu seinem raschen Ende führte.

Der weltweit geschätzte, in der Umweltpolitik sehr bewanderte Mann hinterließ ein bemerkenswertes Werk in einer verblüffenden Breite: Publikationen als Mediävist, in vergleichender Erziehungswissenschaft, in der Lehrplanentwicklung und in der internationalen Umweltpolitik standen nebeneinander. Er war ein Visionär wie sein Vater. Conrad liegt auf dem »Hillside Cemetery« in Norwich, Vermont, begraben.

Für die Familie des 1943 in Madrid verstorbenen Botschafters Hans-Adolf von Moltke verlief das Jahr 1945 ähnlich dramatisch wie für die Verwandten in Kreisau. Am 22. Januar 1945 erschien ein Freund des Vaters bei der Familie in Breslau und teilte ihr mit, dass sie sich sofort auf die Flucht begeben müsse. Der letzte Zug verlasse am Nachmittag die Stadt. Die Moltkes hätten zwei Stunden Zeit zum Packen. Davida Gräfin Yorck von Wartenburg wollte die Landarbeiterfamilien ihres Gutes nicht im Stich lassen und entschied, dass ihre acht Kinder allein fahren mussten. Sie selbst blieb bis zum Sommer 1946 in Schlesien.

Einer ihrer Söhne, Friedrich, kehrte von Mecklenburg, wo die Kinder bei der Familie von Gersdorff, einer Schwester von Davida, untergekommen waren, nochmals zur Mutter nach Schlesien zurück. Auf einem Kohlenzug fuhren die beiden nach Klein-Bresa, das heutige Brzezica. Nach der endgültigen Vertreibung schlug sich der 13-Jährige, zwölf Lager passierend, allein nach Südwürttemberg durch. Ein französischer Offizier wollte ihn zu den Amerikanern zurückschicken, gab ihm aber eine Chance, als er den Namen Moltke hörte. Der Junge musste ihm das Ehrenwort geben, zurückzukommen, wenn er am Bodensee seine Geschwister nicht antreffen werde.

Durch Vermittlung von Eugen Gerstenmaier, der Präsident des Evangelischen Hilfswerks war, entstand 1946 ein Kontakt zu einer in Kirchheim unter Teck lebenden Fabrikantenwitwe. Sie bot der Familie mit ihren 21 Kindern – zu den Moltke-Kindern kamen noch die Yorck'schen und andere hinzu – ihre Villa an. So kam dieser Teil der Familie in den deutschen Südwesten. Die beiden ältesten Töchter von Hans-Adolf von Moltke traf es in den Wirren der Jahre 1945/46 hart. Sie kamen nicht in den Genuss der schulischen und akademischen Ausbildung, die ihre Geschwister, vor allem die Brüder, erhielten. Allerdings starb die älteste Schwester schon 1946. In der jungen Bundesrepublik machten ihre Brüder zusammen mit den jüngeren Schwestern Karriere – als hohe Beamte, Bankdirektoren, Mediziner und Geisteswissenschaftler.

Heinrich Kurt Achatz Edmund kam am 27. Februar 1933 in Warschau auf die Welt. Die Taufe fand in der deutschen Botschaft statt. Auf dem Familiengut im schlesischen Wernersdorf – das polnische Bernacice –, das der Vater der Moltke-Stiftung abgekauft hatte, erhielt der Junge von einem Privatlehrer Unterricht. Er war zehn Jahre alt, als Hans-Adolf in Madrid auf tragische Weise verstarb. Kurz vor seinem Tod schrieb der Vater ihm: »Denke daran, daß Du dem Namen verpflichtet bist.«

Als die Russen 1945 nach Schlesien kamen, durchlebte der mittlerweile Zwölfjährige katastrophale Monate. Er flüchtete mit seinen Geschwistern nach Mecklenburg und arbeitete als Hilfsarbeiter auf einem von der Roten Armee requirierten Gut. Vom 1. Oktober 1945 an ging Heinrich auf das Gymnasium Carolinum im mecklenburgischen Neustrelitz. Ende März 1946 begab er sich nach Westen und besuchte die christliche Internatsschule Schloss Gaienhofen am Bodensee. Dort legte er 1951 die Reifeprüfung ab. Trotz Krieg und Wirren der Nachkriegszeit hatte er kein einziges Jahr bei der Schulausbildung verloren.

Ebenfalls 1951 schrieb Heinrich sich im Fach Jura an der Universität Tübingen ein und setzte 1953 seine Ausbildung in München als Stipendiat der Studienstiftung des Deutschen Volkes fort. Auf Einladung seiner Schwester Maria reiste der junge Mann 1953 und 1955 in die Türkei und verbrachte lange, erholsame Wochen in Therapia am Bosporus und in der Sommerresidenz der deutschen Botschaft in Istanbul. Maria war dort als Sekretärin tätig. Nach der Flucht und schweren Jahren im Nachkriegsdeutschland – Maria hatte vorübergehend als Handschuhnäherin gearbeitet – war dies ein Moment des Aufatmens für die Geschwister.

1955 bestand Heinrich die erste juristische Staatsprüfung. Während der Referendarzeit arbeitete er unter anderem als wissenschaftlicher Mitarbeiter am Institut für Ausländisches und Internationales Patent-, Urheber- und Wettbewerbsrecht der Universität München. 1958 bestand er die zweite juristische Staatsprüfung und promovierte 1965 zum Dr. iur. mit einer Arbeit zum Begriff und Schutz des Handelsnamens in rechtsvergleichender Sicht. Nach dem Ende seiner Ausbildung trat er 1959 in eine auf Immaterialgüterrechte spezialisierte Kanzlei als Anwalt ein.

Kurz danach entschied er sich jedoch für eine Karriere im öffentlichen Dienst und trat 1960, in den Anfängen der Europäischen Wirtschaftsgemeinschaft (EWG), als stellvertretender Kabinettschef des deutschen Kommissars Heinz Krekeler in die Kommission der Europäischen Atomgemeinschaft in Brüssel ein.

Wenige Wochen später heiratete er die Juristin Christa-Maria Krumeich, deren Vater Chef einer Klinik in Düsseldorf war. Das Ehepaar hat drei Kinder.

Für Heinrich von Moltke schloss sich nun der für die Sechzigerjahre übliche Karriereweg an. Er diente in diversen Brüsseler Kabinetten unter französischen Chefs und wurde 1966 Abteilungsleiter für Beziehungen zum Europäischen Parlament und zum Wirtschafts- und Sozialausschuss im Exekutivsekretariat der Euratom-Kommission. In den nun folgenden Jahren durchlief Heinrich von Moltke in leitender Stellung diverse andere Abteilungen, ehe er am 1. September 1979 im Alter von 46 Jahren einen – wenn auch inoffiziellen – diplomatischen Posten erhielt. Nach seiner Versetzung in die Generaldirektion für Auswärtige Beziehungen in Brüssel wurde er nämlich stellvertretender Leiter der Delegation der Kommission in Washington, D. C., also quasi Gesandter der europäischen Vertretung in der US-Hauptstadt. Schon zwei Jahre später kehrte er nach Europa zurück und wurde Kabinettschef von Karl-Heinz Narjes, der nicht nur Kommissar, sondern auch Vizepräsident der Kommission war.

1987 wurde Heinrich von Moltke Direktor in der Generaldirektion Binnenmarkt und Gewerbliche Wirtschaft und 1990 Generaldirektor in der Generaldirektion Unternehmenspolitik. Sechs Jahre lang war er nun für kleine und mittlere Unternehmen in Europa, für Handel, Sozialwirtschaft und Tourismus zuständig. Als Moltke 1995 eine Korruptionsaffäre in seinem näheren Umfeld aufdeckte, wurde gegen ihn eine Pressekampagne entfacht. Kritik wurde auch im Europäischen Parlament laut, die ihn am 1. Dezember 1996 zur Aufgabe seines Postens und in den vorzeitigen Ruhestand zwang. Er wollte durch seinen Rücktritt Schaden von der Kommission abwenden, die gerade um ihre Entlastung im parlamentarischen Haushaltsverfahren kämpfte. Das von der belgischen Justiz eingeleitete Verfahren führte nach langwierigen Untersuchungen 2005 zu seiner vollständigen Entlastung. Gegen den Mitarbeiter, den er seinerzeit entlassen hatte, wurde jedoch ein Strafverfahren eingeleitet. Moltke war in der Zwischenzeit nicht untätig gewesen. Von 1997 bis 2004 war er Senior Adviser des European Policy Centre in Brüssel und von 1999 bis 2007 zudem Vizepräsident der Deutsch-Belgischen Gesellschaft in Brüssel. Bereits seit 1991 war er Mitglied des Vereins Oberlinhaus – eines diakonischen Hauses –, dessen erster Präsident der Generalfeldmarschall gewesen war.

Gebhardt Carl Gottfried Wilhelm Peter von Moltke, der jüngere Bruder von Heinrich, kam am 28. Juni 1938 auf die Welt. Er wurde in Wernersdorf gemäß der Familientradition getauft. Als Sechsjähriger musste er mit der Familie nach Wiesenthal bei Neustrelitz fliehen. Von dort ging es weiter nach Kirchheim unter Teck, wo der Junge von 1946 bis 1950 die Volksschule besuchte. Danach wechselte Gebhardt auf das Max-Eyth-Gymnasium in Kirchheim über und bestand Anfang 1959 das Abitur.

Wie sein Bruder nahm er nun ein Studium der Rechtswissenschaften auf, das ihn an die Universitäten Heidelberg, Grenoble, Berlin und Freiburg im Breisgau führte. 1963 bestand er die erste juristische Staatsprüfung, wurde Referendar im Bereich des Oberlandesgerichts Stuttgart und absolvierte ein Praktikum bei der EWG-Kommission in Brüssel.

1965 heiratete er in der Jakobuskirche von Jagsthausen, dem traditionellen Hochzeitsort der Familie, Dorothea Bräuer, die Tochter eines Diplomaten. Ihr Vater war deutscher Gesandter in Oslo gewesen, als die Wehrmacht 1940 in Norwegen einmarschierte. Sie selbst war dort auf die Welt gekommen.

1967 legte Moltke die zweite juristische Staatsprüfung ab. Es folgte ein Gastspiel in der Rechtsabteilung des Deutschen Gewerkschaftsbunds in Stuttgart, doch schon 1968 trat Moltke als 30-Jähriger in den Dienst des Auswärtigen Amts ein. Nach einer Tätigkeit im deutschen Generalkonsulat in Liverpool und der obligatorischen Laufbahnprüfung arbeitete er im Ministerbüro von Außenminister Walter Scheel.

Es folgten Stationen in Moskau und in Kamerun. In der Bonner Zentrale übernahm Gebhardt anschließend Aufgaben in der Personalabteilung. Während der ersten Amtszeit des US-Präsidenten Ronald Reagan wurde er Botschaftsrat an der deutschen Botschaft in Washington. Er war für die Analyse der US-Innenpolitik und für die Beziehungen zum US-Kongress zuständig. In den USA hatte der Name Moltke noch immer eine doppelte Bedeutung. Er wurde nicht nur mit dem Generalfeldmarschall in Verbindung gebracht, sondern auch mit dem Neffen, dem Generalstabschef zu Beginn des Ersten Weltkriegs.

1986 übernahm Moltke das USA-Referat im Auswärtigen Amt. Schon bald begann für ihn und seine Mitstreiter eine spannungsreiche Zeit, denn Gebhardt war auch Sekretär der transatlantischen Vierer-Konsultation. Diese erfuhr besondere Bedeutung, als in Berlin die Mauer fiel. Moltke wurde dadurch zum unmittelbaren Zeugen des deutschen Vereinigungsprozesses und verfolgte besonders die herausragende, treibende Rolle, die die Amerikaner bei der Wiedervereinigung spielten.

1991 wurde Moltke Beigeordneter Generalsekretär der NATO für Politische Fragen. Er war nun für die Öffnung der Allianz für neue Mitgliedsstaaten zuständig sowie für die Aushandlung der Grundakte zwischen Russland und der NATO, die während der Zeit des ersten NATO-Militäreinsatzes in Bosnien-Herzegowina stattfand.

1997 entsandte ihn die Regierung Kohl/Genscher als Botschafter nach London. Der asketisch wirkende, zurückhaltende Mann – von der Erscheinung her einem britischen Landedelmann ähnelnd – war aufgrund der Familiengeschichte die richtige Wahl. Kaum angekommen, verunglückte Lady Diana, die Königin der Herzen, in einem Pariser Autotunnel tödlich. Die Übernahme seines Postens fiel somit mit der Trauerfeier für die Kronprinzessin in der Londoner Westminster Abbey zusammen. Bei deutsch-britischen Konsultationen erlebte der erfahrene Diplomat fortan große Überraschungen. Tony Blair und Gerhard Schröder kamen mit ihren engsten Beratern zu Treffen zusammen, die Botschafter waren ausgeschlossen. Moltke erhielt nach den Treffen nicht einmal die Kurzprotokolle zur Einsicht. Zum Glück hatte er einen Freund im Foreign Office, der ihm die Protokolle der britischen Seite überließ. Wie seine Vorgänger und Nachfolger kämpfte auch Moltke unter anderem um ein faires Deutschlandbild in den britischen Medien. Die britische Öffentlichkeit verfolgte seine Bemühungen mit Sympathie. Als Bundespräsident Roman Herzog auf Staatsbesuch nach Großbritannien kam, war Moltke drei Tage lang Gast der Queen auf Schloss Windsor. Dort war auch der Generalfeldmarschall zu Besuch gewesen.

1999, früher als üblich, denn die normale Stehzeit für Diplomaten beträgt drei bis vier Jahre, und sicherlich auch bedingt durch den Regierungswechsel in Berlin, wurde Moltke NATO-Botschafter in Brüssel. Auf seinem letzten Dienstposten erwarteten ihn dramatische Entwicklungen, die keiner seiner Vorgänger erlebt hatte. Die Bundesrepublik nahm erstmals an Militäreinsätzen außerhalb Europas teil. Deutsche Soldaten wurden nach Afghanistan und an das Horn von Afrika entsandt. 2003 begann die US-Invasion im Irak, die im Gegensatz zum Afghanistaneinsatz bei mehreren NATO-Mitgliedern, vor allem in der Bundesrepublik während der Regierungszeit von Gerhard Schröder, auf Ablehnung stieß. Die alten europäischen Seemächte – Großbritannien, die Niederlande und Portugal – beteiligten sich an dem Einsatz. Aber nicht nur sie, auch Polen, große Teile des Commonwealth und bemerkenswerterweise Japan – neben Deutschland im Jahre 1945 der große Kriegsverlierer – schickten Soldaten.

Im September 2003 ging Gebhardt von Moltke in den Ruhestand. Wie viele andere Mitglieder der Familie ist er aber

weiter ehrenamtlich tätig. Er ist der amtierende Vorsitzende
der Deutsch-Britischen Gesellschaft und erhielt im Jahre
2000 die Ehrendoktorwürde der Universität Birmingham.
Die Liste seiner Auszeichnungen und Dekorierungen ist beeindruckend. Deutschland hat es mit Partnern zu tun, die ge-
schichtsbewusst sind und in Moltke den Vertreter einer Familientradition sehen. West wie Ost haben seinen Einsatz
gewürdigt.

Wie lebt die nächste Generation der Moltke-Familie, also die
heute 30- bis 40-Jährigen? Grosso modo kann man sagen,
dass sie die Einstellung der vorangegangenen Generationen
mit der Übernahme von gesellschaftlicher Verantwortung
fortsetzt. Aber die Spuren der Verwüstungen des Dritten Reiches wirken nach. Deutschland hat durch die Entscheidung
der Enkel von Freya und Helmuth von Moltke, in den USA
zu leben, Teile einer der führenden Familien des Landes verloren. Beide Söhne von Caspar leben an der amerikanischen
Ostküste, und drei der vier Kinder von Conrad sind ebenfalls
in Amerika ansässig. Nur ein Sohn geht einer internationalen
Tätigkeit in der Schweiz nach. Sie hat viel mit dem zu tun, was
seinen Vater begeisterte und umtrieb.
   Alles in allem sieht man die Moltkes mit ihren Ehepartnern
als begabte Akademiker und als Menschen mit Fernweh – mit
deutlicher Hinwendung zur angelsächsischen Welt bei den
Enkeln von Helmuth James und mit einer augenfälligen Verbindung zur Türkei. Studiert man ihre Karriereverläufe, dann
haben sie noch immer die Netzwerke, Beziehungen und Kontakte, die beim Start ins Berufsleben so wichtig sind.
   Polnische Freunde von Freya wählten einmal den folgenden Vergleich: »Diese Familie ist wie aus Stein, aus verschiedenen Mineralien gebaut, aber sie hält zusammen.« Aber es sind
heute Menschen, deren Erfolg sich aus eigenem Recht speist,
keine durch die Standeszugehörigkeit Privilegierten wie in der
Zeit von Wilhelm I. und Wilhelm II. Der Name der Familie ist
Verpflichtung und Ansporn zugleich. Jeder Moltke weiß, dass

er potenzieller Gegenstand der Beobachtung in der Öffentlichkeit ist.

Die Bundesrepublik kann sich glücklich schätzen, dass große Teile anderer Familienzweige in Deutschland geblieben sind und in Führungspositionen zum Wohlergehen des Landes beitragen. Die Vitalität der Moltkes ist ungebrochen. Es gibt keinerlei Anzeichen dafür, dass ihnen nach drei oder vier Generationen der Abstieg bevorsteht, wie er viele große Familien trifft. Die Moltkes sind nicht nur Juristen und Banker, sie haben auch ungewöhnliche Menschen in ihren Reihen: einen erfolgreichen Automobilrennfahrer in den USA, der unlängst ein Studium aufgenommen hat; einen Spezialisten für den deutschen Heimatfilm; einen Kunsthändler und in Berlin eine TV-Journalistin; und mehrere andere interessante, kreative Köpfe.

Hans Magnus Enzensberger, der ein Buch über Kurt von Hammerstein schrieb, den Chef der Heeresleitung zwischen 1930 und 1933, hat sich die Frage gestellt, warum die Lebenskräfte des Adels nach dem Untergang der Monarchie vor einem knappen Jahrhundert durch den danach eingetretenen Funktionsverlust nicht erloschen sind. Er nannte an erster Stelle einen ausgeprägten, generationenübergreifenden Familiensinn, gegenseitige Hilfe in der Not, selbstverständliche Gastfreundschaft und eine Geringschätzung nationaler Grenzen.[212] Alle diese Merkmale treffen auf die Moltkes zu. Ein typisches Beispiel für den historischen Sinn der Familie war die Taufe des zweiten Kindes von Caspar 1969 in Berlin-Dahlem durch Harald Poelchau, den alten Tegeler Gefängnispfarrer. Er hatte Helmuth James in letzter Stunde beigestanden und Freya getröstet. Ein anderes Indiz für die Rückbesinnung: die Dissertation, die der zweitälteste Sohn von Heinrich von Moltke 1989 zu den wirtschafts- und gesellschaftspolitischen Vorstellungen des Kreisauer Kreises schrieb. Auch die Jungen schätzen die Familientraditionen. Ein Familienstamm, der mit den Berlichingens verwandt ist, hat in Jagsthausen in Baden-Württemberg seine Hochzeitskirche. An jedem Weihnachtsfest trifft sich die Familie in der Propstei von Möckmühl. Wichtige Daten im Leben der Familie werden festlich begangen. Die Moltkes besuchen Symbolorte und feiern Familienfeste an Plätzen, die ihren Vorfahren gehörten. Anders als die deutsche Mittelschicht haben sie viele Kinder. So gesehen, bilden sie und die gesamte deutsche Adelsschicht in der Tat eine Parallelgesellschaft.

Ein Sohn von Hans-Adolf von Moltke, Friedrich von Moltke, der seit 1998 in Berlin lebt, ist heute Vorsitzender der Moltke-Stiftung. Erinnerungsstücke des Generalfeldmarschalls lagern in der Henning-von-Tresckow-Kaserne in Potsdam. Die Stiftung benötigt einen Rahmen für Ausstellungen. Friedrich von Moltke verwaltet das Kapital aus der alten Familienstiftung und der Gedächtnisstiftung.

Etwa 160 Moltkes versammelten sich am 26. Oktober 2000 zur Erinnerung an den 200. Geburtstag ihres großen Vorfahren in Parchim. Die Parchimer CDU erwog damals, den Ort in Moltkestadt Parchim umzubenennen. Die Moltkes fuhren auch nach Samow. Im alten Herrenhaus, wo der Vater des Generalfeldmarschalls geboren wurde, werden jetzt Ferienwohnungen angeboten.

An einem Frühlingsmorgen – die Vegetation in der Gegend ist infolge der Nähe zum Meer im Vergleich zum Binnenland noch deutlich zurück – öffnet ein eleganter älterer Herr, Typ Landedelmann, die Tür. Es ist der alte und neue Eigentümer von Samow. Marc Graf von Polier berichtet, dass das Herrenhaus zu der Zeit, als die Moltkes den Besitz aufgeben mussten, binnen 20 Jahren viermal den Eigentümer wechselte. Die Familie von Polier erwarb das Objekt um 1900. Der heutige Eigentümer wurde hier geboren und kaufte den durch die DDR enteigneten Besitz nach der Wende zurück. Er führt meine Frau und mich durch das Haus. Eine Terrasse eröffnet einen wunderbaren Blick auf einen in englischem Stil gehaltenen kleinen Park, in dem sich eine Insel befindet, die von einem Wassergraben umgeben ist, das sogenannte Bodendenkmal. Ein Wehrturm, der in Samow im 12. Jahrhundert errichtet wurde, war somit älter als die früheste urkundliche Erwähnung des Moltke-Geschlechts. Marc von Polier führt uns nun durch das Erdgeschoss des Herrenhauses mit dem Jagd- und Kaminzimmer sowie einem Ess- und einem Musiksalon, in dem ein Flügel steht. Die Abfahrt von dem Herrensitz, den ein uralter knorriger Baum bewacht, ähnelt der in Kreisau. Auf einer nach rechts von der Schlossachse abgehenden Stichstraße, die durch die unberührte, großflächige, von eiszeitlichen Moränen geprägte Landschaft von Mecklenburg-Vorpommern führt, erreichen wir nach wenigen Minuten die nach Tessin und weiter nach Rostock führende Bundesstraße.

Damit ist die Geschichte der Moltkes erzählt – ganz über fünf Personen, soweit dies möglich ist, und skizzenhaft für den restlichen deutschen Teil der Familie. Der Ansatz ist ein exemplarischer. Andernfalls müsste man einen Personenkreis von über 1000 Menschen porträtieren. So groß ist die Gruppe derer, die in Europa den Namen Moltke führten.

Die Geschichte der Moltkes sollte auch deswegen erzählt werden, weil der Zweite Weltkrieg sie geteilt hat, jedenfalls in Deutschland. Bis Mitte der Achtzigerjahre die Kriegsgeneration aus dem Berufsleben der Bundesrepublik auszuscheiden begann, assoziierten die Deutschen mit dem Namen Moltke vor allem die Militärs der Familie, danach trat ein Bedeutungswandel hin zum Widerstand gegen Hitler ein. Neuerdings wird in Deutschland die vielfach anzutreffende Moltkestraße durch ein Hinweisschild auf Helmuth James von Moltke ergänzt.

Ein Mitglied der älteren Moltke-Generation, ein früherer Banker, berichtete, dass er in jungen Jahren wegen seines Namens auf den Generalfeldmarschall angesprochen worden sei, in den mittleren auf den Zehnkämpfer Werner von Moltke, der jedoch zur dänischen Linie gehört, und in späteren Jahren auf den Widerständler Helmuth James. In der Bundesrepublik gehaltene Reden, die die Moltkes als Familie oder einen der Ihren zum Inhalt haben, enden meist bei Kreisau. Amerikanische Nachrufe, etwa im Fall des jüngeren Sohnes von Helmuth James, sprechen immer mit warmen Worten auch die militärischen Leistungen der Familie an. Vor allem den Angelsachsen, aber auch den Russen, Franzosen, Polen oder den Italienern sind sie nicht verdächtig, auch nicht den Dänen. In der Türkei hat der Name Moltke einen ganz besonderen Ruf.

Zu einer Entkrampfung in Deutschland beizutragen, für eine entspanntere und ganzheitliche Sicht zu sorgen, einen Panoramablick auf die Familie zu eröffnen, gehört somit zu den Zielen, die dieses Buch hat. Das Militärische, der »Krieg«, ist in Deutschland durch zwei Weltkriege und das atomare Zeitalter zusätzlich delegitimiert. Soldaten werden als ein notwendiges Übel gesehen. Feldherren sind keine Sympathieträger. Zur Geschichte der Moltkes gehören aber Helmuth der Ältere und Helmuth James, Königgrätz und Kreisau. In ihren Personen spiegeln sich deutsche Tragödien wider. Aber nicht nur diese, sondern auch glückhafte Momente und lange Friedenszeiten mit Hoffnungen auf den ewigen Frieden.

Und es gehören eindrucksvolle Frauen zu dieser Familie, die sie »zivilisierten« und verwestlichten: ein zupackender pragmatischer Frauentyp vorwiegend angelsächsischer Prägung, wie die Linie von Mary Burt über Dorothy Rose Innes und in gewisser Weise auch Eliza von Moltke-Hvitfeld hin zu Freya von Moltke zeigt. Sie waren es, die der Familie eine besondere Prägekraft gaben und den Resonanzboden für das lieferten, was ihre Männer im Kaiserreich, in der wankenden Weimarer Demokratie und fürchterlichster NS-Diktatur zu leisten imstande waren.

Einem Bedeutungswandel des Familiennamens mit ausschließlicher Assoziation von Kreisau und dem Widerstand gegen Hitler sollte Deutschland daher widerstehen. Denn unter den Bedingungen des 20. Jahrhunderts wäre Moltke der Ältere wohl kein Soldat geworden, sondern vermutlich ein Historiker. Seinen Neffen hätte es zu Steiners anthroposophischen Ideen gezogen. Helmuth James wäre ohne Hitler vielleicht ein Unternehmensberater und Kunstmäzen geworden. Im Staatsdienst hätte es ihn, wie seinen jüngeren Sohn, nicht für immer gehalten. Kreisau wäre ein nationaler Wallfahrtsort geblieben und hätte ein Platz für ökologischen Tourismus auf hohem Niveau werden können.

Helmuth der Ältere und Helmuth James verkörpern somit zwei Seiten ein und derselben Familie, einer großen deutschen Familie. Ihr Schicksal offenbart auch die Brüche im Leben der Nation, die schlechten und die guten Tage Deutschlands.

»Man muß viel mehr ins Menschliche gehen, wenn man die Geschichte befragt«, resümierte Freya von Moltke. Sie meinte damit, Menschen in historischen Studien und in einer Familiengeschichte wie dieser zum Sprechen zu bringen, sie vor dem Hintergrund ihrer Zeit als Handelnde und Leidende auftreten zu lassen und das Feld nicht den Fachhistorikern zu überlassen, denen sie, wie berichtet wird, ein wenig misstraute. Zu der erhofften Begegnung mit ihr, die für den März 2010 geplant war, ist es nicht mehr gekommen. Ein 210 Jahre umfassender Abschnitt der deutschen Geschichte und der Familiengeschichte der Moltkes war an seinem Ende angelangt.

Anhang

Quellen und Literatur

Helmuth von Moltke der Ältere starb kinderlos. Sein Erbe und der weitere Verlauf der Familiengeschichte gingen auf seinen Bruder Adolph von Moltke über. Es entwickelten sich in der Folgezeit drei deutsche Familienstämme, deren Lebensschwerpunkt sich bis 1945 in Schlesien befand. Davida Gräfin Yorck von Wartenburg, die Frau des 1943 verstorbenen Botschafters Hans-Adolf von Moltke, rettete 1945 den handschriftlichen Nachlass von Adolph von Moltke. Dieser, in Maschinenschrift übertragen, lag dem Verfasser zur Einsichtnahme vor.

Der Nachlass von Helmuth Carl Bernhard von Moltke befindet sich im Bundesarchiv/Militärarchiv in Freiburg. Er enthält dienstliche und private Korrespondenz, kriegsgeschichtliche und militärpolitische Ausarbeitungen sowie Karten und Zeichnungen. Vieles davon taucht in den acht Bänden seiner »Gesammelten Schriften und Denkwürdigkeiten«, in der Edition seines »Militärischen Werks« durch den Großen Generalstab sowie in Briefausgaben wieder auf. Die Biografie von Gewicht ist nach wie vor das große Werk von Eberhard Kessel aus dem Jahre 1967 sowie ältere Arbeiten von Karl-Ernst Jeismann und Rudolf Stadelmann. Die jüngste biografische Studie, solide gearbeitet, stammt von Manfred Jatzlauk aus dem Jahr 2000. Die Arbeiten von Stig Förster befassen sich mit den Veränderungen in der Kriegsführung in der Zeit von Moltke dem Älteren. Die am meisten abgerundete Beschreibung seiner Persönlichkeit und seiner historischen Bedeutung in jüngster Zeit findet sich bei Friedrich-Christian Stahl, dem früheren Direktor des Bundesarchivs/Militärarchivs in Freiburg im Breisgau.

Der Nachlass von Helmuth von Moltke dem Jüngeren befindet sich ebenfalls in Freiburg. Er umfasst dienstliche und private Korrespondenz, Erinnerungen an den Deutsch-Französischen Krieg und militärpolitische Ausarbeitungen. Unentbehrlich für die Erfassung seiner Persönlichkeit ist die Edition seiner Briefe und anderer Dokumente im Zeitraum 1877 bis 1916 durch Eliza von Moltke-Hvitfeld, seine Ehefrau. An der Authentizität dieser Quelle kann kein Zweifel bestehen, wenn man sie mit den Texten im Nachlass in Beziehung setzt. Einige Autoren zweifeln dies an, zitieren dann aber fortlaufend diese Quelle.

Die große und entscheidende Quelle über Dorothy von Moltke, die Mutter von Helmuth James von Moltke, stellt die Edition ihrer Briefe an ihre Eltern im Zeitraum von 1907 bis 1934 dar. Beate Ruhm von Oppen besorgte sie auf einfühlsame Art und Weise.

Im Freiburger Bundesarchiv/Militärarchiv befindet sich der Nachlass von Helmuth James von Moltke mit Texten des Kreisauer Kreises und einer Korrespondenz mit Peter Graf Yorck von Wartenburg. Von grundlegendem Wert ist sodann die Edition seiner Briefe an seine Frau von 1939 bis 1945 sowie das kürzlich von Günter Brakelmann herausgegebene Tagebuch und Briefe aus der Haft während des letzten Lebensjahrs 1944/45. Die große Studie von Ger van Roon über den Kreisauer Kreis ist immer noch sehr wichtig und muss zum Zitieren von Korrespondenz ebenso herangezogen werden wie das Gemeinschaftswerk über Helmuth James von Moltke von Michael Balfour, Julian Frisby und Freya von Moltke. Anlässlich seines 100. Geburtstags im Jahre 2007 fand Helmuth James von Moltke zwei Biografen: Günter Brakelmann schrieb die große verdienstvolle, äußerst materialreiche Studie über den Kopf des Kreisauer Kreises, während die Arbeit des viel zu früh verstorbenen Jochen Köhler ein Torso blieb.

Sie enthält jedoch einige wunderschöne, atmosphärische, geradezu poetische Passagen. Von großem Wert ist auch die Chronologie des Lebens von Helmuth James von Moltke, die Günter Brakelmann besorgte, sowie die beiden die Biografie ergänzenden Bände von Brakelmann über den Christen Helmuth James von Moltke.

Freya von Moltke taucht in den Briefen ihrer Schwiegermutter auf, die Beate Ruhm von Oppen herausgab, und in dem schönen Erinnerungsband, den ihr Bruder Hans Deichmann schrieb. Sie selbst verfasste Erinnerungen an ihre Zeit in Schlesien für den Zeitraum 1930 bis 1945. Viele Interviews, in denen sie zu sich selbst und zu ihrer Sicht des deutschen Widerstands befragt wurde, sind in Sammelbänden oder in Zeitungen veröffentlicht. Leider wurde sie nur selten zu anderen Aspekten und Abschnitten ihres Lebens befragt. Mehrere TV-Interviews und Filme über Kreisau vermitteln ein authentisches Bild ihrer Persönlichkeit. Besonders hervorzuheben ist das kleine Bändchen mit Korrespondenz, das die Stiftung Kreisau für Europäische Verständigung anlässlich ihres 90. Geburtstags herausgab.

Den Weg der Moltkes nach 1945 verlässlich zu beschreiben wurde schließlich dank einer riesigen genealogischen Studie möglich. Sie wurde von einem Mitglied der dänischen Moltkes erarbeitet und erschien in den 1990er-Jahren in Dänemark. Heinrich von Moltke, ein Sohn von Hans-Adolf von Moltke und Davida Gräfin Yorck von Wartenburg, unterzog sich der Aufgabe, das Werk ins Deutsche zu übertragen und biografische Details über jeden deutschen Moltke zu ermitteln und hinzuzufügen. Dadurch liegt eine auch den Soziologen faszinierende Studie über die Familie vor, die bis zum heutigen Tag reicht. Eine Reihe von Moltkes, allen voran Helmuth Caspar von Moltke, der Sohn von Freya und Helmuth James von Moltke, waren am Ende dazu bereit, unermüdlich Fragen zum Leben der Eltern und über sich selbst zu beantworten.

Ein besonderer Dank gilt am Ende Botschafter a.D. Geb-

hardt von Moltke für seine Ratschläge und Hilfe bei der Be-
schaffung schwer zugänglicher Literatur. Darüber hinaus gab
er viele wichtige Hinweise und beantwortete unermüdlich
alle meine Fragen. In gleicher Weise danke ich Johannes von
Moltke, den meine Frau in Bad Godesberg in den Achtziger-
jahren unterrichtete und der in unserem Hause ein und aus
ging. Der Enkel von Helmuth James, heute als Filmhistoriker
und Spezialist des deutschen Heimatfilms quasi zwischen
der Heimat der Familie und den USA lebend, war vom ersten
Moment an ein großer Unterstützer des Projekts. Er ähnelt
auf verblüffende Weise seinem Großvater.

Zu den Anmerkungen

Vor allem aus Gründen der Lesbarkeit des Buches wurde darauf verzichtet, Zitate aus dem Munde der Hauptpersonen
der jeweiligen Kapitel und von ihrer engeren Umgebung ex-
tensiv mit Anmerkungen zu belegen. Wenn nicht anders an-
gegeben, entstammen sie dem jeweiligen Hauptwerk, das stets
der ersten der dem Kapitel zugehörigen Anmerkungen zu
entnehmen ist.

Danksagung

Ich danke Helmuth Caspar von Moltke in besonderer Weise, Keri von Moltke, Friedrich von Moltke, Vera von Moltke, Gebhardt von Moltke in besonderer Weise, Dorothee von Moltke, Dr. Heinrich von Moltke, Professor Dr. Johannes von Moltke in besonderer Weise, Wulf von Moltke, Maria von Moltke und Maria Lauper für die Auskünfte über die Familien von Moltke und Deichmann, die sie bereitwillig, freundlich und umfassend erteilten. Marc Graf von Polier zeigte mir das Herrenhaus Samow und erzählte seine Geschichte.

Professor Dr. Arnulf Baring las das Manuskript und gab ebenso wichtige Ratschläge wie mein Freund und Weggefährte aus Freiburger Tagen, General a.D. Dr. Klaus Reinhardt. Ein weiterer kritischer Leser meines Textes war mein Berliner Freund Professor Manfred Eichel. Neben diesen drei unverzichtbaren Diskussionspartnern gilt mein besonderer Dank Professor Dr. Günter Brakelmann, dem Biografen von Helmuth James von Moltke, der mich von Anfang an in meinem Vorhaben freundschaftlich begleitete.

Besondere Unterstützung gewährten ferner Frau Dr. Agnieszka von Zanthier von der Freya von Moltke-Stiftung und die Mitarbeiter des Berliner Verbindungsbüros sowie Annemarie Franke und Dominik Kretschmann von der Stiftung Kreisau für Europäische Verständigung. Ratschläge in Einzelfragen erteilten Professor Dr. Volker Berghahn, Dr. Helmut Drück, Dr. Jürgen Förster, Peter Köpf und Jürgen Marks.

Rüdiger Wittke von der Bibliothek der Deutschen Gesellschaft für Auswärtige Politik e.V. in Berlin half mir bei der Erfassung und Sichtung der Literatur. Ich danke ferner den Mitarbeitern der Bibliothek vom Militärgeschichtlichen Forschungsamt der Bundeswehr in Potsdam, vom Bundesarchiv/Militärarchiv in Freiburg, den Bibliothekaren des Friedrich-Meinecke-Instituts der FU in Berlin sowie den Mitarbeitern des Museums der Stadt Parchim und der dortigen Moltke-Gedächtnisstätte.

Ulrich Wank, Regina Stein und besonders Kristin Rotter vom Piper Verlag in München sowie die Lektorin Dr. Heike Wolter waren schließlich unentbehrliche Helfer und Ratgeber.

Wie immer hat meine Frau Brigitte Thies-Böttcher durch ihre Unterstützung, als Begleiterin auf mancher Erkundungstour und durch förderliche Kritik entscheidend zum Gelingen des Projekts beigetragen.

Bildnachweis

Der Verlag hat sich bemüht, alle Rechtegeber ausfindig zu machen. In einigen Fällen ist das leider nicht gelungen. Für Hinweise sind wir dankbar.

akg-images, Berlin: Tafeln 1, 4 unten, 14 unten
Bildarchiv Preußischer Kulturbesitz, Berlin: Tafeln 2, 6 oben, 10 oben, 13 oben, 13 unten, 14 oben
Bundesarchiv-Militärarchiv Freiburg im Breisgau (Barch, N16/82, Bild Nr. 2): Tafel 3 oben
Burkheiser: Tafel 7
Familie von Moltke: Tafeln 9 oben links, 11 oben, 12 unten
Nachlass Joachim Wolfgang von Moltke: Tafeln 5 oben, 5 unten, 8, 9 oben rechts, 9 unten, 10 unten, 11 unten, 12 oben
Ullstein-Bild, Berlin: Tafeln 6 unten, 15, 16

Anmerkungen

Vorwort

1 Golo Mann: Wallenstein, Frankfurt (M) 1971, S. 573.
2 Jochen Thies: Die zwei Geschichten einer großen Familie, in: »Welt am Sonntag« vom 10. Januar 2010, S. 46.

Helmuth Carl Bernhard Graf von Moltke

3 Standardwerk (Quelle, soweit nicht anders zitiert): Helmuth Carl Bernhard von Moltke: Gesammelte Schriften und Denkwürdigkeiten, 8 Bde., Berlin 1891–93.
   Ich danke der Familie von Moltke für die freundliche Überlassung einer Genealogie, die Heinrich von Moltke aus dem Dänischen übersetzte und überarbeitete. Das Original, verfasst von Poul Graf Holstein, erschien 1994 in Kopenhagen unter dem Titel: Danmarks adels aarbog 1991–1993. Vgl. ferner auch die verdienstvolle Arbeit von Ernst Münch: Toitenwinkel und Rostock. Zur Geschichte einer Hassliebe, Schwerin 2002. Vgl. weiterhin den Essay von Olaf Jessen: Die Moltkes, in: Volker Reinhardt (Hrsg.): Deutsche Familien, München 2005, S. 118–146.
4 Vgl. Neue Deutsche Biographie (NDB), Bd. XVIII, S. 12 ff. Ein vollständiger und sehr gut lesbarer Stammbaum aller Moltkes befindet sich in einer Sonderausgabe, die bei Mittler & Sohn in Berlin anlässlich des 90. Geburtstags von Helmuth von Moltke erschien.
5 Vgl. Otto Friedrich: Blood and Iron. From Bismarck to Hitler. The von Moltke Family's Impact on German History, New York 1995, S. 19–30.
6 Vgl. Max Jähns: Feldmarschall von Moltke, Berlin 1894, S. 6.
7 In Dänemark führen die Moltkes nicht das »von« im Namen.
8 Vgl. im Folgenden Eberhard Kessel: Moltke, Stuttgart 1957, S. 10.
9 Thomas Mann: Buddenbrooks, Berlin 1963, S. 21.
10 Paul von Schmidt (Hrsg.): Moltke in seinen Briefen. Mit einem Lebens- und Charakterbilde des Verewigten, Berlin 1902, S. 14 f.
11 Viele Briefe Moltkes an seine Mutter befinden sich in seinem Nachlass im Bundesarchiv/Militärarchiv, N 16.

12 Vgl. Helmuth von Moltke: Unter dem Halbmond. Erlebnisse in der alten Türkei 1835–1839, Tübingen/Basel 1979.

13 Max Jähns: Feldmarschall von Moltke, Berlin 1894, S. 81.

14 Vgl. Jochen Thies: Der General und seine Zeitung, in: »Augsburger Allgemeine« vom 10. November 2009.

15 Jochen Köhler: Helmuth James von Moltke. Geschichte einer Kindheit und Jugend, Reinbek 2008, S. 331.

16 Vgl. Jürgen Angelow: Helmuth von Moltke der Ältere (1800–1891), in: Michael Fröhlich (Hrsg.): Das Kaiserreich. Portrait einer Epoche in Biographien, Darmstadt 2001, S. 31; Manfred Jatzlauk: Helmuth von Moltke, Schwerin 2000, S. 13.

17 Vgl. Franz Carl Endres: Moltke, Leipzig/Berlin 1913, S. 21.

18 Rudolf Stadelmann: Moltke und der Staat, Krefeld 1950, S. 7.

19 Vgl. Eberhard Kessel: Moltke, Stuttgart 1957, S. 217.

20 Paul von Schmidt (Hrsg.): Moltke in seinen Briefen. Mit einem Lebens- und Charakterbilde des Verewigten, Berlin 1902, S. 31.

21 Max Jähns: Feldmarschall Moltke, Berlin 1894, S. 221 f.

22 Andreas Hillgruber: Bismarcks Außenpolitik, Freiburg 1972, S. 30.

23 Wilhelm Schüssler: Königgrätz 1866. Bismarcks tragische Trennung von Österreich, Darmstadt 1971, S. 21.

24 Vgl. Thomas Nipperdey: Deutsche Geschichte 1800–1866, München 1983, S. 785.

25 Vgl. Hans Rosenberg: Die Pseudodemokratisierung der Rittergutsbesitzerklasse, in: Hans-Ulrich Wehler (Hrsg.): Moderne deutsche Sozialgeschichte, Köln/Berlin 1968, S. 287–308.

26 Vgl. dazu und im Folgenden Christian Millotat: Das preußisch-deutsche Generalstabssystem. Wurzeln, Entwicklung, Fortwirken, Zürich 2000, S. 69 ff.

27 Egon Friedell: Kulturgeschichte der Neuzeit, München 2007 (Nachdruck von 1927/28), S. 1275.

28 Rudolf Stadelmann: Moltke und der Staat, Krefeld 1950, S. 218.

29 Vgl. Stig Förster (Hrsg.): Vom Kabinettskrieg zum Volkskrieg, Bonn/Berlin 1992; ders.: Der doppelte Militarismus, Stuttgart 1985.

30 Max Horst: Moltke. Leben und Werk in Selbstzeugnissen. Briefe, Schriften, Reden, Leipzig o.J., S. 323.

31 Vgl. Gordon A. Craig: Deutsche Geschichte 1866–1945. Vom Norddeutschen Bund bis zum Ende des Dritten Reiches, München 1993.

32 Sebastian Haffner/Wolfgang Venohr: Preußische Profile, Frankfurt (M) 1983, S. 44.

33 Karl-Ernst Jeismann: Das Problem des Präventivkriegs, Freiburg/München 1957, S. 14.

34 Vgl. dazu Stig Förster: The Prussian Triangle of Leadership and the Face of a People's War. A Reassessment of the Conflict between Bismarck and Moltke 1870–71, in: Stig Förster/Jörg Nagler (Hrsg.): On the Road to Total War, Cambridge 1997, S. 115 ff.

35 Vgl. Gerhard Ritter: Staatskunst und Kriegshandwerk, Bd. 1, München 1970, S. 240.

36 Rudolf Stadelmann: Moltke und der Staat, Krefeld 1950, S. 42.

37 Gerhard Ritter: Staatskunst und Kriegshandwerk, München 1970.

38 Franz Herre: Moltke. Der Mann und sein Jahrhundert, Stuttgart 1984, S. 323.

39 Vgl. Gordon A. Craig: Deutsche Geschichte 1866–1945. Vom Norddeutschen Bund bis zum Ende des Dritten Reiches, München 1993, S. 131.

40 Vgl. Otto Vossler: Bismarcks Ethos, in: »Historische Zeitschrift« 171/1951, S. 267.

41 Karl-Ernst Jeismann: Das Problem des Präventivkriegs, Freiburg/München 1957, S. 69.

42 Émile Bourgeois/Georges Pages: Die Ursachen und die Verantwortlichkeiten des Großen Krieges, Berlin 1926, S. 153.

43 Die Atmosphäre in Berlin bei der großen Huldigung anlässlich von Moltkes 90. Geburtstag ist beschrieben bei Wolfgang Venohr: Helmuth von Moltke, in: Sebastian Haffner/Wolfgang Venohr (Hrsg.): Preußische Profile, Königstein (Ts) 1980, S. 136 f.

44 Großer Generalstab, Kriegsgeschichtliche Abteilung 1 (Hrsg.): Moltkes militärische Werke, Bd. 4: Kriegslehren. Erster Teil, Berlin 1911, S. 7.

45 Vgl. Stenographische Berichte über die Verhandlungen des Reichstages 1890/91, Bd. 1, Berlin 1892, S. 76 f.

46 Franz Herre: Moltke. Der Mann und sein Jahrhundert, Stuttgart 1984, S. 391.

47 Vgl. Eckart von Naso: Moltke. Mensch und Feldherr, Berlin 1937.

48 Vgl. Franz Herre: Moltke. Der Mann und sein Jahrhundert, Stuttgart 1984, S. 393.

49 Wolfgang Förster: Moltke. Persönlichkeit und Werk, Berlin 1941, S. 35.

50 Vgl. Martin van Creveld: Der vergessene Sieger, in: »Berliner Zeitung« vom 21. Oktober 2000.

51 Ausgewogene Würdigung bei Friedrich-Christian Stahl: Helmuth von Moltke, in: »Militärgeschichtliche Beiträge« 3/1988, S. 91–107.

52 Rudolf Stadelmann: Moltke und der Staat, Krefeld 1950, S. 7.

Helmuth Johannes Ludwig von Moltke

53 Standardwerk (Quelle, soweit nicht anders zitiert): Eliza von Moltke (Hrsg.): Helmuth von Moltke. Erinnerungen, Briefe, Dokumente 1877–1916, Stuttgart 1922. Die ausführlichste Vita findet sich in: Neue Deutsche Biographie (NDB), Bd. XVIII, S. 17 f.

54 Botschafter a. D. Gebhardt von Moltke ermöglichte freundlicherweise die Einsicht in den handschriftlichen Nachlass von Adolph von Moltke. Davida Gräfin Yorck von Wartenburg hatte diesen 1945 gerettet.

55 Helmuth Carl Bernhard von Moltke: Gesammelte Schriften und Denkwürdigkeiten, Bd. 3–4, Berlin 1891, S. 109.

56 Bodo von Plato (Hrsg.): Anthroposophie im 20. Jahrhundert. Ein Kulturimpuls in biografischen Porträts, Dornach 2003, S. 533.

57 Bundesarchiv/Militärarchiv Freiburg, N 78/30, S. 163.

58 Vgl. dazu und im Folgenden Thomas Meyer: Zwei Frauengestalten im Zeichen des deutschen Schicksals, in: »Der Europäer« 2–3/Dezember 2003/Januar 2004, S. 11 ff.

59 Vgl. John C. G. Röhl: Kaiser, Hof und Staat. Wilhelm II. und die deutsche Politik, München 1988, S. 72.

60 Vgl. die Beschreibung der Feier bei John C. G. Röhl: Wilhelm II. Der Aufbau der persönlichen Monarchie 1888–1900, München 2001, S. 25 ff.

61 Hermann Knackfuß: Völker Europas, wahrt Eure heiligsten Güter!, Federlithographie, 1985.

62 Vgl. August Bebel: Die Frau und der Sozialismus, Berlin 1883.

63 Klaus Hildebrand: Das vergangene Reich. Deutsche Außenpolitik von Bismarck bis Hitler, München 2008, S. 193.

64 Das Dokument ist abgedruckt in Wolfgang Schieder (Hrsg.): Erster Weltkrieg. Ursachen, Entstehung und Kriegsziele, Köln/Berlin 1969, S. 192 ff.

65 Hans Rosenberg: Die Pseudodemokratisierung der Rittergutsbesitzerklasse, in: ders.: Machteliten und Wirtschaftskonjunkturen: Studien zur neueren deutschen Sozial- und Wirtschaftsgeschichte, Göttingen 1978, S. 83–117.

66 Alfred Kerr: Wo liegt Berlin? Briefe aus der Reichshauptstadt 1895–1900, Berlin 1997, S. 510 f.

67 Jehuda Lothar Wallach: Das Dogma der Vernichtungsschlacht. Die Lehren von Clausewitz und Schlieffen und ihre Wirkungen in zwei Weltkriegen, Frankfurt (M) 1967, S. 153.

68 Vgl. Otto Friedrich: Blood and Iron. From Bismarck to Hitler. The

von Moltke Family's Impact on German History, New York 1995, S. 230.

69 Vgl. Stig Förster: Der doppelte Militarismus. Die deutsche Heeresrüstungspolitik zwischen Status-quo-Sicherung und Aggression 1890–1913, Wiesbaden/Stuttgart 1985, S. 249.

70 Egmont Zechlin: Bethmann Hollweg, Kriegsrisiko und SPD 1914, in: Wolfgang Schieder (Hrsg.): Erster Weltkrieg. Ursachen, Entstehung und Kriegsziele, Köln/Berlin 1969, S. 170.

71 Stig Förster: Der doppelte Militarismus. Die deutsche Heeresrüstungspolitik zwischen Status-quo-Sicherung und Aggression 1890–1913, Wiesbaden/Stuttgart 1985, S. 161.

72 Vgl. Klaus Hildebrand: Das vergangene Reich. Deutsche Außenpolitik von Bismarck bis Hitler, Stuttgart 1995, S. 172.

73 Vgl. Fritz Fischer: Griff nach der Weltmacht. Die Kriegszielpolitik des kaiserlichen Deutschlands 1914–1918, Düsseldorf 1971, S. 45.

74 Alfred Kerr: Wo liegt Berlin? Briefe aus der Reichshauptstadt 1895–1900, Berlin 1997, S. 610.

75 Sehr gute Gesamtdarstellung bei Volker Berghahn: Der Erste Weltkrieg, München 2004.

76 Diese These vertritt Annika Mombauer: Helmuth von Moltke and the Origins of the First World War, Cambridge 2001. Zur Einordnung der Ereignisse und handelnden Personen grundlegend Andreas Hillgruber: Der historische Ort des Ersten Weltkriegs: Eine Urkatastrophe, in: Gregor Schöllgen (Hrsg.): Flucht in den Krieg? Die Außenpolitik des kaiserlichen Deutschland, Darmstadt 1991, S. 230–249.

77 Erich Ludendorff: Meine Kriegserinnerungen 1914–1918, Berlin 1919, S. 56.

78 John C. G. Röhl: Wilhelm II. Der Weg in den Abgrund 1890–1941, München 2009, S. 1162.

79 Peter Graf Kielmansegg: Deutschland und der Erste Weltkrieg, Frankfurt (M) 1968, S. 44.

80 John C. G. Röhl: Wilhelm II. Der Weg in den Abgrund 1890–1941, München 2009, S. 1183.

81 Hans von Zwehl: Erich von Falkenhayn. General der Infanterie, Berlin 1926, S. 112.

82 Vgl. Bodo von Plato (Hrsg.): Anthroposophie im 20. Jahrhundert. Ein Kulturimpuls in biografischen Porträts, Dornach 2003.

83 Bundesarchiv/Militärarchiv Freiburg, N 78/11.

84 Vgl. Annika Mombauer: Helmuth von Moltke and the Origins of the First World War, Cambridge 2001, S. 282.

85 Thomas Meyer (Hrsg.): Helmuth von Moltke 1848–1916. Dokumente zu seinem Leben und Wirken, 2 Bde., Basel 1993, hier Bd. 1, S. 39.
86 Vgl. Erich Ludendorff: Das Marne-Drama. Der Fall Moltke-Hentsch, München 1934.

Dorothy von Moltke

87 Standardwerk (Quelle, soweit nicht anders zitiert): Beate Ruhm von Oppen (Hrsg.): Dorothy von Moltke: Ein Leben in Deutschland. Briefe aus Kreisau und Berlin 1907–1934, München 1999. Jochen Köhler: Helmuth James von Moltke. Geschichte einer Kindheit und Jugend, Reinbek 2008, S. 97.
88 Vgl. Jochen Köhler: Helmuth James von Moltke. Geschichte einer Kindheit und Jugend, Reinbek 2008, S. 100 f.
89 Jochen Köhler: Helmuth James von Moltke. Geschichte einer Kindheit und Jugend, Reinbek 2008, S. 122.
90 Vgl. Jochen Köhler: Helmuth James von Moltke. Geschichte einer Kindheit und Jugend, Reinbek 2008, S. 18.

Helmuth James Graf von Moltke

91 Standardwerk (Quelle, soweit nicht anders zitiert): Beate Ruhm von Oppen (Hrsg.): Helmuth James von Moltke. Briefe an Freya 1939–1845, München 2005. Beate Ruhm von Oppen (Hrsg.): Dorothy von Moltke: Ein Leben in Deutschland. Briefe aus Kreisau und Berlin 1907–1934, München 1999, S. 45. Günter Brakelmann: Helmuth James von Moltke 1907–1945. Eine Biographie, München 2007.
92 Beate Ruhm von Oppen (Hrsg.): Dorothy von Moltke: Ein Leben in Deutschland. Briefe aus Kreisau und Berlin 1907–1934, München 1999, S. 28.
93 Beate Ruhm von Oppen (Hrsg.): Dorothy von Moltke: Ein Leben in Deutschland. Briefe aus Kreisau und Berlin 1907–1934, München 1999, S. 27.
94 Volker Ullrich: Der Kreisauer Kreis, Reinbek 2008, S. 16.
95 Volker Ullrich: Der Kreisauer Kreis, Reinbek 2008, S. 16.
96 Grundlegend Günter Brakelmann: Helmuth James von Moltke 1907–1945. Eine Biographie, München 2007. Ferner von großem Wert zur Chronologie des Lebens von Helmuth James von Moltke

im politischen Zusammenhang ist Günter Brakelmann: Helmuth James von Moltke. Zeitgenosse für ein anderes Deutschland, Berlin 2009.

97 Günter Brakelmann: Helmuth James von Moltke 1907–1945. Eine Biographie, München 2007, S. 377.

98 Günter Brakelmann: Helmuth James von Moltke 1907–1945. Eine Biographie, München 2007.

99 Jochen Köhler: Helmuth James von Moltke. Geschichte einer Kindheit und Jugend, Reinbek 2008, S. 154.

100 Jochen Köhler: Helmuth James von Moltke. Geschichte einer Kindheit und Jugend, Reinbek 2008, S. 153.

101 Beate Ruhm von Oppen (Hrsg.): Dorothy von Moltke: Ein Leben in Deutschland. Briefe aus Kreisau und Berlin 1907–1934, München 1999, S. 124.

102 Vgl. Günter Brakelmann: Helmuth James von Moltke 1907–1945. Eine Biographie, München 2009, S. 33.

103 Vgl. Jochen Thies: Die Dohnanyis. Eine Familienbiografie, Berlin 2004.

104 Günter Brakelmann: Helmuth James von Moltke 1907–1945. Eine Biographie, München 2009, S. 38.

105 Beate Ruhm von Oppen (Hrsg.): Dorothy von Moltke: Ein Leben in Deutschland. Briefe aus Kreisau und Berlin 1907–1934, München 1999, S. 140.

106 Zu dieser Einschätzung kommt Jochen Köhler: Helmuth James von Moltke. Geschichte einer Kindheit und Jugend, Reinbek 2008, S. 269.

107 Günter Brakelmann: Helmuth James von Moltke 1907–1945. Eine Biographie, München 2009, S. 54.

108 Vgl. Jochen Köhler: Helmuth James von Moltke. Geschichte einer Kindheit und Jugend, Reinbek 2008, S. 230.

109 Vgl. Jochen Köhler: Helmuth James von Moltke. Geschichte einer Kindheit und Jugend, Reinbek 2008, S. 283 ff.

110 Vgl. Günter Brakelmann: Helmuth James von Moltke 1907–1945. Eine Biographie, München 2009, S. 61 ff.

111 Jochen Köhler: Helmuth James von Moltke. Geschichte einer Kindheit und Jugend, Reinbek 2008.

112 Günter Brakelmann: Helmuth James von Moltke 1907–1945. Eine Biographie, München 2007, S. 65.

113 Freya von Moltke: Die Kreisauerin. Gespräch mit Eva Hoffmann in der Reihe »Zeugen des Jahrhunderts« (hrsg. von I. Hermann), Göttingen 1993, S. 25.

114 Günter Brakelmann: Helmuth James von Moltke 1907–1945. Eine Biographie, München 2007, S. 65.

115 Beate Ruhm von Oppen (Hrsg.): Dorothy von Moltke: Ein Leben in Deutschland. Briefe aus Kreisau und Berlin 1907–1934, München 1999, S. 192.

116 Vgl. Jochen Thies: Architekt der Weltherrschaft. Die »Endziele« Hitlers, Düsseldorf 1976, S. 23 ff.

117 Hans-Adolf Jacobsen und vor allem Eberhard Jäckel haben diese Auffassung vertreten. Vgl. auch Jochen Thies: Architekt der Weltherrschaft. Die »Endziele« Hitlers, Düsseldorf 1976, S. 55, Anm. 62 und 63.

118 Jochen Thies: Architekt der Weltherrschaft. Die »Endziele« Hitlers, Düsseldorf 1976, S. 55 ff.

119 Jochen Thies: Architekt der Weltherrschaft. Die »Endziele« Hitlers, Düsseldorf 1976, S. 23.

120 Vgl. Joachim C. Fest: Hitler. Eine Biographie, Frankfurt (M)/Berlin/Wien 1973, S. 510.

121 Jochen Thies: Die Dohnanyis. Eine Familienbiografie, Berlin 2004, S. 155.

122 Beate Ruhm von Oppen (Hrsg.): Dorothy von Moltke: Ein Leben in Deutschland. Briefe aus Kreisau und Berlin 1907–1934, München 1999, S. 234.

123 Jochen Köhler: Helmuth James von Moltke. Geschichte einer Kindheit und Jugend, Reinbek 2008, S. 303.

124 Vgl. Jochen Thies: Die Dohnanyis. Eine Familienbiografie, Berlin 2004, S. 160.

125 Freya von Moltke/Michael Balfour/Julian Frisby: Helmuth James Graf von Moltke 1907–1945, Berlin 1984, S. 58.

126 Vgl. dazu und im Folgenden Jochen Köhler: Helmuth James von Moltke. Geschichte einer Kindheit und Jugend, Reinbek 2008, S. 345 ff.

127 Vgl. Ger van Roon: Neuordnung im Widerstand. Der Kreisauer Kreis innerhalb der deutschen Widerstandsbewegung, München 1976, S. 66.

128 Jochen Köhler: Helmuth James von Moltke. Geschichte einer Kindheit und Jugend, Reinbek 2008, S. 351.

129 Günter Brakelmann: Helmuth James von Moltke 1907–1945. Eine Biographie, München 2009, S. 75.

130 Jochen Köhler: Helmuth James von Moltke. Geschichte einer Kindheit und Jugend, Reinbek 2008, S. 360.

131 Günter Brakelmann: Helmuth James von Moltke 1907–1945. Eine Biographie, München 2007, S. 76.

132 Vgl. dazu und im Folgenden Josef Henke: England in Hitlers politischem Kalkül 1935–1939, Boppard 1973.

133 Besonders erhellend sind hier die Gespräche, die Hitler mit den Regierungschefs verbündeter Länder und umworbener Staaten führte, nachzulesen bei Andreas Hillgruber (Hrsg. und Komm.): Staatsmänner und Diplomaten bei Hitler. Vertrauliche Aufzeichnungen über Unterredungen mit Vertretern des Auslandes 1939–1944, 2 Bde., Frankfurt (M) 1967 und 1970.

134 Vgl. Ger van Roon (Hrsg.): Helmuth James Graf von Moltke. Völkerrecht im Dienste der Menschen. Dokumente, Berlin 1986, S. 17.

135 Günter Brakelmann: Helmuth James von Moltke 1907–1945. Eine Biographie, München 2009, S. 78.

136 Günter Brakelmann: Helmuth James von Moltke 1907–1945. Eine Biographie, München 2007, S. 81.

137 Vgl. Ger van Roon: Neuordnung im Widerstand. Der Kreisauer Kreis innerhalb der deutschen Widerstandsbewegung, München 1976, S. 67.

138 Ger van Roon (Hrsg.): Helmuth James Graf von Moltke. Völkerrecht im Dienste der Menschen. Dokumente, Berlin 1986, S. 89 ff.

139 Günter Brakelmann: Helmuth James von Moltke 1907–1945. Eine Biographie, München 2007, S. 27.

140 Freya von Moltke/Michael Balfour/Julian Frisby: Helmuth James Graf von Moltke 1907–1945, Berlin 1984, S. 80.

141 Günter Brakelmann: Helmuth James von Moltke 1907–1945. Eine Biographie, München 2007, S. 98.

142 Vgl. Günter Brakelmann: Helmuth James von Moltke 1907–1945. Eine Biographie, München 2009, S. 101 f.

143 Johannes Dulfer: Hans-Adolf von Moltke (1884–1943), Magisterarbeit Universität Bonn 1994, S. 63.

144 Vgl. Winfried Baumgart: Zur Ansprache Hitlers vor den Führern der Wehrmacht am 22. August 1939, in: »Vierteljahreshefte für Zeitgeschichte« 16/1968, S. 120 ff.

145 Ger van Roon: Neuordnung im Widerstand. Der Kreisauer Kreis innerhalb der deutschen Widerstandsbewegung, München 1976, S. 70.

146 Günter Brakelmann: Helmuth James von Moltke 1907–1945. Eine Biographie, München 2007, S. 130.

147 Vgl. Helmut Krausnick/Harold C. Deutsch (Hrsg.): Helmuth Groscurth. Tagebücher eines Abwehroffiziers 1938–1940, Stuttgart 1970, S. 513.

148 Detlef Graf von Schwerin: Die Jungen des 20. Juli 1944. Brückl-

meier, Kessel, Schulenburg, Schwerin, Wussow, Yorck, Berlin 1991, S. 64.

149 Vgl. Jochen Thies: Die Dohnanyis. Eine Familienbiografie, Berlin 2004, S. 11 ff. und 133.

150 Vgl. Marikje Smid: Hans von Dohnanyi – Christine Bonhoeffer. Eine Ehe im Widerstand gegen Hitler, Gütersloh 2002, S. 289.

151 Ger van Roon (Hrsg.): Helmuth James Graf von Moltke. Völkerrecht im Dienste der Menschen. Dokumente, Berlin 1986, S. 258.

152 Vgl. Ger van Roon: Neuordnung im Widerstand. Der Kreisauer Kreis innerhalb der deutschen Widerstandsbewegung, München 1976, S. 71 Anm. 86.

153 Vgl. Bernard Wiaderny: Der Polnische Untergrundstaat und der deutsche Widerstand, Berlin 2002.

154 Günter Brakelmann: Helmuth James von Moltke 1907–1945. Eine Biographie, München 2007, S. 219.

155 Vgl. Eberhard Bethge: Dietrich Bonhoeffer, München 1967, S. 847; das Zitat von Freya von Moltke befindet sich in Klemens von Klemperer: Die verlassenen Verschwörer, Berlin 1994, S. 58.

156 Friedrich Freiherr Hiller von Gaertringen (Hrsg.): Die Hassell-Tagebücher 1938–1944. Aufzeichnungen vom Anderen Deutschland, Berlin 1989, S. 347.

157 Vgl. Ger van Roon: Neuordnung im Widerstand. Der Kreisauer Kreis innerhalb der deutschen Widerstandsbewegung, München 1976, S. 290.

158 Noch immer wichtig Ger van Roon: Neuordnung im Widerstand. Der Kreisauer Kreis innerhalb der deutschen Widerstandsbewegung, München 1967; ders.: Widerstand im Dritten Reich, München 1998, S. 141 ff.; ferner Günter Brakelmann: Christsein im Widerstand. Helmuth James von Moltke, Berlin 2008.

159 Günter Brakelmann: Helmuth James von Moltke 1907–1945. Eine Biographie, München 2007, S. 168.

160 Günter Brakelmann: Helmuth James von Moltke 1907–1945. Eine Biographie, München 2007, S. 229.

161 Günter Brakelmann: Helmuth James von Moltke 1907–1945. Eine Biographie, München 2007, S. 231.

162 Günter Brakelmann: Helmuth James von Moltke 1907–1945. Eine Biographie, München 2009, S. 245.

163 In seiner Autobiografie schreibt Willem A. Visser 't Hooft: »Er [Moltke] fühlte sich im Stich gelassen von Männern, die er im Kampf gegen Hitler als Waffenbrüder betrachtet hatte. Er hatte fest auf eine überinternationale Solidarität bei der Verteidigung gemein-

samer Grundwerte gebaut, und sie war ihm verweigert worden.«
Willem A. Visser 't Hooft: Die Welt war meine Gemeinde. Auto-
biographie, München 1972, S. 193.

164 Karl [Carlo] Schmid: Erinnerungen. Gesammelte Werke in Einzel-
ausgaben, 3. Bd., Bern/München/Wien 1979, S. 199.

165 Karl [Carlo] Schmid: Erinnerungen. Gesammelte Werke in Einzel-
ausgaben, 3. Bd., Bern/München/Wien 1979, S. 201.

166 Hans Schlange-Schöningen: Am Tage danach, Hamburg 1946,
S. 193 f.

167 Günter Brakelmann: Helmuth James von Moltke 1907–1945. Eine
Biographie, München 2007, S. 283.

168 Günter Brakelmann: Helmuth James von Moltke 1907–1945. Eine
Biographie, München 2007, S. 287.

169 Günter Brakelmann: Helmuth James von Moltke 1907–1945. Eine
Biographie, München 2007, S. 314.

170 Günter Brakelmann (Hrsg.): Helmuth James von Moltke. Im Land
der Gottlosen. Tagebuch und Briefe aus der Haft 1944/45, München 2009.

171 Vgl. Günter Brakelmann (Hrsg.): Helmuth James von Moltke. Im
Land der Gottlosen. Tagebuch und Briefe aus der Haft 1944/45,
München 2009, S. 111 ff.

172 Günter Brakelmann (Hrsg.): Helmuth James von Moltke. Im Land
der Gottlosen. Tagebuch und Briefe aus der Haft 1944/45, München 2009, S. 141.

173 Günter Brakelmann: Helmuth James von Moltke 1907–1945. Eine
Biographie, München 2007, S. 325.

174 Ger van Roon: Neuordnung im Widerstand. Der Kreisauer Kreis
innerhalb der deutschen Widerstandsbewegung, München 1976,
S. 76.

175 Sprüche Salomons 30, 10–31: »Verleumde den Knecht nicht bei
seinem Herrn, daß er dir nicht fluche und du die Schuld tragen
müssest. Es ist eine Art, die ihrem Vater flucht und ihre Mutter
nicht segnet; eine Art, die sich rein dünkt, und ist doch von ihrem
Kot nicht gewaschen; eine Art, die ihre Augen hoch trägt und ihre
Augenlider emporhält; eine Art, die Schwerter für Zähne hat und
Messer für Backenzähne und verzehrt die Elenden im Lande und
die Armen unter den Leuten. Blutegel hat zwei Töchter: Bring her,
bring her! Drei Dinge sind nicht zu sättigen, und das vierte spricht
nicht: Es ist genug: die Hölle, der Frauen verschlossenen Mutter,
die Erde wird nicht des Wassers satt, und das Feuer spricht nicht:
Es ist genug. Ein Auge, das den Vater verspottet, und verachtet der

Mutter zu gehorchen, das müssen die Raben am Bach aushacken und die jungen Adler fressen. Drei sind mir zu wunderbar, und das vierte verstehe ich nicht: des Adlers Weg am Himmel, der Schlange Weg auf einem Felsen, des Schiffes Weg mitten im Meer und eines Mannes Weg an einer Jungfrau. Also ist auch der Weg der Ehebrecherin; die verschlingt und wischt ihr Maul und spricht: Ich habe kein Böses getan. Ein Land wird durch dreierlei unruhig, und das vierte kann es nicht ertragen: ein Knecht, wenn er König wird; ein Narr, wenn er zu satt ist; eine Verschmähte, wenn sie geehelicht wird; und eine Magd, wenn sie ihrer Frau Erbin wird. Vier sind klein auf Erden und klüger denn die Weisen: die Ameisen, ein schwaches Volk; dennoch schaffen sie im Sommer ihre Speise, Kaninchen, ein schwaches Volk; dennoch legt es sein Haus in den Felsen, Heuschrecken, haben keinen König; dennoch ziehen sie aus ganz in Haufen, die Spinne, wirkt mit ihren Händen und ist in der Könige Schlössern. Dreierlei haben einen feinen Gang, und das vierte geht wohl: der Löwe, mächtig unter den Tieren und kehrt nicht um vor jemand; ein Windhund von guten Lenden, und ein Widder, und ein König, wider den sich niemand legen darf.«

176 Günter Brakelmann (Hrsg.): Helmuth James von Moltke. Im Land der Gottlosen. Tagebuch und Briefe aus der Haft 1944/45, München 2009, S. 314.

177 Eugen Gerstenmaier: Streit und Friede hat seine Zeit, Berlin 1981, S. 222 f.

178 Günter Brakelmann (Hrsg.): Helmuth James von Moltke. Im Land der Gottlosen. Tagebuch und Briefe aus der Haft 1944/45, München 2009, S. 341.

179 Freya von Moltke/Michael Balfour/Julian Frisby: Helmuth James Graf von Moltke 1907–1945, Berlin 1984, S. 315.

180 Hanns Lilje: Im finstern Tal, Nürnberg 1947, S. 61 f.

181 Günter Brakelmann: Helmuth James von Moltke 1907–1945. Eine Biographie, München 2007, S. 357.

182 Günter Brakelmann (Hrsg.): Helmuth James von Moltke. Im Land der Gottlosen. Tagebuch und Briefe aus der Haft 1944/45, München 2009, S. 342 f.

183 Stiftung Kreisau für Europäische Verständigung (Hrsg.): Brücken schlagen. Briefe zum 90. Geburtstag von Freya von Moltke, München 2003, S. 12.

184 Günter Brakelmann (Hrsg.): Helmuth James von Moltke. Im Land der Gottlosen. Tagebuch und Briefe aus der Haft 1944/45, München 2009, S. 299.

185 George F. Kennan: Memoiren eines Diplomaten, Stuttgart 1968, S. 127.
186 Vgl. Günter Brakelmann (Hrsg.): Helmuth James von Moltke. Im Land der Gottlosen. Tagebuch und Briefe aus der Haft 1944/45, München 2009, S. 297.
187 Ich verdanke diesen Hinweis Professor Dr. Günter Brakelmann.
188 Dietmar Herbst (Hrsg.): Rainer Eppelmann. Wendewege. Briefe an die Familie, Bonn 1992, S. 123.
189 Freya von Moltke/Michael Balfour/Julian Frisby: Helmuth James Graf von Moltke 1907–1945, Berlin 1984, S. 223.

Freya von Moltke

190 Standardwerk (Quelle, soweit nicht anders zitiert): Freya von Moltke: Erinnerungen an Kreisau 1930–1945, 2. Aufl., München 1997. Johann Kaspar Riesbeck: Briefe eines reisenden Franzosen über Deutschland an seinen Bruder zu Paris, 2. Bd., Zürich 1784, S. 351.
191 Klaus Schlegel: Köln und seine preußischen Soldaten. Die Geschichte der Garnison und Festung, Köln 1979, S. 17.
192 Vgl. Hans Deichmann: Gegenstände, Berlin 1996.
193 Volker Ullrich: Was es heißt, ein freier Mensch zu sein, in: »Die Zeit« 07/1996.
194 Dorothee von Meding (Hrsg.): Mit dem Mut des Herzens. Die Frauen des 20. Juli, Berlin 1992, S. 128.
195 Florence Hervé: »Wir fühlten uns frei«. Deutsche und französische Frauen im Widerstand, Essen 1997, S. 84.
196 Hellmut Schlingensiepen im Gespräch mit Freya von Moltke (1911–2010), Vermont im Mai 2008, DVD, Düsseldorf/Berlin, 2010.
197 Das richtige Erbe, in: »Frankfurter Allgemeine Zeitung« vom 3. März 2004, S. 39.
198 Dorothee von Meding (Hrsg.): Mit dem Mut des Herzens. Die Frauen des 20. Juli, Berlin 1992, S. 140.
199 Vgl. Annedore Leber/Freya von Moltke: Die Männer des Widerstandes vor dem Volksgerichtshof, Berlin/Frankfurt (M) 1960; Annedore Leber/Freya von Moltke: Für und Wider. Entscheidungen in Deutschland 1918–1945, Frankfurt (M) 1961.
200 Vgl. Dorothee von Meding (Hrsg.): Mit dem Mut des Herzens. Die Frauen des 20. Juli, Berlin 1992, S. 125.

201 Annette Ramelsberger: Wenn der Tod auf ewig bindet, in: »Süddeutsche Zeitung« vom 20. Juli 2004.
202 Vgl. Hellmut Schlingensiepen im Gespräch mit Freya von Moltke (1911–2010), Vermont im Mai 2008, DVD, Düsseldorf/Berlin, 2010.
203 Agnieszka von Zanthier: Freya von Moltke. Ein Leben im Dienst der Menschlichkeit, in: »Evangelische Aspekte« 3/2008, S. 27–32, hier S. 30.
204 Agnieszka von Zanthier: Freya von Moltke. Ein Leben im Dienst der Menschlichkeit, in: »Evangelische Aspekte« 3/2008, S. 27–32, hier S. 31.
205 Stiftung Kreisau für Europäische Verständigung (Hrsg.): Brücken schlagen. Briefe zum 90. Geburtstag von Freya von Moltke, München 2003, S. 13.
206 Vgl. Michael Balfour/Julian Frisby: Helmuth von Moltke: A Leader against Hitler, London 1972.
207 Vgl. Helmut Kohl: Ich wollte Deutschlands Einheit, Berlin 1996, S. 123 und 146.
208 Stiftung Kreisau für Europäische Verständigung (Hrsg.): Brücken schlagen. Briefe zum 90. Geburtstag von Freya von Moltke, München 2003, S. 32.
209 Michael Stürmer: Nachruf. Freya von Moltke. Witwe des Widerstandes, in: Die Welt vom 4. Januar 2010.
210 Vgl. http://www.fvms.de/ (10.4.2010).

Die Moltkes seit 1945

211 Standardwerk (Quelle, soweit nicht anders zitiert): Poul Graf Holstein: Danmarks adels aarbog 1991–1993, Kopenhagen 1994.
212 Hans Magnus Enzensberger: Hammerstein oder Der Eigensinn. Eine deutsche Geschichte, Frankfurt am Main 2008, S. 273.

Personenregister

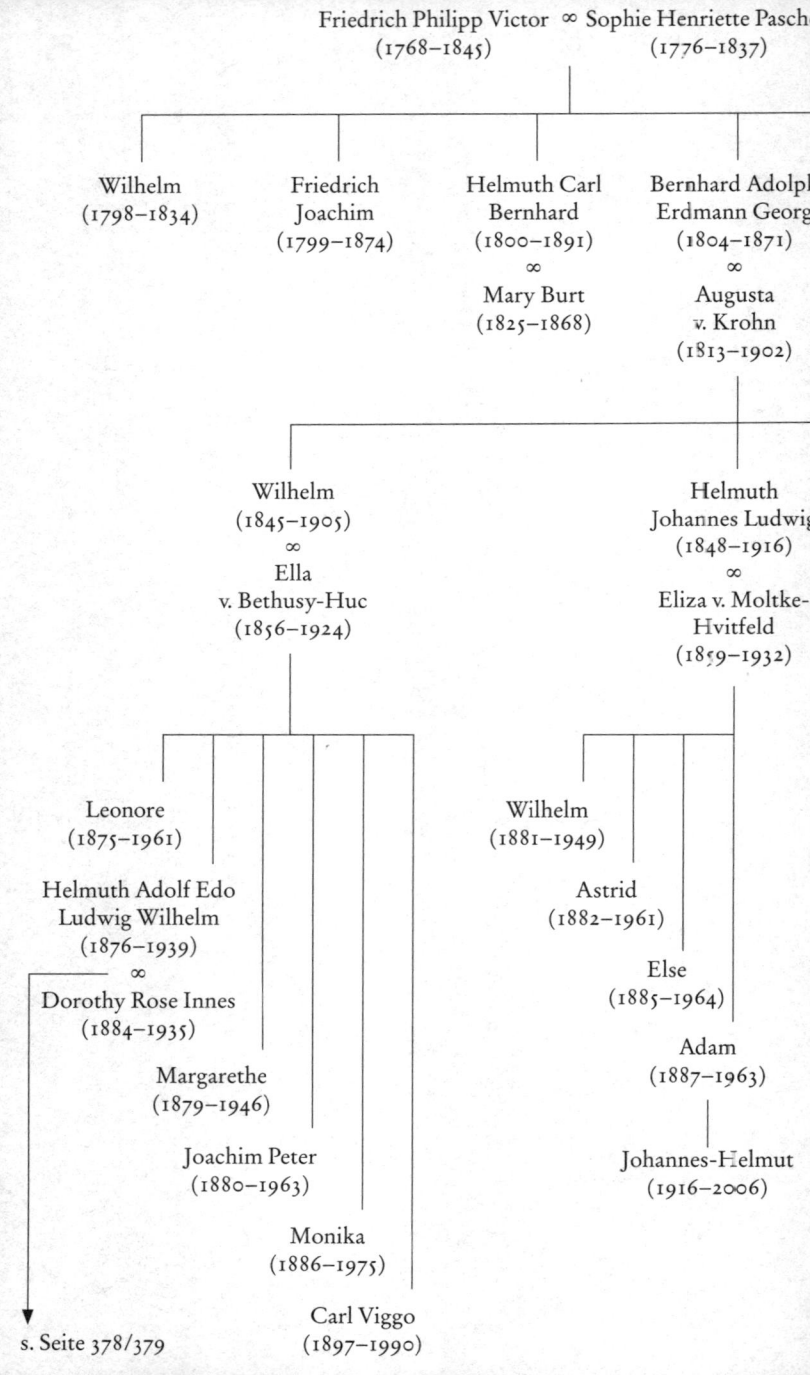

Friedrich Philipp Victor ∞ Sophie Henriette Pasche
(1768–1845)   (1776–1837)

Wilhelm
(1798–1834)

Friedrich Joachim
(1799–1874)

Helmuth Carl Bernhard
(1800–1891)
∞
Mary Burt
(1825–1868)

Bernhard Adolph Erdmann Georg
(1804–1871)
∞
Augusta v. Krohn
(1813–1902)

Wilhelm
(1845–1905)
∞
Ella v. Bethusy-Huc
(1856–1924)

Helmuth Johannes Ludwig
(1848–1916)
∞
Eliza v. Moltke-Hvitfeld
(1859–1932)

Leonore
(1875–1961)

Helmuth Adolf Edo Ludwig Wilhelm
(1876–1939)
∞
Dorothy Rose Innes
(1884–1935)

Margarethe
(1879–1946)

Joachim Peter
(1880–1963)

Monika
(1886–1975)

Carl Viggo
(1897–1990)

Wilhelm
(1881–1949)

Astrid
(1882–1961)

Else
(1885–1964)

Adam
(1887–1963)

Johannes-Helmut
(1916–2006)

s. Seite 378/379

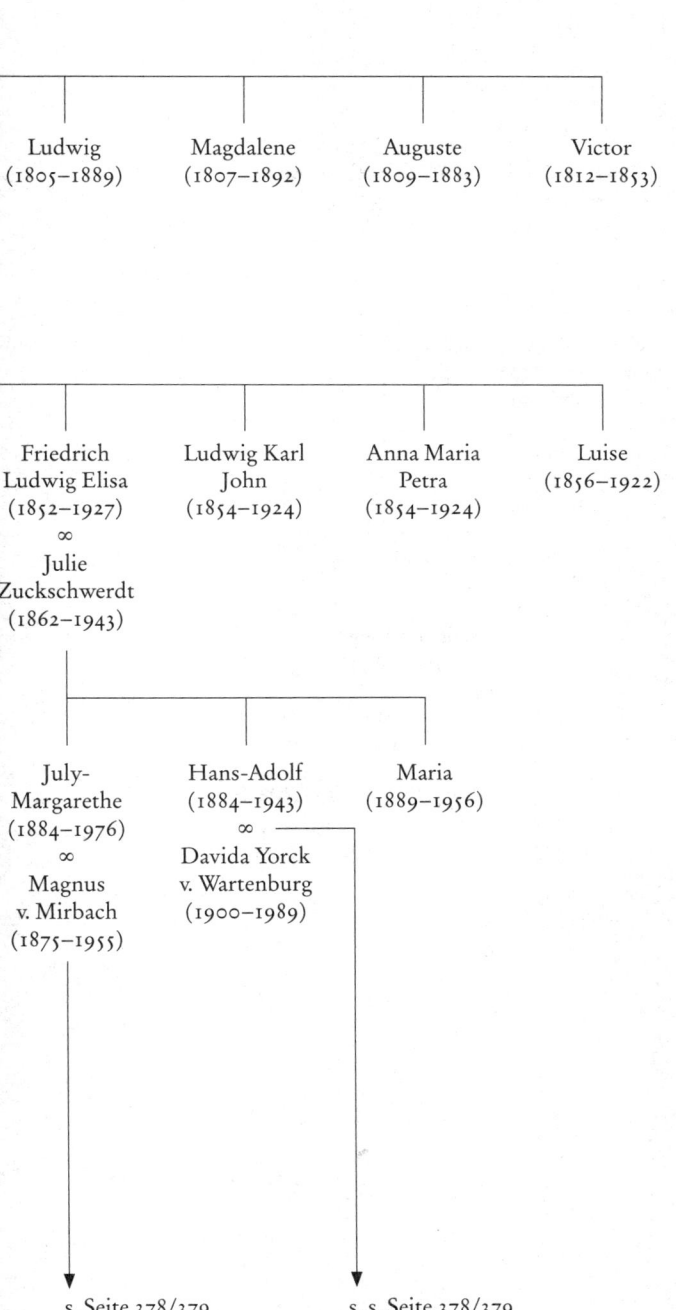

Ludwig	Magdalene	Auguste	Victor
(1805–1889)	(1807–1892)	(1809–1883)	(1812–1853)

Friedrich Ludwig Elisa	Ludwig Karl John	Anna Maria Petra	Luise
(1852–1927)	(1854–1924)	(1854–1924)	(1856–1922)
∞			
Julie Zuckschwerdt			
(1862–1943)			

July-Margarethe	Hans-Adolf	Maria
(1884–1976)	(1884–1943)	(1889–1956)
∞	∞	
Magnus v. Mirbach	Davida Yorck v. Wartenburg	
(1875–1955)	(1900–1989)	

s. Seite 378/379   s. s. Seite 378/379

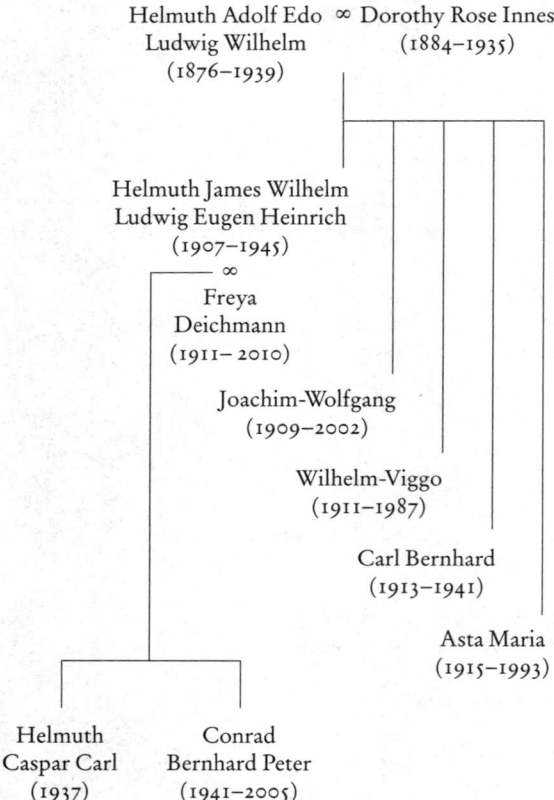

Helmuth Adolf Edo   ∞   Dorothy Rose Innes
Ludwig Wilhelm   (1884–1935)
   (1876–1939)

Helmuth James Wilhelm
Ludwig Eugen Heinrich
   (1907–1945)
            ∞
         Freya
      Deichmann
      (1911–2010)

         Joachim-Wolfgang
            (1909–2002)

            Wilhelm-Viggo
              (1911–1987)

               Carl Bernhard
                 (1913–1941)

                  Asta Maria
                 (1915–1993)

Helmuth   Conrad
Caspar Carl   Bernhard Peter
  (1937)   (1941–2005)

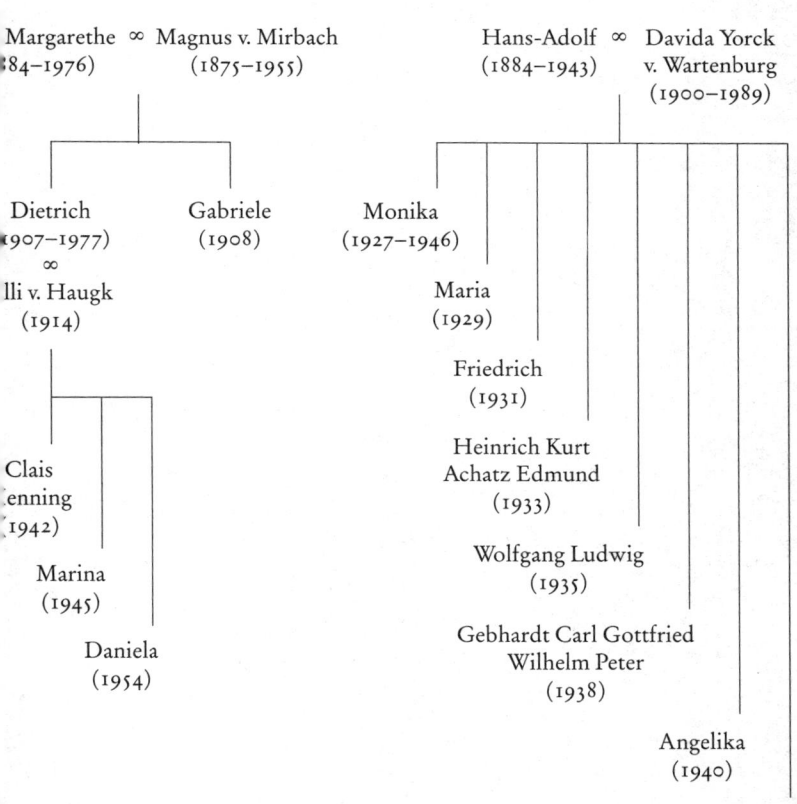

Margarethe ∞ Magnus v. Mirbach
(1884–1976)   (1875–1955)

Hans-Adolf ∞ Davida Yorck
(1884–1943)   v. Wartenburg
                (1900–1989)

Dietrich   Gabriele
(1907–1977)   (1908)
    ∞
Illi v. Haugk
(1914)

Monika
(1927–1946)

Maria
(1929)

Friedrich
(1931)

Clais
enning
(1942)

Heinrich Kurt
Achatz Edmund
(1933)

Marina
(1945)

Wolfgang Ludwig
(1935)

Daniela
(1954)

Gebhardt Carl Gottfried
Wilhelm Peter
(1938)

Angelika
(1940)

Renate
(1942)

Uwe A. Oster

Preußen

Geschichte eines Königreichs. 384 Seiten mit 28 farbigen
Abbildungen auf Tafeln. Gebunden

Sie alle waren Preußen: die Baumeister Schlüter und Schinkel,
die Reformer Gneisenau, Hardenberg und Stein ebenso wie
der große Schriftsteller Fontane. Uwe A. Oster schreibt keine
reine Herrschergeschichte, sondern erzählt auch von den
Menschen, die dem Staat erst sein Gesicht verliehen. Dazu
zählen der »Soldatenkönig« und sein berühmter Sohn,
Friedrich II., aber auch die Hugenotten, die im aufgeklärten
Preußen Zuflucht fanden. Oster würdigt das Wirken des
Staatsmanns Bismarck, zeigt aber auch die dunklen Seiten des
Soldatenstaats, so etwa die Unterdrückung der demokra-
tischen Revolution 1848/49. Seine Darstellung öffnet unseren
Blick neu auf eine Epoche, die Deutschland bis heute be-
einflusst – im Guten wie im Schlechten.

01/1883/01/R

Guido Knopp
Stauffenberg
Die wahre Geschichte.
In Zusammenarbeit mit Anja
Greulich und Mario Sporn.
240 Seiten mit 45 Abbildungen.
Piper Taschenbuch

Er gilt als Lichtgestalt des deutschen Widerstands. Die Bombe, die er in Adolf Hitlers Hauptquartier deponierte, hätte Krieg und Völkermord ein Ende bereiten können. Doch was ist Mythos an Claus Schenk Graf von Stauffenbergs Geschichte? Was belegbar an jenem Tag, der wie kein anderer Gegenstand von Legenden wurde? Anhand von bislang unbekannten Dokumenten sowie den Aussagen von Zeitzeugen, die in diesem Buch erstmals zu Wort kommen, zeichnet Guido Knopp ein Bild Stauffenbergs, das die Realität hinter den oft zitierten Mythen zeigt.

Brigitte Hamann
Hitlers Edeljude
Das Leben des Armenarztes
Eduard Bloch. 512 Seiten mit
160 Abbildungen.
Piper Taschenbuch

Eduard Bloch (1872–1945) war in Linz Hausarzt von Adolf Hitlers Mutter Klara. Aufopferungsvoll begleitete er 1907 ihr Sterben. Damals entwickelte sich eine herzliche Beziehung zwischen dem frommen Juden und dem 18-jährigen Hitler. Als der »Führer« 1938 in Linz einzog, erwähnte er mehrfach lobend den »Edeljuden Dr. Bloch«. Er sorgte dafür, dass Bloch von der Linzer Gestapo »geschützt« wurde und 1940 mit seiner Frau in die USA emigrieren konnte. Doch Amerika wurde ihnen nicht mehr zur Heimat. Brigitte Hamann erzählt aus vielen privaten Quellen von Bloch und dessen großer Familie, von einem Leben in politisch wirren Zeiten. In »Hitlers Wien« hat sie die Ursprünge von Hitlers Antisemitismus erklärt. Hier widerlegt sie auch die abenteuerliche These, der jüdische Arzt Bloch sei einer der Auslöser dafür gewesen.